Antike Mythen in der europäischen Tradition

Antike Mythen
in der europäischen Tradition

Herausgegeben von

Heinz Hofmann

Mit Beiträgen von

Walter Burkert · Heinz Hofmann
Lutz Käppel · Richard Kannicht · Maria Moog-Grünewald
Renate Schlesier · Ernst A. Schmidt · Karl-Heinz Stanzel
Thomas Alexander Szlezák · Helmut G. Walther

ATTEMPTO

Die Deutsche Bibliothek – CIP-Einheitsaufnahme

Antike Mythen in der europäischen Tradition / hrsg. von Heinz
Hofmann. - Tübingen : Attempto-Verl., 1999
(Attempto Studium generale)
ISBN 3-89308-298-0

Herausgeber und Verlag bedanken sich bei der Vereinigung der Freunde und
Förderer der Universität Tübingen (Universitätsbund) e.V. für die finanzielle
Unterstützung der Drucklegung dieses Bandes.

© 1999 · Attempto Verlag
Dischingerweg 5 · D-72070 Tübingen

Titelbild: Auguste Hirsch, Calliope enseigne la musique
au jeune Orphée, Musée du Périgord, Périgueux
Satz: Martin Fischer, Reutlingen
Druck: Gulde-Druck, Tübingen
Einband: Nädele, Nehren
Printed in Germany

ISBN 3-89308-298-0

Inhalt

Vorwort

Ein so weit gefaßtes Thema wie „Antike Mythen in der europäischen Tradition" läßt sich innerhalb einer Vorlesungsreihe, zumal in der Kürze eines Sommersemesters, nur äußerst selektiv und exemplarisch behandeln. Die Beiträge sind daher nur eine kleine Auswahl aus dem Gesamtgebiet möglicher Themen und aus einem Repertoire von Themenvorschlägen, die wir für diese Vorlesung erstellt hatten: So standen bei den einzelnen Personen und Themenbereichen des antiken Mythos auch noch Prometheus, Narcissus, Pygmalion, Herakles, die Amazonen, kosmologische Mythen, die ‚Mythen' des Alten und Neuen Testaments und die Forschungsgeschichte von Rudolf Bultmanns ‚Entmythologisierung' sowie römische Mythen – Aeneas, Dido, Romulus und Remus und die Sagenhelden der frühen Republik – auf dem Programm (mit der provokativen Frage, ob es römische Mythen überhaupt gebe); bei den Formen der Rezeption dachten wir auch an Fragen der historischen und allegorischen Interpretation von Mythen, der Rolle antiker Mythen in der frühen Neuzeit, insbesondere in der Periode der europäischen Expansion vom 15.–18. Jh., als man die neu entdeckten Länder und Völker häufig mit Gestalten des antiken Mythos identifizierte (Amazonen, Kyklopen, Nachfahren von Iapetos oder Noah, die verlorenen Stämme Israels u.a.), an die romantische Mythendeutung und die Entstehung der ‚Neuen Mythologie', überhaupt an das Entstehen neuer Mythen in Geschichte, Literatur und Alltag, ja an die Frage, ob nicht auch die Antike ein Mythos sei, daneben auch an Formen der Adaptionen antiker Mythen in Film und Fernsehen (z.B. in älteren Hollywood- und neueren Fernsehproduktionen zu Odysseus und anderen Themen) oder im *Comic Strip*, an die wissenschaftliche Erforschung antiker Mythen von Christian Gottlob Heyne über Friedrich Creutzer und Karl Otfried Müller bis zu Claude Lévi-Strauss und den modernen Strukturalisten und Post-Strukturalisten (einiges davon ist in Walter Burkerts Vorlesung angedeutet). Auch hätte man bei manchen Themen gerne zwei oder drei Doppelstunden zur Verfügung gehabt und zusätzlich noch Filme und Videos von Fernsehproduktionen zeigen können.

Das schließlich zustandegekommene Programm spiegelt zwar die individuellen Interessen und Schwerpunkte der jeweiligen Referenten, versucht aber dennoch, in der Vielfalt der Themen die Ordnung der Dinge sichtbar zu machen. So folgen auf einen grundlegenden einführenden Beitrag zu Begriff und Funktion des antiken Mythos im Hauptteil eine Reihe von *case studies* zu einzelnen Mythen (Odysseus, Achill, Pandora, Orpheus, Ödipus, Atriden) und als Abschluß drei Vorträge zu spezifischen Formen antiker Mythenrezeption in Literatur, Musik und Wissenschaft des 19. und 20. Jahrhunderts.

Als die Lehrenden des Philologischen Seminars für das Sommersemester 1998 diese Vorlesungsreihe planten, taten sie dies ohne die Absicht einer späteren Veröffentlichung: Zu zahlreich waren unserer Meinung nach die fachwissenschaftlichen Publikationen zu diesem Thema, als daß ein neues Buch eine Chance haben würde. Außerdem sollten in den Vorlesungen nicht in erster Linie neue Ergebnisse eigener Forschungen vorgelegt werden, sondern es sollte, entsprechend der Ausrichtung des *Studium generale*, ein Thema von Spezialisten fachübergreifend und aus verschiedenen Perspektiven für ein nicht fachspezifisch vorgebildetes Publikum in verständlicher Weise behandelt werden. Wir waren jedoch erstaunt und erfreut zugleich, als bereits die erste Vorlesung auf so großes Interesse bei den Kollegen, den Studierenden der eigenen und anderer Fakultäten und der Tübinger Bevölkerung stieß, daß wir in den größten Hörsaal im Kupferbau umziehen und, nachdem bei der zweiten Vorlesung abermals ein Umzug notwendig wurde, endgültig dort bleiben mußten (oder besser: durften). Für dieses unerwartet große Interesse an der Antike und ihrer breiten Wirkungsgeschichte danken wir allen Hörerinnen und Hörern, die uns bis zuletzt die Treue gehalten haben, sehr herzlich und ebenso dem Verleger, Herrn Gunter Narr, der uns bereits nach der zweiten Vorlesung einlud, die Vorträge innerhalb der *Studium generale*-Reihe des Attempto-Verlags zu veröffentlichen. Nachdem sich alle Kolleginnen und Kollegen, die an unserer Ringvorlesung mitwirkten, bereit erklärt hatten, ihre Manuskripte für den Druck zur Verfügung zu stellen, nahmen wir sein Angebot gerne an, nicht zuletzt auch deswegen, weil von seiten des Publikums ebenfalls wiederholt die Bitte um Veröffentlichung an uns herangetragen wurde.

Die einzelnen Vorlesungen wurden im wesentlichen unverändert übernommen und nur stilistisch geringfügig überarbeitet sowie mit einigen Nachweisen zu Quellen und Literatur und einer kleinen Bibliographie mit Anregungen zur weiteren Beschäftigung mit dem Thema versehen. Im wesentlichen sollte aber die Vortragsform beibehalten werden und den Eindruck einer lebendigen Vorlesung, nicht einer wissenschaftlichen Abhandlung erwecken. Auch die Dias, die in einigen Vorlesungen gezeigt wurden, konnten – wenn auch nur in schwarz-weiß – aufgenommen wer-

den; leider war dies nicht auch bei den Musikbeispielen möglich, sonst
hätte man gar noch eine eigene CD beilegen müssen!

Wir danken nochmals herzlich den Kolleginnen und Kollegen, besonders
auch den auswärtigen, die sich bereitgefunden haben, an der Vorlesungsreihe mitzuwirken und ihr Manuskript für die Veröffentlichung zur Verfügung zu stellen. Wir danken der Arbeitsgruppe *Studium generale* unter
Vorsitz von Herrn Prorektor Prof. Dr. Georg Wieland für die Aufnahme
unseres Themas in das Programm des *Studium generale* und Herrn Gunter Narr vom Attempto-Verlag für die verlegerische Betreuung. Wir danken insbesondere der Universität Tübingen, der Vereinigung der Freunde
der Universität Tübingen (Universitätsbund) e.V. sowie der Philipp-
Melanchthon-Stiftung und ihrem Leiter, Herrn Prof. Dr. Martin Hengel,
für die Übernahme der Reise- und Aufenthaltskosten der drei auswärtigen
Referenten. Vor allem aber danken wir nochmals unseren Tübinger Hörerinnen und Hörern für ihr nicht nachlassendes Interesse an der Antike und
den vielfältigen Erscheinungsformen ihres Weiterwirkens bis in die Gegenwart: Vor allem sie haben uns gezeigt, daß die Antike nach wie vor
einen zentralen Platz in der Geschichte der geistigen und kulturellen Tradition Europas einnimmt, weil ohne ihr Studium und ohne ihre Kenntnis
jegliche Beschäftigung mit den späteren Jahrhunderten bis auf den heutigen Tag unvollkommen ist und Stückwerk bleiben muß; gleichzeitig haben sie uns damit ermutigt, unsere Arbeiten in diesem Sinne fortzusetzen
und weiterhin eine breitere Öffentlichkeit daran teilhaben zu lassen.

Wir hoffen daher, daß dieser Band allen die Gelegenheit gibt, das, was
im vergangenen Sommersemester in oft konzentrierter und kondensierter
Weise vorgetragen wurde, nochmals aufmerksam nachzulesen, darüber in
Ruhe nachzudenken und gelegentlich das eine oder andere mit Hilfe der
hier gegebenen bibliographischen und sonstigen Hinweise weiter zu verfolgen und zu vertiefen.

Heinz Hofmann   Tübingen, im September 1998

Antiker Mythos – Begriff und Funktion

Walter Burkert

Der Anspruch des Titels, als sei ‚der' Begriff des Mythos endgültig zu definieren oder ‚die' Funktion überhaupt zu ermitteln, läßt sich kaum zulänglich erfüllen. Theorie des Mythos und Methode des Mythologen bleiben problematisch. Aber auch das epikritische Spiel, vorliegende Begriffe zerfasernd aufzulösen, um zu beweisen, daß es den antiken Mythos überhaupt nicht gebe, möchte ich nicht mitmachen.[1]

Wenn von antiken, insbesondere griechischen Mythen die Rede ist, so handelt es sich um einen Komplex von Erzählungen, die schon von den Griechen als *mythoi* bezeichnet und die in Werken der antiken Literatur gesammelt worden sind, zuerst und maßgebend im Werk des Hesiod, d. h. in der erhaltenen *Theogonie* und ihrer Fortsetzung, den nur fragmentarisch erhaltenen *Katalogen*, dann in der Gesamtheit der attischen Tragödien, die ihrerseits in gesammelten Inhaltsangaben, sogenannten *Tragodoumena* oder *Hypotheseis*, ediert wurden, danach in modernistischer Neugestaltung und literarisch besonders wirkungsvoll in Ovids *Metamorphosen*, schließlich auch als dürrer, doch gehaltvoller Auszug in der sogenannten *Bibliotheke* des Apollodor. Dagegen gehen die großen Dichtungen Homers eben als ‚große Dichtung' über das spezifisch Mythische in vielerlei Hinsicht hinaus, wie ja auch *Gilgamesh* nicht einfach *ein* Mythos ist. Es gibt ja ähnliche, durchaus vergleichbare Texte und Textcorpora, besonders Hymnen und Epen, auch im Alten Orient, im Sumerisch-Akkadischen, Hethitischen, Ugaritischen, Ägyptischen, in gewissem Maß auch in Israel. Ebenso bekannt ist, daß genau Entsprechendes in der römischen Kultur, in der lateinischen Literatur nur partiell und gleichsam verschüttet aufzufinden ist, verschüttet unter dem Einbruch der griechischen Kultur schon seit dem 7. Jh.; bei den wirkungsvollsten lateinischen Gestaltungen, *Aeneis* und *Metamorphosen*, herrscht die griechische Vorprägung.

Die Entwicklungsgeschichte des modernen Mythos-Begriffs ist wiederholt und im Detail dargestellt worden.[2] Hier nur einige Stichworte: Die entscheidende Wiederentdeckung von Wort und Begriff *Mythos* geht auf Christian Gottlob Heyne zurück und steht im Zusammenhang mit seinen Arbeiten an Apollodors *Bibliotheke*; von Heyne führt der Weg zu Herder. ‚Mythos' fiel sogleich auf besonders fruchtbaren Boden im Bereich der deutschen Bewegungen von Idealismus, Romantik, Volkstumsforschung, von Hölderlin und Schelling zu Carl Otfried Müller und zu Jacob Grimm; die Suche nach der eigenen Mythologie beflügelt die Volkskunde dann überall im 19. Jh.. Mit Max Müller kommt eine linguistische Dimension ins Spiel, der ‚indogermanische' Mythos; ins Weite freilich wirkte eher die Verbindung von arkaner Indogermanistik mit manifester Sonnenmythologie. Vielerlei Impulse hat dann in Deutschland Hermann Usener aufgegriffen und in entscheidender Weise weiter vermittelt. Im englischen Bereich, wo Max Müller seine Wirkungsstätte gefunden hatte, bringt der Umgang mit den Kolonialvölkern eine markante Verstärkung des Interesses am Mythenvergleich. Auf diesem Hintergrund entstehen J. G. Frazers monumentale Sammelwerke, vor allem die 13 Bände *The Golden Bough*. Mit Jane Harrison, die ihrerseits sehr offen für die deutsche wie für die französische Tradition war, wurde 1890 das Programm von ‚myth and ritual' formuliert. In Deutschland brachte dann die ‚neuromantische' Bewegung zu Jahrhundertanfang im Zeichen von Nietzsche und Bachofen eine neue, intensive Hinwendung zum Mythos. Für den griechischen Mythos erwuchs daraus schließlich das Werk Walter F. Ottos und Karl Kerényis. Im gleichen Grund wurzelt die Verbindung der Mythologie mit der Psychoanalyse erst Freudscher, dann Jungscher Observanz. Politische Aktualisierungen im Ruf nach einem ‚neuen Mythos' fehlten nicht. Zugleich hat sich im ethnologischen Bereich die direkte Feldforschung mit dem Mythosbegriff ins Benehmen gesetzt. 1926 publizierte Bronislaw Malinowski seinen wegweisenden Essay *Myth in primitive psychology*. Malinowski hat insbesondere den Begriff ‚*charter myth*' geprägt, als den Typ einer traditionellen Erzählung, die etablierte Privilegien begründet, den Zugang zu Ressourcen aller Art. ‚Myth and ritual' erfuhr einen zusätzlichen Impuls vom Altorientalischen her. Der originellste neuere Ansatz kam von Claude Lévi-Strauss, dessen Aufsatz ‚The Structural Study of Myth' bereits 1955 erschien; seit 1964 folgten die Bände der *Mythologiques*; die Diskussion um den Strukturalismus beherrscht die 70er Jahre, stieß freilich in Deutschland auf wenig fruchtbaren Boden und ist inzwischen wieder abgeklungen.

Für die Theologie fing die Reflexion auf den Mythos an kritisch zu werden, als man im Alten Testament und dann auch im Gottessohn des Neuen Testaments das ‚Mythische' entdeckte; so kam es zum Versuch der ‚Entmythologisierung' durch Rudolf Bultmann. Für die Klassische Philologie blieb beruhigend, daß gerade die Religionswissenschaft der Antike, deren bedeutendster Vertreter Martin Nilsson war, den Mythos als ‚Dichtung' beiseiteschob und damit der Obhut des ‚reinen' Philologen überließ. Die Rückwirkung der kulturwissenschaftlich-anthropologischen Debatten auf die Klassische Philologie setzte erst nach 1950 ein.

Geblieben sind, meine ich, drei praktikable, auch immer wieder prakti-
zierte Zugänge zum Mythos: der ritualistische, der psychoanalytische und
der struktural-semiotische. Sie schließen sich m. E. nicht aus, entsprechen
vielmehr den Möglichkeiten einer eher soziologisch-funktionalen, einer
verstehend-phänomenologischen und einer logisch-analysierenden Anthropologie. Dementsprechend sucht man entweder Mythos mit Kultur-
elementen außerhalb seiner selbst zu korrelieren oder Menschlich-
Sinnhaftes hermeneutisch zu explizieren oder aber formale Terme und
Prozesse zu fixieren. Daß sich dabei angloamerikanischer Behaviorismus,
deutsche Sinnsuche und französischer *esprit* konkurrenzieren, mag man
eher im Scherz formulieren, zumal italienische Beiträge nicht zu übersehen sind. Der psychologische Weg sei hier nicht weiter verfolgt; es scheint,
daß praktizierende Psychologen – je nach Bildungsgrad von Patienten und
Therapeuten – Mythen mit Erfolg einsetzen können, so gut wie auch
Kindermärchen, doch ist der Beitrag der Psychologie zur Erklärung gege-
bener Mythen, z. B. griechischer Mythen, begrenzt geblieben. Die Ritual-
theorie hat bereits ihren 100. Geburtstag begangen; sie wirkt etwas in die
Jahre gekommen, hat sich aber immerhin auf ethnologischem Gebiet bewährt, was man mit Zitaten von Boas über Malinowski bis Leach belegen
könnte; besonders im Bereich der Knaben- und Mädchen-Initiationen fasziniert das Ineinander von Mythos und Ritual die Forscher auch klassisch-
philologischer Observanz stets von neuem. Der Strukturalismus seinerseits,
der auch ethnologische Bewährungsproben geliefert hat, ist hinter einem
‚Post-Strukturalismus‘ untergetaucht, der seinerseits schwer zu definieren
ist.

Festgehalten sei, daß Mythos primär im sprachlichen Bereich gegeben ist,
und zwar als ‚Erzählung‘ oder ‚Geschichte‘, als ‚narrative Sequenz‘. Es gibt
Versuche, diese Festlegung zu übersteigen oder zu hinterfragen und insbesondere der Ikonographie einen gleichberechtigten Status zu sichern; das
Sprachliche muß dann transzendiert werden im Sinn einer allgemeineren
‚symbolischen‘ Funktion: Erzählung und Bilddarstellung als gleichwertige
‚symbolische‘ Formen. Im Griechischen jedenfalls sind die Mythenbilder
eindeutig sekundär gegenüber der Erzählung epischen Stils – es gibt keine
mythischen Darstellungen vor dem Ende des 8. Jh., ihr Auftreten fällt kaum
zufällig mit der Entdeckung der Schriftlichkeit zusammen: Man fängt an,
Bilder zu ‚lesen‘. Im übrigen möchte ich festhalten: Nicht jede Art von
Symbolik, auch komplexer Symbolik ist schon Mythos, auch nicht die fern-
östliche ‚Yin/Yang‘-Figur, auch nicht ein Mandala oder eine bloße Zeichnung eines Labyrinths. Erst die narrative Sequenz macht Mythos faßbar.

Hierzu die Andeutung eines prinzipielleren Ansatzes: Formal bestimmend für Erzählung ist das Nacheinander, die Kette, die Sequenz. Dies

spiegelt die Linearität der Sprache, darüber hinaus entspricht es der Linearität von Programmen überhaupt. Auch auf der Ebene des Computers ist im Prinzip jedes Programm eine Sequenz von 0 und 1. Man kann Erzählungen als Programme verstehen und begreift damit zugleich ihre Rolle als ‚Programmierung‘ von seelischem Erleben, von Verhalten und Wirklichkeitserfahrung. Allerdings sind Erzählungen weit entfernt von der abstrakten Sequenz von 0 und 1, sie verlaufen im Bereich sinnvoller Sprache in komplexen Mustern, die von unseren eigenen anthropomorphen Mustererkennungs-Programmen aufgenommen und identifiziert werden. Die Frage der Kulturwissenschaft ist dann, welche Muster denn nun vorzugsweise übertragen, gespeichert und aktualisiert werden, eine Frage, die von biologisch fundierter Psychologie einerseits, soziokulturellen Faktoren, um nicht zu sagen Zwängen andererseits ihre Antwort finden muß, wobei eine Freiheit des Spiels, *l' arbitraire du signe*, nie auszuschließen ist.

Es bleibt die Frage nach der Sonderstellung des Mythos innerhalb von strukturierter, traditioneller Erzählung überhaupt. Ich habe seinerzeit den Begriff der ‚Anwendung‘ eingeführt, Mythos als „tale applied“;[3] wahrscheinlich ist dies zu allgemein. Ich halte es aber nach wie vor für sinnvoll, eine konnotative und eine denotative Dimension des Mythos zu unterscheiden und interpretierend hervorzuheben, d.h. die Dynamik der fortlaufenden Erzählung einerseits, die wir meist intuitiv ‚verstehen‘, die Beziehung zur außersprachlichen, gemeinsamen, objektiven Wirklichkeit andererseits, die wir historisch rekonstruieren müssen; es handelt sich dabei um eine ‚wilde‘ Zuordnung, unreflektiert, konkret und experimentell zugleich, oft aber doch schon wieder konventionell und eingespielt. Die strengen Semiologen möchten nach Möglichkeit von der denotativen Dimension der Zeichensysteme absehen. Ich möchte aber dabei bleiben: Mythen sind traditionelle Erzählungen mit besonderer ‚Bedeutsamkeit‘. Äußerlich zeigt sich dies in der Rolle der Eigennamen, die den erzählenden Text, sofern es sich um einen Mythos handelt, charakterisieren; dies in markantem Unterschied zum Märchen.

Ohne systematischen Anspruch seien einige charakteristische Funktionen von Mythos in jener ‚Anwendung‘ umrissen. Da gibt es zum einen die genealogischen Mythen, ‚Geschichten‘ also, die Familien auszeichnen und ihr Selbstbewußtsein bestimmen, etwa die Könige von Sparta als Herakliden, und in ihrem Gefolge gerade die Para-Griechen, die Lyder und die makedonischen Argeaden als Herakliden, die Molosser von Epirus als Achilleus-Nachkommen; dem entsprechen dann die Julier von Rom als Aeneaden. Allgemeiner gehören in solchen Bereich die von Malinowski so benannten ‚Charter-Mythen‘, die die Legitimation für Rang, Besitz, Ressourcen aus einem in der Erzählung festgehaltenen Ereignis der Vorzeit ableiten. Wir bringen Frauen und Kinder nach Troizen, wie Pittheus einst dem Theseus-Kind und seiner Mutter Gastfreundschaft erwies – so das Themistokles-Dekret von 480.[4] Eng damit verbunden wiederum sind die rituellen Mythen, die Kultmythen, die *Aitia*: Wir opfern regelmäßig in dieser Form, denn – beispielshalber – auf Delos ist Apollon geboren, in Rom, unweit der Ara Maxima, hat Herakles Cacus überwältigt. Gerade rituelle Mythen können aber auch zweckgerichteten, die Zukunft erzwingenden, ,magischen' Charakter haben: Wir erreichen mit dieser Handlung den Erfolg, denn – beispielshalber – Wotan hat mit solchem Spruch einst Balders Fohlen geheilt – Merseburger Zauberspruch –, oder ein solches Festritual hat seinerzeit Demeter in ihrem Zorn versöhnt – Eleusis –. In all diesen Fällen liefert der Mythos als Programm eine Vorprägung der Realität. Es kann dann der Mythos auch ausgeweitet werden als ordnende Beschreibung, als Prägung der Welt überhaupt. Dies ist der weiteste Rahmen, in dem die Besitzrechte, die kultischen Vergewisserungen, die magischen Handlungen ihren Ort und ihre Wirkung haben. Bei alledem können die Gestalten des Mythos die Aura des Vorbildlichen, Exemplarischen annehmen, indem die Betroffenen ihren Ansprüchen zu entsprechen haben. In jedem Fall steht der Mythos, indem er begründet und erklärt, seinerseits außer Frage: Mythos ist *explanans*, nicht *explanandum*; mit der Kehre, daß der Mythos seinerseits zum Problem wird, kommen seine Funktionen ins Stocken, die Mythologen aber kommen ins Geschäft.

Was die griechischen Mythen in historischer Perspektive betrifft, so ist ihr Gesamtbestand durchaus uneinheitlich. Es gibt griechische Mythen, die mit der Gegenwart unmittelbar verbunden sind, im Gegensatz zu anderen, die eine ferne Urzeit dem ,Jetzt' entgegenstellen; ein Teil der griechischen Mythen zeigt sich eindeutig und beständig bezogen auf das spezifisch Lokale, auf Familien, Orte und Kulte, während andere sozusagen frei in einem gesamtgriechischen oder universalen Raume zu schweben scheinen.

Fangen wir mit den scheinbar jüngsten an, den Gründungs-Mythen, den sogenannten Ktisis-Mythen, besonders im Bereich von der ,dorischen' und ,ionischen Wanderung' bis zur Kolonisation. Es muß betont werden: Es handelt sich hier um echte, lebendige Mythen, im Sinn mündlich weitergegebener Erzählungen, die als ,*charter myth*' lokale Ansprüche bestimmter Siedlungen, Gruppen, Familien begründen. Es besteht kein wesentlicher Unterschied zwischen der Tradition der ,ionischen' und ,dorischen Wanderung' – mythisch gesprochen: den Erzählungen über Herakliden und Nestoriden – einerseits und den Geschichten um die Gründung von Syrakus, Lokroi, Tarent andererseits, auch wenn es in der Wissenschaft üblich ist, im einen Fall den ,mythischen', im anderen den ,historischen' Charakter der Überlieferung zu betonen. Diese Überlieferungen sind mit der Ge-

genwart der archaischen Poleis durch Genealogien verbunden, und diese
sind im Prinzip ernst zu nehmen: es gab gerade in archaischer Gesellschaft
Familientradition, die das Auswendiglernen solcher Stammbäume erzwang.
Am prominentesten ist der Stammbaum der spartanischen Könige, doch
Hekataios von Milet und Heropythos von Chios[5] zeigen im Privatbereich
dieselbe Praxis. Die genealogisch gestützten Überlieferungen dieser Art
führen in Griechenland, wenn man eine normale Generationendauer ansetzt, bis ins 10. Jh. zurück, nicht jedoch weiter; ihre Verknüpfung mit der
Troia-, Theben- und Herakles-Mythologie ist offensichtlich sekundär.
Dabei ist die Ktisis-Mythologie als solche nicht ‚spät‘, nicht nach-bronze-
zeitlich. Wanderungs-Erzählungen sind eine Urform des Erzählens überhaupt. Unabhängig vom Griechischen sind die Bücher Moses, die im Kern
ja eine großen Ktisis-Mythos erzählen, von den Väter-Geschichten bis zur
Eroberung Kanaans; sicher bronzezeitlich ist der hethitische Text um die
‚Stadt Zalpa‘, der auf die Begründung des hethitischen Königtums in der
‚Stadt Nesa‘ zielt. Hier werden 30 Brüder eingeführt, die drauf und dran
sind, ihre 30 Schwestern zu heiraten, einer macht nicht mit und begründet
damit offenbar die neue Königstradition.[6] Dies hat ein frappantes Gegen-
stück in dem Mythos, wie Danaos mit seinen 50 Töchtern nach Argos kam,
verfolgt von den 50 Vettern aus Ägypten, und wie dann einer, der ‚Luchs‘
Lynkeus, mit einer Danaos-Tochter das künftige Königsgeschlecht von
Argos zeugt. Da obendrein ‚Danaia‘ als Name der Argolis oder der
Peloponnes durch ein ägyptisches Zeugnis im 14. Jh. bezeugt ist, darf man
diesen Mythos getrost als bronzezeitlich beurteilen.[7] Die hethitische und
die griechische Fassung haben die ‚Anwendung‘ der Erzählung auf die
Begründung der Königsherrschaft am bekannten Ort gemeinsam. Der
Gewinn aus einer solchen Hypothese bleibt freilich bescheiden: von
spezifisch mykenischer Palastkultur ist nichts in den faßbaren Versionen
des Danaidenmythos bewahrt.

Die bekannteste Gruppe der griechischen Mythen steht im Bannkreis
‚Homers‘, repräsentiert durch die erhaltenen Großepen *Ilias* und *Odyssee*.
Der gleichen Gruppe sind die mit diesen verbundenen, verlorenen Texte
zuzurechnen, der sogenannte Troische und der Thebanische Kyklos.
Möglicherweise wäre auch die nur schattenhaft faßbare Argonautenepik
der gleichen Gruppe zuzuweisen. Diese ‚homerische‘ Mythologie – und
dies ist zu betonen – umfaßt keineswegs den Gesamtbereich der griechischen Mythologie, sondern nur einen spezifisch bearbeiteten Ausschnitt.
Die Bearbeitung ist ausgezeichnet durch ihre Form als Hexameter-Dich-
tung; sie ist das Werk der wandernden ‚Sänger‘ mit ihrer hochgezüchteten
Kompositions- und Vortragstechnik. ‚Homerische‘ Mythologie ist in ihrer primären Funktion unterhaltende Dichtung. Sie malt eine bereits weit

zurückliegende ‚heroische‘ Epoche aus, die im wesentlichen durchaus realistisch gezeichnet ist. Bezeichnend ist der überlokale Charakter dieser Dichtung, getragen von wandernden Sängern. Unsere Odyssee ist offenbar nicht in Ithaka vorgetragen worden. Die ‚homerische‘ Welt hat einen ausgesprochen synthetischen Charakter: Namen und Motive sind aus den verschiedensten Lokaltraditionen aufgenommen und im imaginären Raum des einen oder anderen der großen Kriege vereinigt, Aias von Salamis und Aias der Lokrer, Achilleus aus Phthia, Diomedes aus Argos.; die ionische Welt, in der die homerische Poesie ohne Zweifel eine Zeitlang blühte, ist sorgfältig ausgespart. Der unterhaltend-dichterischen Funktion entspricht die Fülle der redenden Namen, die ganz offensichtlich im Zusammenhang der Dichtung und nur für diese erfunden sind. Eteokles und Polyneikes, die feindlichen Brüder in Theben, ‚wahrer Ruhm‘ und ‚vieler Streit‘, konnten nie von realen Eltern solch prophetische Namen erhalten haben; doch kaum anders steht es mit Hektor und Patroklos, mit Telemachos, Nausikaa, Thersites; ja sogar Agamemnon – eigentlich Aga-men-mon – und Menelaos als A-tre(s)idai, die ‚Standhaften‘ als Söhne des ‚nicht Wankenden‘, ergeben einen solchen nur auf sich selbst bezogenen Bedeutungskomplex; ein episches Mißverständnis, Atre(w)idai statt Atre(s)idai, hat dann einen Vater Atreus entstehen lassen. Mit alledem erweist sich das ‚Homerische‘ als ein umgrenztes Kulturphänomen, als ein eher junger Bereich im Gesamtbestand griechischer Mythen, auch wenn es sich um die ältesten erhaltenen Texte der Griechen handelt, getragen von einer Sprachtradition, die bis in die Bronzezeit zurückreicht.

Des weiteren gibt es in der griechischen Überlieferung einige mythische Komplexe, die mit der homerischen Epik nicht oder nur locker verbunden sind, die ihre Lebendigkeit nicht literarisch ausgeformten Texten verdanken, sondern eher einer diffusen Vielfalt ‚volkstümlicher‘ Tradition. Einige wenige sind gesamtgriechisch, d.h. nicht an einzelnen Lokalitäten, Städten, Familien festzumachen; so Herakles und Perseus. Daß diese Gestalten im innergriechischen System vor den troianischen Krieg gesetzt werden, ist nicht entscheidend, aber doch mehr als ein Zufall. Sie leben aus ihren merk-würdigen ‚Taten‘, mit anderen Worten, die um sie kreisenden Erzählungen sind in besonderer, mythentypischer Weise strukturiert; sie haben darum auch seit je in besonderem Maße die vergleichende Mythologie herausgefordert. Es geht vor allem um die Themen ‚Kulturbringer‘ und ‚Initiation‘ im Rahmen der allgemeinen Abenteuer-Sequenz.[8] Das Mirakulöse, im heroischen Epos zurückgedrängt, wird auf diesem Niveau ohne weiteres akzeptiert: die Schlange mit den vielen Köpfen, das todbringende Gorgonenhaupt. Darum gibt es auch den unabsehbaren Wildwuchs der Parallelen und Interferenzen, so daß es nicht angeht, den einen reinen ur-

sprünglichen Mythos zu rekonstruieren oder auch nur zu postulieren. Unübersehbar sind orientalische Elemente – der Löwenkampf überhaupt, die
siebenköpfige Schlange; Andromeda samt Meeresungeheuer gehört an die
Küste Palästinas. Stabile Ausprägungen sind dann eher an feste Ikonographie gebunden. Die Herakles- und Perseus-Ikonographie wird im 7. Jh.
v. Chr. fixiert.

Daneben steht ein großer Rest griechischer Mythen, die in unserer
Überlieferung großenteils erst in der Epoche der Tragödie, zum Teil noch
später auftauchen und doch einen ausgesprochen altertümlichen Eindruck
machen; ja man könnte geneigt sein, hier erst die eigentliche und echte
griechische Mythologie zu finden. Sie sind meist streng lokal fixiert. Drei
Beispiele:

1. Der athenische Erechtheus, gezeugt aus dem Samen des Hephaistos,
der auf die Erde fiel, erdgeboren, betreut von Athena, von Poseidon in die
Erde gerammt, mit der Stadtgöttin zusammen im gleichen Tempel, schließlich im ‚Erechtheion‘ auf der Akropolis verehrt; dazu gehören die
Priestertümer und Rituale der Akropolis.

2. Demeter und Persephone, der Raub des Kornmädchens, die Suche
der Mutter und die Wiederkehr des Mädchens, die Stiftung des Getreides;
der Mythos wird mit dem gesamtgriechischen Frauenfest der Thesmopho-
rien verbunden, aber auch mit lokalen Heiligtümern wie Eleusis und dem
dort geübten ganz besonderen Mysterienkult.

3. Die Geburt des Pferdes, Arion/Erion, durch die Göttin Erinys, gezeugt von Poseidon; die Göttin floh und verwandelte sich in eine Stute, der
Gott verwandelte sich in einen Hengst und besprang sie. Der Mythos wird
von Pausanias (8,25,4–10) aus dem arkadischen Thelpusa berichtet, doch
gab es vielerlei Varianten andernorts.

Es handelt sich um Ursprungs- und Zeugungsmythen, um Theogonie,
Anthropogonie, auch Zoogonie und ‚Phytogonie‘, wenn das Wort gestat-
tet ist, mit eindeutig kultischen Bezügen und deutlich lokaler Verwurze-
lung; als rituelle Entsprechung sind unschwer Initiationsszenarien auszu-
machen.

Für die Datierung dieser Traditionen haben wir kaum Anhaltspunkte.
Daß die Griechen selbst all diese Gestalten und Ereignisse weit vor die
Epoche des Troianischen Kriegs und erst recht der ‚Rückkehr der Herakliden‘ gerückt haben, will wenig besagen, mehr vielleicht, daß Erechtheus'
Geburt im Schiffskatalog der Ilias erscheint und das Wunderpferd Arion
in der epischen ‚Thebais‘, die unserer Ilias vorausliegt, fest verankert ist:
Arion ist das Pferd des Adrastos, der die ‚Sieben‘ gegen Theben führt. Daß
damit alles schon uralt sein muß, ist ebenso unwahrscheinlich wie daß das
meiste kurz vor der ersten Bezeugung erfunden sein sollte. Es gibt immer-

hin eine Göttin ,Erinys', im Singular (Fp 1+31) – in Linear B. Die archäo-
logischen Befunde geben allerdings eher zu Skepsis Anlaß: kontinuierli-
che Kulttraditionen zwischen Bronzezeit und 8. Jahrhundert sind in Griechenland nur ganz selten nachzuweisen. Andererseits tauchen gerade in
dieser Gruppe Sanskrit-Parallelen auf, die auf indogermanische Mythologie weisen, also 2–3000 Jahre vor Homer; dies gilt für die Geburt des
Erechtheus wie für die Zeugung des Pferdes. Weiter: Die in dieser Gruppe
vorkommenden Namen sind oft undurchsichtig, aber eben lokal fixiert,
wie Erechtheus, Persephone / Pherephatta, Arion / Erion. Sie sind nicht mit
leichter Zunge von Sängern in die Welt gesetzt. Mythen dieser Art sind
nicht oder allenfalls sekundär und ohne großen Erfolg in epischer Form
fixiert worden. Entscheidend bleibt ihre lokale und kultische Verwurze-
lung, gerade in den Hauptkulten einzelner Orte: der Akropolis von Athen,
Eleusis, oder eben Thelpusa in Arkadien.

Als letzte Gruppe schließlich ist zu nennen, was zünftige Mythologen
so leicht als die Mythologie schlechthin nehmen: Kosmogonie und allgemeine Theogonie. Als Hauptrepräsentant steht uns Hesiods *Theogonie* vor
Augen; als späterer Konkurrent ist ,Orpheus' durch den Derveni-Papyrus
faßbar geworden.[9] Dazu kommen einige wenige, aber vielbeachtete Hinweise im Text der *Ilias*. Drei Eigenheiten dieser Gruppe fallen auf: Sie
kommt im Griechischen nicht in lokaler und kultischer Gebundenheit vor;
sie ist mit dem epischen, ,homerischen' Stil vergesellschaftet, und sie hat
enge Beziehungen zu orientalischen, d.h. hethitischen, mesopotamischen
und ägyptischen Texten. Die Entdeckung des hethitischen Textes vom ,Kö-
nigtum im Himmel' 1945 hat hier einen Durchbruch gebracht. Die Übereinstimmung Kronos / Kumarbi, mit der Kastration des Himmelsgottes,
ist so eng, daß man Entlehnung anzuerkennen hat. Entsprechendes gilt
vom Urelternpaar Okeanos-Tethys in der *Ilias*, Apsu-Tiamat am Anfang
des babylonischen Weltschöpfungsepos *Enuma Elish*, oder vom Typhon-
Mythos. Im Fall Tethys / Tiamtu, Tawtu dürfte sogar Übersetzung eines
Namens vorliegen.[10] Weiter: nichts spricht dafür, daß diese Orient-Kon-
takte bereits in mykenischer Zeit stattgefunden haben. Daß es kosmogoni-
sche Mythen in mykenischer Zeit gab, sei damit nicht prinzipiell in Abre-
de gestellt; näher liegt die spätgeometrisch-,orientalisierende Epoche' im
8./7. Jh. Ich habe vermutet, daß wandernde Seher als Vermittler dieser
Mythen tätig gewesen sind; die Bindung der Kosmogonie an die Magie, die
für diese Art von Mythen bezeichnend sein kann, tritt freilich nicht bei
Hesiod auf, umso deutlicher aber offenbar bei ,Orpheus'.

Bezeichnend ist jedenfalls, daß die Gruppen der lokalen Kultmythen –
Typ Erechtheus – und die Kosmogonien sich nur in wenigen Fällen vermi-
schen: Nur im Prometheus-Mythos scheint eine alte, kultisch gebundene

Kulturbringer-Gestalt in den Sukzessionsmythos eingebunden zu sein, wobei der auffallende, nichtgriechische Name Iapetos (Japhet?) als Scharnier
dient. Der Sintflutmythos hat mancherorts im Kulturentstehungs- und
Ktisis-Kontext kultische Relevanz gewonnen. Er stammt sicher aus Me-
sopotamien. Im übrigen aber hat Kronos mit Erechtheus nichts zu tun.
Ursprung von Stamm und Stadt erscheint bei den Griechen nicht im
kosmischen Rahmen, während die kosmische Mythologie im Spekulati-
ven verharrt und keine lokal-rituelle Bindung eingeht. Gerade sie hat dann
auf die beginnende Naturphilosophie formgebend gewirkt.

Fast scheint es, wir enden nun doch in der trostlosen Fülle eines mythologischen Lexikons: noch ein Name, und nochmals einer. Dabei sprechen
die Griechen gern von der ‚Lust‘ am Mythos, der ἡδονή, die diesen Geschichten eignet. Woher nimmt der Mythos seinen Reiz? Oder ist das gar
ein verdächtiger Reiz? Muß man der ‚Lust‘ am Mythos mißtrauen? Bezeichnend ist ja, daß der Begriff ‚Mythos‘ heutzutage ganz gegensätzlichen
Wertungen unterworfen scheint: Mythos ist einerseits etwas Erlesenes,
etwas vom ‚Ursprung‘, als ginge es um Uroffenbarung eines kindlichen
Paradieses; Mythos ist etwas von fernen Zeiten und anderen Menschen,
die sahen und sagten und wußten, was uns abhandengekommen ist. „Der
tiefe Brunnen weiß es wohl – einst einmal wußten alle drum, nun zuckt ein
Traum im Kreis herum", dichtete Hofmannsthal; und die Tiefenpsycho-
logie und die Jungschen Archetypen sind bereit, sich solchem Tanze anzuschließen. Zum anderen aber ist Mythos etwas Bedenkliches, in die Irre
führendes, eine traditionelle Synthese, Deutung und Wertung, die der
Ideologie verdächtig ist, der man sich als kritischer Mensch zu entziehen
hat. Etwas als Mythos entlarven, heißt es außer Kraft setzen, heißt es als
irreal, irrational und eigentlich unsinnig abqualifizieren, wenn auch Mythos
vielleicht verlockend, ja verführerisch bleibt. Die Rede ist etwa vom
Mythos der heilen Welt, vom Mythos des Vaterlandes, neuerdings auch
vom Mythos des Fortschritts oder vom Mythos des Sozialismus. Dieser
Aspekt des Mythos-Begriffs geht insbesondere auf das bekannte Buch von
Roland Barthes zurück, *Mythen des Alltags* (1964) – der französische Titel
(1957) war schlicht *Mythologies* –. ‚Entlarvt‘ werden unter solchem Vorzeichen insbesondere vaterländische, reaktionäre ‚Mythen‘ und Symbole.
So befinden sich die Schweizer seit einigen Jahrzehnten im Clinch mit dem
‚Mythos‘ von Wilhelm Tell, den viele lieber zerstören möchten, statt sich
im Glanz von Schiller altväterisch zu sonnen.

Daß Aussagen interessegeleitet sind, daß Aussagen nur in ihrem jeweiligen Kontext zu verstehen sind, ist ein Prinzip der Literaturwissenschaften
und der Geistesgeschichte überhaupt. Mythen qua traditionelle Erzählungen sind dem ausgesetzt und stehen doch sozusagen quer dazu, insofern

sie nicht ad hoc entworfen, sondern übernommen sind, mehrere Generationen, ja viele Jahrhunderte überspannen können und demnach sehr verschiedene Interesselagen übergreifen. Wir fassen die Wirksamkeit griechischer Mythen auf literarischem Wege über mehr als 1000 Jahre, wir können ihre Vorgeschichte fast ungemessen verlängern, sei es über orientalische Texte, die mehr als 1000 Jahre weiter zurückreichen, sei es über Rekonstruktionen von indogermanischer Mythologie. Aktuelle Interessen, ja die Gesellschaft und Geistigkeit überhaupt haben in solchen Zeiträumen Erschütterungen und Veränderungen aller Art durchgemacht.

Mythen, gerade wenn ihr hohes Alter feststeht, sind eben darum nicht aktuelle Ideologie, doch ebenso wenig bloß ehrwürdige Erbstücke, Kleinodien im verschlossenen Schrein bewahrt. Sie handeln von allgemeineren Aktualitäten, an denen immer wieder gearbeitet wurde und die eben darum nicht bedeutungslos geworden sind. Mythen waren und bleiben Konflikten ausgesetzt; sie entstammen aus Konflikten und tragen Konflikte weiter. Mythen betreiben nicht einseitige Einheits- und Sinnstiftung, sondern sind eher geneigt, diese zu problematisieren, insofern sie als anderes an anderes herantreten, Kommentar zur Wirklichkeit von anderer Warte her leisten. Mythen sprechen von Gründen und Begründungen, schon weil sie scheinbar Vergangenes rekapitulieren, sie sind insofern geeignet, konservativer Sinnstiftung zu dienen. Vom ,*charter myth*‘ war die Rede; die Interessenlage ist in solchen Fällen klar. Das Verfahren der tatsächlich überlieferten Mythen aber erweist sich in der Regel als weit komplexer.

Erst vor wenigen Jahren ließ sich eine griechische Kollegin im Dorf Anogia am Nordhang des Ida in Kreta von einem Bauern im Kaphenion erzählen: Wir haben das Recht, diese eine Quelle vorzugsweise zu nutzen, denn ein Vorfahr von uns hat hier eine Schlange erschlagen. Dies ist das Muster eines einfachen charter-myth. Die Interessenlage ist klar, es geht um den Zugang zu einer in Griechenland sehr wichtigen, knappen Ressource; dieser Zugang ist kraft einer Erzählung geregelt, zugunsten einer bestimmten Familie; man muß voraussetzen, daß andere diese Erzählung auch kennen und achten. Nun, eine ganz ähnliche Erzählung gibt es im Bereich der klassischen Mythologie: Es geht um den Gründungsmythos von Theben. Kadmos der Phöniker kam, einer Kuh folgend, wie ihn das Orakel geheißen, nach Böotien dem Rinderland; wo die Kuh sich niedersetzte, opferte er sie und wollte seine Stadt gründen (Apollod.3,4, 21 ff.). Doch da taucht an der nahen Quelle eine große Schlange auf; wir können auch sagen, mit dem aus der Offenbarung Johannis genommenen Wort: ein Drache. Kadmos tötet den Drachen, nimmt damit die Quelle in seinen Besitz, er macht den notwendigen Zugang zum Wasser für die künftigen Stadtbewohner gefahrlos. Es handelt sich um die für die Wasserversorgung zentrale Dirke-

Quelle. So weit klingt das in Theben wie in Anogia. Dann aber das Phantastische: Kadmos sät die Zähne der Schlange, die Drachenzähne, in den urbar gemachten Boden; da wachsen gewappnete Krieger hervor, die übereinander herfallen und kämpfen, bis nur noch fünf übrigbleiben. Sie sind die Ahnherren ausgezeichneter Geschlechter in der neuen Stadt.

Der Einfall mit den Drachenzähnen ist ebenso rätselhaft wie unvergeßlich. Die ‚Gesäten‘ heißen griechisch ‚Spartoi‘. Dies hält ihre Beziehung zur Erde fest, zum Boden; sie sind ‚autochthon‘, mit dem Boden verwachsen. Man erahnt da gleich das ‚politische‘ Interesse einer Polis: Es geht um die Bindung an Stadt und Staat. Kadmos ist ein Wanderer, der aus der Ferne kommt, aus Tyros in Syrien, wie es heißt. Dem Wandern gegenüber entsteht am Ort ein Gegengewicht des Unveränderbaren, des hier Gewachsenen, des Beharrlichen. Inbegriff der Ortsansässigkeit ist der Ackerbau, das Säen; Ackerbau ist zugleich ‚Kultur‘ schlechthin, das Leben der friedlichen Arbeit im Gegensatz zum Räuber- und Kriegertum; Pflugscharen gegen Schwerter, eine berühmte Antithese aus dem israelitischen Prophetenwort. Aber erst einmal muß der Drachen getötet sein. Geht also das Schwert dem Pflug voraus? Meist läßt man Kadmos die Schlange mit einem Stein erledigen. Jedenfalls: Wenn die Wundererzählung aus dem Drachenkampf das friedliche Säen, aus diesem aber wiederum den Kampf der gewappneten Krieger und daraus schließlich die stabile Stadt hervorgehen läßt, bewegt sie sich mit bemerkenswerter logischer Konsistenz durch die Antithesen. Eine griechische Polis bleibt eine Stadt der Krieger, so gewiß sie eine vom Ackerbau lebende Stadt ist. Sie hat den Gegensatz von Aggression und Befriedung in ihr System aufgenommen.

In dieser Weise kann man versuchen, die ‚message‘ eines solchen Mythos zu umschreiben, wobei wir unser Wissen um Wirtschafts- und Sozialgeschichte der griechischen Polis einfließen lassen, eine im Territorium fixierte, auf Ackerbau aufbauende, doch kriegerische Siedlungsgemeinschaft. Sehr bezeichnend ist, wie Platon in seinem ‚Staat‘ eben diesen Aspekt des thebanischen Mythos, die Bindung an den Boden durch die quasi-Mutterschaft der Erde aufgreift, freilich mit überraschenden Tönen. Platon spricht von seinem zu konstruierenden Idealstaat und läßt Sokrates dabei sagen (414e): „Ich werde versuchen, erst einmal die Herrschenden selbst und die Soldaten zu überzeugen, dann auch die übrige Stadt, daß sie … in Wahrheit unter der Erde waren, dort geformt und ernährt wurden, daß sie und ihre Waffen und ihre andere Ausrüstung dort geschaffen wurden, und als sie vollständig fertig geworden waren, da hat die Erde sie, ihre Mutter, nach oben entlassen" – das ist der Mythos von den Spartoi, die als fertige Kämpfer samt Waffen aus der Erde kommen –, „und jetzt – fährt Platon fort – muß man für die Erde als Mutter und Amme des Landes, in dem sie wohnen, Pläne machen und Schutz leisten, falls irgend jemand gegen sie heranzieht; und man muß an die anderen Bürger wie an Brüder und Erdgeborene denken". So werden die Bürger als erdgeborene Brüder in die patriotische Pflicht genommen. Aber, sagt Platon zugleich, das ist doch eine faustdicke phönikische Lügengeschichte – Kadmos stammt aus Phönikien –, ein *gennaion pseudos*: „Ich weiß nicht, mit welcher Kühnheit, mit welchen Worten ich das erzählen soll", und daß je ein Mensch das glauben sollte, erscheint als vollends unglaublich. Und doch wäre dieser Mythos so nützlich, ja eigentlich unentbehrlich fürs Funktionieren einer Polis. Die faustdicke Ironie Platons, wie er sich vom Mythos distanziert und ihn doch benützt, ist nicht allen Lesern Platons klar geworden, Karl Popper tadelt Platon aufs strengste, als wolle Platon staatliche Propaganda mit dem Begriff der ‚edlen Lüge‘ rechtfertigen.[11] *Gennaion pseudos* heißt hier nicht ‚Lüge aus edlen, patriotischen Motiven‘, sondern ‚eine Lüge, die nicht von schlechten Eltern ist‘. Mit anderen Worten: Platon entlarvt einen traditionellen *charter myth* als staatserhaltende Lüge – und nimmt diesen eben dadurch in Gebrauch. So zeigt sich die Ambivalenz der mythischen Tradition.

Dabei hat selbst Platon nicht alle Facetten in den Blick gebracht. Anders nämlich ist der Tragiker Euripides bereits vor Platon mit dem Mythos von der Saat der Drachenzähne verfahren. Im berühmten Drama *Die Bakchen* geht es um König Pentheus, der den Kampf mit dem Gott Dionysos aufnimmt und gräßlich scheitert. Dieser Pentheus ist im System des Mythos der Sohn eines der Spartoi, Sohn des Echion, der den Drachen sogar im Namen führt, ἔχις = Natter. Der von Pentheus bedrohte Chor der Bacchantinnen singt (538 ff.): „Er zeigt seine Herkunft aus der Erde, daß er einst aus dem Drachen erwachsen ist, er, Pentheus, den Echion der erdverhaftete gezeugt hat, ein wild blickendes Ungeheuer, nicht einen menschlichen Mann, mörderisch wie ein Gigant, der mit den Göttern kämpft." Da ist die Erde nicht als Mutter und Amme gesehen, sondern als das Niedere, Widergöttliche, über das die Götter in ihrer hohen Macht sich erheben. Der aus der Drachensaat Stammende verliert den Anspruch, als Mensch zu gelten. Der Mythos von der Drachensaat erweist sich so als verwandt mit jenem anderen Mythos, dem vom Kampf der erdgeborenen Giganten gegen die olympischen Götter, der mit der Vernichtung der Unteren geendet hat. Der Mythos vom Gigantenkampf war das bleibende Sujet auf dem Peplos, den man in Athen am Panathenäenfest der Stadtgöttin Athena überreichte. Dieses kämpferische Urgeschehen zu vergegenwärtigen, sichert die Ordnung der Hohen gegen die Niederen, nimmt damit auch die Niederlage des Pentheus vorweg. Ein *charter myth* überlagert den anderen, und statt Auszeichnung der Erdgeborenen von Theben steht ihre Vernichtung in Aussicht.

In den einige Jahre früher aufgeführten *Phoinissai* des Euripides, einem Drama, das die Geschichte der Ödipus-Familie auf die Bühne bringt, hat die Gründungsgeschichte ganz andere Folgen: Als der Angriff der ‚Sieben gegen Theben' unmittelbar bevorsteht, tritt der Seher Teiresias auf den Plan und erklärt dem designierten Herrscher Kreon (931): „Du mußt Menoikeus hier, deinen Sohn, für das Vaterland schlachten". Warum dies?
„Dieser muß der Höhle, wo der erdgeborene Drache Wächter der Dirke-Quelle war, geschlachtet werden, er muß das Todesblut als Gußopfer der Erde erstatten, auf Grund des alten Grolls, der dem Kadmos von Ares her gilt, von Ares, der dem erdgeborenen Drachen seinen Tod zu rächen unternimmt. Wenn ihr dies tut, werdet ihr Ares zum Bundesgenossen erwerben; wenn die Erde für ihre Frucht Frucht, für Blut menschliches Blut empfängt, werdet ihr die Erde freundlich gesinnt haben, die Erde, die einst auch das goldbehelmte Ährenfeld der Sparten aufsprießen ließ. Aus diesem Geschlecht muß ein Kind sterben, das aus dem Kiefer des Drachen erwachsen ist." Da hat man wieder die Mutter Erde, die Frucht für Menschen hervorbringt, ja in einmaligem Wunder Menschen selbst erwachsen ließ, herrliche Menschen, ‚goldbehelmt'. Aber dies ist nicht freies Schenken der Erde, es ist eingebunden in einen Prozeß der Reziprozität, die Gabe verlangt nach der Gegengabe, damit die ‚freundliche' Gesinnung erhalten bleibt; und hinter dem agrarischen Austausch, ‚Frucht für Frucht', erscheint unversehens das andere, ‚Blut für Blut'. Hinter der Drachensaat, die die Menschen sprießen ließ, stand ein Mord; und der Drachen war nicht einfach ein böses Tier, sondern seinerseits Sohn eines Gottes, jenes schrecklichen Gottes, der Krieg und Kampf regiert, kraft dessen Macht die ‚Sieben' jetzt die Stadt umringen. So muß ein Nachkomme der Spartoi geschlachtet werden, um in der Schlacht den Sieg zu sichern. Die Episode ist möglicherweise von Euripides erfunden worden, sie variiert eine Standardszene vieler Tragödien. Aber eben die Erfindung zeigt einen bezeichnenden Umgang mit dem Mythos: Der *charter myth* gewinnt tödliche Konsequenzen. Die Gründung selbst, das Töten des ‚Drachens', das den Raum für scheinbar ungefährdetes Leben geschaffen hat, ist behaftet mit dem ‚alten Groll' des Drachenvaters, des Herrn des blutigen Streits; der kriegerische Gegner, jene ‚Sieben', die vor der Stadt stehen, kann nur ferngehalten werden, wenn in der Stadt Blut fließt, Blut fürs Blut der Gründung. Unausweichlich stehen die Bürger der kriegerischen Stadt in einem dunklen Erbe der Gewalt, das nur durch Opfer gelichtet werden kann.

Zu bedenken ist bei alledem, daß wir den Ursprung von Theben in diesen Texten nicht aus der Sicht von Theben selbst erfahren, wir haben nur die Kommentierung des Mythos aus Athen. Der thebanische Dichter Pindar kennt und nennt den Mythos vom ‚heiligen Geschlecht der Spartoi' durchaus, erwähnt ihn jedoch nur beiläufig als mögliches Thema zum Lobe Thebens (*Isthm.*7,10; *fr.*29). Da haben wir jenes Interesse, das für andere uninteressant bliebt. Für Athen dagegen ist Theben zumal in der Tragödie sozusagen die ‚andere Stadt‘, die man mit der rechten Distanz und doch sehr unmittelbarer emotioneller Beteiligung sich in der Tragödie vor Augen führen läßt. So erscheint gerade in Athen der thebanische Mythos in seinen schillernden Facetten, zwischen verdächtiger Vaterlandspropaganda und altem Verhaftetsein an Schuld und Gewalt.

Wir haben griechische Mythen hier nicht als Zeugnisse eines romantisch-seelischen Urzustandes kennengelernt, sondern getragen und durchpulst von Konflikten, Herrschaftsansprüchen, Aggression und Depression, Gewalt und Ordnungsentwürfen. Der Mythos zeigt sich, ob Ursprungsmythos, Wandermythos, Kulturbringer-Mythos, immer ‚angewendet‘, verarbeitet, eingebunden in lokale Ansprüche, als *charter myth*. Und doch reicht die Erzähltradition jeweils weiter zurück, sie steht auf tieferen Fundamenten; sie ist nicht zum Zweck direkter Propaganda erfunden, gelegentlich scheint sie sich dieser eher widerwillig zu fügen und läßt darum immer auch andere Bearbeitungen zu. Wir sehen die Mythen nicht nur als Vehikel skrupelloser ‚ideologischer‘ Manipulation, sondern als Vorgaben, die sich anbieten, die Welt geistig zu bewältigen, ohne die eigene Arbeit der Anwendung und Deutung zu ersparen. Die traditionellen Erzählungen haben eine gewisse ‚Weisheit‘ auf ihrem langen Weg aufgesogen, Anpassung an die Dynamik der menschlichen Seele und an wesentliche Aspekte der Wirklichkeit, sie sind ausgezeichnet durch Symmetriepostulate ebenso wie durch emotionelle Verständlichkeit.

In der Explosion der Medien von heute wird dergleichen vervielfältigt, zerfasert, vermarktet, während die wachsende Macht des Wissens und der Technik die Realität als völlig veränderbar und immer weniger einsehbar erscheinen läßt. Die direkte Darstellung der griechischen Mythen kommt kaum mehr zur Wirkung, am wenigsten, wenn Hollywood in Monster-Verfilmungen sich ihrer annimmt. Mythologe jedoch im Sinn des Interpreten zu sein, den hochkomplexen, ja widerstreitenden Botschaften nachzuspüren, die aus den alten Geschichten herausklingen, bleibt für den Geisteswissenschaftler eine lustvolle, ja verführerische Aufgabe.

Anmerkungen

[1] Knappste Literaturangaben müssen hier genügen: Allgemein F. Graf, Griechische Mythologie, München ³1991; problematisierend C. Calame, Mythe et histoire dans l'Antiquité grecque, Lausanne 1996. Verwiesen sei auf W. Burkert, Structure and History in Greek Mythology and Ritual, Berkeley 1979; Griechische Mythologie und die Geistesgeschichte der Moderne. In: Les Etudes classiques au XIXe et XXe sincles. Entretiens sur l' antiquité classique XXVI, Vandoeuvres-Gennve 1980, S. 159–199; Typen griechischer Mythen auf dem Hintergrund mykenischer und orientalischer Tradition, in: D. Musti etc., ed., La Transizione dal Miceneo all'Alto Arcaismo, Roma 1991, S. 527–536; Mythos – Begriff, Struktur, Funktionen, in: F. Graf, Hg., Mythen in mythenloser Gesellschaft, Stuttgart 1993, S. 9–24.

[2] Vgl. Burkert 1980, Graf 1991 (wie Anm. 1) mit Bibliographie.

[3] Burkert 1979 (wie Anm. 1).

[4] R. Meiggs, D. Lewis, A Selection of Greek Historical Inscriptions, Oxford 1969, Nr. 23.

[5] H. T. Wade-Gery, The Poet of the Iliad, Cambridge 1953, S. 8 f.

[6] H. Otten, Eine althethitische Erzählung um die Stadt Zalpa, Wiesbaden 1973.

[7] Vgl. W. Burkert, La cité d'Argos entre la tradition mycénienne, dorienne et homérique, in: V. Pirenne-Delforge, éd., Les Panthéons des cités des origines à la Périégèse de Pausanias, Liege 1998 (Kernos Suppl. 8), S. 47–59.

[8] Vgl. W. Burkert, Héraclès et les animaux. Perspectives préhistoriques et pressions historiques, in: C. Bonnet, C. Jourdain-Annequin, V. Pirenne-Delforge, éd., Le Bestiaire d'Héraclès. IIIe Rencontre héracléenne, Liège 1998 (Kernos Suppl. 7), S. 11–26.

[9] Vgl. jetzt A. Laks, G. W. Most, ed., Studies on the Derveni Papyrus, Oxford 1997.

[10] Hierzu W. Burkert, The Orientalizing Revolution, Cambridge, Mass. 1992, S. 92 f.

[11] K. Popper, The Open Society and its Enemies I: The Spell of Plato, London 1945, ⁴1962, dt. Die offene Gesellschaft und ihre Feinde I: Der Zauber Platons, Bern 1957, ⁴1975, Kap. 8.

Odysseus: Von Homer bis zu James Joyce

Heinz Hofmann

Ein Mann soll in den Krieg ziehen, aber er hat keine Lust. Er weiß auch nicht, warum gerade *er*; denn eigentlich hat er mit der ganzen Sache nichts zu tun: Was gehen ihn die Weibergeschichten eines Duodezfürsten auf dem Festland an? Er sitzt gut und glücklich, weit weg von allem, auf seiner Insel. Sollen sie doch sehen, wie sie das unter sich ausmachen. Außerdem ist es eine gefährliche Sache, auf die sie sich da einlassen: Der Gegner ist stark, groß und reich geworden durch seine strategisch und wirtschaftlich günstige Lage. Er kontrolliert die wichtige Meerenge und weite Teile der Küste und des Hinterlandes und hat viele Verbündete. Warum sich also auf so ein riskantes Abenteuer einlassen, das ihn Jahre, wenn nicht Jahrzehnte von seiner Familie und Heimat trennen würde? Vielleicht hat er sich vorgestellt: Es ist Krieg, und keiner geht hin. Jedenfalls *er* nicht. Er war klug. Und als sie kamen, um ihn zu holen, stellte er sich verrückt: Er spannte Ochs und Esel ins Joch, setzte sich eine alte Filzkappe auf und pflügte so seinen Acker. Beim Pflügen säte er Salz hinter sich in die Furchen. Er tat, als ob er die anderen nicht kenne. Doch die anderen durchschauten ihn: Palamedes entriß seiner Gattin, die dabeistand, den Säugling Telemach und legte ihn vor das Gespann auf den Boden. Wollte er nicht seinen eigenen Sohn unterpflügen, so mußte er einhalten – und damit hatte er sich verraten: Er war also doch bei Verstand.[1] Seine List half ihm nicht mehr: Er mußte in den Krieg. Alle gingen hin.

Es kam, wie er befürchtet hatte: Der Krieg dauerte zehn Jahre, bis er endlich durch sein wiederholtes entscheidendes Eingreifen und seine List mit dem hölzernen Pferd beendet wurde. Es dauerte aber nochmals zehn Jahre, bis er endlich heimkehren konnte: Immer wieder durch Stürme von der schon greifbar nahen Heimat vertrieben, vom Zorn des Poseidon verfolgt, dessen Sohn er geblendet hatte, und von Königstöchtern, Nymphen und Göttinnen zurückgehalten, die ihn für immer bei sich haben wollten und ihm sogar Unsterblichkeit versprachen, mußte er sich wappnen gegen eine See von Plagen, um sie durch Widerstand zu enden. Doch wurde ihm auch jetzt die Hilfe der Göttin Athene zuteil, die ihn von früher Jugend an beschützte und stets im entscheidenden Moment eingriff, so daß ihm die Heimkehr zu Penelope und in sein geliebtes Ithaka schließlich nach langen zwanzig Jahren gelang.

Odysseus in der Antike

Die wichtigsten Quellen für unser Wissen über Odysseus in der Antike sind natürlich die homerischen Epen. In der *Ilias* ist er ein tapferer Kämpfer, ein weiser und kluger Ratgeber, ein unermüdlicher und engagierter Vermittler, z. B. wenn es darum geht, den grollenden Achill wieder zur Teilnahme an den Kämpfen zu bewegen, und ein schlagfertiger Redner. Er ist πολύτροπος (*polýtropos*, viel gewandt), πολυμήχανος (*polyméchanos*) und πολύμητις (*polýmetis*, listenreich, aber auch im positiven Sinn: jemand, der guten Rat und Ausweg weiß in einer hoffnungslosen Situation). Nur gelegentlich zeigt er negative Eigenschaften und ist grausam und wortbrüchig. In der *Odyssee* lernen wir ihn kennen als πολύτλας (*polýtlas*) oder πολυτλήμων (*polytlémon*), den großen, heroischen Dulder, der zahllose Abenteuer zu bestehen hat und trotz Kirke und Kalypso sich stets nach Penelope und seiner Heimat Ithaka sehnt. Dieses Heimweh und seine Treue zu Penelope beseelen ihn und formen das Grundmotiv des ganzen Epos. Sein Erfindungsreichtum jedoch wird oft zu negativ gezeichneter Schlauheit, und die zahlreichen Lügengeschichten, die er anderen auftischt, erhalten oft den Beigeschmack absichtlicher Irreführung, ja zeugen selbst von Habgier und Grausamkeit.

Der thebanische Dichter Pindar in der 1. Hälfte des 5. Jh.s war daher, soweit wir wissen, der erste, der Odysseus im Streit um die Waffen des Achilles als listigen Betrüger darstellte, während er Aias, der den Leichnam Achills aus der Schlacht gerettet hatte und daher ebenfalls Anspruch auf die Waffen erhob und, nachdem sie Odysseus zugesprochen worden waren, in Wahnsinn verfiel und sich ins Schwert stürzte – während er Aias als aufrechten Held pries.[2]

In der attischen Tragödie treffen wir Odysseus als Meister der Intrige und oft negativ gezeichnete, unsympathische Figur an, etwa im *Aias* des Sophokles, wo es ebenfalls um den Waffenstreit geht: Aias hatte dort den Odysseus noch einen „durchtriebenen Fuchs" (τοὐπίτριπτον κίναδος, *toupítripton kínados*) und schlimmen Schurken genannt, doch nach dem Selbstmord des Aias erscheint Odysseus als Vermittler und Versöhner, der seinen Gegner im Waffenstreit als großen Helden preist und sich gegen Agamemnon für ein ehrenvolles Begräbnis einsetzt, so daß der Chor zum Schluß seine weise Einsicht rühmt und Teukros, Aias' Halbbruder, ihn als „edlen Mann" bezeichnet.[3] Ganz negativ ist dagegen seine Gestalt in Sophokles' *Philoktetes*: dort ist er ein feiger Intrigant, der den jungen Neoptolemos, Achilles' Sohn, als Werkzeug gebraucht, um dem todkranken Philoktetes Pfeil und Bogen des Herakles abzuluchsen und ihn auf sein Schiff zu locken, da Troja nur mit Hilfe von Herakles' Waffen erobert werden kann.

Dieser weitgehend kritischen Zeichnung in der Dichtung steht im 4. und 3. Jh. ein freundliches Odysseusbild bei den Philosophen kynischer und stoischer Richtung entgegen: Sie betonen gerade sein ausgleichendes Wesen, seine Klugheit, seine Vermittlungsgabe und sein umsichtiges und rationales Argumentieren. Seine Irrfahrten, seine treue Liebe zu Penelope und seiner Heimat werden als positive Charaktereigenschaften verstanden. Horaz stellt ihn im ersten Buch seiner Briefe[4] als Repräsentanten stoischer Tugend vor, da er in sich die stoischen Ideale von ἀταραξία (*ataraxía*) und ἀπάθεια (*apátheia*) verkörpere: ein Mann, frei von Affekten, den nichts aus der Bahn bringen könne. So wird Odysseus zum Vorbild des stoischen Weisen, der stets nach der Vollkommenheit der ethischen Ideale strebt. Hier hat dann die christliche Deutung der Spätantike angeknüpft.

Welche Episoden aus den Sagen um Odysseus wurden nun in der Antike vor allem behandelt? Es sind in erster Linie die Abenteuer, welche die Menschen am meisten beeindruckten und ihre Phantasie beflügelten.

a) Das Kyklopenabenteuer

Das Kyklopenabenteuer, eine der bekanntesten Episoden der *Odyssee*, wurde auch sonst in Literatur und Kunst gerne gestaltet. Seine wesentlichen Elemente sind die Blendung des betrunken gemachten Kyklopen mit einem glühenden Ast, die Flucht von Odysseus und seinen Gefährten aus der Höhle des Kyklopen unter den Bäuchen seiner Schafe und Polyphems Versuch, das Schiff des Odysseus mit Felsblöcken zu zerschmettern. Die dem Stoff inhärenten komischen Züge haben vor allem die Komödiendichter ausgebeutet, vielleicht schon Epicharm (1. Hälfte 5. Jh., auf Sizilien), dann jedoch Kratinos, der Zeitgenosse des Aristophanes, und Euripides in seinem Satyrspiel *Kyklops*, das die Blendung nicht als Mittel zur Befreiung aus der Höhle einsetzt – denn die Handlung spielt aus bühnentechnischen Gründen nicht *in*, sondern *vor* der Höhle des Kyklopen –, sondern als Rache für die Tötung der Gefährten.

Besonders häufig wurden Odysseusszenen in der Vasenmalerei dargestellt; die ältesten Abbildungen stammen etwa von 670 v. Chr. und sind als unmittelbare Reaktionen auf das Bekanntwerden der *Odyssee*, als erste Versuche ihrer künstlerischen Umsetzung in ein anderes Medium, zu verstehen:

– Das älteste bekannte Bild auf einer Amphore von Eleusis zeigt die Phasen des Blendungsvorgangs in gleichsam additiver Erzählweise (Abb. 1): Der Kyklop *sitzt*, gegen einen Felsen gelehnt, mit offenem Auge, während er bei Homer *liegt* und im Rausch Wein und Brocken von Menschenfleisch erbricht; er hält noch den doppelhenkeligen Weinbecher

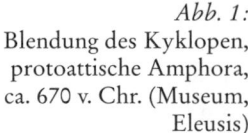

in der rechten Hand, mit der linken versucht er die Lanze abzuwehren
(bei Homer ist es ein zugespitzer Baumstumpf), die Odysseus und zwei
seiner Gefährten – vorsichtig auf den Zehenspitzen heranschleichend, um
den schlafenden Riesen nicht zu wecken – über ihren Köpfen stemmen
und deren Spitze sie ihm eben ins Auge bohren. Die gegenüber der homerischen Erzählung „unlogischen" Elemente sollen indes um so deutlicher
die für das Verständnis der Szene wichtigsten Züge dem Betrachter deutlich machen.

– Etwa derselben Zeit gehört der Kratēr des Aristonothos aus dem
etruskischen Caere an (Abb. 2: der Name des Künstlers steht auf der spie-
gelverkehrt von rechts nach links laufenden Beischrift: ΑΡΙΣΤΟΝΟΘΟΣ
ΕΠΟΙΣΕΝ: „Aristonothos hat das gemacht"): Odysseus und vier seiner
Gefährten nähern sich ebenfalls auf Zehenspitzen und halten, wie die ‚Sieben Schwaben', den Speer im Kreuzgriff, so daß der erste dahinter steht,
der zweite davor, der nächste dahinter, usw.; der letzte stößt sich mit dem
Fuß ab, um dem Pfahl noch größere Stoßkraft zu verleihen. Der Kyklop
lag offensichtlich vorher bei Käsedarre und Melkeimer am Boden; durch
den Angriff ist er erwacht und hat sich halb aufgerichtet, wobei er sich mit
der linken Hand noch am Boden abstützt und mit der rechten, wie auf den
anderen Abbildungen, den Pfahl abzuwehren versucht; doch durch die
Wucht des Stoßes verliert er das Gleichgewicht, seine Schenkel fahren in
die Höhe, und im nächsten Moment wird er geblendet zurücksinken.

– Die Flucht des Odysseus aus der Höhle des geblendeten Kyklopen
ist ebenfalls mehrfach dargestellt, hier auf einem attischen Kolonetten-

Abb. 2:
Blendung des Kyklopen,
Kratēr des Aristonothos,
ca. 670 v. Chr. (Konser-
vatorenpalast, Rom)

Abb. 3:
Flucht des Odysseus aus
der Höhle des Kyklopen,
attischer Kolonetten-
kratēr des sog. Sappho-
Malers, ca. 510 v. Chr.
(Badisches Landes-
museum, Karlsruhe)

kratēr von ca. 510 v. Chr. (Abb. 3). In ihrer anatomischen Unmöglichkeit unterstreicht die Szene die Drastik des waghalsigen Unternehmens: Odysseus hängt unter dem Widder, klammert sich aber nur mit seiner Linken an dessen Fell, während seine Unterschenkel und Füße über den Rumpf des Widders hinausragen und nach unten baumeln. Den Kopf hat Odysseus jedoch um beinahe 180 Grad verrenkt, so daß er nach vorne sehen kann, und für alle Eventualitäten hält er in der Rechten sein Schwert bereit.

b) Die Begegnung mit Nausikaa

Die Begegnung mit Nausikaa am Strand der Phäakeninsel, an die Odysseus nach dem Schiffbruch gespült wurde, begegnet ebenfalls mehrfach auf Vasenbildern:

– Auf einer rotfigurigen attischen Amphora aus der Mitte des 5. Jh.s (Abb. 4) will links der schiffbrüchige Odysseus mit einem Ast seine Nacktheit bedecken, ganz wie es in *Od.* 6,127ff. beschrieben ist, während Athene, die von langer Hand alles arrangiert hat, in der Mitte zwischen beiden steht und soeben der Nausikaa „Mut in den Sinn gelegt und die Angst aus den Knien genommen" hatte (*Od.* 6,140), aber auch dem Helden einen ermunternden Blick zuwirft. Rechts sieht man eine der Gefährtinnen Nausikaas aus Angst vor dem fremden, nackten und struppig aussehenden Mann davonlaufen (bei Homer wird er mit einem Löwen verglichen, und der Künstler hat etwas von diesem Vergleich in die Figur des Odysseus gelegt),

Abb. 4:
Odysseus vor Nausikaa,
rotfig. attische Amphora,
um 440 v. Chr. (Staatl.
Antikensammlung,
München)

während Nausikaa sich zwar auch schon anschickt, um wegzulaufen – die
Stellung ihrer Beine verrät es –, aber dann doch durch Athenes Einwir-
kung stehenbleibt und sich von Odysseus ansprechen läßt. Ganz links
hinter Odysseus sieht man noch einen Baum, auf dem die Wäschestücke
zum Trocknen aufgehängt sind, die Nausikaa und ihre Gefährtinnen vorher gewaschen hatten.

   – Dieselbe Szene ist auf dem Deckel einer rotfigurigen attischen Pyxis
(Dose) vom Ende des 5. Jh.s v. Chr. dargestellt (Abb. 5): Odysseus mit
dem Ast in der Hand, den er vor sein Geschlecht hält, folgt Athene, die mit
der Rechten auf Nausikaa weist; diese bleibt als einzige stehen, die Arme
verschränkt und den linken Arm angewinkelt, und blickt nachdenklich
auf Odysseus. Zwei andere Mädchen fliehen bereits, während die dritte
noch mit dem Zusammenlegen der Wäsche beschäftigt ist und gar nicht
merkt, was um sie herum vorgeht. Die Beziehungen zwischen den sechs
Personen hat der Künstler durch die diametrale Anordnung noch besonders unterstrichen; außerdem sind alle Personen durch Beischrift ihres
Namens gekennzeichnet, sogar die drei Mägde sind dadurch als Kleopatra,
Leukippe und Phylonoe identifiziert. Da ihre Namen bei Homer nicht
vorkommen, hat man – auch wegen der Kostüme der Mädchen – den
Einfluß einer Aufführung von Sophokles' *Nausikaa oder die Wäscherin-
nen* auf die Darstellung dieser Pyxis erwogen.

Abb. 5:
Odysseus vor Nausikaa,
Deckel einer rotfig.
attischen Pyxis, um 420
v. Chr. (Museum of
Fine Arts, Boston)

c) Begegnung mit den Sirenen

Schließlich hat auch die Begegnung mit den Sirenen mehrfach die Vasen-
maler zur Gestaltung dieser Episode inspiriert:

– Der Maler eines rotfigurigen attischen Stamnos (Weinamphora) von
ca. 475/60 v. Chr. aus Vulci (Abb. 6) zeigt das Schiff des Odysseus, dessen
Segel wegen der Flaute im Gebiet der Sireneninsel eingerollt ist, so daß die
Gefährten, denen der Steuermann mit der Rechten Anweisungen gibt (mit
seiner Linken hält er das Steuerruder), das Schiff durch Rudern fortbewe-
gen müssen. Zwei der Sirenen sitzen als Vogelmädchen links und rechts
auf einem Felsvorsprung, während eine dritte sich mit geschlossenen Augen
senkrecht auf das Schiff des Odysseus niederstürzt. Vermutlich ist aber
auch hier das zeitliche Nacheinander in ein kompositorisches Nebeneinander eingeformt und der Selbstmord der Sirenen wegen der mißlungenen
Verführung des Odysseus dargestellt; dieser Selbstmord wird zwar nicht
in der *Odyssee* erzählt, scheint aber bereits auf einem Vasenfragment von
etwa 600 v. Chr. nachweisbar zu sein, dürfte also unabhängig von Homer
auf andere, ältere Traditionen zurückgehen.[5]

– In ziemlich expressiver, fast komisch anmutender Weise ist das Sirenenabenteuer dagegen auf einem rotfigurigen Kratēr aus der Werkstatt des
Python in Paestum aus der Zeit um 330 v. Chr. dargestellt (Abb. 7): In fast
stoischer Gelassenheit, teils langsam vor sich hinrudernd, teils untätig im
Schiff sitzend, schauen fünf Gefährten zu Odysseus hin und lauschen of-

Abb. 6:
Odysseus und die Sire-
nen, rotfig. attischer
Stamnos, ca. 475/60
v. Chr. (British Museum,
London)

fensichtlich auch den Sirenen, von denen die eine ein Timpanon, die andere eine Kithara mit Plektron in der Hand hält, womit sie ihren Gesang
begleiten. Mit erhobenen Händen am Mast festgebunden, den Pilos (eine
Filzmütze) auf dem Kopf und mit einer kurzen Tunika bekleidet, steht
Odysseus auf den Zehenspitzen und lächelt zu den Sirenen hin, gleichsam
magisch angezogen von ihrem Gesang und wohl auch ihrer Gestalt. Die
Sirenen sind wieder als Vogelmädchen dargestellt, allerdings hier zum er-
stenmal mit weiblichem Oberkörper – die rechte bekleidet, die linke mit
bloßen Brüsten – und schweben frei in der Luft, ohne ihre Flügel zu gebrauchen, die aus ihren Hüften herauswachsen, an denen auch ihr vogel-
artiger Unterleib ansetzt.

d) *Odysseus in Sperlonga*

In den letzten Jahrzehnten haben schließlich Skulpturen mit Darstellungen
u. a. von zwei *Odyssee*-Abenteuern großes Aufsehen erregt, die 1957 in der
sog. Grotte des Tiberius in Sperlonga südlich von Tarracina gefunden und
in mühevoller Arbeit von einer Gruppe Archäologen um Bernard Andreae
in ihrer ursprünglichen Aufstellung und Funktion rekonstruiert wurden.[6]
Auf dem Schiff der Skylla-Gruppe sind die Namen der rhodischen Bildhauer Athanadoros, Hagesandros und Polydoros zu lesen, die nach Plinius,

Abb. 7:
Odysseus und die Sire-
nen, rotfig. Kratēr aus
Paestum, ca. 330 v. Chr.
(Staatl. Museen Preußi-
scher Kulturbesitz, Anti-
kensammlung, Berlin)

Naturalis Historia 36,37 auch die Laokoon-Gruppe im Vatikan geschaffen
haben. Inzwischen hat sich um die Deutung dieser Skulpturen, insbesondere ihre Funktion und das Programm der Tiberiusgrotte von Sperlonga, eine
heftige Diskussion entwickelt, die über die Fachorgane hinaus auch in Ta-
geszeitungen geführt wird und auf die ich hier nicht eingehen kann.[7]

– Die in Abb. 8 zu sehende Skylla-Gruppe zeigt das Meeresungeheuer
der *Odyssee* in der späteren, durch Ovids *Metamorphosen* (14,18 ff.) vul-
garisierten Gestalt als verführerisch schönes Mädchen, das aus Eifersucht
von Circe verwandelt wurde, so daß ihr Unterleib mit Hunden besetzt ist
und in einen Fischschwanz ausläuft, der im Hintergrund noch deutlich zu
sehen ist. Aus dem Schiff des Odysseus (links) hat sie sich bereits fünf
Gefährten geholt, und ihre Hunde sind gerade dabei, sie zu zerfleischen.
Der sechste Hund schnappt nach dem Steuermann, den Skylla mit ihrer
Rechten bei den Haaren aus dem Schiff zerrt, während sie in der Linken
triumphal das Steuerruder schwingt. Im Hintergrund steht Odysseus mit
Schild, eben im Begriff, sich des Steuerruders wieder zu bemächtigen.

– Ebenso beeindruckend ist die Polyphem-Gruppe aus Sperlonga
(Abb. 9), die den Moment zeigt, in dem zwei Gefährten den zugespitzten
Pfahl am unteren Ende halten und mit aller Kraft zustoßen, während Odysseus von einer erhöhten Stelle aus die Spitze in das Auge des Kyklopen
lenkt, der, erschlafft vom Wein, in tiefem Schlaf liegt, und ein dritter Ge-

Abb. 8:
Skylla-Gruppe aus Sper-
longa (z. T. rekonstruiert),
1. Drittel 1. Jh. n. Chr.
(Museum, Sperlonga)

fährte rechts mit dem Weinschlauch davonläuft in schreckensvoller Erwartung des Augenblicks, da der Kyklop aufspringen und die Übeltäter
zu ergreifen suchen wird.

Die Funktion dieser und der übrigen Odyssee-Szenen in der Tiberius-
Grotta von Sperlonga bestand nach Bernard Andreaes Interpretation darin,
daß Kaiser Tiberius, der aus der Familie der Claudier stammte, dem Anspruch des Augustus und dem Geschlecht der Julier auf Abstammung von
Venus und Aeneas seine eigene ebenso alte und bedeutende homerische Ge-
nealogie entgegenstellen wollte: Der Blick aus der Grotte von Sperlonga
ging nach Südwesten über die Bucht von Gaeta zum Vorgebirge des Monte
Circeo, der Überlieferung nach der Wohnort Circes. Der Sohn von Circe
und Odysseus aber war Telegonos, der später die Stadt Tusculum gründete,
in der das Geschlecht der Claudier beheimatet war, und der somit zum
Stammvater der Claudier wurde. Von dort wanderten die Claudier 504
nach Rom aus und zählten seitdem zu den bedeutendsten Familien. Von
hier aus ergeben sich literarische, kunsthistorische und politische Querver-
bindungen, die die Inanspruchnahme mythischer Überlieferung für aktuelle
politisch-ideologische Zwecke in neuem Licht erscheinen lassen.

Abb. 9:
Polyphem-Gruppe aus
Sperlonga (z. T. rekon-
struiert), 1. Drittel
1. Jh. n. Chr. (Museum,
Sperlonga)

Abb. 10:
Sarkophag des
M. Aurelius Romanus,
ca. 240 n. Chr. (Museo
Nazionale Romano,
Rom)

Odysseus in der christlichen Interpretation der Spätantike

Ich habe im vorausgehenden Abschnitt die Bildzeugnisse zu Odysseus so ausführlich vorgestellt, weil sie wesentliche Aspekte der Formung der Odysseusgestalt durchspielen, denen wir in späteren Jahrhunderten wieder begegnen werden.

In der Kaiserzeit macht sich weithin eine allegorische Deutung der klassischen Mythen breit, mit der die Stoiker bereits begonnen hatten und die von anderen Philosophenschulen und nicht zuletzt auch vom Christentum übernommen und weitergeführt wird. Ich hatte bereits auf Odysseus als das Idealbild des stoischen Weisen hingewiesen, als der er seit der Kaiserzeit immer häufiger begriffen wird. Beispiel hierfür sind die spätantiken Sarkophage, auf denen ein bestimmtes Repertoire antiker Mythen zur Charakterisierung des Verstorbenen und zur Andeutung jenseitiger Bezüge begegnet. Odysseus wird dabei gerne als mythischer Repräsentant philosophischer Haltung gewählt, wie etwa auf dem Sarkophag des M. Aurelius Romanus von ca. 240 n. Chr. (Abb. 10), gefunden an der Via Tiburtina in Rom, auf dem der Verstorbene links als Odysseus im Schiff zwischen zwei sitzenden Philosophen dargestellt ist, die als solche durch ihre Papyrusrollen mit philosophischen Schriften kenntlich sind, während rechts drei

Sirenen den Kontrast weltlicher Lust andeuten: Die Philosophen als die
Jünger der Musen vermitteln die wahre Lehre und lassen sich nicht von
den falschen Verlockungen der Sinnlichkeit – allegorisch ausgedrückt im
Gesang der Sirenen als den Rivalinnen der Musen – betören.

Als die Kirchenväter mit dem Problem der Aneignung oder Verwerfung
der heidnischen Literatur konfrontiert waren, sahen die klügeren unter
ihnen eine Möglichkeit darin, daß man die heidnischen Texte und Überlieferungen auch für die christliche Erziehung verwenden sollte, wenn man
sie behandle, wie Moses (*Deut* 21,10ff.) es für die ägyptische Kriegsge-
fangene vorgeschrieben habe: daß man ihr Haupt kahl schere, ihre Nägel
schneide, ihr Gewand wegwerfe und sie 30 Tage in Quarantäne halte, bevor man sich mit ihr einlasse und sie zum Weibe nehme. Auch von der
antiken Literatur müsse man richtigen Gebrauch machen, indem man alles
Heidnische wegschneide und nur das Nützliche für die christliche Lehre
übernehme.[8]

Auf diese Weise konnte auch Odysseus für die Exegese der Kirchenväter fruchtbar werden, indem seine Irrfahrten und besonders wieder das
Sirenenabenteuer zum Leitbild für den Christen wurden: Seine Seefahrt
wird zur Seefahrt auf dem Meer des Lebens, das auch dem Christen die
damit verbundenen Gefahren und Anfechtungen vor Augen stellt, die er
bestehen und passieren muß, bis er in den Hafen des Heils und des ewigen
Lebens einlaufen kann.[9] Die Sirenen sind die Verführerinnen, von denen
der Christ bedroht wird, indem sie versuchen, ihn durch sinnliche Betö-
rung in den Untergang zu locken und so um das ewige Heil zu bringen.
Wie unschwer auf der abgebildeten Gemme aus dem 1. Jh. v. Chr. zu erkennen ist (Abb. 11), war das Schiff des Odysseus zu einer theologischen
Auslegung besonders geeignet: Stellte doch der Mastbaum, an den er gebunden war, um den Verlockungen der Sirenen nicht zu erliegen, die Form
eines Kreuzes dar und konnte so zu einem Symbol von Christi Kreuz werden, Odysseus zum Symbol der Erlösung des Menschen durch das Kreuz
schlechthin. Der ewige Odysseus bindet sich an den Mastbaum des Kreuzes, damit er wissend dem Tod begegne, aber er ist festgebunden für eine
Freiheit, die ihm eine sichere Ankunft im Hafen der ewigen Ruhe verheißt.
So kann das Schiff des Odysseus zum Schiff der Kirche werden, die unter
großer Gefahr, aber letztlich doch sicher durch das Meer der Welt fährt
und dessen Planken Symbol für die Heilserwartung der Christen werden –
im Kirchenlied lebt diese Metaphorik weiter. Die Kirchenväter sprechen
daher vom „Seelenschifflein" (*navicula animae*), denn auch die Seele ist,
wie Odysseus zwischen Ithaka und Hades, in Gefahr, den Heimweg zu
verlieren, und wie *er* verlangt auch *sie* sehnlichst danach, in den Hafen des
Friedens und der Ruhe einzulaufen. Die Sirenen, die weltlichen Mächte

Abb. 11:
Odysseus und die Sirenen, Gemme, 1. Jh. v. Chr. (Staatl. Museen Preußischer Kulturbesitz, Antikensammlung, Berlin)

und Lüste, bedrohen die Seele, den Menschen, Odysseus: Nur das Holz des Mastbaums ist, wie das Holz des Kreuzes, imstande, Odysseus, den Menschen, die Seele, zu retten. Es ist aber die weise Seele, die sich ebenso wie der kluge und weise Odysseus aus eigenem Entschluß und Willen am Mastbaum des Kreuzes festbinden läßt. Der Christ ist also ein Seefahrer, ein himmlischer Odysseus, der mit Hilfe des himmlischen Windes, des heiligen Pneumas, des Wehens des Heiligen Geistes, der tödlichen Gefahr der Sirenen entrinnen kann. In dieser Deutung sind die Sirenen ein Symbol der Gefahr, die von der heidnischen Weisheit der Antike ausgeht, aber sie können auch die Gefahr der Häresien symbolisieren: Nur der starke und weise Mensch kann ohne Gefahr für sein Seelenheil auf die Häretiker hören.

Odysseus im westlichen Mittelalter

Das Schiff des Odysseus als Symbol der Christenheit auf dem Weg durch die Gefahren des Meeres der Welt in den Hafen des ewigen Heils: Dieses Bild wird das ganze Mittelalter hindurch variiert. Es ist eines der wenigen

Dinge, die man im westlichen Mittelalter mit Odysseus verband: denn die
homerischen Epen waren unbekannt, und was man sonst von antiken
Mythen und von Odysseus insbesondere wußte, kam vor allem von den
Kirchenvätern, von Vergils *Aeneis* und Ovids *Metamorphosen*, die sich seit
dem 1. Viertel des 14. Jh.s in den allegorisch ausdeutenden Übersetzungen
des sogenannten *Ovide moralisé* besonderer Beliebtheit erfreuten.[10] Ebenfalls moralisch ausgedeutet erscheint Odysseus als Typ des vorbildlichen
Ritters, der das Kriegshandwerk beherrscht, aber auch in der Freizeit sich
mit dem Schachspiel adäquat zu beschäftigen weiß, in dem um 1400 zu
datierenden *Brief der Othea an Hector* (Kap. 83), einer französischen di-
daktisch-allegorischen Dichtung von Christine de Pisan (ca. 1365–1430),
in der auf den Text jeweils ein inhaltlich erklärender (Glosse) und ein allegorisch interpretierender (Allegorie) Prosaabschnitt folgen.

  Einen besonderen Einfluß auf das Bild von Odysseus im westlichen Mittelalter übten jedoch die fiktiven Trojageschichten eines Dares von Phrygien
und Diktys von Kreta aus, die den Trojanischen Krieg in Prosa nacherzähl-
ten – der eine aus trojanischer, der andere aus griechenfreundlicher Perspektive. Von diesen ursprünglich griechischen Texten, die wohl im 1. Jh. n. Chr.
entstanden, haben sich lateinische Übersetzungen aus dem 5. Jh. n. Chr. erhalten, die ihrerseits wieder die mittelalterlichen Trojaromane in Prosa und
Vers, in Latein und den Volkssprachen, beeinflußten. Auch in diesen Texten
ist Odysseus als der listige Betrüger und Lügner vorwiegend negativ gesehen, der deshalb zurecht im Inferno angesiedelt wird.[11] Dort erzählt er Dante die nachmals berühmte Geschichte von seiner letzten Reise, die er nach
seiner Rückkehr nach Ithaka erneut antrat und die ihn über die Grenzen der
damals bekannten Welt, die Säulen des Herkules, hinaus auf den weiten
Ozean führte, auf dem er immer weiter nach Süden segelte, bis er schließlich
von einem großen Berg in der Ferne angezogen wurde (dem Berg des irdischen Paradieses vielleicht, den man sich im äußersten Osten Asiens, in In-
dien, vorstellte), wo aber sein Schiff von einem Wirbelsturm erfaßt und
zerschmettert wurde und er und seine Gefährten ertranken. Diese Version,
deren Herkunft den Dante-Philologen große Rätsel aufgab, die sich aber als
eigenmächtiges Weiterspinnen antiker Ansätze in Ovids *Metamorphosen*
(14,154 ff., bes. 435 ff.) und den spätantiken Trojaromanen erklären ließe,[12]
hat im Zeitalter der europäischen Expansion im 15./16. Jh. neues Interesse
hervorgerufen und in zahlreichen Werken von Luigi Pulcis *Morgante* (XXV
130) und Torquato Tassos *Gerusalemme Liberata* (XV 25 f.) bis ins 18. Jh.
ihren Niederschlag gefunden: kein Wunder, daß Odysseus auch als erster in
Amerika war und, wie uns der Jesuit Ubertino Carrara in seinem 1715 in
Rom erschienenen lateinischen Columbusepos zuverlässig berichtet, sogar
auf einer Insel in der Neuen Welt begraben ist![13]

Odysseus in der frühen Neuzeit vom 16.–18. Jahrhundert

Im 15. Jh. wurden griechische Handschriften der homerischen Epen und attischen Tragödien auch im Westen bekannt, und man konnte sich über Odysseus wieder aus erster Hand informieren. Zum Teil bemühte man sich um eine gewisse Rehabilitierung seiner Person, zum Teil übernahm man die negative Charakterisierung der griechischen Tragödie. In erster Linie wurde dabei seine Vermittlerfunktion im Trojanischen Krieg herausgestellt. Kennzeichnend für die Gespaltenheit gegenüber Odysseus ist der französische Dramatiker Racine, der in seinem Essay *Bemerkungen über die Odyssee Homers* von 1662 große Bewunderung für den Helden äußert, den Homer als Personifikation eines *homme parfaitement adroit* habe darstellen wollen: Er habe einen edlen Charakter, ein tapferes und entschlossenes Herz, das keine Furcht vor Widrigkeiten kenne, und sei ein Vorbild an Klugheit und Entschlossenheit. Doch zwölf Jahre später, in seiner *Iphigénie* von 1674, ist Odysseus der glatt-verbindliche, skrupellose Vermittler, der distanziert und ungerührt den Freitod von Ériphile berichtet, und diese Charakterisierung beherrscht das Odysseusbild des französischen Dramas bis zu Jean Giraudoux.

Sehr früh hat sich auch die neue musikdramatische Gattung der Oper für die Gestalt des Odysseus interessiert, die eine Reihe von Möglichkeiten zur Darstellung menschlicher Konflikte und Befindlichkeiten, ja menschlicher Grunderfahrungen überhaupt, bot: Odysseus und Circe, Odysseus und Kalypso, Odysseus und Nausicaa, die Heimkehr des Odysseus, Odysseus und Penelope. Die früheste dieser musikdramatischen Gestaltungen ist Monteverdis *Ritorno d'Ulisse in Patria*, 1640 und 1641 in Venedig aufgeführt. Monteverdi und sein Textdichter Giacomo Badoaro machen dabei reichlich von den Möglichkeiten der Kombination von Tragik und Komik, epischer Erzählung und dramatischer Darstellung Gebrauch, welche schon die *Odyssee* selbst enthielt und die auch von späteren Bearbeitern gerne aufgegriffen wurden, wenn sie neben den erhabenen Götterszenen und den menschlich anrührenden Konflikten auch Raum für komische und buffoneske Szenen schufen, etwa für die Person des Bettlers Iros, der bei den Freiern in Penelopes Palast schmarotzt: Monteverdi hat aus ihm eine skurrile Charakterstudie gemacht und seine Visionen von einem tragischen Hungertod nach dem Ende der Freier in einer bravourösen Arie gestaltet.[14]

Die positive Charakterzeichnung von Odysseus als eines ruhmvollen und achtbaren Helden und selbstlosen, auf Frieden und Ausgleich bedachten Vermittlers finden wir seit dem 16. Jh. in der englischen Literatur und dann im 18. Jh. etwa bei dem Barockdichter Pietro Metastasio (1698–

1782) in seinem Drama *Achilles auf Skiros* (1736), das die Entdeckung des
als Mädchen verkleideten Achilles beim König Lykomedes von Skyros
behandelt, der sich dort ebenfalls der Teilnahme am Trojanischen Krieg
entziehen wollte. Doch Odysseus weiß ihn aufzuspüren, indem er die
Mädchen des Palastes unter reichen Geschenken wählen läßt: Während
die Mädchen nach Kleidern und Schmuck greifen, wählt der verkleidete
Achilles eine prächtige Rüstung und verrät sich dadurch als Mann (ein
Thema, das schon Eupolis im 5. Jh. v. Chr. in der Komödie *Skyrioi* behandelt hatte).

Diese positive Zeichnung der Odysseusfigur erfährt dann ihre nach-
drückliche Gestaltung in Jean Giraudoux's Drama von 1935 *Der Trojanische Krieg findet nicht statt*, in dessen Zentrum das Treffen zwischen
Hektor und Odysseus steht, die beide als Vermittler den Kriegsausbruch
verhindern wollen. Odysseus, die geistige Schlüsselfigur des Dramas, ist
davon überzeugt, daß der Krieg unvermeidbar sei, da die Trojaner die Be-
dingungen der Griechen – unversehrte Rückgabe Helenas – nicht erfüllen
würden und er ganz offen gesteht, daß die Griechen vor allem deswegen
gekommen seien, um das reiche Troja zu plündern; aber trotzdem versuchen
er und Hektor durch eine Übereinkunft das Schicksal zu überlisten, das
beide Völker zum Krieg gegeneinander bestimmt habe: Man einigt sich,
daß Helena an die Griechen zurückgegeben werden soll, und frohlockt,
daß man die Geschichte überwunden habe. Doch als Hektor dann ausruft
„Der trojanische Krieg findet nicht statt!", fährt der Kriegstreiber und
chauvinistische Dichter Demokos dazwischen und will die Rückgabe Helenas verhindern. Da Hektor kein anderes Mittel mehr sieht, um den Vertrag mit Odysseus zu retten, tötet er Demokos, um den Frieden zu bewahren. Es entsteht ein Tumult, und in seinem Haß auf die Griechen nennt der
sterbende Demokos nicht Hektor, sondern den Griechen Aias als seinen
Mörder. Dies gibt den Trojanern Anlaß, die Griechen anzugreifen, so daß
der Trojanische Krieg doch noch stattfindet.

Der zeitgeschichtliche Anspielungshorizont für Giraudoux's Drama
sind der erste Weltkrieg und die „Erbfeindschaft" zwischen Deutschland
und Frankreich, die als schicksalsgegeben angesehen wird und trotz aller
Anstrengungen und Verhandlungen durch menschliches Handeln allein
nicht überwunden werden kann. Besonders aktuell wurde das Stück durch
die Besetzung des entmilitarisierten Rheinlands durch deutsche Truppen
im März 1936, vier Monate nach der Uraufführung (21.11.1935), die die
Befürchtungen von Odysseus-Giraudoux über die schicksalsbedingte Unentrinnbarkeit des Krieges neu bestärkte.

Damit bin ich eigentlich schon bei der Odysseus-Rezeption im 19. und
20. Jh. angelangt; doch bevor ich darauf eingehe, will ich noch ein paar

Abb. 12:
Dosso Dossi, Circe und
ihre Liebhaber in einer
Landschaft, Anfang
16. Jh. (National Gallery
of Art, Washington
D.C.)

Beispiele aus der riesigen Fülle der Gestaltung odysseeischer Themen in
der Malerei geben:

– *Circe und ihre Liebhaber* nennt der am Hof des Alfonso d'Este in
Ferrara tätige Dosso Dossi (ca. 1479–1542) dieses manieristisch beeinflußte
Gemälde (Abb. 12), dessen stimmungsvolle Licht- und Farbwirkungen
einen eigentümlichen Hell-Dunkel-Kontrast hervorrufen und damit das
ambivalente Wesen Circes als Magierin und Liebhaberin andeuten. Circe –
oder ist es ihre spätere Schwester aus Ariostos *Orlando furioso*, die Zauberin Alcina? –, in verführerischer Nacktheit, den Blick sinnend in die Ferne
gerichtet, offensichtlich in Erwartung neuer Ankömmlinge (Odysseus'
und seiner Gefährten), hält eine Tafel mit ihren Zaubersprüchen, ein Buch
mit magisch-kabbalistischen Texten liegt aufgeschlagen vor ihr auf dem
Boden. Tiere umgeben sie in einer bukolischen Landschaft, die vielleicht
bewußt Assoziationen mit Paradieseslandschaften wecken will, doch wäre
dies als Warnung vor dem trügerischen Schein des *locus amoenus* zu verstehen: denn die Tiere sind, wie der gewitzte Leser der *Odyssee* weiß, die
verwandelten Liebhaber Circes, denen sich auch die Gefährten des Odysseus und dieser selbst zugesellen sollten, wenn ihn nicht Hermes gewarnt
und mit dem Kraut Moly einen Gegenzauber gegeben hätte; und der Leser
des *Orlando furioso* weiß sicher noch, daß Alcina ihre Besucher auch in
Vögel, Quellen und Felsen verwandelt hat, so daß die ganze Landschaft
einen doppelbödig-magischen Charakter bekommt.

– Ganz anders das Gemälde *Odysseus und Penelope* (Abb. 13) von Francesco Primaticcio (ca. 1505–1570), eines Vertreters der sog. Schule von
Fontainebleau, das das wiedervereinte Paar nach Odysseus' Heimkehr
zeigt, wie Homer es im 23. Gesang der *Odyssee* (300ff.) schildert:

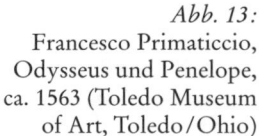

Abb. 13:
Francesco Primaticcio,
Odysseus und Penelope,
ca. 1563 (Toledo Museum
of Art, Toledo/Ohio)

So wie die beiden nun schwelgten in innigster Liebe, so schwelgten
dann sie im Wechselgespräch der Geschichten. Die eine erzählte,
was im Palast sie erduldet, die hehrste der Frauen, beim Anblick
jener dunklen Gesellschaft freiender Männer ...
Aber der Sproß der Götter, Odysseus, erzählte von Leiden,
die er den Menschen getan, und von jenen, die selbst er erduldet,
sagte der schweigenden Hörerin all seinen Jammer, und dieser
fiel kein Schlaf auf die Lider, bevor er nicht alles berichtet.

Odysseus blickt mit ruhiger Freude auf seine schöne Gemahlin, mit der er
endlich wieder vereint ist, und streichelt zärtlich ihr Kinn, eine liebende,
tröstende und ermunternde Geste zugleich, während Penelope, noch ganz
benommen von all den Ereignissen dieses Tages, mit ernstem und prüfen-
dem Blick Odysseus betrachtet, als ob sie noch etwas Zeit brauche, um
alles in sich aufzunehmen und sich an die unverhoffte Anwesenheit ihres
Gemahls erst wieder zu gewöhnen.
   – Aus dem Freskenzyklus mit Odysseusabenteuern, mit denen Pellegrino Tibaldi (1527–1596) Mitte des 16. Jh.s den Palazzo Poggi (jetzt Universität) in Bologna ausgeschmückt hat, stammen die folgenden beiden
Szenen:
   Die Blendung des Kyklopen (Abb. 14) wird hier von Odysseus, der auf
einem erhöhten Felssockel steht, allein ausgeführt, während seine Gefährten zögernd im Hintergrund abwarten, ob ihm die Tat gelinge. Der
Kyklop, der sich in jähem Schmerz aufbäumt und mit der Rechten nach
seinem Auge greift, während er die Linke tastend gespreizt hält, ist von
den Resten seines kannibalischen Mahls umgeben – Knochen, Toten-

Abb. 14: Pellegrino Tibaldi, Blendung des Polyphem, 1554/6 (Fresco im Palazzo Poggi [Universität], Bologna)

schädeln und halbverzehrten menschlichen Körpern –, während im Vordergrund seine Keule und – eine deutliche Entlehnung aus Ovids Kyklopenerzählung in den *Metamorphosen* (13,784) – eine Hirtenflöte herumliegen.

Das andere Fresko (Abb. 15) zeigt Odysseus, der auf dem selbstgezimmerten Floß treibt, mit dem er Kalypsos Insel verlassen hatte, um nach Hause zurückzukehren. Doch Poseidon, der Odysseus noch immer zürnt wegen der Blendung seines Sohnes, des Kyklopen, greift erneut ein – man sieht ihn rechts oben, wie er gerade von den Aithiopen kommt, mit seinem Gespann über die Wellen brausen und das Meer aufwühlen – und erregt einen Seesturm, in dem Odysseus' Floß zerbricht und er selbst vor dem Ertrinken nur durch die Seegöttin Leukothea (links im Bild) gerettet wird, die ihm ihren Schleier gibt, mit dessen Hilfe er nicht in den Wellen versinken kann und dann ans Phäakeneiland gespült wird, wo er Nausikaa begegnet.

Abb. 15: Odysseus mit der Tochter des Kadmos (Leukothea), 1554/6 (Fresco im Palazzo Poggi [Universität], Bologna)

Odysseus im 19. und 20. Jahrhundert

a) Odysseus in der Malerei

Das Odysseusthema blieb in der Malerei ein beliebtes Sujet, und viele Künstler haben ihre eigene Sicht der Person und Abenteuer des griechischen Heros auf Leinwand festgehalten. Einige Beispiele müssen im folgenden genügen:

– Edward Burne-Jones (1833–1898), einer der wichtigsten Vertreter der englischen Symbolisten und Präraffaeliten, zeigt in seinem zwischen 1863 und 1869 entstandenen Gemälde *Der Wein der Circe* (Abb. 16) die Zauberin, in ein orangenfarbenes Gewand gekleidet, in einer Halle ihres Palastes, wie sie ihre Zaubertränke zubereitet, während der Tisch bereits gedeckt ist für Odysseus, dessen Schiffe durch das geöffnete Fenster im Hintergrund schon zu sehen sind. Die zwei schwarzen Panther im Vordergrund sind zwei von ihr verwandelte Liebhaber, die trotz ihres Fauchens vor ihrer Herrin kuschen und die böse Lust der Circe und die Stärke des Trankes andeuten sollen. Das Werk galt als ominös und beunruhigend und erfuhr in der zeitgenössischen Kritik ganz verschiedene Deutungen und Urteile. Es war, wenn wir den Freunden von Burne-Jones glauben dürfen, als Kom-

Abb. 16: Edward Burne-Jones, Der Wein der Circe, 1863/9 (Collection of the Marquess of Normanby)

mentar zur Raffgier und zum Egoismus der Spießbürger gedacht: denn die Verwandlungsgifte, die Circe den Menschen gibt, seien mit reiner und bekömmlicher Nahrung vermengt, und es sei daher der Menschen eigener Fehler, wenn sie darüber zu Schweinen würden.[15] Freilich konnten damals nur wenige Betrachter die in diesem Thema versteckten Anspielungen entschlüsseln und waren sich dessen bewußt, daß es sich bei der gewählten mythologischen Thematik eigentlich um einen gezielten Angriff auf die Selbstgefälligkeit und Hartherzigkeit ihres Zeitalters handeln sollte.

– Von Odysseus' Frauenbegegnungen hat neben der mit Circe vor allem sein Aufenthalt auf der Insel der Kalypso das Interesse der Maler auf sich gezogen:

> Weinend saß er am Ufer des Meeres. Dort saß er gewöhnlich,
> zerquälte sein Herz mit Weinen und Seufzen und Jammern,
> schaute mit Tränen die große Wüste des Meeres ...

Diese Homerverse (*Od.* 5,82 ff.) illustriert Arnold Böcklin in seinem Gemälde *Odysseus und Kalypso* von 1882 (Abb. 17): Odysseus, überdrüssig der Liebe der Nymphe, der Höhle, in der er ihr so oft beiwohnte, und der üppigen Vegetation der Insel, hat für nichts von alledem mehr ein Auge. Wie ein Denkmal steht er düster und einsam vor verhangenem Himmel,

Abb. 17: Arnold Böcklin, Odysseus und Kalypso, 1883 (Öffentliche Kunstsammlung Basel, Kunstmuseum), Foto: Martin Bühler.

den Rücken Kalypso zugewandt, die, in ewiger Jugend und weißer Schönheit prangend, vergebens das rote Tuch ausgebreitet hat, das ihn zur Liebe einladen soll. Nutzlos ist ihr die Harfe entsunken, die Odysseus nicht mehr locken kann, vergebens wendet sie sich, verstört in ihrer körperlichen Harmonie und traurig, zu der in sich verschlossenen, massiv-abweisenden Gestalt um, der Höhleneingang, dunkel-symbolhaft lockend, wird nicht mehr betreten. Nichts ist von der Vegetation der Insel sichtbar, die Landschaft ist reduziert auf die dunkelbraunen Felsen, den ockerfarbenen Sand und den wolkenverhangenen Himmel, die ihrerseits die düstere Stimmung der Szene spiegeln. Das Bild thematisiert über die Odysseus-Kalypso-Geschichte hinaus die tieferliegenden Gegensätze von Mann und Frau, Fernweh und erotischer Verlockung, Angebot und Verzicht, Gebundenheit und Freiheit, für die Odysseus und Kalypso zu bloßen Chiffren geworden sind, zu Sinnbildern für eine Situation, eine Krise, die jeden Menschen treffen kann und die, trotz aller Verschlüsselung, Böcklin auch als Selbstaussage gemeint hat.[16]

Eine im Grunde vergleichbare, aber was Kalypsos Haltung betrifft, ganz entgegengesetzte Einstellung zeigt das 1928 entstandene Bild *Kalypsos Insel* (Abb. 18) von Bryson Burroughs (1869–1934): Offensichtlich ist es nun Kalypso, der Leben und Gemeinschaft mit Odysseus langweilig werden: Sie räkelt sich verführerisch und hingebungsvoll, von einem leichten

Abb. 18: Bryson Burroughs, Calypsos Insel, 1928 (Mrs. Bryson Burroughs Collection, Baltimore)

Laken mehr enthüllt als umhüllt, auf einer Matratze und gähnt ebenso hingebungsvoll wie unbefriedigt. Odysseus sitzt im Vordergrund auf einem Stein, den Kopf sinnend in die Hand gestützt, und scheint selbst nicht zu wissen, was er hier noch länger soll. Weder Kalypsos üppiges Räkeln noch die tropische Blütenlandschaft mit der idyllischen Hütte und der weiten Aussicht auf das Meer, die Buchten und die vorgelagerten Inseln vermögen den Eindruck lähmender Langeweile und fehlender Befriedigung bei beiden Partnern wegzunehmen. Kalypsos provozierendes Gähnen hat zudem einen leicht komischen Effekt, so daß der Betrachter auch auf den Gedanken kommen könnte, daß die Stimmung des Bildes eher ein Kommentar auf die Situation eines Paares ist, das sich auseinandergelebt hat, oder auf den Zustand der Welt im Jahre 1928 überhaupt.

Im Gegensatz dazu ist Max Beckmanns 1943 entstandenes Gemälde *Odysseus und Kalypso* (Abb. 19) mehr in eine erotische Atmosphäre gehüllt. Aber auch hier fehlt die Harmonie zwischen den beiden Partnern: Zwar liegen beide auf dem Bett und probiert die nackte Nymphe, durch Streicheln und Liebkosen Odysseus in eine erotische Stimmung zu versetzen, doch dieser empfindet offensichtlich nichts mehr für ihre Liebe und Zärtlichkeit, sondern blickt nur starr und halb abwesend auf sie: Man könnte beinahe vermuten, daß er in ihren Gesichtszügen die seiner Gattin Penelope sucht. Hinter ihm liegt auf dem Bett sein Schwert, und er ist auch

Abb. 19:
Max Beckmann,
Odysseus und Kalypso,
1943 (Kunsthalle,
Hamburg)
© VG Bild-Kunst,
Bonn 1998

nicht ganz nackt wie Kalypso, sondern trägt einen Helm und Beinschienen, die andeuten, daß er mit seinen Gedanken schon wieder auf der Reise ist – nach Hause, nach Ithaka, zu Penelope. Die Schlange, die sich um sein Bein ringelt, ist, wie der gefleckte Panther rechts hinter Kalypso und der exotische Vogel rechts neben Odysseus, zunächst ein Verweis auf die tropische Vegetation und den Reichtum der Insel, wie er bei Homer beschrieben ist (*Od.* 5,59 ff.). Sie ist aber zugleich und noch mehr ein sexuelles Symbol, das ihn in Kalypsos Umarmung festhalten will. Gleichzeitig evoziert die Schlange die bekannte Szene im Paradies, und in der Tat scheinen beide Bedeutungsebenen in diesem Gemälde anwesend zu sein: Odysseus und Kalypso als die ewigen Prototypen von Mann und Frau, als Chiffren für das sexuelle Verlangen der Frau, die den Mann durch ihren Körper und ihr Begehren an sich binden will. Die exotischen Tiere, die friedlich neben den Menschen stehen und sie nicht angreifen, verkörpern dann die ursprüngliche Harmonie des Paradieses, eines glücklichen Urzustandes der Menschheit, in dem sich der Mensch aber nicht mehr wohlfühlen kann, da er im Laufe seiner Geschichte zu viele Erfahrungen gemacht und andere Bindungen eingegangen ist, denen gegenüber selbst ein Paradies schal und öde wirkt.

b) Odysseus in der Musik

In der Musik des 19. und 20. Jh.s ist Odysseus mehrfach auf der Opernbühne dargestellt worden. Der Cellist Bernhard Heinrich Romberg (1767–
1841), für den Beethoven eigentlich ein Cellokonzert hatte schreiben wollen, komponierte auf Texte von Calderóns *El mayor encanto amor* (1635)
eine Oper *Ulisses und Circe*, die 1807 in Berlin uraufgeführt wurde. Cal-
derons Text legte auch Werner Egk (1901–1983) seiner komischen Oper
Circe zugrunde, die 1948 in Berlin ihre Uraufführung erlebte und 1966 in
einer umgearbeiteten Fassung unter dem Titel *Siebzehn Tage und vier
Minuten* nochmals in Stuttgart gespielt wurde. 1852 wurde eine Tragödie
Ulysse von François Ponsard in Paris uraufgeführt, zu der Charles Gounod
die Chormusik komponiert hatte, 1942 in Frankfurt die Oper *Odysseus*
von Hermann Reutter (1900–1985), 1961 die Oper *Ulysse* von Henri Tomasi
(1901–1971), 1969 die Oper *Die Irrfahrten des Odysseus* von Helmut Eder
(*1916), 1968 in Berlin Luigi Dallapiccolas Oper *Ulisse*, von den zahlreichen anderen Opern, Chorwerken und symphonischen Dichtungen ganz
zu schweigen.[17] Alle diese und viele andere Werke konnten sich aber ebensowenig halten wie der Versuch von August Bungert (1846–1915), in einer
großangelegten, Richard Wagners *Ring des Nibelungen* nachempfunde-
nen Doppel-Tetralogie *Ilias* und *Odyssee* auf der Opernbühne zu etablie-
ren. Von diesem Zyklus *Homerische Welt* existieren zur *Ilias* nur Skizzen,
während die vier Opern der *Odyssee* (*Kirke, Nausikaa, Odysseus' Heimkehr* und *Odysseus' Tod*) zwischen 1896 und 1903 mit einigem Erfolg aufgeführt und an mehreren Bühnen nachgespielt wurden, aber nach dem
Tod des Komponisten 1915 schnell wieder verschwanden und heute völlig
vergessen sind, so daß Bungerts Plan, für seine Tetralogien nach Bayreuther Vorbild in Bad Godesberg ein eigenes Festspielhaus zu erbauen, nicht
mehr verwirklicht zu werden brauchte.

Dagegen konnten sich einige andere Opernfassungen der Odysseussage
im Repertoire behaupten und sind z. T. auch auf Platte und CD eingespielt.
1913 wurde in Paris das *Poème lyrique „Pénélope"* von Gabriel Fauré
(1845–1924) uraufgeführt, das die Heimkehr des Odysseus, die Rache an
den Freiern und die Wiedererkennung durch Penelope zum Inhalt hat.
Fauré hält sich eng an die homerische Vorlage und konzentriert die Handlung auf zwei Tage; doch weil das Werk auf Anregung einer Sängerin entstand, für die auch die Hauptpartie komponiert wurde, rückt die Gestalt
der Penelope gegenüber der des Odysseus in den Vordergrund, während
die anderen Personen auf ihre unbedingt notwendige dramatische Funktion beschränkt wurden (die Partie des Telemach fiel sogar ganz weg). So
konzentriert sich alles auf die psychologische Entwicklung der Protagoni-

sten, die sich im Gespräch vollzieht und dadurch sich den Beteiligten nach
außen offenbart. Musikalisch verbindet Fauré den Duktus des Wagnerschen Musikdramas, vor allem dessen Leitmotivtechnik, mit der französischen Tradition des *drame lyrique*, in dem der lyrisch-melodische Ausdruck vorherrscht, aber dramatische Steigerung durch Chorszenen und
hohe Expressivität durchaus möglich sind. Fauré schließt sich jedoch in
der Orchesterbehandlung an Debussys Vorbild in *Pelléas et Mélisande* an,
während er den Singstimmen eine größere Freiheit und melodische Entfaltung im Sinne der *italianità* zugesteht, als sie in Debussys Deklamation
besaßen. Die „Leitmotive" stellen geradezu einen akustischen und analytischen Schlüssel des Handlungsverlaufes dar und charkterisieren nicht
nur einzelne Personen wie Penelope, Odysseus, die Freier oder die Hirten,
sondern auch einzelne Handlungselemente und seelische Grundregungen.
Im Vorspiel zum ersten Akt werden wie in einer klassischen Ouverture
diese Motive vorgestellt, und auch im weiteren Verlauf kommentiert das
Orchester das Geschehen auf der Bühne. Zu dramatischer Steigerung und
höchster Expressivität verdichtet sich die Musik in der Begegnung von
Odysseus mit dem Schweinehirten Eumaios am Ende des 2. Aktes, während sie im Schlußduett nach der Erkennungsszene zwischen Odysseus
und Penelope in lyrischer Melodik ausklingt.

Rolf Liebermanns geistreiche Adaption in seiner *Opera semiseria „Penelope"*, 1954 bei den Salzburger Festspielen uraufgeführt, spielt auf zwei
Stilebenen, in denen Antike und Moderne ineinander übergehen: In eine
buffoneske antike Rahmenhandlung, in der drei Herren, die im Trojanischen Krieg fette Geschäfte gemacht haben, um Penelope werben, ist eine
abschreckende Zukunftsvision eingebettet, in der eine moderne Penelope
nicht auf die Heimkehr ihres Gatten gewartet, sondern wieder geheiratet
hat und plötzlich mit der Nachricht konfrontiert wird, daß sie ihren Gatten als Spätheimkehrer erwarten könne. Doch während sie bei der Ankunft der Spätheimkehrer erfährt, daß ihr erster Gatte auf Grund der Stra-
pazen der Rückkehr einem Herzschlag erlegen sei, hat sich ihr zweiter
Mann inzwischen zuhause aufgehängt, da er aus der durch die plötzliche
Rückkehr des ersten Gatten sich abzeichnenden Situation keinen Ausweg
mehr sah. Neben der zum buffonesken Hintergrund verfremdeten Antike, wie sie Jacques Offenbach bereits in seiner Operette *Die schöne Helena*
(1864) – damals freilich mit vielen zeitgenössisch-parodierenden Spitzen
auf das Zweite Kaiserreich Napoleons III. – karikierend gezeichnet hatte,
thematisiert Liebermann existentielle Grundsituationen, die seit Wolfgang
Borcherts *Draußen vor der Tür* die literarische Aufarbeitung der Kriegs-
und Nachkriegsgeschichte bestimmt haben.

c) Odysseus in der Literatur

In der Literatur wurden die Aspekte der Odysseussage, wie sie ansatzweise bereits in Antike und Spätantike vorhanden sind, aufgegriffen und neu miteinander kombiniert, so daß die Odysseusgestalt zur Verkörperung verschiedener Vorstellungen und Ideale werden konnte:

1. Die Irrfahrten des Odysseus konnten verstanden und dargestellt werden als Symbol für den irrenden, strebenden und die Gefahren und Bedrohungen überwindenden Menschen im allgemeinen. Auf diese Weise wurde Odysseus schon im 17. Jh. in den beiden die Circe-Begegnung thematisierenden Dramen von Calderón – der Komödie *El mayor encanto amor* (1635) und ihrer überarbeiteten Fassung als *auto sacramentale* unter dem Titel *Los encantos de la culpa* (1653) – dargestellt, des weiteren in einem neulateinischen Drama des Benediktiners Simon Rettenpacher (1634–1706) mit dem programmatischen Titel *Prudentia victrix seu Ulysses* (1680), im Kommentar von George Chapman zu seiner *Odyssee*-Übersetzung von 1616 und in der 1808 erschienenen Erzählung *The Adventures of Ulysses* des englischen Essayisten und Schriftstellers Charles Lamb.[18] Bei diesem Konzept scheint auch das Gedicht *Ithaka* des neugriechischen Dichters Konstantinos Kavafis (1863–1933) anzuschließen, das 1911 entstand:[19]

> Wenn du zur Fahrt aufbrichst nach Ithaka,
> So bete, daß ein weiter Weg es werde
> Voller Umschwünge, voller Einsichten.
> Die Laistrygonen oder die Kyklopen,
> Den zornigen Poseidon fürchte nicht,
> Dergleichen triffst du nie auf deinem Weg,
> Solang dein Denken hoch bleibt und erlesne
> Erregung dir an Geist und Körper rührt.
> Den Laistrygonen oder den Kyklopen,
> Dem wütigen Poseidon wirst du nicht begegnen,
> Wenn du sie nicht in deiner Seele schleppst,
> Wenn deine Seele sie nicht vor dich stellt.
>
> So bete, daß ein weiter Weg es werde.
> Mögen der Sommermorgen viele sein,
> Wo du – oh wie mit Dank, oh wie mit Freude! –
> Einfährst in Häfen, die du siehst zum ersten Mal.
> Mögest du halten an den Handelsplätzen
> Phönikiens und die schöne Ware kaufen:
> Perlmutter und Korallen, Ebenholz und Amber
> Und jeder Art erregende Duftflüssigkeit,
> Je reichlicher du kannst, erregende Duftflüssigkeit.
> Mögest du gehn in viele Städte nach Ägyptenland,
> Damit du lernst – und lernst von Eingeweihten.

Behalte stetig Ithaka in deinem Geist.
Die Ankunft dort ist deine Vorbestimmung.
Doch haste mit der Reise nimmermehr.
Besser, sie daure vieler Jahre Lauf,
Und auf der Insel ankerst du als Greis,
An allem reich, was auf dem Wege du erwarbst,
Niemals erwartend, daß dir Reichtum schenke Ithaka.

Ithaka schenkte dir die schöne Reise.
Zu ihm allein bist du hinausgefahren.
Verlange andre Gaben nicht von ihm.

Findest du's arm, Ithaka trog dich nicht,
So weise, wie du wurdest, so erfahren,
Erkanntest du nun wohl, was Inseln Ithaka bedeuten.

Der Sprecher des Gedichts, der den Leser in der 2. Person anspricht, ist vielleicht Odysseus selbst, der über sein Leben und seine Irrfahrten sinniert, die er als Gleichnis für den irrenden und strebenden Menschen überhaupt verstanden wissen will. Der Mensch muß um ein langes Leben – eine lange Reise – beten, er soll die Freuden, die Abwechslung und die Erfahrungen, die er auf dieser Reise macht, genießen. Erst dann kann er auf Ithaka landen und auf ein erfülltes Leben zurückblicken. Die Abenteuer, die Odysseus auf seinen Irrfahrten – in seinem Leben – erlebt hat, waren vielleicht nur Träume oder Einbildungen seiner Phantasie. Man würde sie nie erleben können, wenn man sie nicht in seiner Seele, in seiner Phantasie, in seinem Innern hätte. Erst dann hat man Erkenntnis und Weisheit erworben und wird man, wenn man nach Ithaka, ins Land seiner Bestimmung, zurückkehrt, weise sein. Obschon Ithaka arm ist und den Besuchern nichts bieten kann, hat es dem Menschen alles gegeben, was es besitzt: das Abenteuer seines ganzen Lebens, das für ihn nur darum ein Abenteuer war, weil er nach Ithaka zurückkehren wollte. Ohne dieses Verlangen, nach Ithaka zurückzukehren, hätte er alles, was er jetzt erlebt hat, niemals erleben können. Ithaka wird dadurch zum Symbol für das Verstehen des Lebens selbst, und das Ziel des Lebens, wonach jeder strebt, ist für jeden einzelnen sein eigenes, persönliches Ithaka.

2. Das Schicksal des Odysseus wird als das Schicksal und Leiden eines spezifischen Menschen aufgefaßt und damit verglichen, ja geradezu damit identifiziert. Odysseus wird dadurch gleichsam auf die Person eines jeden Individuums reduziert, wofür sich als literarische Gattung besonders die Lyrik, die persönliche Reflexion anbot. Bereits in der Antike treffen wir diese Form der persönlichen Identifikation mit Odysseus in den Gedichten, die Ovid als Briefe aus der Verbannung am Schwarzen Meer schrieb und in denen er seine Abwesenheit von Rom mit der Abwesenheit des

Odysseus von Ithaka verglich und seine Verbannung den Irrfahrten des Odysseus gleichstellte, ja sie sogar als schwerer empfand, da Odysseus immerhin die Heimkehr vergönnt war, während *er* auf keine Begnadigung durch den Kaiser hoffen kann.

Berühmtestes Beispiel für diese Gleichsetzung des individuellen Schicksals mit dem des Odysseus sind einige französische und lateinische Sonette, die Joachim Du Bellay (1522–1560) schrieb, als er als Sekretär des Kardinals Jean du Bellay, eines nahen Verwandten, zwischen 1553 und 1557 in Rom lebte, wo er sich literarisch wie in der Verbannung stilisierte. Am berühmtesten ist das Sonett 31 aus der Sammlung der *Regrets*, von dem auch eine lateinische Version in elegischen Distichen existiert:[20]

> Heureux qui, comme Ulysse, a fait un beau voyage,
> Ou comme cestuy là conquit la toison,
> Et puis est retourné, plein d'usage et raison,
> Vivre entre ses parents le reste de son aage!
>
> Quand revoiray-je, helas, de mon petit village
> Fumer la cheminee, et en quelle saison
> Revoiray-je le clos de ma pauvre maison,
> Qui m'est une province, et beaucoup d'avantage?
>
> Plus me plaist le sejour qu'ont basty mes ayeux,
> Que des palais Romains le front audacieux:
> Plus que le marbre dur me plaist l'ardoise fine,
>
> Plus mon Loyre Gaulois que le Tybre Latin,
> Plus mon petit Lyré que le mont Palatin,
> Et plus que l'air marin la doulceur Angevine.

> Wohl dem, der wie Ulyss durchzogen ferne Zonen,
> Wie jener, der das Vlies mit kühnem Griff entwand,
> Um dann zurückgekehrt, voll Weisheit und Verstand
> An seiner Väter Herd bis an sein End zu wohnen.
>
> Wann – ach! wird Heimkehr mich für meine Mühen lohnen?
> Wann seh ich am Kamin des Rauches graues Band
> Aufsteigen überm Dach, wo meine Wiege stand?
> Mir ist die Heimat mehr als alle Königskronen.
>
> Mich zieht es nach dem Haus, das Ahnenstolz erdacht,
> Nach seinem Schiefergrau mehr als nach Marmorpracht,
> Die römischer Paläste Trotz reckt in die Lüfte;
>
> Nie geb ich die Loire für Latiums Tiber hin,
> Mein kleines Liré nicht für einen Palatin,
> Des Meeres Brise nicht für Anjous Zephirdüfte.

Hier ist vielleicht am tiefsten und klarsten die große Sehnsucht ausgedrückt, die Odysseus während seiner Verbannung auf Kalypsos Insel fühlte und in der sich Du Bellay wieder erkannte, wenn er dabei vielleicht auch mehr an Ovid als an Homer dachte. Wie Odysseus sehnt er sich nach seinem einfachen, bescheiden-provinziellen Liré im Angevin, und er verschmäht die römischen Paläste mit ihren kühnen Fassaden wie Odysseus die liebliche Landschaft Ogygias und selbst Kalypsos Angebot, ihn unsterblich zu machen. Doch würde Du Bellay – und das macht das subtile Pathos des Gedichts aus – seine Heimreise gerne antreten mit demselben Gefühl wie Odysseus, seine „schöne Reise" vollendet zu haben, und nicht wie Ovid es sich vorstellt, in der Heimat seine Karriere neu zu beginnen. Odysseus bedeutete für Du Bellay also sehr viel, und eine so frühe und vollständige Identifikation mit dem Helden von Ithaka ist selten. Erst später, mit Goethe, Heine oder Tennyson werden diese Selbstidentifikationen häufiger.

Dieser Aspekt hat gerade im 20. Jh. besonderes Interesse bei zahlreichen Dichtern hervorgerufen und die Figur von Odysseus zu einem Symbol für „das Leid des Exils, die Allgegenwart des Todes" werden lassen, an der nicht mehr die epische Attitüde, das Heroische und das Abenteuerliche faszinieren, sondern die „für den heimgesuchten, entwurzelten Menschen der Moderne" steht, wie es etwa die hermetischen Odysseus-Gedichte von Peter Huchel nahezu exemplarisch vorführen.[21]

3. Ausgehend von seinem Schicksal, das Odysseus in Dantes *Divina Commedia* erzählt, hat das ruhelose Wesen des Odysseus, der sich erneut aufmachte, um neue Abenteuer zu erleben und neue Städte und Länder zu sehen, hat seine gleichsam faustische Natur die Dichter besonders fasziniert. In diesem Sinn knüpft Alfred Tennyson in seinem Gedicht *Ulysses* von 1833 explizit bei Dante an. Er schildert darin, wie Odysseus' ruheloses Wesen ihn wieder von zuhause wegtreibt:

> … this gray spirit yearning in desire
> To follow *knowledge* like a sinking star
> Beyond the utmost bound of human thought.

Das ist die Stimme von Dantes Odysseus, doch in Tennyson's Gedicht kommen auch andere Odysseusfiguren zu Wort: neben dem homerischen Odysseus auch Byron's Childe Harold und Shakespeare's Ulysses (in *Troilus and Cressida*), dessen Worten der Ausruf entlehnt ist:

> How dull is it to pause, to make an end,
> To rest unburnish'd, not to shine in use!

Doch sind diese Zeilen nicht, wie beim Ulysses in Shakespeare's Stück, öffentlich an Achill gerichtet, der wegen seines Fernbleibens vom Kampf getadelt wird, sondern Tennyon-Ulysses spricht sie zu sich selbst als eine

Art Selbstaufforderung: Er will, im Einklang mit dem wissenschaftlichen Optimismus und kolonialen Expansionsstreben seiner Zeit, Dantes Odysseus folgen in der Erkundung neuer Welten: nicht nach Hause, nach Ithaka oder in Du Bellays Liré will er segeln, sondern weg von zuhause, ins Unbekannte. Freilich bleibt dem Leser verborgen, in welche Richtung er Kurs nehmen will und was ihm dabei zustoßen wird.

Diese subjektive Haltung hat das Odysseusbild bis ins 20. Jh. bestimmt. Gut 60 Jahre nach Tennyson stattete der italienische Dichter Giovanni Pascoli (1855–1912) in seinem Gedicht *L'ultimo viaggio* seinen Odysseus mit demselben Tatendrang aus: Nachdem dieser die zweite, ihm einst von Teiresias geweissagte Reise (*Od.* 11,121 ff.) vollendet hat, sitzt er neun Jahre untätig zuhause in Ithaka herum und wartet auf den Tod, *morte suave, molto suave*, und langweilt sich dabei unerträglich:[22]

> Sedeva al fuoco, e la sua vecchia moglie,
> la bene oprante, contro lui sedeva,
> tacita.

> Er saß am Feuer, und ihm gegenüber saß
> seine greise Gemahlin, die emsige Frau,
> in Schweigen versunken.

Da beschließt er, erneut auf Fahrt zu gehen, um ein letztes Mal Kalypso und ihre Insel zu sehen und die anderen Stationen seiner Irrfahrten: Circe, Nausikaa, die Lotophagen, selbst eine neuerliche Begegnung mit den Sirenen und den Kyklopen würde ihn nicht mehr schrecken. Aber er findet die Insel der Circe leer, keine Tiere mehr, ihr Haus verschwunden, obwohl er alles wieder erkennt, auch die Anhöhe, auf der ihm Hermes erschien und das rettende Kraut überreichte. Statt des Kyklopen trifft er eine ganz normale Familie von Hirten, die von Kyklopen und Riesen nie etwas gehört haben und ihn gastfreundlich aufnehmen. Ebenso leer sind die anderen Inseln und Strände, die er aufsucht und an denen er früher die unglaublichsten Abenteuer erlebt hat, die aber jetzt nicht mehr zu sein scheinen als die flüchtigen Eindrücke eines Traums, so daß er in eine Identitätskrise gerät und an sich selbst, an seiner Geschichte, an seiner Erinnerung zweifelt. Er segelt wieder an der Insel der Sirenen vorbei und ruft ihnen, die reglos den Sonnenaufgang betrachten, zu; doch sie antworten nicht, sie singen nicht und reagieren nicht auf seine verzweifelten Rufe:

> „Ma dite un vero, un solo a me, tra il tutto,
> prima ch'io muoia, a ciò ch'io sia vissuto! …
> Solo mi resta un attimo. Vi prego!
> Ditemi almeno chi sono io! chi ero!"
>   E tra i due scogli si spezzò la nave.

„Nennt mir eine Wahrheit, eine einzige nur,
bevor ich sterbe, damit ich gelebt hab'! ...
Mir bleibt nur ein Augenblick noch. Ich bitt' euch!
Sagt mir wenigstens, wer ich bin! Wer ich war!"
Und zwischen zwei Klippen zerbarst das Schiff.

So wird er von der Strömung zur Insel der Kalypso getrieben, aber als er
endlich an den Strand gespült wird, findet Kalypso nur seine Leiche:

Nudo tornava chi rigò di pianto
le vesti eterne che la dea gli dava;
bianco e tremante nella morte ancora,
chi l'immortale gioventù non volle.
     Ed ella avvolse l'uomo nella nube
dei suoi capelli; ed ululò sul flutto
sterile, dove non l'udia nessuno:
– Non esser mai! non esser mai! più nulla,
ma meno morte, che non esser più! –

Nackt kehrte er wieder, der einst mit Tränen
die ewigen Kleider netzte, die die Göttin
ihm gab; weiß und im Tod noch erzitternd,
er, der die ewige Jugend nicht wollte.
     Und sie bedeckte den Mann mit dem Schleier
des Haares; und weithin über die öde Flur,
wo niemand sie hörte, tönte ihr Schreien:
– Niemals sein! niemals sein! eher denn gar nichts,
aber ohne den Tod, als nicht mehr sein! –

Anknüpfend an Dante und Tennyson, Pascoli und Arturo Graf, Gabriele
D'Annunzio und viele andere, die ich hier nicht nennen kann, erzählt der
neugriechische Dichter Nikos Kazantzakis (1883–1957) in seiner 1938 erschienenen *Odysseia*, einem Epos von 24 Gesängen und 33.333 Versen,[23]
ebenfalls die Abenteuer der letzten Reise des Odysseus, dem es auf Ithaka
zu eng wird und den sein „faustischer" Sinn zu neuen Erkundungen und
Erkenntnissen treibt. Er zieht über das Mittelmeer und durch den afrika-
nischen Kontinent nach Süden, wobei er sich als Heiratsstifter, Staaten-
gründer, Gesetzgeber und kriegerischer Kämpfer bewährt, mit einer Reihe
historischer und literarischer Figuren zusammentrifft – Buddha, Christus,
Homer, Don Quijote, Hamlet, Faust –, die allesamt archetypische Verhal-
tensweisen des Menschen symbolisieren. Von der Südspitze Afrikas aus
sticht er mit einem selbstgezimmerten Floß in See und treibt auf den Südpol zu. In den Gewässern der Antarktis trifft er auf einen alten Mann, den
Tod in Gestalt des Fährmanns Charon, ein Spiegelbild von Odysseus selbst.
Schweigend fahren sie zusammen weiter. Odysseus sieht sein Leben an
sich vorbeiziehen, und in seiner Phantasie nimmt er von allen Freunden

und Verwandten Abschied. Zum Schluß kentert sein Boot an einem Eisberg, und als er sich auf diesen rettet, verliert er seine letzte Habe, selbst seine Kleider. Verlassen und nackt sitzt er auf dem Eisberg und nimmt in einer großen Todesvision Abschied von allen, die er in seinem Leben getroffen hat. Er fühlt die Auflösung seines Körpers, den Übergang ins Nichts:

> Das Fleisch zerfiel, der Blick gerann, des Herzens Schlagen hörte auf,
> der große Geist schwang sich empor zu seiner heil'gen Freiheit Gipfel,
> er ließ die leeren Flügel spielen, schnellte aufwärts in die Lüfte,
> und ward vom letzten Käfige, von seiner eignen Freiheit frei.
> Wie Dunst zerflossen alle Dinge, und ein einz'ger Schrei nur hing
> für eine kurze Weile noch ob den schon nächtig dunklen Wassern:
> „Auf, Kinder, auf, ein günst'ger Wind, des Todes sanfte Brise weht!"

Der Odysseus von Kazantzakis geht nicht vollständig ins Nichts ein so wie der von Pascoli: Sein *Geist* wird befreit und weht weiter, nachdem er von seiner eigenen Freiheit befreit ist. Ein Paradox, das sich jedoch in den Hauptgedanken des Epos fügt: die Freiheit des Menschen und die Freiheit seines Geistes, der erst dann wirklich frei werden kann, wenn er nicht mehr an den Menschen gebunden ist. Odysseus selbst ist, als er sich zum Südpol einschiffte, frei geworden von allen früheren Bindungen und Wünschen und ist nun auf der Suche nach Selbsterkenntnis, nach Selbstverwirklichung und Askese. Diese Freiheit verweist jedoch nicht allein auf den alten Gedanken der politischen Freiheit in der attischen Demokratie, sondern auch auf den griechischen Freiheitskampf im 19. Jh.; daher wurde Kazantzakis' *Odysseia* als Symbol für den ewigen Kampf des Menschen für Freiheit interpretiert, als Symbol für die Agonie der westlichen Welt und Zivilisation, als Vorahnung einer neuen Kultur oder schlichtweg als Apotheose des nihilistischen Egoismus. Das Epos hat viele verschiedene Niveaus und Bedeutungsebenen, und sein weiter Anspielungshorizont, sein schier unerschöpfliches Konnotationspotential werden sich kaum jemals hinreichend analysieren lassen. Wie in einem Brennspiegel bündelt es die historischen Erfahrungen und literarischen Diskurse der Menschheit seit Homer und, weiter zurückreichend, seit den frühen Hochkulturen, mit denen Odysseus' eigene Geschichte beständig verwoben wird, und ist in seiner Komplexität ein bedeutendes Beispiel der Adaption der Odysseusfigur im 20. Jahrhundert.

4. Dasselbe läßt sich feilich mit noch größerem Recht von einem anderen literarischen Werk sagen, das, 16 Jahre vor Kazantzakis' *Odysseia* erschienen, die bedeutendste moderne Umsetzung der homerischen *Odyssee* ist: James Joyce's *Ulysses*, der Roman des Dubliner Odysseus Leopold Bloom und seiner Penelope Molly, seines Telemach Stephen Dedalus und

des übrigen Personals der *Odyssee,* dessen zufällige Konstellationen in Dublin an jenem 16. Juni 1904 durch seine Beschäftigungen, Wege und Begegnungen ein modernes Analogon zu Homers Epos entstehen ließ.[24]

Der *Ulysses* nimmt die Dreiteilung der *Odyssee* auf: der *Telemachie* (*Odyssee* 1–4) entsprechen die drei Kapitel des ersten Teils, in denen der junge Lehrer Stephen Dedalus auf der Suche nach seinem Vater ist, den er später in Gestalt des „Ersatzvaters" Leopold Bloom finden und aus der Begegnung mit ihm verwandelt und gereift hervorgehen wird; den Irrfahrten des Odysseus (*Odyssee* 5–12) entsprechen die zwölf Kapitel des zweiten Teils, in denen wie bei Homer erstmals der „Held" Odysseus-Bloom auftritt und dessen Tätigkeiten und teils zielstrebigen, teils ziellosen Wegen durch Dublin und den verschiedenen Stationen, an denen er Halt macht, andere Menschen trifft, in eine Reihe von Geschäften, Gesprächen und Beziehungen verwickelt wird, wir von morgens 8 Uhr bis zum Morgengrauen des nächsten Tages (etwa 3 Uhr früh) Schritt für Schritt und Stunde für Stunde folgen: es ist die ausführlichste Adaption und Transformation der bekanntesten *Odyssee*-Abenteuer, die Bloom auf seine Weise nacherlebt und in neuen Konfigurationen erstehen läßt und die ihn mehrere Male beinahe mit Stephen Dedalus zusammengeführt hätten, bis sie sich endlich bei Circe, im Bordell der Madame Bella Cohen, begegnen und anschließend in einer Kutscherkneipe, dem Analogon zum Gehöft des göttlichen Sauhirten Eumaios, in ein ausführliches Gespräch verwickelt werden. Dies ist der Beginn des dritten Teils, der *Heimkehr,* dessen drei Kapitel „Eumaeus", „Ithaca" und „Penelope" der zweiten Hälfte der *Odyssee* (13–24) entsprechen: Bloom nimmt den angetrunkenen und durch einen Sturz leicht verletzten Stephen mit nach Hause, Vater und Sohn kehren heim nach Ithaka, und als Stephen-Telemach nach einem langen Gespräch das Haus wieder verläßt, geht Bloom auch zu Bett und legt sich neben seine Penelope, die allerdings nicht so treu ist wie ihr homerisches Vorbild: In ihrem berühmten langen inneren Monolog im letzten (18.) Kapitel überläßt sich Molly, „das Fleisch, das stets bejaht", wie Joyce sie genannt hat, dem Strom ihrer Gedanken (die 62 Druckseiten sind ohne Interpunktion nur in acht Absätze unterteilt), der von Leopold Bloom ausgeht, schweift ab zu ihren zahlreichen Verehrern und Liebhabern, auch zu Blazes Boylan, mit dem sie an diesem Nachmittag geschlafen hat, kehrt in ihren Gedanken aber dann doch wieder zu Leopold Bloom zurück: Sie erinnert sich, wie sie damals unter den Rhododendren lagen, oben auf dem Hill of Howth, und sie ihn so weit kriegte, daß er ihr einen Antrag gemacht hat, und wie er sie dann geküßt hat,

> unter der maurischen Mauer und ich hab gedacht na schön er so gut wie jeder andere und hab ihn mit den Augen gebeten er soll doch nochmal fragen ja und dann hat er mich gefragt ob ich will ja sag ja meine Bergblume und ich hab ihm

zuerst die Arme um den Hals gelegt und ihn zu mir niedergezogen daß er meine Brüste fühlen konnte wie sie dufteten ja und das Herz ging ihm wie verrückt und ich hab ja gesagt ja ich will Ja.

Joyce gab verschiedentlich detaillierte Hinweise auf Struktur, Bedeutungsebenen und Anspielungshorizonte seines Romans: So hatte jedes Kapitel ursprünglich eine Überschrift, die auf das entsprechende *Odyssee*-Vorbild verwies, doch strich Joyce diese Überschriften wieder für die Erstpublikation, die in 1000 numerierten Exemplaren im Februar 1922 bei Shakespeare & Company in Paris erschien. Das *Hades*-Kapitel (II 3) führt Bloom auf den Friedhof zu einer Beerdigung eines Freundes; das *Aeolus*-Kapitel (II 4) führt ihn in die Redaktion von Zeitungen und zeigt die windige Seite des Journalismus, die Luftblasen der Wörter und die flüchtige Rhetorik in verschiedenen Diskussionen; auch der Herausgeber der Zeitung, Mr. Crawford, ist wie Aeolus ein „König der Winde", der Bloom-Odysseus erst freundlich behandelt, ihn dann aber mit einer groben und ordinären Bemerkung abblitzen läßt. Das *Lästrygonen*-Kapitel (II 5) stellt die Dubliner in grotesker Weise dem menschenfressenden Riesenvolk aus der *Odyssee* an die Seite – Bloom hat Mühe, unter all den gierigen Lunchgästen einen Platz in den vollbesetzten Restaurants zu finden. Das *Sirenen*-Kapitel (II 8) zeigt Bloom nachmittags um 4 Uhr im Salon des Hotel-Restaurants Ormond, hinter dessen „Thekenriff" zwei Barmädchen Dublins Männer anlocken und durch Alkohol ruinieren. Das *Cyclops*-Kapitel (II 9) spielt in der Höhle eines Pubs, wo ein beschränkter („einäugiger"), gewalttätiger Anhänger der Sinn-Fein-Bewegung, der zudem Antisemit ist, politisch-nationalistisch drauflosschwadroniert und, als Bloom aus dem Pub flüchtet, ihm noch eine Blechbüchse nachwirft, ihn aber verfehlt, genau so, wie der geblendete Kyklop Felsen in Richtung von Odysseus' Schiffen schleuderte, ohne sie zu treffen. Das *Nausicaa*-Kapitel (II 10) schildert Bloom's Begegnung am Strand mit drei Mädchen, darunter Gerty McDowell, aus deren kitschig-sentimentaler Liebesroman-Perspektive der erste Teil des Kapitels geschrieben ist; sie errät zwar Blooms Wunschphantasien und provoziert ihn erotisch, aber ebensowenig wie zwischen Nausikaa und Odysseus kommt es zwischen ihnen zu einer erotischen Annäherung. Das *Circe*-Kapitel (II 12) schließlich, das in einem Bordell inszeniert wird, ist als Drama in fünf Akten mit Prolog, Epilog und detaillierten Szenenanweisungen geschrieben: Es ist ein tiefenpsychologisches Enthüllungs- und Traumspiel, das die seelischen Abgründe der Bordellbesucher, ihre geheimen Lüste und erotisch-perversen Phantasien an die Oberfläche bringt, die sie als jene „Schweine" ausweisen, in die sie Circe-Bella in ihrem Bordell verwandelt.

Joyce bezeichnete seinen *Ulysses* als ein Epos zweier Völker und Rassen (der jüdischen und der irischen), als ein Epos des Kreislaufs des mensch-

lichen Körpers, als eine Art Enzyklopädie, und gab für jedes Kapitel die
Tageszeit, die vorkommenden Personen und ihre homerischen Entsprechungen, den dominierenden Körperteil, die vorherrschende Farbe, die
zentralen Künste, Wissenschaften oder Handwerke, die wesentlichen
Symbole und den allegorischen Sinn an. Er schuf damit eine vielschichtige
moderne Epopöe, die rührend, sentimental, lasziv, satirisch und witzig zugleich ist und die Erfahrungen der Menschheit der letzten 2600 Jahre – mit
einem Schuß Autobiographie – auf das Dublin seiner Zeit und jenen
„Welt-Alltag der Epoche" (Hermann Broch)[25] projiziert, wodurch er die
anthropologische Grundbefindlichkeit des Menschen unter Verwendung
mythischer Archetypen und Freudscher Psychoanalyse – nicht erst Arno
Schmidt hat (in *Zettels Traum*) die drei Hauptfiguren Molly, Leopold und
Stephen als die drei Freudschen Instanzen des Es, Ich und Über-Ich gelesen – als eine Konstante der Literatur und der Welt überhaupt im Kosmos
einer modernen Odyssee eingefangen hat. Die Reduktion der Komplexität
von Leben und Geschichte auf wenige Grundkonstanten, die seit archaischer Zeit gleichgeblieben sind, machen Bloom-Odysseus zu einem modernen Jedermann, in dem jedermann und jedefrau Teile des eigenen Ichs
und seiner Wurzeln finden können, die bis in die mythische Vergangenheit
zurückreichen.

Dennoch endet der *Ulysses* nicht wie in der Tradition von Dante bis
Pascoli, Kazantzakis und Dallapiccola mit dem neuerlichen Aufbruch von
Odysseus-Bloom zu neuen Abenteuern, zum Gewinn neuen Wissens und
neuer Erkenntnis, sondern wie Homers *Odyssee* mit der Heimkehr nach
Ithaka, zu Penelope: hier nach 20 Stunden im Trubel Dublins, dort nach 20
Jahren des erzwungenen Fernseins durch Krieg, Gefangenschaft und abgeschnittene Rückkehr, nach den Erfahrungen von Exil und Allgegenwart des
Todes. Diese Idee der Heimkehr – auch sie psychoanalytisch leicht interpretierbar – hat neben all den bunten Abenteuern die Leser und Bearbeiter
der *Odyssee* am meisten fasziniert: Die glückliche Wiedervereinigung von
Odysseus und Penelope, ein häufiges Motiv schon in der antiken Kunst,
formt den Schluß vieler Bearbeitungen auf der Opernbühne, im Roman
und im Drama und hat die *Odyssee* zu einem Text gemacht, dem nach 1945
neue Aufmerksamkeit entgegengebracht wurde, als Wolfgang Schadewaldt
auf Bitten des Verlegers Peter Suhrkamp unter dem Titel „Die Heimkehr
des Odysseus" eine Nacherzählung der Odyssee in Prosa schrieb – seine
Prosaübersetzung entstand erst später –, weil Suhrkamp in dem für die damaligen Kriegsheimkehrer bestimmten *Taschenbuch für junge Menschen*
das Bild des homerischen Ur-Heimkehrers Odysseus nicht missen wollte.[26]

So bleibt Odysseus eine jener Gestalten des antiken Mythos, die seit
mehr als zweieinhalbtausend Jahren die Komponisten und Dichter, Maler

und Bildhauer zu immer neuen Interpretationen, Auseinandersetzungen und Aneignungsprozessen ansport und die Phantasie anregt – nicht nur die der Leser, sondern auch die der Philologen und Wissenschaftler, über die ich hier aber nicht weiter referieren will, und nicht zuletzt die der Hobbyarchäologen, die, wie seinerzeit Schliemann mit der *Ilias* in der Hand auf die Suche nach Homers Troja ging, nun mit der *Odyssee* in der Hand schon seit mehr als 2000 Jahren versuchen, die Route der Irrfahrten des Odysseus abzustecken. Es wird nicht überraschen, daß nach den zahlreichen vorgebrachten Theorien Odysseus in allen sieben Weltmeeren herumgeirrt ist und alle fünf Kontinente betreten hat – das oben erwähnte lateinische Epos von 1715, in dem Columbus das Grab des Heros auf einer der Westindischen Inseln entdeckt, umgeben von Statuen der *Odyssee*-Abenteuer, ist nur eines der literarischen Beispiele für diese Lokalisationsversuche, die nach der Entdeckung der Neuen Welt neuen Auftrieb erhielten. Die älteste erhaltene kartographische Darstellung der Irrfahrten (1579) stammt von dem Antwerpener Kartographen Abraham Ortelius (1527– 1598),[27] zu den jüngsten Versuchen zählen die Expeditionen der Brüder Armin und Hans-Helmut Wolf,[28] beides leidenschaftliche Segler, die das Schema der Richtungs- und Zeitangaben der Odyssee auf das Mittelmeer übertrugen und dann, sich den Strömungen und Winden überlassend, die schließlich heute noch genau dieselben seien wie zu Homers Zeiten, die Fahrtroute des Odysseus nachsegelten und sich überraschen ließen, wo sie an Land getrieben würden. Überraschungen gab es bei diesem Stück experimenteller Philologie in der Tat nicht wenige: Das Kyklopenabenteuer hätte sich demnach an der Küste der Kleinen Syrte in Tunesien abgespielt, Malta wäre die Aiolosinsel gewesen, auf Sizilien wären u.a. die Laistrygonen und das Land der Kimmerier zu lokalisieren, Ustica wäre die Insel der Circe und Panarea, einer der Liparischen Inseln, die der Kalypso gewesen und – dies ein besonders origineller Vorschlag – das Phaiakenland Scheria wäre keine Insel, sondern jener nur 30 km breite Teil des Brutterlandes, der Stiefelspitze Italiens zwischen dem Golf von S. Eufemia und Squillace, von dessen höchster Erhebung, dem Burgberg von Tiriolo, aus man beide Meere, das Tyrrhenische und das Ionische, sehen kann und so den Eindruck einer Insel gewinne: Odysseus sei also an der Westküste, im Golf von S. Eufemia, an Land gespült und von Nausikaa gefunden worden, die ihn dann in den Palast nach Tiriolo gebracht habe, und die Phaiaken hätten ihn von der Ostküste aus, wo angeblich von Odysseus die griechische Kolonie Skylletion (heute Squillace) gegründet wurde, über das Ionische Meer nach Ithaka gebracht. Natürlich blieben auch die Lokalisierungen der Gebrüder Wolf alles andere als unumstritten, und vielleicht haben alle, die solche Lokalisierungsversuche unternahmen, sich zu wenig das Diktum des hellenistischen Gelehrten Eratosthenes zu Herzen genommen, der schon im 3. Jh. v. Chr. die damaligen Spurensucher und historischen Geographen gewarnt hatte, daß nur der die Stationen von Odysseus' Reise finden werde, der zuvor den Ledermacher ausfindig gemacht habe, der den Schlauch für die Winde des Aiolos genäht habe.[29]

Anmerkungen

Die in der Bibliographie aufgeführten Titel werden in den Amerkungen nur abgekürzt zitiert.

[1] Hyginus, *Fabula* 95; Servius zu Vergil, *Aeneis* 2,81; etwas anders Apollodor, *Epitome* 3,7.

[2] Pindar, *Nemeen* 7,20 ff.; 8,23 ff.

[3] Sophokles, *Aias* 103; 1318 ff., bes. 1332 ff.; 1374 f; 1381 ff., bes. 1399.

[4] Horaz, *Epistulae* 1,2,17 ff.

[5] Vom Selbstmord der Sirenen wird erstmals im 3. Jh. v. Chr. bei Lykophron, *Alexandra* 712 ff. berichtet. Ein Vasenfragment aus Naukratis im Nildelta von etwa 600 v. Chr. (Brit. Mus. London, B 103,19), das die Köpfe von fünf langhaarigen, bartlosen Ruderern in einem Schiff zeigt, darüber den Flügel einer Sirene, der auf eine Abwärtsbewegung der Sirene schließen lassen könnte, wurde von G. Weicker, Seirenen, in: Roscher IV, Sp. 605, und Touchefeu-Meynier 1968, S. 145 f. (no. 244) als eine Darstellung des Selbstmordes der Sirenen gedeutet.

[6] Vgl. Andreae 1982, S. 103 ff.; *Ulisse* 1996, S. 251 ff.

[7] Vgl. Bernard Andreae, Praetorium Speluncae. Tiberius und Ovid in Sperlonga, Mainz 1994; Nikolaus Himmelmann, Ansichten von Sperlonga, Gymnasium 103, 1996, S. 32–41; Bernard Andreae, Noch einmal Sperlonga, Gymnasium 105, 1998, S. 143–151.

[8] Hieronymus, *Epistulae* 21,13,5 f.; 66,8,4 f.; 70,2,5. Vgl. Christian Gnilka, Usus iustus. Ein Grundbegriff der Kirchenväter im Umgang mit der antiken Literatur, Archiv für Begriffsgeschichte 24, 1980, S. 34–76; ders., ΧΡΗΣΙΣ. Die Methode der Kirchenväter im Umgang mit der antiken Kultur. I: Der Begriff des „rechten Gebrauchs", Basel-Stuttgart 1984.

[9] Vgl. Rahner [3]1966, S. 281 ff.; Rahner 1964, S. 239 ff.

[10] *Ovide moralisé* 14, 2104–2354, ed. C. de Boer u. a., Bd. 5, Amsterdam 1938.

[11] Dante, *La Divina Commedia* XXVI.

[12] Dictys Cretensis erzählt in der *Ephemeris belli Troiani* 6,5 f. die Irrfahrten von Odysseus nach dem Ende des Trojanischen Krieges und in 6,14 f. davon, daß er Telemach nach Kephallenia verbannte und dort unter sichere Bewachung stellen ließ, er selber aber sich einen anderen Wohnsitz in weit abgelegenen Gebieten suchte, um einem Orakel zu entgehen, das ihm den Tod von der Hand seines Sohnes geweissagt hatte. Allerdings bezog sich der Orakelspruch – was Odysseus nicht wissen konnte – nicht auf Telemach, sondern auf Telegonos, seinen Sohn mit Circe, der auf der Suche nach seinem Vater nach Ithaka

kam und dort, wie das Schicksal es bestimmt hatte, ihn – ohne zu wissen, wen er vor sich hatte – im Kampf tötete. Diese Überlieferung geht auf die *Telegonie* des Eugammon zurück, ein nachhomerisches Epos des epischen Kyklos aus dem 6. Jh. v. Chr., von dem nur wenige Fragmente erhalten sind.

13 Neuausgabe: Ubertino Carrara, *Columbus*. Traduzione poetica e note di Mario Martini. Testo a fronte. Prefazione di Miquel Batllori, Sora 1992. Die genannte Episode steht in Buch 6,652 ff.

14 Übersicht über die frühen Bearbeitungen auf der Opernbühne bei Davidson Reid 1993, II, 724 ff.; vgl. auch Schwabl 1979–1981.

15 Christopher Newall, Liebe und Tod in der ästhetizistischen Malerei der 1860er Jahre, in: Der Symbolismus in England 1860–1910, hrsg. von Andrew Wilton und Robert Upstone. Katalog zur Ausstellung im Haus der Kunst München, 1. Februar bis 26. April 1998, Ostfildern-Ruit 1998, S. 35–46 (hier: S. 41).

16 Arnold Böcklin, Die Gemälde im Kunstmuseum Basel. Sammlungspublikation von Dorothea Christ und Christian Geelhaar, Öffentliche Kunstsammlung Basel und Eidolon AG Einsiedeln 1990, S. 126.

17 Übersicht bei Davidson Reid 1993, II, S. 724–754, bes. 728 ff.

18 Vgl. Stanford ²1963, S. 184 ff., 314 ff.; außerdem Hildegard Pfanner, Das dramatische Werk Simon Rettenpachers, Innsbruck 1954. Rettenpacher wollte in seinen Schuldramen am Beispiel von herausragenden Gestalten des antiken Mythos und der antiken Geschichte einzelne Tugenden, Laster und Schicksalszwänge illustrieren: vgl. etwa seine anderen Dramen *Innocentia dolo circumventa seu Demetrius* (1672, hrsg. von W. Flemming, Das Ordensdrama, Leipzig 1930 [Darmstadt ²1965], S. 304–362), *Ineluctabilis vis fatorum seu Atys* (1673), *Perfidia punita seu Perseus* (1674).

19 Konstantin Kavafis, Gedichte. Das gesammelte Werk, eingeleitet und aus dem Neugriechischen übertragen von Helmut von den Steinen, Amsterdam 1985, S. 55 f.

20 Joachim Du Bellay, Oeuvres poétiques, II: Recueils de Sonnets. Édition critique publiée par Henri Chamard. Cinquième tirage revu et corrigé par Henri Weber, Paris 1970, S. 76 f. Die lateinische Version steht in V. 45–63 der 7. Elegie *Patriae desiderium*: a.a.O., VII: Oeuvres latines: Poemata. Texte présenté, établi, traduit et annoté par Geneviève Demerson, Paris 1984, S. 67. Deutsche Übersetzung: Joachim Du Bellay, Die römischen Sonette, hrsg. und übersetzt von Ernst Deger, München 1976 (Humanistische Bibliothek, 23). Vgl. dazu G. Hugo Tucker, The Poet's Odyssey: Joachim Du Bellay and the *Antiquitez de Rome*, Oxford 1990; zur lateinischen Version: J. Ijsewijn, Joachim Du Bellay's *Patriae desiderium*, Humanistica Lovaniensia 40, 1991, S. 244–261.

21 Peter Huchel, „Hinter den weißen Netzen des Mittags", „Odysseus und die Circe", „Das Grab des Odysseus"; jetzt bequem zugänglich in: Gesammelte Werke in 2 Bänden, hrsg. von A. Vieregg, Band 1: Die Gedichte, Frankfurt a. M. 1984. Vgl. dazu Peter Habermehl, Das Verstummen des Mythologen. Ein Versuch zu den drei Odysseus-Gedichten Peter Huchels, Antike und Abendland 42, 1996, S. 155–173 (die Zitate dort S. 172).

22 Giovanni Pascoli, Die letzte Fahrt. *L'ultimo viaggio*. Übersetzt und eingeleitet von Willi Hirdt. Italienische Bibliothek, Band 2. Tübingen 1989.

²³ Nikos Kazantzakis, Odyssee, ein modernes Epos. Übertragen in deutsche
    Verse von Gustav A. Conradi, München 1973.
²⁴ James Joyce, Ulysses, London: The Bodley Head, 1960. Deutsche Überset-
    zung von Hans Wollenschläger, Frankfurt a. M. 1975. Zur Analyse vgl. Stuart
    Gilbert, James Joyce's *Ulysses*, London 1930; Matthew Hodgart, James Joyce:
    A Student's Guide, London 1978, S. 69–129.
²⁵ Hermann Broch, James Joyce und die Gegenwart (1936), in: Kommentierte
    Werkausgabe, hrsg. von P. M. Lützeler, Bd. 9/1: Schriften zur Literatur, 1:
    Kritik, Frankfurt a. M. 1976, S. 63–95 (Zitat: S. 64).
²⁶ Daß auch die Gattung der anspruchsvollen Erwachsenen-Comics vor *Ilias*
    und *Odyssee* nicht haltgemacht hat, ist nahezu selbstverständlich: Als Fußno-
    te soll daher wenigstens auf den *Ulysse* des Zeichners Georges Pichard und
    des Texters Jacques Lob hingewiesen werden, die eine phantastische, oft
    schwül-erotische (Töchter des Aiolos, Sirenen, Kalypso etc. – selbst bei den
    Göttinnen ist der *Barbarella*-Einfluß unverkennbar), bisweilen originell ak-
    tualisierende (Circe und Odysseus im Drogenrausch) *Odyssee ‚in comics'*
    schufen, in der die Götter mit allen Mitteln des *High Tech* und im Stil von
    Science Fiction das Geschehen lenken (Éditions Jacques Glénat, Paris 1981).
²⁷ Ulyssis errores ex conatibus geographicis Ab. Ortelii, erstmals separat ge-
    druckt in: Abraham Ortelii Theatri Orbis Terrarum Parergon [...] innovata
    cura et studio Balthasaris Moereti, Antverpiae 1624; ungenaue Angaben bei
    Wolf ²1983, S. 154.
²⁸ Wolf ²1983.
²⁹ Diesen vielzitierten Ausspruch überliefert Strabon in seiner *Geographie*
    1,2,15 (C 24), wo er eine Übersicht über die zu seiner Zeit – Ende des 1. Jh.s v.
    Chr. – gängigen Theorien zur Lokalisierung von Odysseus' Irrfahrten gibt.

Bibliographie

Bernard Andreae, Odysseus. Archäologie des europäischen Menschenbildes,
    Frankfurt a. M. 1982.
Harold Bloom (ed.), Odysseus/Ulysses (Major Literary Characters), New York-
    Philadelphia 1991.
Peter Csobádi u. a. (Hrsg.), Antike Mythen im Musiktheater des 20. Jahrhun-
    derts, Anif/Salzburg 1990.
Jane Davidson Reid, The Oxford Guide to Classical Mythology in the Arts,
    1300–1990s, 2 Bde., New York-Oxford 1993.
Karl Heinz Eller, Zur Rezeption des Odysseus-Mythos, Der altsprachliche Un-
    terricht 23, Heft 2, 1980, S. 70–95.
Hugo Rahner, Griechische Mythen in christlicher Deutung, Darmstadt ³1966.
Hugo Rahner, Symbole der Kirche. Die Ekklesiologie der Väter, Salzburg 1964.
Wilhelm Heinrich Roscher (Hrsg.), Ausführliches Lexikon der griechischen und
    römischen Mythologie. Fortgesetzt und abgeschlossen von *Konrat Ziegler*,
    6 Bde. und 4 Suppl.-Bde., Leipzig 1884–1937, Ndr. Hildesheim ³1992.

Margaret R. Scherer, The Legends of Troy in Art and Literature, New York-London 1964.

Hans Schwabl, Gestalten der Odyssee in der Oper (Beispiele aus Venedig und Wien), Wiener Humanistische Blätter 21, 1979, S. 25–35; 22, 1980, S. 18–36; 23, 1981, S. 21–27.

William Bedell Stanford, The Ulysses Theme. A Study in the Adaptability of a Traditional Hero, Oxford ²1963, Ndr. Ann Arbor 1968.

William Bedell Stanford, The Quest for Ulysses, London 1974.

Odette Touchefeu-Meynier, Thèmes odysséens dans l'art antique, Paris 1968.

Ulisse: il mito e la memoria. Catalogo della mostra Roma, Palazzo delle Esposizioni, 22 febbraio – 2 settembre 1996, Rom 1996.

Armin und Hans-Helmut Wolf, Die wirkliche Reise des Odysseus. Zur Rekonstruktion des Homerischen Weltbildes, München-Wien ²1983.

Zeitgenössische Adaptionen der Odyssee
bei Inge Merkel, Michael Köhlmeier und Botho Strauß

Karl-Heinz Stanzel

In dem jüngst erschienenen Odyssee-Roman ‚König Ohneschuh‘ rückt der italienische Schriftsteller Luigi Malerba ganz konsequent das Wiederfinden der beiden lange getrennten Eheleute Penelope und Odysseus in den Mittelpunkt: Dieses gestaltet sich deshalb letztlich weit schwieriger als in der Odyssee, weil in dem neuen Roman Penelope schon zu einem sehr frühen Zeitpunkt durchschaut, wer sich hinter dem neu an ihren Hof gekommenen Bettler verbirgt; da sie aber ihrerseits dieses Versteckspiel ihrem Gatten verübelt, stellt sie sich nach Kräften der eigentlich herbeigesehnten Wiedervereinigung entgegen und verhindert auf diese Weise beinahe das vertraute Ende, weil sich Odysseus enttäuscht wieder auf den Weg macht.

Der Roman Malerbas, der eine ausgesprochen eigenwillige Neugestaltung des Odysseestoffes darstellt, bei dessen Lektüre man oft überrascht ist, welche neue Wendung manches bekannte Motiv nimmt, ist nur eines der literarischen Werke, die in den letzten Jahren in einer überraschend großen Zahl erschienen sind und die sich allesamt mit der Odyssee und damit mit der Heimkehrgeschichte des Mannes auseinandersetzen, der nach einem zehn Jahre währenden Krieg und sich noch einmal ebenso lange hinziehenden Irrfahrten in sein verwaistes und unter dieser Abwesenheit leidendes Herrscherhaus zurückkehrt. Angesichts der Vielschichtigkeit wie auch der Vielseitigkeit und des Facettenreichtums der Odyssee kann es nicht überraschen, daß nicht nur die literarische Auseinandersetzung mit dem homerischen Epos floriert, sondern daß neuerdings auch wieder die auf spannende und actionreiche Unterhaltung abzielende Filmindustrie Hollywoods Gefallen an dem Stoff findet, der auch solche Bedürfnisse zu befriedigen vermag. Obwohl man also, wenn von zeitgenössischen Adaptionen die Rede sein soll, den Bogen viel weiter spannen könnte, möchte ich mich in meinem Beitrag mit den Odysseeromanen Inge Merkels und Michael Köhlmeiers sowie mit dem Odyssee-Schauspiel von Botho Strauß beschäftigen. Auch hier wird sich zeigen, wie unterschiedlich die Annäherung an das homerische Epos heute sein kann.

‚Eine ganz gewöhnliche Ehe. Odysseus und Penelope‘ – das ist der provozierende Titel des 1987 erschienenen Odysseeromans von Inge Merkel,

einer Klassischen Philologin, die nach vielen Jahren als Assistentin an der
Universität Wien und als Lehrerin im Schuldienst zu schreiben begonnen
hat. Für sie ist die Odyssee ähnlich wie für Luigi Malerba in erster Linie
die Geschichte einer nicht gerade alltäglichen Liebesbeziehung. Sie interessiert die Frage, wie sich in dieser Beziehung mit Penelope diejenige zu
behaupten verstand, die zuallererst unter der langen Abwesenheit ihres
Gatten zu leiden hatte. ‚Anstelle einer Einführung‘, wie es ausdrücklich
heißt, schickt sie ihrem Roman einen Briefwechsel mit einem naturwissen-
schaftlich gesinnten Freund voraus: Ihr Thema, die Ehe, werde hier nicht
mit einer Bürde von 3000 Jahren belastet, vielmehr sieht sie in Odysseus
und Penelope zeitlose Gestalten, an denen das Zusammenspiel von Frau
und Mann in exemplarischer Deutlichkeit vor Augen geführt werden kann.
Die allen ungemein lange scheinende Zeit der Trennung, immerhin zwanzig Jahre, werden für Inge Merkel zu einer ‚angemessenen‘ Frist, die dem
Mann zusteht, da er seinem ‚eingeborenen Drang nach Bewährung‘ folge,
und zwar in einem breiteren Umkreis, als das Nest ihm zu bieten vermag.
Wir sehen, daß bei Inge Merkel weniger der große Dulder Odysseus, wie
die Tradition ihn kennt, zum Zuge kommt als vielmehr die Dulderin Penelope, die auf Geduld, Verzicht und Verständnis angewiesen ist, um sich
mit dem Drang des Mannes nach Bewährung außerhalb zu arrangieren.
Der Roman, in den die Autorin an entscheidenden Stellen immer wieder
Chorlieder eingefügt hat, erweist sich denn auch als eine ausgesprochen
kenntnisreiche Neuerzählung des gesamten Stoffes aus der Sicht Penelopes, anders als die Odyssee endet er nicht, wie man in Kenntnis der älteren
Stofftradition erwarten könnte, mit dem erneuten Aufbruch des rastlos
nach Bewährung strebenden Helden, sondern mit dessen Tod. Penelope,
von Odysseus zum ersten Mal verlassen, als er Helenas wegen nach Troja
zog, ein weiteres Mal, als er nach der Bewährung im Krieg in die Grotten
ging auf der Suche nach einer anderen Bewährung, fühlt sich nunmehr von
ihm zum dritten Mal verlassen. Mit ihrem langen Schlußmonolog, mit
dem sie sich, wieder allein, zum letzten Mal an den nun toten Odysseus wendet
und in dem sie eine nüchterne Bilanz ihres Ehelebens zieht, wird Penelope
zur Verkünderin des Merkelschen Eheverständnisses, nach dem es in einer
Ehe weniger auf Liebe und Leidenschaft als vielmehr auf Rückendeckung
für den einen Partner durch den anderen ankommt. Am Ende scheint der
Bruch endgültig: Penelope läßt alles aus dem Haus schaffen, was an Odysseus erinnert, eine trauernde Witwe will sie nicht sein.

Der österreichische Schriftsteller Michael Köhlmeier, der nach einer in
der Zwischenzeit auch in Buchform erschienenen Hörfunkreihe mit Sagen
des Klassischen Altertums bisweilen gar mit Gustav Schwab verglichen
wird, hält es, wie er im Nachwort zu eben diesem Büchlein schreibt, für

die angemessene Weise der Aneignung der antiken Stoffe, sie nicht nur anzuhören, sondern zu erzählen und vor allem erzählend weiterzuspinnen.[1]

Von einer geplanten Odysseetetralogie aus seiner Feder sind bisher zwei Bände erschienen: im Jahr 1995 der erste Roman ,Telemach' und 1997 der Folgeband ,Kalypso'. Köhlmeier ist damit nach dem zweiten Band seines Unternehmens erst bis in den fünften Gesang der Odyssee vorgedrungen.

Vor allem im ,Telemach' hält sich Köhlmeier ausgesprochen eng an die Erzählung des Odysseedichters. Den ersten vier Büchern der Odyssee, der Telemachie, entsprechen vier Gesänge im Roman, der Rahmen der Telemachie wird allerdings durch Zwischenspiele, ein Vor- und ein Nachspiel erweitert, die den Rahmen der Odyssee doch mehr oder weniger sprengen.

Köhlmeier will in diesen Romanen einen Bogen schlagen von der Antike in die Gegenwart, seine Absicht ist es, der Gegenwart den fernen Spiegel der Welt der Odyssee entgegenzuhalten. Diesem Anliegen versucht er dadurch Rechnung zu tragen, daß er anders als etwa James Joyce im Ulysses in einer ganz eigenen Art der Überblendung beide Zeitebenen überlagert und Elemente unserer heutigen Erfahrungs- und Alltagswelt und solche der archaischen Welt der Odyssee ineinander verzahnt. Letztlich jedoch gibt es keine Balance zwischen beiden Zeitebenen, vielmehr scheinen die Gestalten der Odyssee – etwa der Banjospieler Phemios[2] oder der als Kolumnist tätige Freier Eurymachos (Telemach, S. 85) – in die Gegenwart versetzt, die am Ende doch die Oberhand behält.

Dennoch erzielt Köhlmeier mit seiner Technik auch gelungene Effekte, wenn er etwa die Freier, mit denen sich Telemach auseinanderzusetzen hat, in der folgenden Weise beschreibt: Sie „fläzten in Liegestühlen oder lehnten, jeden Schattenstreich ausnützend, an den Säulen, trugen weiße Anzüge und weiße Hüte, steifkrempige zu roten oder gelben Krawatten, weiche Stoffhüte zu offenen Kragen oder auch keine Hüte und nur Unterhemden und Shorts: Kleine Figuren in der Ferne waren sie, mit Zigaretten und Gläsern versorgt" (Telemach, S. 19). Sie fahren am Abend „in ihren schmucken BMW, Mercedes, Citroen, Honda, Oldsmobile nach Westen zur Stadt" (Telemach, S. 99). Auch bei anderen Figuren des Romans wird der Leser stets aufs genaueste über die Marke des Autos informiert, mit dem sie unterwegs sind.[3]

Ganz den Gepflogenheiten unserer Zeit entspricht es auch, daß Odysseus bei der Geburt seines Sohnes im Kreißsaal dabei ist. Penelope und er hatten sich das, wie wir ausführlich erfahren, versprochen, und der werdende Vater massiert, instruiert von der Hebamme, seiner Frau bei jeder sich auf dem Wehenschreiber ankündigenden Wehe den Rücken.[4]

Mögen derlei Anachronismen oft auch auf die Spitze getrieben sein, so trägt diese Technik andererseits gelegentlich auch zur produktiven Auseinandersetzung mit der Denk- und Darstellungsweise des Odysseedichters bei.

Ein Beispiel: Für das antike Epos konstitutiv ist die Parallelführung der Handlung auf einer göttlichen und auf der menschlichen Ebene. Die sich aus dieser Konstellation ergebende Frage, welches Gewicht der menschlichen Entscheidung zukommt, beschäftigt die Philologen bis heute.[5] Im Lichte dieser Fragestellung scheint mir die Darstellung des Vorgangs, wie die Götter mit den Menschen in Verbindung treten, sehr interessant.

Im ‚Telemach‘ schildert Köhlmeier in Einklang mit den ersten beiden Büchern der Odyssee, wie Athene, die als Göttin, wie ausdrücklich gesagt wird, zwar die Dinge zu durchschauen vermag, jedoch keinen Einblick in die Seelen der Menschen hat, sich zweier Männer, des Mentes und Mentors, bedient, um Telemach dazu zu bewegen, gegen das unerträglich werdende Treiben der Freier etwas zu unternehmen, und ihn anzustacheln, sich schließlich auf die Suche nach seinem Vater zu begeben. Köhlmeier spricht sehr plastisch von einer ‚Okkupation‘, als sich Athene des Mentes bemächtigt, und nach einer anderen sehr modern anmutenden Metapher für dieses Verhältnis ist Mentes der ‚Wirt‘ und Athene ein ‚Parasit‘.[6] Es dauert lange, bis sich die Göttin des Mentes ganz bemächtigt hat, und es kommt auch immer wieder zu Kämpfen, wenn der Wirt der Göttin nicht zu Diensten ist, wenn er auch eigene Gedanken und Ideen vorbringen will.[7] Mentor, der ehemalige Lehrer Telemachs, hingegen ist als Medium für Athene wie geschaffen, da er, als die Göttin in ihm ist, seine wahre Bestimmung gefunden zu haben glaubt.[8] Entsprechend groß ist sein Leiden, als die Göttin sich seiner nicht mehr bedient, und da wird er seinem Schüler, mit dem er aufgebrochen ist, um nach Odysseus zu suchen, immer mehr zur Last. Schließlich erfindet Köhlmeier – darauf will ich abschließend nur noch hinweisen – einen weiteren ‚Wirt‘ für Athene, durch den sie in Lakedaimon wirkt, den der Autor passend zu den Namen Mentes und Mentor Meter nennt.[9] In den genannten Partien des Romans darf man eine ausgesprochen produktive schriftstellerische Auseinandersetzung mit einer sehr vertrauten Vorstellung der antiken Epik sehen.

Die Telemachie hat der Odysseedichter an den Anfang seiner Schilderung gesetzt, weil in ihr die Fristsetzung für die Wiederheirat Penelopes konkret wird. Odysseus hatte seiner Frau beim Abschied gesagt, daß sie, wenn er bis zu dem Zeitpunkt, da dem Sohn der Bart sprieße, noch nicht zurückgekehrt sei, wieder heiraten möge. Die Telemachie hat man daher als die in epische Situation umgesetzte Bestimmung dieses Termins bezeichnet.[10]

Auch Köhlmeier gestaltet in seinem Telemach die Erweckung eines Jüng-
lings zum Mann, der, wie es im Roman etwas sperrig heißt, nunmehr ‚in
seine Rechte eintreten und Besitz nehmen will von der ihm gebührenden
Würde' (Telemach, S. 219) und sich deshalb aufmacht, nach seinem Vater
zu suchen. Telemach, „auf dessen Schultern eine Generation der Kriegs-
lust und eine Generation des Kriegshasses" lastet (Telemach, S. 311), der
bislang in einer „düsteren, vaterverfluchten Welt" (ebda.) gelebt hatte,
kommt, indem er in den Erzählungen Nestors und in denen des Menelaos
mehr und mehr über seinen Vater erfährt, erst eigentlich zu sich selbst.
Vatersuche und Selbstfindung sind eins. Auch bei der Vatersuche Telemachs
ist die Überblendung, von der ich bereits gesprochen habe, überdeutlich.
Es entspricht eher heutigem Lebensgefühl, wenn Telemach zunehmend
Gefallen daran findet, nur noch unterwegs zu sein, Vater und Mutter vergessen will und sich dem Auftrag der Göttin zu entziehen sucht. Die Anklänge an ein filmisches Genre, die roadmovies, sind mehr als deutlich,
wenn Telemach und Peisistratos sich unter ihrem Jeep schlafen legen, aus
dessen Motor Öl tropft. Am Ende des Romans hat Telemach zwar nicht
seinen Vater gefunden, doch er hat sich in seiner menschlichen Würde, die
kein Geschenk der Götter ist, sondern von den Menschen selbst aufgerichtet
wird, auch gegen die Göttin Athene behauptet. Daher sind Peisistratos und
Telemach nun gewillt, nach Hause zurückzukehren, und das letzte Lied,
das sie anstimmen, trägt den Titel ‚Chances are'.

Mit seinem zweiten Roman, ‚Kalypso', sprengt Köhlmeier, der sich im
‚Telemach' sehr eng an sein Vorbild hält, eigentlich den Rahmen der Odyssee. Der fast 450 Seiten lange Roman ist letztlich auch keine Bearbeitung
des gesamten fünften Gesangs der Odyssee, sondern er kreist lediglich um
die wenigen Verse, in denen der immerhin sieben Jahre während Aufenthalt des Odysseus bei Kalypso geschildert wird, den der Odysseedichter
als den eigentlichen Einsatzpunkt der Handlung bereits im Prooimion erwähnt (V. 13–15): „Diesen allein, den nach der Heimkehr und nach seinem
Weib verlangte, hielt die Herrin, die Nymphe zurück, Kalypso, die hehre
unter den Göttinnen, begehrend, daß er ihr Gatte wäre".[11]

Obwohl Kalypso für Odysseus ein verlockendes Geschenk bereit hält,
da sie ihn unsterblich und alterslos machen könnte (5. 136), zieht es den
Helden zurück nach Ithaka, und er verbringt die meiste Zeit einsam am
Strand, Tränen vergießend und aufs Meer hinausschauend. Dem Odysseedichter genügen wenige Worte, um den Konflikt des Odysseus anzudeuten (V. 153–5): „Denn ihm gefiel die Nymphe nicht mehr, sondern, wahrhaftig! er ruhte die Nächte nur gezwungen (ἀνάγκῃ) in den gewölbten
Höhlen, ohne Wollen bei ihr, der Wollenden (οὐκ ἐθέλων ἐθελούσῃ)." Als
Hermes nun nach sieben Jahren Aufenthalt den Beschluß der Götter ver-

kündet, daß Kalypso Odysseus ziehen lassen solle, spricht er sich in seiner
Antwort auf ihr nochmaliges Angebot, bei ihr zu bleiben und unsterblich
zu werden, ganz entschieden für Penelope aus, wiewohl diese sterblich ist,
Kalypso hingegen nicht nur unsterblich und alterslos, sondern auch weit
schöner anzuschauen. Ja, Odysseus wäre sogar bereit, noch einmal alle
Leiden auf sich zu nehmen, wenn er nur endlich das heimatliche Ithaka
wiedersehen könnte (V. 214–224).

Der Aufenthalt bei Kalypso bleibt, obwohl er sieben Jahre währt, in der
Odyssee eine Episode, bei der sich der Odysseedichter mit wenigen Andeutungen begnügt. Sie wirkt aber vielleicht deshalb so faszinierend und
hat nicht nur Dichter, sondern auch Maler angeregt, weil sie gerade angesichts der beschriebenen Konstellation ein gewaltiges Potential birgt: Mit
der Wahl zwischen Unsterblichkeit und Sterblichkeit konfrontiert, entscheidet sich der Held trotz aller Verlockungen nicht nur für die Rückkehr
zu seiner sterblichen Frau, sondern er nimmt damit auch seinen eigenen
Tod, wann auch immer dieser kommen mag, in Kauf.

Das in den wenigen Bemerkungen des Odysseedichters angedeutete
Kalypso-Abenteuer des Odysseus, das in der Odyssee in erzählerischer
Hinsicht der eigentliche Einsatzpunkt der Handlung ist, wird für Köhlmeier zum Gerüst seines zweiten Odysseeromans. Dieser wichtige An-
knüpfungspunkt spielt für Köhlmeier freilich keine Rolle, überhaupt sind
die Verbindungen zum ersten Teil der Tetralogie eher locker. Dies zeigt
sich beispielsweise auch daran, welche Rolle der Autor in seinem zweiten
Roman den Göttern beimißt. Im ,Telemach' kommt, wie wir gesehen haben, Athene die Rolle zu, die im homerischen Epos den Göttern insgesamt
zukommt, da sie die Geschicke der Menschen lenken und bisweilen in das
Geschehen eingreifen können. In seinem Roman ,Kalypso' versucht
Köhlmeier, die Götter in anderer Weise in das Geschehen einzubinden: Da
ihnen der Mensch zum Rätsel geworden ist, halten sie, die Unsterblichen,
ein Symposion ab über die Sterblichkeit des Menschen. Um Odysseus und
Kalypso bessser beobachten zu können, schlüpfen Athene und Hermes in
die Comicfiguren Calvin und Hobbes, was bisweilen auch zu eher unge-
wollter Komik führt.

Die Götter wollen sehen, wie sich Odysseus zu dem ,sensationellen Angebot' Kalypsos (Kalypso, S. 123) verhält. Solche Fragen ließen sich nämlich weniger theoretisch beantworten, vielmehr müsse man sich an einem
konkreten Beispiel darum bemühen, das Problem zu verstehen. Odysseus,
dieser ,sperrige Ithaker' (Kalypso, S. 145), der neun von den zehn Jahren,
die er unterwegs war, bei Frauen zugebracht hat, erscheint den Göttern
deshalb als das einzig geeignete Studienobjekt, als exemplarischer Mensch,
als ,der einzig Richtige', weil er auf Ogygia zwischen Sterblichkeit und

Unsterblichkeit steht, weil er „auf dem besten Weg ist, sich der Sterblichkeit zu entziehen, oder wie man das ausdrücken soll" (Kalypso, S. 145 f.).

Das Angebot für Odysseus ist auch deshalb so verlockend, weil er sich anders etwa als Tithonos, der ihm ein warnendes Beispiel ist, da Eos, als sie für ihn um Unsterblichkeit bat, vergessen hatte, auch daran zu denken, daß er nicht altern dürfe (Kalypso, S. 122–128), gegen alle Eventualitäten zu wappnen weiß: er soll also, so lautet Kalypsos Versprechen, „ewig der bleiben, der er ist, bei gleicher Kraft und gleichem Geist und gleicher Schönheit und gleicher Lust" (Kalypso, S. 130). Die Götter sind jedoch keineswegs gleichsam neutrale Beobachter des Geschehens auf Ogygia, vielmehr müssen sie daran interessiert sein, daß Odysseus das Angebot Kalypsos nicht annimmt, weil ihnen andernfalls ihr Studienobjekt abhanden käme. Die Rolle, die Köhlmeier den Göttern hier zugedacht hat, wirkt etwas konstruiert – und sophisticated ist denn auch das Wort, das in dem Roman auffällig oft Verwendung findet.

Köhlmeier deutet den Zwang und die Gewalt, mit der Kalypso Odysseus auf Ogygia festhält, in eine andere Richtung um: Odysseus ist der Göttin verfallen, er ist ihr hörig. Kalypso entdeckt umgekehrt durch Odysseus die Liebe, findet zunehmend Gefallen an ihr, und in dem Maß, in dem dies zur sexuellen Obsession wird, verliert die Göttin, von der es zu Anfang des Romans etwas preziös heißt, „daß tatsächlich sie die Phantasie sei für alle Maße, die je an Frauen gelegt werden" (Kalypso, S. 54), von ihrem göttlichen Glanz und ihrer göttlichen Schönheit. Diese Seite schlägt sich auch sprachlich nieder, da sich der Autor in diesem Zusammenhang eines ausgesprochen derben Vokabulars bedient.

Die Antwort auf die Frage, warum Odysseus, dem es als Mensch eigen ist, „über sich selbst nachzudenken, darüber, was er ist, und vor allem darüber, was er nicht ist" (Kalypso, S. 142), das Angebot der Göttin ausschlägt und zu Penelope zurückzukehren gedenkt, findet Köhlmeier nicht in antik-epischen Konzepten: so wird etwa die Hoffnung auf Ruhm, die Achill auch einen frühen Tod in Kauf nehmen ließ, als nicht tragfähig zurückgewiesen. Die Lösung ergibt sich vielmehr aus der Feststellung, daß Odysseus auf Ogygia stets auch mit seiner Vergangenheit konfrontiert ist. Vergangenheit heißt für Köhlmeier auf der einen Seite, Momente des Glücks erfahren zu haben, auf der anderen aber auch, sich schuldig gemacht und sich in Schuld verstrickt zu haben. Schuldhafte Verstrickung ist im Falle des Trojakämpfers Odysseus mit den Namen Iphigenie, Palamedes und Astyanax verbunden (Kalypso, S. 365–415). Ewiges Leben würde für Odysseus auch ewige Schuld bedeuten, der Unterschied des ewig Schuldigen zu dem ewig alternden Tithonos wäre nicht allzu groß, wenn es Odysseus nicht möglich wäre, an den Ort seines größten Glücks zurückzukehren.

Und da das größte Glück für ihn die Geburt seines Sohnes Telemach war, muß sich Odysseus letztlich gegen das verlockende Angebot der Göttin entscheiden.

Auch im zweiten Roman der Odysseetetralogie Köhlmeiers zeigt sich, daß der Autor nicht nur bei der Beschreibung der Dingwelt, der er stets breiten Raum widmet, der Gegenwart verpflichtet ist, sondern daß auch seine Gedankenwelt und die seiner Romanfiguren sehr modern ist. Die Welt der Odyssee gerät daher zu einer Folie, die der Autor in einem raffinierten und gelegentlich auch maniert wirkenden Spiel einzubeziehen versucht. Dies führt aber letztlich nur dazu, daß dem vertrauten Stoff in der modernen Brechung der Stempel des Fremdartigen aufgedrückt wird.

Ich komme nun mit Botho Strauß zu einem der umstrittensten Dramatiker der Gegenwart und, wie sich zeigen wird, bei ihm zu einem genuin anderen Bezug auf den zugrundeliegenden Mythos. Sein Odyssee-Stück, ‚Ithaka. Schauspiel nach den Heimkehr-Gesängen der Odyssee‘, das 1996 an den Münchner Kammerspielen uraufgeführt wurde und im Frühjahr 1998 in Dresden auf dem Spielplan stand, bedeutet, soweit ich sehe, einen neuen Schritt in seiner dramatischen Produktion, wenngleich er in seinen Stücken immer wieder antike Mythen aufgegriffen hat. Thematisch läßt sich ein Bezug zu dem Stück ‚Das Gleichgewicht‘[12] von 1993 herstellen, das ebenfalls von einer Heimkehr handelt, nämlich der des Forschers Christoph Groth nach einjährigem Australienaufenthalt. Weitere Motive sind beiden Stücken gemeinsam: seine Frau Lilly, im Gegensatz zu Penelope ihrem Gatten während dessen Abwesenheit untreu geworden, wird von ihm durch einen Pfeilschuß schwer verletzt.

Während die bislang in diesem Rahmen näher betrachteten Odysseeromane das Gesamte des komplizierten Erzählgefüges der Odyssee zu berücksichtigen trachten, beschränkt sich Strauß in seinem Odysseestück ähnlich wie der eingangs kurz gestreifte Luigi Malerba ganz entschieden auf die zweite Hälfte des homerischen Epos und führt damit dem Zuschauer sein eigentliches Thema, die Heimkehr des totgeglaubten Herrschers nach zwanzigjähriger Abwesenheit, eindringlich vor Augen. Zwar beschäftigt auch Strauß, wie wir noch sehen werden, das für Malerba zentrale Thema, die Frage nämlich, wie Odysseus und Penelope wieder zueinander finden werden, doch steht für ihn die Wiederherstellung der politischen Ordnung im Vordergrund.

Strauß hat die zweite Hälfte des homerischen Epos in fünf Akte umgesetzt, in denen er sich insgesamt recht eng an den Ablauf der Odyssee hält. Von einer bezeichnenden Abweichung wird jedoch gleich die Rede sein. ‚Ankunft‘, ‚Haushalt der Freier‘, ‚Die Narbe‘, ‚Der Bogen des Odysseus und Die Wiedererkennung‘ sowie schließlich ‚Der Vertrag‘ sind die Titel der fünf Akte, die das Augenmerk des Lesers oder Zuschauers auf den politischen Aspekt der Rückkehr lenken.

In einer Vorbemerkung, die Botho Strauß der Buchfassung seines Bühnenstücks vorausschickt, die auch im Programmheft zur Münchner Aufführung abgedruckt ist, erklärt er sein Unternehmen als eine Übersetzung von Lektüre in Schauspiel: „Nicht mehr, als höbe jemand den Kopf aus dem Buch des Homer und erblickte vor sich auf einer Bühne das lange Finale von Ithaka, wie er sich's vorstellt" (Ith., S. 7). Bei dieser Übertragung würden „Abschweifungen, Nebengedanken, Assoziationen, die die Lektüre begleiten, zu Bestandteilen der Dramaturgie" (ibid.). Der Hörer (sic!) solle, mit dieser wichtigen Bemerkung schließt die Vorbemerkung, „wie eh und je in die Kindheit der Welt versetzt" werden (ibid.).

Eine Neuerung ergibt sich aus der Dramatisierung des Stoffes: Mit den Drei fragmentarischen Frauen, Knie, Schlüsselbein und Handgelenk, die gleich in der ersten Szene auftreten, führt Botho Strauß eine Art Chor ein.

Dieser Chor, der in enger Verbindung zu Penelope steht, begleitet wie der Chor in der griechischen Tragödie das Bühnengeschehen zum Teil kommentierend – Chorlieder im eigentlichen Sinn begegnen bei Strauß jedoch nicht –, vor allem aber ist in ihm noch etwas vom epischen Erzähler erkennbar: oft berichten die Drei fragmentarischen Frauen vom Geschehen, das nicht auf der Bühne dargestellt wird (dies gilt etwa für die berühmte Argosepisode, die Wiedererkennung des Odysseus durch seinen Hund, der unmittelbar nach der Anagnorisis stirbt – Ith., S. 38), gelegentlich nehmen sie aber auch das auf der Bühne dargestellte Geschehen in ihrer Schilderung vorweg (beispielsweise die Wiedererkennung des Odysseus durch die Amme Eurykleia an der Narbe – Ith., S. 62f.). In der ersten Szene seines Stücks, auf die ich gleich noch einmal zu sprechen kommen werde, führt uns Botho Strauß in einer bemerkenswerten Abweichung vom Ablauf der Handlung der Odyssee Penelope im Gespräch mit ihrem Lieblingsfreier Amphinomos vor. Ihren Hilferuf, sie aus ihren Kümmernissen und ihrem unbefriedigenden Dasein zu erretten, beantwortet der Freier mit dem Eingeständnis seiner Unfähigkeit, dieser Aufforderung nachzukommen. Das vertraute Gespräch der beiden kommentieren und deuten die Drei fragmentarischen Frauen. Darüber hinaus berichten sie dem Zuschauer von Details, die für das Verständnis der Szene bedeutsam sind, die jedoch sehr schwer direkt darzustellen wären.[13]

Im Zusammenhang mit der Darstellung der Tötung der Freier durch Odysseus und seine Helfer kommt dem Chor der Drei fragmentarischen Frauen auch in dramaturgischer Hinsicht eine wichtige Funktion zu. Zunächst (Ith., S. 80–83) wird die Durchführung des Racheplanes des Odysseus auf der Bühne vorgeführt. Um diese Szene dann aber nicht zu langatmig und vielleicht nicht zu blutrünstig werden zu lassen, läßt der Dramatiker die unmittelbare Vorführung der Aktion in einen summarischen Bericht der Drei fragmentarischen Frauen übergleiten.[14] Man fühlt sich in diesem Fall an die Botenberichte der griechischen Tragödie erinnert. Außerdem erfolgt so eine Distanzierung vom Geschehen, das auf der Bühne dargestellt wird.

Es wurde bereits darauf hingewiesen, daß Botho Strauß neben dem politischen Aspekt, der auf der Wiederherstellung der alten Ordnung und der alten Herrschaftsverhältnisse beruht, auch die Heimkehr des Helden zu der Frau thematisiert, die zwanzig Jahre auf ihn gewartet hat. Daß der Dramatiker diesem Aspekt der Rückkehr des Helden sogar einige Bedeutung beimißt, wird bereits daraus ersichtlich, daß das Stück mit einer Szene beginnt, die in der Odyssee keine Entsprechung hat: mit dem Gespräch zwischen Penelope und dem Lieblingsfreier Amphinomos.[15]

Auch Botho Strauß setzt zu Beginn seines Stücks auf den bekannten Gegensatz zwischen Odysseus, dem ‚vielmals Untreuen‘ (Ith., S. 14), und Penelope, der ‚Reinen‘, der ‚Erztreuen‘ (Ith., S. 13), die sich, wie in Verkehrung des entsprechenden Abenteuers ihres Gemahls gesagt wird (Ith., S. 13 f.), „an ihren Webstuhl fesseln ließ wie ihr Gemahl an den Schiffsmast. Sie aber widersetzt sich den Sirenen des Schlamms und der Wollust". Penelope leidet, sie, die Fürstin, foltert – in den etwas gespreizt wirkenden Worten des Schlüsselbeins – „ihre Reinheit mit dem Anblick der Gelage, die die Freier vor ihrem Fenster abhalten" (Ith., S. 14).

Zugleich ist die schöne, ewig trauernde Fürstin, die einmal sehr plastisch von ihrem ‚verwarteten Leben‘ spricht (Ith., S. 95), gezeichnet von der langen Zeit der Ungewißheit. Sie hat, wie es zum ersten Mal bereits in der Eingangsszene mit Amphinomos deutlich geworden ist und dann in immer neuen Anläufen thematisiert wird, im Laufe der kummervollen Jahre Speck angesetzt, sie ist fett geworden, sie selbst nennt sich einen ‚feisten Klumpen‘ (Ith., S. 12), über den sich auch die Freier nur despektierlich äußern,[16] so daß ihnen selbst nicht einmal mehr bewußt ist, warum sie sich am Hof in Ithaka befinden.

Die besondere seelische Verfassung Penelopes arbeitet Strauß in der Eingangsszene, dem vertrauten Gespräch mit Amphinomos heraus, das Bild, das von Penelope vermittelt werden soll, wird auch in einigen späteren Szenen ergänzt. Besonders auffällig ist eine Szene, in der die einsame Gattin in ihrem Gemach gezeigt wird. In diesem Zusammenhang erhält ein Motiv einige Bedeutung, das in der Odyssee im unmittelbaren Kontext der endgültigen Wiedererkennung des Odysseus durch Penelope steht. Der Held hatte nämlich sein Ehebett um einen Ölbaum gezimmert. Da davon nur er und Penelope wissen, ergibt sich daraus für sie die Möglichkeit einer letzten Prüfung des Zurückgekehrten, deren Erfolg sie die letzten Zweifel an seiner Identität über Bord werfen läßt (Od. 23.173–206). Bei Strauß ist eben dieses Bett, das in singulärer Weise an seinen Erbauer erinnert, für Penelope zum Ersatz für Odysseus geworden, dem sie ihr Leid klagt, das sie aber auch als ‚ächzenden Leichnam' (Ith., S. 24) beschimpft.

Da Penelope nicht weniger vorsichtig und mißtrauisch ist als Odysseus, gestaltet sich das Wiedererkennen vor allem für sie als langer Prozeß, der fast qualvoll, gewiß schleppend und stockend verläuft. Die Wirkung der zwanzig Jahre währenden Abwesenheit wird hier sehr konkret spürbar.

Nicht anders als in der Odyssee schläft Penelope, während Odysseus die Freier tötet, sie „verschläft", mit den Worten Eurykleias, „die Stunde der kostbaren Vergeltung" (Ith., S. 86);[17] als sie endlich erwacht, vermag sie die neue Situation überhaupt nicht zu begreifen. Sie meint, von einem Gott, keinem Sterblichen befreit worden zu sein.

Auch in der übrigen Gestaltung der Wiedererkennung hält sich Strauß ausgesprochen eng an seine literarische Vorlage. So hat er beispielsweise das Übereckgespräch, in dem Odysseus auch in der Odyssee sich seines Sohnes Telemach als Vermittler bedient, weil die unmittelbare Ansprache Penelopes nicht möglich ist (Od. 23.88–140),[18] glänzend ausgestaltet; Odysseus und Penelope sprechen miteinander, indem sie Telemach als Vermittler ansprechen, der indes selbst gar nicht zu Wort zu kommen braucht: „Odysseus: Frag sie, Telemach: sind es die schmutzigen Lumpen an meinem Leib, die sie noch immer verwirren?" Und Penelope, weiter ganz ungläubig: „Sag ihm, Telemach: ein Gott war's. Der da ist kein Mörder." Worauf wiederum Odysseus erwidert: „Frag sie, Telemach, wie kann sie die vielen ermordeten Männer erkennen, die Freier, mit denen sie bittere Jahre gemeinsam im Haus lebte, und ihn nicht, den Mörder?" (Ith., S. 92f.). Dieses Übereckgespräch zieht sich hin, Penelope läßt ihren Sohn dem fremden Mann auch den Grund für ihr mangelndes Vertrauen mitteilen, daß nämlich schon viele gekommen seien, die sie mit Geschwätz betörten. Schließlich mischt sich doch Telemach selbst ein: „Ich bitte, sieh ihn doch an, Mutter." Und er verweist auf ein Erkennungszeichen, das die Identität unzweifelhaft erweisen müßte: „Laß dir die Narbe zeigen, die ihm der Eber schlug, als er ein Kind war." Penelope bleibt jedoch ihrer Linie treu: „Sag ihm, Odysseus kehrt niemals nach Hause zurück. – Sag ihr: für so langes Mißtrauen fehlt uns die Zeit."

Penelope ist im Laufe der Zeit vorsichtig geworden, sie ist ‚in den Nebeln ihres Mißtrauens' gefangen (so Eurykleia Ith., S. 93f.); dennoch vertraut sie auf die untrüglichen, nur den beiden bekannten Zeichen, die die beiden wieder zueinander finden lassen. Erst als sie sich durch die bereits erwähnte List mit dem Ölbaumbett von der Aufrichtigkeit des Fremden überzeugt, erst da ist sie bereit, in ihm Odysseus zu sehen.

Zentraler ist für Botho Strauß jedoch der politische Aspekt der Heimkehr des Herrschers Odysseus, die in der Rache an den Freiern sich vollziehende Wiederherstellung der politischen Ordnung.

Wie in der Odyssee begegnet der Heimkehrende auf Ithaka zuerst der Göttin Athene, die ihn nicht nur vor den Freiern warnt, sondern auch ganz entscheidend auf die Rache, auf die Ermordung der Freier einstimmt, da sie ihn nicht nur vor einer überstürzten und unvorsichtigen Rückkehr zu ‚Frau und Kind im Hause‘ (Ith., S. 17) warnt, sondern ihm die Notwendigkeit, die ‚hochherzige Frau‘ von ihrer ‚üblen Umgebung‘ zu befreien, vor Augen führt. Odysseus ist denn auch gleich zu allem bereit, obwohl er andererseits gehofft hatte, am Ende seiner Leiden und Mühen angekommen zu sein.[19]

Aber es ist nicht nur der Instruktion durch Athene zu verdanken, daß Odysseus allen mit einem ungeheuren Mißtrauen begegnet. Bereits bei seiner Ankunft erscheint er in der Rüstung eines Hopliten auf der Bühne, sein Auftreten ist höchst martialisch, er befürchtet außerdem, daß ihm die mitgeführten Geschenke der Phäaken (‚Beute‘ – Ith., S. 15) geraubt werden könnten. Immer wieder aufs neue bedient er sich seiner Lügengeschichte, die er auch schon Athene erzählt hat, daß er ein Kreter sei. Selbst nach der Ermordung der Freier, als die Gefahr beseitigt zu sein scheint, beginnt er bei der Begegnung mit seinem Vater mit der üblichen Lügengeschichte, die er wie eine Art Schutzschild vor sich her trägt. Erst auf das Stichwort ‚Vater‘ hin (Ith., S. 98: „Mein Vater heißt –“) ruft er sich selbst zurück und offenbart sich seinem Vater. Darüber hinaus verdächtigt er seinen Sohn Telemach, der, erwachsen geworden, etwas gegen das Treiben der Freier zu unternehmen sucht, als er ihm zum ersten Mal gegenübersteht, nachdem er sich ihm sogleich offenbart hat,[20] selbst nach der Herrschaft zu streben: „Denn selber bist du nun ein Mann und selber wärst du gern Herrscher auf Ithaka … Man sagt, du rufst schon selber die Volksversammlung ein auf dem Marktplatz?“ Und Telemach tritt seinem Vater durchaus selbstbewußt gegenüber: „Ich bin jetzt alt genug, ich habe die Pflicht, mein Haus in Ordnung zu halten.“ (Ith., S. 35).

Zugleich dient dem ausgesprochen mißtrauischen Odysseus als Ausweis seiner Identität allenthalben die Narbe, die in der Odyssee nur einmal an einer sehr signifikanten Stelle erwähnt wird: Als Eurykleia dem noch als Bettler verkleideten Odysseus die Füße wäscht, erkennt sie ihn sofort an der Narbe, die ihm einst ein Eber beigebracht hat. Die Schilderung dieser Begebenheit hat der Odysseedichter als ein retardierendes Element in die Fußwaschungsszene eingeflochten.[21] Eurykleia erkennt ihren Herrn sofort, aber sie darf sich nichts anmerken lassen, um den Racheplan nicht zu gefährden. Diese Szene hat auch Botho Strauß aufgenommen, Odysseus bedient sich aber darüber hinaus mehrfach dieses Beweises seiner Identität, er verzichtet darauf nur bei der Begegnung mit seinem Sohn Telemach. Als sich Odysseus dem treuen Eumaios zu erkennen gibt und dieser ihm nicht glauben will, verweist der Heimkehrer auf seine Narbe (Ith., S. 76): „Halt, bleib hier! Du glaubst wohl, ich spräche verwirrt? Sieh her, damit du mich sicher erkennst: hier unterm Knie siehst du die Narbe, die ja berühmt ist, und jedermann weiß, daß sie dem Kind Odysseus ein Eber schlug am Parnaß." Jedermann, das ist wohl in der Hauptsache der Leser der Odyssee. Und auch die erschrockene Antwort des Eumaios zeigt, daß die Narbe zum Zitat geworden ist (ibid.): „Die Narbe des Odysseus? Treib keinen Spaß mit solch ehrwürdigem Zeichen!" In ähnlicher Weise verweist Odysseus auch am Ende, als er seinem Vater gegenübertritt, auf seine Narbe.[22]

Der eigentliche Ziel- und Höhepunkt des Stücks ist die Rache des Odysseus und damit die Ermordung der Freier. Wir haben schon gesehen, daß Odysseus auf sie von der Göttin Athene eingestimmt worden ist,[23] daß er aber auch selbst diesem Ansinnen nicht nur zugestimmt, sondern es sich zueigen gemacht hat. Die Durchführung der Rache wird mit einer ungeheuren Brutalität in Szene gesetzt, so daß kein Zweifel daran bestehen kann, daß es sich um ein Morden handelt. Von Mord ist denn auch in diesem Zusammenhang immer wieder die Rede. Odysseus ruft seinem Sohn in seiner blinden Wut und Raserei nur noch „Einpferchen! Abschlachten!" zu (Ith., S. 82), und auch die nicht unmittelbar beteiligten Angehörigen des Hauses des Odysseus wie Eurykleia sind begeistert von der ‚Stunde der kostbaren Vergeltung' (Ith., S. 86). Als dem Vater des Odysseus von der Ermordung der Freier berichtet wird, bedauert er außerordentlich, daß er nicht dabei sein konnte: „Mit Schwert und Lanze hätte ich die Schufte durchbohrt. Da hättest du jemanden wüten gesehen in der Halle, und das Herz wäre mir bei der Freude fast aus dem Leib gesprungen." Als am Ende der Gegenschlag der Angehörigen der Ermordeten droht, frohlockt der greise Laertes: „Sohn und Enkel stehen im Kampf, und ich Alter darf es mit ansehen" (Ith., S. 110).

Odysseus, der Amphinomos an einer Stelle auch davor warnt, daß der ‚Duft von blutiger Reinigung' schon über die Insel wehe (Ith., S. 49), scheint zwar zunächst sehr überlegt an den Racheplan zu gehen, da er noch zu bedenken gibt, daß die Angehörigen der getöteten Freier zurückschlagen würden (Ith., S. 65 f.), er gerät jedoch bei der Tötung der Freier buchstäblich in einen Rausch, die Rache gerät zu einem Schrecken erregenden Szenario. Aus der Fülle der Details, die man in diesem Zusammenhang noch anführen könnte, mag ein letztes genügen: Nach dem Vollzug der

Rache hängen laut Regieanweisung im Hintergrund die Leichen der
schlechten Mägde, die sich mit den Freiern eingelassen hatten, kopfunter
vor Penelope, Telemach und Eurykleia (Ith., S. 91).

All das hat Botho Strauß in recht enger Anlehnung an die Odyssee gestaltet. Diese Feststellung gilt auch für die Inszenierung des Endes der
Kämpfe, wiewohl der moderne Dramatiker hier ein wenig anders akzentuiert. Auch in der Odyssee gerät der Held, als eine Auseinandersetzung
mit den Angehörigen und Anhängern der Freier droht, in einen neuen
Kampfrausch;[24] erst der Donnerkeil des Zeus, der unmittelbar neben ihm
einschlägt, läßt ihn zur Besinnung kommen. Strauß betont hier den Umstand, daß auch der Göttin Athene, die für die Rache verantwortlich ist,
die Zügel fast aus der Hand gleiten. Sie, die bei ihrer ersten Begegnung mit
Odysseus im Stück sich noch rühmt: „Ich bin der Weitblick, ich habe klug
es gelenkt!" (Ith., S. 17) und ihren Schützling während der Tötung der
Freier zu noch mehr Grausamkeit und Wut anstachelt,[25] muß sich am
Ende von Zeus vorhalten lassen, daß sie nun ratlos sei darüber, wie sie
ihren Liebling erretten und selbst wieder zur Besinnung kommen solle
(Ith., S. 101 f.). Nur Zeus kann durch sein Eingreifen ein Ende der Kämpfe
herbeiführen und den Bestand der neuen Ordnung garantieren. Doch
scheint mir auch die Beobachtung, daß Odysseus bei Botho Strauß selbst
nach der Anordnung des Endes des Kampfes durch Zeus noch in der Stellung des Kampfbereiten verharrt,[26] nicht unerheblich für das in diesem
Stück von Odysseus gezeichnete Bild.

Gerade die Tatsache, daß Botho Strauß bei seiner Bearbeitung der zweiten Hälfte der Odyssee die Rache des Odysseus so unverstellt in den Mittelpunkt rückt, hat im Zuge der Uraufführung 1996 zu Irritationen geführt und für große Aufregung und erheblichen Wirbel zumal in der
Münchner Presse gesorgt. Dramaturgische und ideologische Bedenken
veranlaßten Helmut Griem, der zunächst für die Rolle des Odysseus vor-
gesehen war, diese abzulehnen. Auch Bruno Ganz, der schließlich den Part
übernahm, hielt einige Aussagen des Stücks und einige Sätze des Odysseus, die er sprechen sollte, für bedenklich. Man hat eine Beziehung zu
dem 1993 zunächst in einer gekürzten Fassung im Spiegel erschienenen
kulturkritischen Essay ‚Anschwellender Bocksgesang' hergestellt und in
dem Stück den Ruf nach dem Racheengel und damit einen kaum mehr
verhüllten Angriff auf die moderne Demokratie gesehen. Außerdem hat
man in manchen vermeintlich ausländerfeindlichen Äußerungen des Stücks
ein nationales Geraune erkennen zu können geglaubt.

Gehen wir zunächst von der Odyssee aus, an die sich Botho Strauß weitgehend gehalten hat, wenngleich er, wie ich zu zeigen versucht habe, den
Blutrausch stärker hervorhebt. Die Schuld der Freier besteht darin, daß sie

die Abwesenheit des Hausherrn ausnützen, um in einer langen sinnlosen Freite die Güter des Hauses zu verprassen, daß sie die Mägde dieses Hauses auf ihre Seite ziehen und sie dazu bringen, sich mit ihnen einzulassen, daß sie schließlich, als der erwachsen gewordene Sohn des Hauses ihrem Treiben ein Ende zu setzen droht, dessen Ermordung planen. Außerdem schlagen sie sämtliche Warnungen vor der Rückkehr des Hausherrn in den Wind. Die schuldhafte Verstrickung der Freier ist somit überdeutlich, und Odysseus mußte darum bemüht sein, den rechtmäßigen Status wiederherzustellen. In diesem Zusammenhang erhält auch die Rache ihre Funktion. Der Odysseedichter macht durch Zeus' Eingreifen deutlich, wo nach seiner Ansicht die Grenze liegt, die der auf Rache sinnende Odysseus nicht überschreiten darf.

All dies wurde hier in dieser Ausführlichkeit auch deshalb ausgeführt, weil wir in dem Strauß-Stück allen angeführten Gründen für eine Schuld der Freier wieder begegnen.[27] Auch in diesem Punkt ist die enge Anlehnung an die Odyssee ausgesprochen auffällig.

Andererseits hat aber Strauß bei der Darstellung der Freier, die schließlich der blutigen Rache des Odysseus zum Opfer fallen, nicht ganz auf Bezüge zur Gegenwart verzichtet: In einer Versammlung, die ohne Parallele bei Homer ist, äußern sich die Freier über ihre politischen Ideen, darüber, was sie, sollte sich Penelope für sie entscheiden, an Neuerungen in die Tat umzusetzen gedächten (Ith., S. 38f.). Es zeigt sich nicht nur, daß im Zentrum des politischen Programms der Freier die Stützung ihrer eigenen Interessen, ihrer eigenen Genußsucht steht, sondern daß gerade die religiösen Ideen mit den im ,Anschwellenden Bocksgesang' vertretenen Thesen in Verbindung stehen. Die moderne Gesellschaft, die „Feste, die mit den alten Kulten in Verbindung stehen" (Ith., S. 39), verbieten will, ignoriert den sakralen, ordnungstiftenden Sinn der Kultleidenschaften, von dem im ,Anschwellenden Bocksgesang' die Rede ist.[28]

In diesem Zusammenhang ist bisweilen auch eine karikierende Überzeichnung festzustellen. Ich denke etwa an die komisch-hilflose Reaktion der Freier auf die Tötung ihres Anführers Antinoos: „Fremder, bist du von Sinnen, das Schießen auf Männer ist hier verboten" (Ith., S. 80). Das Amtsdeutsch in diesem Satz sticht gerade deshalb ins Auge, weil sich sonst Strauß an den Klang der homerischen Hexameter zu halten pflegt. Ähnlich verhält es sich auch, wenn einer der Freier, Elatos mit Namen, der verkatert zum Frühstück erscheint, in selbstmitleidiger Bequemlichkeit und Orientierungslosigkeit den Krieg für alles, und damit vor allem für sein eigenes Herumlungern am Hof des Odysseus, verantwortlich macht: „Schuld an allem ist nach wie vor: der Krieg." Und nach dem Einwand eines anderen Freiers: „Noch heute ist es eine Folge des Kriegs, daß mir am Morgen speiübel ist. Ohne den Krieg tränke ich weniger Wein. Ohne den Krieg wäre ich nie mit dem Wein des Odysseus in Berührung gekommen. Ohne den Wein des Odysseus säße ich nicht heute noch auf Ithaka" (Ith., S. 70).

In diesem Kontext sind auch die von der Kritik inkriminierten Sätze zur Fremden- und Ausländerfeindlichkeit zu sehen. Daß dies nichts mit Deutschtümelei zu tun hat, zeigt sich, wenn wir eine dieser Äußerungen in ihrem Kontext näher betrachten. Der Bettler Iros verhöhnt den als Bettler verkleideten Odysseus als ‚Ausländer und Lump': „Ein Köter von Zypern kläfft in unserer Sprache" (Ith., S. 44 f.). Mit diesen Worten verteidigt Iros, der gleichsam alteingesessene Bettler, seinen Anspruch auf diesen Platz gegen den Neuankömmling. Auch bei Botho Strauß wird nicht nur deutlich, daß dieses Verhalten falsch ist, sondern gleichermaßen, daß die Freier auch für solche Auswüchse verantwortlich zu machen sind, da sie von ihnen geduldet werden, weil sie Gefallen an solcher Kurzweil finden. Außerdem formuliert der Freier Leiokritos anläßlich der bereits erwähnten Zusammenkunft in der Grundtendenz sehr ähnliche Vorstellungen: „Hauptfeind unserer Handelsgemeinschaft ist und bleibt der Phönizier. In all seinen abscheulichen Erscheinungsformen. Der Phönizier gilt uns als Verkörperung von Charakterlosigkeit und skrupelloser Gewinnsucht. Der Phönizier muß grundsätzlich bekämpft werden. Sitte und Brauchtum unserer Völker sind dem Phönizier fremd" (Ith., S. 39). So zeigt bereits der Kontext dieser Äußerungen, daß Fremden- und Ausländerfeindlichkeit von Strauß jedenfalls hier nicht proklamiert wird.

Die Verhältnisse, die Odysseus bei seiner Heimkehr nach zwanzig Jahren am Hof von Ithaka vorfindet, sind untragbar. Es ist, wie Athene es an einer Stelle nennt, ein „greuliches Interregnum" (Ith., S. 18), Und selbst die Freier scheinen sich darüber im klaren zu sein, daß die augenblicklichen Verhältnisse nicht von Dauer sein können, da auch Antinoos einmal von einer „Zwischenzeit" (Ith., S. 32) spricht.[29] Odysseus ist derjenige, der diesen untragbaren Zustand auf seine Weise beendet, der durch die notwendig gewordene Tötung der Freier eine Ordnung herstellt, die nicht eigentlich neu ist, sondern mit der Ordnung identisch ist, die vor seiner Abfahrt nach Troja, ins ‚Abscheuland' (Ith., S. 91), geherrscht hat. Wenn Strauß gerade bei der Beschreibung der auf Ithaka herrschenden Verhältnisse die Bezüge zur Gegenwart deutlicher hervortreten läßt, kann man mit einigem Recht davon sprechen, daß er in seinem Stück ‚Ithaka' den Odysee-Stoff heranzieht, weil dieser ihm geeignet scheint, die Thesen, die im ‚Anschwellenden Bocksgesang' vorgetragen wurden, auf der Bühne vorzuführen. Und Steffen Damm hat denn auch jüngst ‚Ithaka' einen „szenischen Kommentar" zu den gegenwartskritischen Analysen des ‚Anschwellenden Bocksgesangs' genannt.[30] Botho Strauß hat also in der zweiten Hälfte der Odyssee einen Stoff gefunden, an dem er in einem mythologischen Rahmen auch eine kritische Analyse der Gegenwart vorzuführen versucht hat. Insofern mag die Aufregung, die Strauß mit seinem Stück verursacht hat, berechtigt sein. Andererseits greift eine Kritik, die allzu voreilig in dem Stück den Ruf nach dem starken Mann sieht, der auch heute für Ordnung sorgen müßte, wohl nicht nur deshalb zu kurz, weil nach meinem Dafürhalten dabei zumindest der Umstand übersehen ist, daß Odysseus so, wie er in dem Stück gezeichnet ist, schwerlich für die vorgesehene Rolle geeignet ist.[31]

Wenn es zum Schluß darum gehen soll, ein kurzes Fazit zu ziehen aus meiner Betrachtung einiger zeitgenössischer Romane, die sich literarisch mit der Odyssee auseinandersetzen, so ist zunächst negativ festzustellen, daß es eine gemeinsame Grundlinie in der Aneignung des Stoffes nicht gibt. Zu unterschiedlich scheinen die Interessen der einzelnen Autoren, zu unterschiedlich ist auch die Art der Aneignung und der Auseinandersetzung, zu vielseitig ist vielleicht der Stoff selbst. Als eine Gemeinsamkeit ist allenfalls hervorzuheben, daß der Blick von Odysseus als der alleinigen Hauptfigur des Epos weggelenkt wird und andere Figuren wie Penelope oder Telemach ins Zentrum des Interesses rücken. Andererseits ist etwa bei Köhlmeier zu erwarten, daß er in den beiden noch ausstehenden Bänden seiner Tetralogie sich stärker mit Odysseus befassen wird, da in deren Zentrum die Abenteuer und die Heimkehr des Helden stehen müßten.

Jedenfalls scheint mir von den im Rahmen meines Beitrags vorgestellten Werken das Stück von Botho Strauß die eindringlichste Auseinandersetzung mit dem antiken Stoff zu bieten, da sich der Dramatiker am entschiedensten auf das Ethos der Odyssee einläßt, während man bei Inge Merkel, vor allem aber bei Michael Köhlmeier eher den Eindruck gewinnt, daß der antike Stoff nicht im eigentlichen Sinn vergegenwärtigt wird, sondern vielmehr das Handlungsgefüge der Odyssee in die Gegenwart transponiert wird. Botho Strauß' Beschäftigung mit der Odyssee scheint mir auch aus dem Grund eine sehr interessante Annäherung an die Odyssee zu sein, weil er das heutigem Empfinden vielleicht Fernste, die Rache des Odysseus, in den Mittelpunkt rückt, obwohl er damit Zuschauer, Leser und Kritiker gleichermaßen vor den Kopf stößt.

Anmerkungen

1 Köhlmeier, Sagen des klassischen Altertums, S. 181 (genauere Nachweise hier
   wie im folgenden am Ende des Beitrags).
2 Phemios singt einerseits Lieder wie Slidin' Delta, Louis Collins, Joe Turner,
   Spanish Flangdang, eine besondere Version des alten Salty Dog, aber er singt
   auch vom Ende des Krieges vor Troja (Telemach, S. 87).
3 Beispielsweise bei Penelope (Telemach, S. 239): „Noch bevor die Männer kamen, fuhr Penelope in die Stadt. Sie nahm die rote Corvette, hatte Angst genug,
   Auto zu fahren, sie nahm die Corvette, weil die kleiner war als der Mercedes,
   also weniger Auto."
4 Man vergleiche damit die Beschreibung der Geburt Telemachs bei Merkel,
   S. 46–51; dort kommt Odysseus erst in den Blick, nachdem Telemach bereits
   den Mutterleib verlassen hat.
5 Zu diesem Problemkomplex zuletzt ausführlich A. Schmitt, Selbständigkeit
   und Abhängigkeit menschlichen Handelns bei Homer. Hermeneutische Untersuchungen zur Psychologie Homers. Sitzungsber. Mainz 1990/5.
6 Telemach, S. 41: „Vom tiefsten Seelengrund herauf, wo er auch für die Göttin
   unerreichbar war, rebellierte er gegen seine Okkupation, …". Der Wirtsmeta-
   pher begegnet man Telemach, S. 59.
7 Telemach, S. 99 f. beschreibt Köhlmeier sehr eindringlich, wie Athene Mentes
   endgültig verläßt, dem man damit in diesem Roman auch nicht mehr begegnen wird.
8 Athene in Mentor: Telemach, S. 202. Telemach, S. 206 Mentor: „Die Göttin
   ist in mir."
9 Zu Meter Telemach, S. 445 ff.
10 So zuletzt U. Hölscher, Die Odyssee. Epos zwischen Märchen und Roman.
   München 1988, S. 54.
11 Die Odyssee wird in der Übersetzung W. Schadewaldts zitiert.
12 Vgl. den Beitrag von G. Stadelmaier.
13 „Penelope: Amphinomos! Befreie die Gefangene aus der Götzenstatur ihres
   Leibes! Durchschau, ich bitte, alles Stattliche, Große an mir! Befrei das zarte
   Geschöpf, dessen Rufe – elende, verzweifelte – du deutlich vernimmst aus der
   Tiefe dieses Kolosses! – Amphinomos: Das kann ich nicht. Handgelenk: Sagte
   der ältliche Jüngling in seinem schneeweißen Leibrock. – Amphinomos: Außerdem – Knie: fügte er hinzu und erhob sich von seinem Sitz – Amphinomos:
   Außerdem kann ich der Fürstin nicht folgen. Der Leib, ich weiß nicht, was der
   Leib wirklich ist, Vielleicht werde ich es niemals herausfinden. Aber über eines
   hege ich keinen Zweifel: der Leib lügt nicht. – Schlüsselbein: Sie sah ihn verwundert an. Lange und ungerührt. – Handgelenk: So daß er sich nicht abwen-
   den konnte. – Knie: Ihr Blick wirkte verschlossen und kalt, er schien aus einem
   Marmorauge auf ihn gerichtet. – Handgelenk: Doch sah er auf einmal zwei Tränen aus den starren Augäpfeln hervortreten, die an den verhältnismäßig feinen
   und rosigen, ausgesprochen niedlichen Wimpern hängenblieben" (Ith., S. 12).
14 Nach der Anstachelung des Odysseus durch Athene/Mentor, d.h. einer
   Unterbrechung der unmittelbaren Kampfschilderung (Ith., S. 83): „Schlüssel-

bein: Unermüdlich, mit göttlichem Beistand schossen sie abwärts in den Haufen der Freier und schleuderten die scharfen Speere. Vater und Sohn und mit ihnen Eumaios, der Sauhirt. – *Handgelenk:* Odysseus tötete Demoptolemos. – *Knie:* Telemach tötete Euryades. – *Handgelenk:* Eumaios tötete Elatos. – *Schlüsselbein:* Und Peisandros und Polybos. – *Knie:* Der Städteverwüster Odysseus tötete Eurymachos. Und sein Sohn tötete Amphimedon." Es folgt eine kurze Unterbrechung dieses Duktus, indem *Handgelenk* die Worte des Eumaios bei der Tötung des Ktesippos ankündigt, dann wird der summarische Bericht in der skizzierten Form fortgesetzt.

15 Über das besondere Verhältnis Penelopes zu Amphinomos äußert sich der Odysseedichter ausgesprochen zurückhaltend und nur mit einer Andeutung (Od. 16.397f.): „Er gefiel der Penelopeia am meisten durch seine Reden, denn er besaß die rechte Gesinnung." Nicht nur Botho Strauß, sondern auch M. Köhlmeier und I. Merkel machen daraus eine besondere Beziehung Penelopes zu ihrem Lieblingsfreier, bei Köhlmeier ist der Lieblingsfreier allerdings nicht Amphinomos, sondern der ausgesprochen negativ gezeichnete Antinoos.

16 Etwa Amphimedon nach einem Auftritt Penelopes: „Welch scheußliches Bild! Wie breit, Götter im Himmel, wie breit diese Hüfte! Welch harte Prüfung war diese Erscheinung!" (Ith., S. 34) und Amphinomos etwas zurückhaltender: „Jedermann wußte, daß sie im letzten Jahr beträchtlich zugenommen hat." (ibid.).

17 Zum Schlaf Penelopes Damm (1998), S. 184.

18 Zum Phänomen des Übereckgesprächs in der Odyssee (der Terminus wurde von W. Schadewaldt geprägt) zuletzt Hölscher (oben Anm. 10), S. 288 u.ö.

19 „Stehst du mir bei, denk ich, die lüsternen Männer liegen schon bald in ihrem Blut und Gedärm auf dem Boden. Gerne schichte ich die Leichen dann auf, und wären es über dreihundert" antwortet er ihr entschlossen (Ith., S. 18).

20 Ith., S. 35: „Dir vor Augen steht dein lieber Vater. Halte dich nicht auf mit Staunen und Fragen. Ein anderer Odysseus wird dir niemals begegnen. Hier, wie ich bin, kehre ich nach endlosen Leiden und ewiger Irrfahrt im zwanzigsten Jahr zurück in die Heimat."

21 Od. 19.386ff. Zur Narbe v. 393–466. Dazu vgl. E. Auerbach, Die Narbe des Odysseus. In: Mimesis. Dargestellte Wirklichkeit in der abendländischen Literatur. Bern 1946 u.ö., S. 5–27. Zur Auseinandersetzung mit den weiterreichenden Thesen Auerbachs vgl. A. Köhnken, Die Narbe des Odysseus. Ein Beitrag zur homerisch-epischen Erzähltechnik. Antike und Abendland 22 (1976), S. 101–114.

22 Ith., S. 99: „Sieh, Vater, hier ist die Narbe, die der Eber mir schlug, als du mich damals zum Großvater schicktest. Prüf sie nur mit deinen Augen …" Die Zeichen, an denen der Vater seinen Sohn erkennt, sind dann allerdings auch die gemeinsam gepflanzten Obstbäume.

23 Vgl. auch Ith., S. 37 Odysseus zu Telemach: „Vater und Sohn hat sie vereint und befiehlt uns, die Ermordung der Freier zu planen." Und ebendort Athene am Ende dieser Szene: „Zur rechten Stunde schicke ich Vater und Sohn nach Haus. Jetzt dränge ich beide zum Kampf. Richtet euch ein, Tod und Vernichtung in den Palast zu bringen."

[24] Ith., S. 103: „Ihr Lumpenpack, ihr dreckigen Hunde! Euch durchstoß ich die
      Kehle! Ihr Thronräuber! Ihr Abschaum! Euch zerreiße ich die Gedärme!
      Gleich liegt ihr zerstückelt am Boden wie vorher eure Schlangenbrut!"
[25] Ith., S. 83: „Du mußt noch viel wütender werden. Laß nicht nach in deiner
      Mordlust. Spüre, wie nah ich dir bin, und du wirst sehen, wie ich die guten
      Taten von einst dir vergelte!"
[26] Vgl. die Regieanweisung zum Schlußbild (Ith., S. 103): „Die Männer folgen
      der Penelope, da sie nun auf Odysseus zuschreitet. Er verharrt breitbeinig in
      der Stellung des Kampfbereiten. Für einen Augenblick stehen Odysseus und
      Penelope einander allein gegenüber. Dann tritt sie lächelnd zu ihm, küßt ihn,
      schlingt ihre Arme um seinen Hals und das rechte Bein um seine Kniekehle."
[27] Damm (1998), S. 181 bezieht hier sogar christliche Normen ein und spricht bei
      den Freiern vom ‚Verlust des Gnadenstandes.'
[28] Vgl. dazu näher Herzinger (1996), S. 10.
[29] Zu diesem Begriff und den Bezügen zum ‚Anschwellenden Bocksgesang' Damm
      (1998), S. 188–191.
[30] Damm (1998), S. 178.
[31] Zur Interpretation ‚Ithakas' vor dem Hintergrund der Thesen des ‚Anschwel-
      lenden Bocksgesangs' vgl. auch den Beitrag von Herzinger.

Bibliographie

Primärtexte

Homer, Die Odyssee. Deutsch von Wolfgang Schadewaldt. Hamburg 1958 u.ö.
Köhlmeier, Michael: Sagen des klassischen Altertums. München-Zürich 1996.
Köhlmeier, Michael: Telemach. München-Zürich 1995.
Köhlmeier, Michael: Kalypso. München-Zürich 1997.
Malerba, Luigi: König Ohneschuh. Berlin 1997 (ital. unter dem Titel: Itaca per
      sempre. Mailand 1997).
Merkel, Inge: Eine ganz gewöhnliche Ehe. Odysseus und Penelope. Salzburg-
      Wien 1987.
Strauß, Botho: Ithaka. Schauspiel nach den Heimkehr-Gesängen der Odyssee.
      München-Wien 1996.
Strauß, Botho: Anschwellender Bocksgesang. In: Der Spiegel Nr. 6, 46. Jg., vom
      8.2.93, S. 202–207. Vollständige Fassung in: Der Pfahl. Jahrbuch aus dem
      Niemandsland zwischen Kunst und Wissenschaft. VII (1993), S. 9–25.
Strauß, Botho: Das Gleichgewicht. Stück in drei Akten. München 1993.

Weitere Literatur

Damm, Steffen: Die Archäologie der Zeit. Geschichtsbegriff und Mythos-
      rezeption in den jüngeren Texten von Botho Strauss. Diss. FU Berlin 1996.
      Opladen 1998.
Herzinger, Richard: Die Heimkehr der romantischen Moderne. Über „Ithaka"
      und die kulturphilosophischen Transformationen von Botho Strauß. In:
      Theater heute 8 (1996), S. 6–12.

Iden, Peter: Wiederholung, Teilhabe, Erinnerung. In: Frankfurter Rundschau vom 22.7.96.

Lennartz, Knut: Die Schlacht um Strauß. In: Die Deutsche Bühne 9/96, S. 14–16.

Michaelis, Rolf: Der Bogen des Botho. In: Die Zeit Nr. 31 vom 26.7.96, S. 39f.

Stadelmaier, Gerhard: König Kinderleicht. In: Frankfurter Allgemeine Zeitung vom 22.7.96.

Sucher, C. Bernd: Zeige mir, Muse, die Gedanken, nicht Bilder nur! In: Süddeutsche Zeitung vom 22.7.96.

Achill

Ernst A. Schmidt

Und selbst die klare Einsicht
von Unerreichbarkeit
eines hohen Vorbildes
gewährt schon
einen unaussprechlichen Genuß.
(Goethe an Knebel am 15.5.1798
während seiner Arbeit an der Achilleis
über sein Studium der Ilias Homers)

Das Unzulängliche ist productiv.
(Goethe zu Riemer am 20.7.1811
im Rückblick auf seine Iphigenie,
hervorgegangen „aus einem Studium
der griechischen Sachen")

Achill ist unsterblich, der sterbliche und früh in den Tod gegangene Sohn einer Göttin ist unsterblich. Homer, bei dem ihm ‚unvergänglicher Ruhm' (kleos aphthiton)[1] zugesprochen wird, hat ihm diesen Ruhm bis zu uns gesichert, und nach uns werden neue Leser und Hörer Homers und all der Dichter und Autoren, die von Homer bis heute am Achillbild weitergearbeitet haben, an diesem Ruhm weiterarbeitend mitwirken.[2]

Achill ist aber noch in anderer Weise unsterblich, indem es nämlich eine antike Tradition gibt, die uns schon in der Aithiopis,[3] einem kyklischen Epos, und dann in der archaischen Lyrik, bei Alkaios,[4] Ibykos,[5] Simonides[6] und Pindar,[7] entgegentritt, nach der Achill nicht gestorben und als Psyche in die Unterwelt der Toten, der Schatten, in den Hades, gelangt ist, sondern von seiner Mutter Thetis auf eine ‚Insel der Seligen', die weiße Kalkinsel Leuke im Schwarzen Meer vor dem Donaudelta, entrückt und dort als Gott verehrt wurde.[8]

> *Leukée* – die weiße Insel des Achill!
> Bisweilen hört man ihn den Päan singen,
> Vögel mit den vom Meer benetzten Schwingen
> streifen die Tempelwand, sonst ist es still.
>
> Anlandende versinken oft im Traum.
> Dann sehn sie ihn, er hat wohl viel vergessen,

er gibt ein Zeichen, zwischen den Zypressen,
weiße Zypresse ist der Hadesbaum.

Wer landet, muß vor Nacht zurück aufs Meer.
Nur Helena bleibt manchmal mit den Tauben,
dann spielen sie, an Schatten *nicht* zu glauben:
„– Paris gab dem den Pfeil, den Apfel der –"[9]

Da geht es um sie selbst, um Achill, den der Pfeil des Paris niederstreckte,
und um Helena, die Paris gewann, weil der den Apfel der Aphrodite gab.
Gottfried Benn verarbeitet in diesem Gedicht, dem dritten Teil der Trilogie „V. Jahrhundert" (entstanden vor Ende 1944, zuerst in den „Statischen
Gedichten" 1945), wie auch in den beiden ersten Teilen, worauf Friedrich
Wilhelm Wodtke aufmerksam macht,[10] Zeugnisse und Formulierungen
aus einem Werk, dessen allgemeine und grundsätzliche Bedeutung für die
Wirkungsgeschichte der Antike im 20. Jh. gar nicht überschätzt werden
kann, aus Erwin Rohdes Psyche. Seelenkult und Unsterblichkeitsglaube
der Griechen ([1]1893), Tübingen [9 und 10]1925. Dort heißt es Band 1, S. 86f.:
„Der Dichter der Aethiopis, überhaupt besonders kühn in freier Weiter-
bildung der Sage, (wagte) eine bedeutende Neuerung. Aus dem Scheiterhaufen [...] entrafft Thetis den Leichnam des Sohnes und bringt ihn nach
Leuke", der ‚weißen Insel‘, „die der Dichter sich schwerlich schon im
Pontos Euxeinos liegend dachte, wo freilich später griechische Schiffer das
eigentlich rein sagenhafte Local auffanden." Und Band 2, S. 371f.: „Mitten
im Schwarzen Meer, von lebenden Menschen oft aufgesucht, (kannte man)
die Insel [...], auf der Achill, das hehrste Beispiel wunderbarer Entrük-
kung, ewig lebte und seiner Jugendkraft sich erfreute. Jahrhunderte lang
ist Leuke, als ein Sonderelysion für Achill und wenige auserwählte Helden,
von Verehrern scheu betreten und betrachtet worden. Hier spürte man in
unmittelbarer Wahrnehmung und sinnfälliger Berührung etwas von dem
geheimnissvollen Dasein seliger Geister." Dazu gibt es eine ausführliche
dokumentierende Anmerkung 2 (S. 371–373), aus der ich ausziehe, was bei
Benn wiederkehrt, unter Hervorhebung (Kursive) seiner *wörtlichen* Ent-
lehnungen:[11] „*Leuke*, wohin schon die Aithiopis den *Achill* zu ewigem
Leben entrückt werden liess [...], ist wohl ursprünglich ein rein mythisches
Local, die *Insel* der farblosen Geister (wie Λευκὰς πέτρη Od. 24,11 am Ein-
gange des Hades [...] λεύκη die Silberpappel als *Hadesbaum* [...] λευκὴ
κυπάρισσος am Hadeseingang [...])." – „Es war eine unbewohnte, dicht
bewaldete, nur von zahlreichen *Vögeln* belebte *Insel*, auf der ein *Tempel*
und Standbild des Achill sich vorfand, darin ein Orakel [...], dessen sich
die *Anlandenden* selbst bedienen konnten. Die *Vögel* [...] reinigen jeden
Morgen mit ihren im *Meer*wasser *benetzten* Flügeln den *Tempel* [...]." –
„Menschen dürfen auf der Insel nicht wohnen, aber oft *landen* Schiffer auf

ihr, die dann *vor* der *Nacht* [...] wieder abfahren *müssen.*" – „*Bisweilen*
erschien Achill den Besuchern der Insel, andere *hörten ihn den Paean sin-*
gen. Auch *im Traume* [...] zeigte er sich *bisweilen.*" – „Nicht ganz einsam
soll Achill dort leben: Patroklos ist bei ihm [...], *Helena* oder Iphigenia ist
ihm als Gattin gesellt".[12]

Achill ist unsterblich: Wie hier aus der Wissenschaftsprosa des 19. Jhs.
und einer die Antike literarisch nicht überdauernden Nebentradition[13] der
Zauber und das Geheimnis Bennscher Lyrik aufsteigt, das ist auch eine
Wirkung, die vom homerischen Achillbild und den Gipfeln seiner Wirkungsgeschichte ausgeht. Dieses Benn-Gedicht rührt uns aber auch deshalb so eigentümlich und geheimnisvoll an, weil seine Konstellation: Achill
auf Leuke und Helena als Liebespaar eine andere deutsche Dichtung in
uns anklingen läßt, den Helena-Akt im Faust II.[14] Faust ist in seinem Verlangen nach Helena und in ihrer Gewinnung ein neuer Achill.[15] Das sagt
Faust auch selbst (v. 7434–7439):

> So sey auch sie (sc. Helena) durch keine Zeit gebunden!
> Hat doch Achill auf Pherä[16] sie gefunden,
> Selbst außer aller Zeit. Welch seltnes Glück:
> Errungen Liebe gegen das Geschick!
> Und sollt i c h nicht, sehnsüchtigster Gewalt,
> Ins Leben ziehn die einzigste Gestalt?

Und Goethe hat sich wiederholt in Paralipomena auf Helenas Rückkehr
ins Leben und ihre Verbindung mit Achill auf Leuke bezogen. Ich zitiere
stellvertretend Par. 99B,17 vom November 1826:

> Helena selbst hat schon einmal die Erlaubniß gehabt ins Leben zurückzukeh-
> ren, um sich mit dem Achill zu verbinden, mit eingeschränkter Wohnung auf
> die Insel Leuce.[17]

Wenn nun im dritten Akt von Faust II dem Faust und der Helena Euphorion geboren wird, der Geist der aus der Wiederbelebung der Antike in der
Oper erwachsenen modernen Poesie, so sagt dazu schon ein Paralipomenon (Par. 176), daß so einmal „sein Stief-Stiefbruder" hieß.

Goethe hatte von Achills Liebe zu Helena auf Leuke und von einem
Euphorion, ihrer beider Sohn auf der Weißen Insel, aus einem Werk Kenntnis, dessen Bedeutung für die Wirkung der Antike in der Dichtung der
deutschen Klassik gar nicht überschätzt werden kann, Benjamin Hederichs Gründlichem mythologischen Lexicon, Leipzig 1770. Dort heißt es
zu „Helena", Sp. 1222f.: „Gleichwohl soll sie auch nach ihrem Tode den
Achilles in der Insel Leuce geheurathet [...] und mit ihm den Euphorion
gezeugt haben [...]. Er hatte sie schon in seinem Leben geliebet. Denn da
er sie einstens auf der trojanischen Mauer gesehen, so war er dergestalt von

ihr entzündet worden, daß er keine Ruhe davor hatte. Er bath also seine Mutter Thetis, einiges Mittel ausfündig zu machen, wie er ihrer Liebe genießen könnte. Thetis stellete sie ihm also, um ihn zu befriedigen, im Traume vor, und linderte dadurch seine Leidenschaft ein wenig." Und zu „Euphorion" schreibt Hederich Sp. 1073: „ein Sohn des Achilles und der Helena, welcher in den glücklichen Inseln von ihnen erzeuget, und mit Flügeln geboren wurde. Er hatte seinen Namen von der Fruchtbarkeit des Landes."[18] Man übertreibt nur wenig, wenn man sagt, hier sei die Faust-Helena-Handlung Goethes vorgeformt. Aber daß der Held des zweiten Teils der Faust-Tragödie mit Hederichs Hilfe ein neuer Achill werden konnte, lag einerseits an einem über ein halbes Jahrhundert alten Plan Goethes, der auch selbst schon möglicherweise mit der Achillgestalt zusammenzuhängt, und andererseits an einer neuen geschichtlichen Konstellation, die wiederum den Achilles vor Goethes geistiges Auge stellen mußte.

Goethe sagt in Par. 123 (17.12.1826): „Die alte Legende sagt nämlich, und das Puppenspiel verfehlt nicht die Scene vorzuführen: daß Faust in seinem herrischen Uebermuth durch Mephistopheles den Besitz der schönen Helena von Griechenland verlangt, und ihm dieser nach einigem Widerstreben willfahrt habe."[19] Goethes ‚alte Konzeption', wie sie auf der Puppenspieltradition des Fauststoffes beruht, entspricht nun nicht nur ganz eng dem oben zitierten Passus bei Hederich von Achills Liebesverlangen nach Helena (und die Beschaffung der Frau durch Thetis im Traum wirkt noch in der Bezeichnung des Helena-Akts als „Phantasmagorie"[20] nach), sondern hat auch in der mittelalterlichen Achillgestalt eine Analogie oder sogar ihr Modell. Denn eine mit der römischen Elegie und insbes. bei Ovid in den Vordergrund tretende Tradition des liebenden Achill,[21] die auch schon die Achilleis des Statius mitprägt,[22] welche ihrerseits im ganzen Mittelalter Schullektüre war und vielfältige Wirkungen zeitigte[23] – zu der die für die mittelalterlichen Trojaromane durch ihre spätantiken lateinischen Übersetzungen maßgeblichen mythologischen Romane eines Diktys und eines Dares traten, die Achills Liebe zu Polyxena ins Zentrum stellten – verselbständigte sich schließlich so sehr, daß in Dichtungen des 12. und 13. Jhs. Liebe als *die* charakteristische Leidenschaft des Helden seinen Zorn verdrängt hatte[24] und Dante ihn im Inferno mit Paris im zweiten Höllenkreis der Wollüstigen und nicht mit Hektor und anderen edlen Seelen Ungetaufter wie Aeneas, Camilla, Penthesilea im ersten oder im fünften mit den Zornesmütigen zusammen ansiedelte. Doch ist Achill auch unter den Liebessündern in wunderbarer Gesellschaft: neben seinem Namen steht der Helenas, zuvor waren Semiramis, Dido und Kleopatra genannt worden, danach sieht der Höllenwanderer Paris und Tristan und zuletzt Paolo und Francesca di Rimini![25] Die Vermutung ist also nicht abzuweisen, daß schon das alte Puppenspiel von Dr. Faustus im Zusammenhang mit der mittelalterlichen Achill-Legende stehen könnte. In Christopher Marlowes Doctor Faustus (1592)[26] ist allerdings explizit Paris das Modell für Fausts Verlangen nach Helena:

> I will be Paris, and for love of thee
> Instead of Troy shall Wittenberg be sack'd (Sc. xviii 106 f.).

Die Tradition des liebenden Achilles wirkt über Hederichs Achill-Artikel noch in Goethes ‚Achilleis'-Fragment (1797/99) und in Heinrich von Kleists ‚Penthesilea' (1807).[27]

Die Puppenspieltradition und die von Hederich vermittelten Achillgeschichten (Leuke, Helena, Euphorion) konnten aber nach Goethes eigenem Zeugnis erst aufgrund einer neuen und erregenden geschichtlichen Erfahrung der dritte Akt des Zweiten Faust werden: das waren wie Gestalt so Leben Lord Byrons und sein Sterben am 19. April 1824 in Mesolongion (Missolunghi) und die Einnahme dieser Stadt und Festung am 25. April 1826. In zwei nahezu gleichlautenden Passagen von Briefen an Wilhelm von Humboldt und an Sulpiz Boisserée vom 22.10.1826 schreibt Goethe (ich zitiere aus dem Brief an Boisserée[28]): „Die Helena ist eine meiner ältesten Konzeptionen, gleichzeitig mit Faust, immer nach Einem Sinne, aber immer um und um gebildet. Was zu Anfang des Jahrhunderts fertig war ließ ich Schillern sehen, der, wie unsere Korrespondenz ausweist, mich treulich aufmunterte fortzuarbeiten. Das geschah auch; aber abgerundet konnte das Stück nicht werden, als in der Fülle der Zeiten, da es denn jetzt seine volle dreitausend Jahre spielt, vom Untergange Trojas bis auf die Zerstörung Missolunghis; phantasmagorisch freilich, aber mit reinster Einheit des Orts und der Handlung".[29]

Vom Untergang Trojas – nach der Berechnung des Eratosthenes im Jahre 1184 v. Chr. – bis zur Einnahme von Mesolongion 1826: das sind in der Tat drei Jahrtausende (3009 Jahre). Und der griechische Befreiungskampf und Lord Byron als die Figur des sich selbst verschwendenden Poeten, einbezogen im Knaben Lenker[30] (d. h. Euphorion)[31] und dann in Euphorion, machten Goethe die Vollendung des symbolischen Gehalts des Helena-Akts möglich, wobei in der Zerstörung Trojas um Helenas willen nochmals Achill als prägende Figur präsent wurde.

Das Bisherige ist als Prolalie zum eigentlichen Thema dieses Beitrags zu verstehen. Auch der Zauber des Bennschen Gedichts, auch die Anmut des in schnellster Lebensreise in seinen Tod stürmenden Wunderwesens Euphorion im Zweiten Faust und die aufregenden Korrespondenzen zwischen dem Faust und Achillgeschichten, nicht zuletzt das erhellende Licht auf die Wirkungsgeschichte der Antike, das einmal die Beobachtung wirft,

daß wissenschaftliche und Handbuchprosa Dichter anregt,[32] und das weiter
der Sachverhalt aufscheinen läßt, daß die beiden so verschiedenen wissenschaftlichen Werke wie Hederichs mythologisches Lexikon und Rohdes
Psyche je für ihre Zeit typisch waren und für große Dichtung je noch ein
halbes Jahrhundert später produktiv wurden, gehören zwar zu den großen
Wirkungen des homerischen Helden, aber das eigentliche Thema dieses
Vortrags soll ein beunruhigender Sachverhalt an der Gestalt Achills sein,
nämlich eine Spannung von Extremen, die kaum mehr als Komplexität zu
bezeichnen ist, die wir vielmehr als Tragik begreifen und den (jeweils für
sich begründeten und oft bedeutenden) Vereinseitigungen in der Wirkungsgeschichte entgegenstellen müssen. Oder vielmehr, nachdem wir uns aus
den Vereinseitigungen die Extremitäten des Achillbildes vergegenwärtigt
haben, müssen wir die ursprüngliche homerische Gestalt in der ganzen
Unerträglichkeit des Ausmaßes ihrer furchtbaren Gegensätzlichkeit und
Spannung wiedergewinnen. Und dies soll nun auch noch geschehen. Dabei
werden zwei Arbeiten meine Leitsterne sein, der Vortrag eines deutschen
Gräzisten bei der Verleihung des Reuchlinpreises der Stadt Pforzheim
1989: Uvo Hölscher, „Gegen den Verlust der Bilder – Ein Plädoyer für
Achill" und das Buch eines amerikanischen Psychiaters von 1994: Jonathan
Shay, Achilles in Vietnam. Combat Trauma and The Undoing of Character. Dies ist Anfang dieses Jahres in deutscher Übersetzung herausgekom-
men: „Achill in Vietnam. Kampftrauma und Persönlichkeitsverlust". Ich
beziehe mich aber allein auf die amerikanische Ausgabe, weil ich das Werk
im letzten Jahr so als eines der bewegendsten Bücher sowohl über den
Vietnamkrieg als auch über die Ilias kennengelernt habe.

Hölschers Rede „Gegen den Verlust der Bilder" ist ein Plädoyer für die
existenzielle Bedeutung von Dichtung, nicht von Antike oder von Tradition, sondern von Dichtung, sei es frühere, sei es heutige. Unter ‚Bildern'
versteht er gerade nicht das, was auf uns täglich und stündlich als Bilderflut
eindringt, also nicht die Botschaftsträger in den Kommunikationsmedien
unseres ‚visuellen Zeitalters', sondern „die inneren Vorstellungen, die zu
unsrer Person gehören; und dazu muß man auch die Geschichten rechnen,
die als Bilder uns umstellen und aus denen wir uns selbst verstehn." Er
geht von einem Satz Nietzsches in der „Geburt der Tragödie" aus: „Erst
ein mit Mythen umstellter Horizont schließt eine ganze Kulturbewegung
zur Einheit ab." Hölscher hält aber die Wiedergewinnung eines gemeinsamen Horizontes und damit die Herstellung eines geschlossenen Horizontes so wenig für möglich wie die Wiedergewinnung einer Mitte nach
der Diagnose des ‚Verlusts der Mitte' in Hans Sedlmayrs gleichnamigem
Buch von 1948. Und er glaubt auch nicht an eine Rettung durch den Mythos.
Woran er jedoch glaubt, das ist die Kraft großer Dichtung als Erbin des

Mythos je für den einzelnen Leser. Mythos, wo er auch heute noch von Dichtern ergriffen ist, wird immer nur „als Gedichtetes"[33] ergriffen.

Hölschers Beispiel für gedichteten Mythos ist Achill in Homers Ilias. Was er dann erzählt, ist nach einem knappen Überblick über die Dichtung im ganzen die Versöhnung zwischen Priamos, dem Vater Hektors, und Achill, der seinen Sohn erschlug und den Leichnam schändete. Auf das Bild, das Hölscher dabei von Achill und der Ilias als einem Urbild gibt, will ich zurückkommen. Vorerst aber möchte ich die beiden Beispiele aus der Wirkungsgeschichte referieren, die in dem Vortrag die Überleitung zu der Iliaserzählung bilden.

Da ist dieses Zitat aus Hölderlin, mit dem dessen zweites Aufsatzfragment „Über Achill" beginnt:[34] „Am meisten aber lieb' ich und bewundere den Dichter aller Dichter um seines Achilles willen. Es ist einzig, mit welcher Liebe und welchem Geiste er diesen Karakter durchschaut und gehalten und gehoben hat. Nimm die alten Herrn Agamemnon und Ulysses und Nestor mit ihrer Weisheit und Thorheit, nimm den Lärmer Diomed, den blindtobenden Ajax, und halte sie gegen den genialischen, allgewaltigen, melancholischzärtlichen Göttersohn, den Achill, gegen dieses *enfant gâté* der Natur, und wie der Dichter ihn, den Jüngling voll Löwenkraft und Geist und Anmuth, in die Mitte gestellt hat zwischen Altklugheit und Rohheit, und du wirst ein Wunder der Kunst in Achilles Karakter finden." Auch aus dem folgenden Text setze ich noch einige (von Hölscher nicht wiedergegebene) Passagen hinzu: „Man siehet auch wohl, wie hoch Homer den Helden seines Herzens achtete. Man hat sich oft gewundert, warum Homer, der doch den Zorn des Achill besingen wolle, ihn fast gar nicht erscheinen lasse.[35] Er wollte den Götterjüngling nicht profaniren in dem Getümmel vor Troja." „Das Idealische durfte nicht alltäglich erscheinen. Und er kont' ihn wirklich nicht herrlicher und zärtlicher besingen, als dadurch, daß er ihn zurüktreten läßt (weil sich der Jüngling in seiner genialischen Natur vom rangstolzen Agamemnon, als ein Unendlicher unendlich belaidigt fühlt) […]." „[…] die seltenen Momente, wo der Dichter ihn vor uns erscheinen läßt, […] sind dann auch mit wunderbarer Kraft gezeichnet und der Jüngling tritt wechselsweise, klagend und rächend, unaussprechlich rührend, und dann wieder furchtbar so lange nacheinander auf, bis am Ende, nachdem sein Leiden und sein Grimm aufs höchste gestiegen sind, nach fürchterlichem Ausbruch das Gewitter austobt, und der Göttersohn, kurz vor seinem Tode, den er vorausweiß, sich mit allem, so gar mit dem alten Vater Priamus aussöhnt." „Diese lezte Scene ist himmlisch nach allem, was vorhergegangen war."

Aus gleicher Zeit, bald nach September 1798, stammt Hölderlins elegisches Gedicht „Achill", von dem ich die erste Hälfte, sieben Distichen, zitiere:

> Herrlicher Göttersohn! da du die Geliebte verloren,
>   Giengst du ans Meergestaad, weintest hinaus in die Fluth,
> Weheklagend hinab verlangt' in den heiligen Abgrund,
>   In die Stille dein Herz, wo, von der Schiffe Gelärm
> Fern, tief unter den Woogen, in friedlicher Grotte die blaue
>   Thetis wohnte, die dich schüzte, die Göttin des Meers.
> Mutter war dem Jünglinge sie, die mächtige Göttin,
>   Hatte den Knaben einst liebend, am Felsengestaad
> Seiner Insel, gesäugt, mit dem kräftigen Liede der Welle
>   Und im stärkenden Bad' ihn zum Heroën genährt.
> Und die Mutter vernahm die Weheklage des Jünglings,
>   Stieg vom Grunde der See, trauernd, wie Wölkchen, herauf,
> Stillte mit zärtlichem Umfangen die Schmerzen des Lieblings,
>   Und er hörte, wie sie schmeichelnd zu helfen versprach.

„Des Dichters innigen Anteil an dieser heldischen Jünglingsgestalt"[36] bezeugen auch diese beiden Verse der Hymne „Mnemosyne" von 1803:

> Am Feigenbaum ist mein
> Achilles mir gestorben.[37]

Zu diesen Texten stelle ich noch ein Gedicht Schillers: „Nänie".[38]

> Auch das Schöne muß sterben! Das Menschen und Götter bezwinget,
>   Nicht die eherne Brust rührt es des stygischen Zeus.
> Einmal nur erweichte die Liebe den Schattenbeherrscher,
>   Und an der Schwelle noch, streng, rief er zurück sein Geschenk.
> Nicht stillt Aphrodite dem schönen Knaben die Wunde,
>   Die in den zierlichen Leib grausam der Eber geritzt.
> Nicht errettet den göttlichen Held die unsterbliche Mutter,
>   Wann er, am skäischen Tor fallend, sein Schicksal erfüllt.
> Aber sie steigt aus dem Meer mit allen Töchtern des Nereus,
>   Und die Klage hebt an um den verherrlichten Sohn.
> Siehe! Da weinen die Götter, es weinen die Göttinnen alle,
>   Daß das Schöne vergeht, daß das Vollkommene stirbt.
> Auch ein Klaglied zu sein im Mund der Geliebten, ist herrlich,
>   Doch das Gemeine geht klanglos zum Orkus hinab.

Hölscher hat seinem Hölderlinzitat einen Achill von heute gegenübergestellt, den Achill in Christa Wolfs „Kassandra".[39] „Kassandra, die vergebens Warnende, ist für Christa Wolf so etwas wie die Dichterin: die einsam Wissende zwischen den Parteien im sinnlos-heroischen Krieg, die einsam Einfühlsame in einer Welt der Männerherrschaft. Da bleibt kein maskuli-

ner Wahn verschont. Ihr Gegenbild ist Achilleus: der Mann par excellence,
der geile, blutrünstige Schlächter, das Wahr-bild des Krieges – ,Achill das
Vieh'.[40] Dabei verfährt Christa Wolf hier nicht einmal willkürlich: dieser
Achill ist bereits der Achill des Euripides gewesen,[41] und Euripides schrieb
in Athen aus einer ähnlichen politischen Situation, den Schrecknissen der
Kriegserfahrung. (Es bleibt ja immer erstaunlich, wie in dieser Demokratie
– mitten im Krieg – die schmähliche Darstellung der Griechen und die
offenbare Parteinahme für die Trojaner über die Bühne gehen, ja den Beifall der Bürgerschaft finden konnte.) Aber schon der euripideische Achill
war eine tendenziöse Pointierung und Umkehrung der Achillgestalt der
Ilias. Man wird also auch der modernen Dichterin, die sich mit Kassandra
identifiziert, keineswegs verargen, daß sie es Achill bezahlen läßt. Es
scheint aber das Schicksal großer Dichtung zu sein, daß ihre Gestalten
nicht wachsen.[42] Schon die frühen Jahrhunderte nach Homer nehmen von
ihnen nur noch das populär Eingängige wahr, wandeln sie ins Charakteristische und Karikaturistische, und das ist, für ein aufgeklärtes Publikum,
das Negative. Es war damals wie auf dem heutigen Regisseur-Theater: die
Figuren der griechischen Mythen scheinen fast nur noch in der euripideischen Verzeichnung dem Publikum zugänglich."
    Die extreme Einseitigkeit Achills in der Hekabe des Euripides und bei
Christa Wolf gegenüber dem homerischen Iliashelden ist also keine Umkehrung dieser Gestalt, sondern eben die tendenziöse Auswahl und Verabsolutierung eines Spannungspols der iliadischen Kriegerfigur.[43] Diese
Einseitigkeit bahnt sich in der nachhomerischen kyklischen Epik an, nämlich insbesondere in der Schlachtung der Priamostochter Polyxene auf
Achills Grabhügel, wie sie zuerst in der Iliou Persis erzählt wurde,[44] während die Nosten die Erscheinung des toten Achill kannten, der Agamemnon bei seiner Ausfahrt zur Heimkehr mit der Warnung vor dem in seinem
Hause drohenden Unheil vergeblich zurückzuhalten suchte.[45] Wann diese
beiden Ereignisse zu der Geschichte der Forderung des toten Achill nach
Polyxene als seiner Ehrengabe und Braut im Hades verbunden wurden,
läßt sich nicht mehr eindeutig festmachen. Sie liegt in der euripideischen
Hekabe vor, mag jedoch auch in der verlorenen Polyxene des Sophokles
die mythologische Voraussetzung gewesen sein; aber von dieser Tragödie
wissen wir nicht, wann sie aufgeführt wurde, d. h. ob sie früher oder später
als die Hekabe ist.[46]
    Die Einseitigkeit des Achillbildes kennzeichnet nicht nur euripideische
Antikriegsstücke wie die Hekabe (426 v. Chr.)[47] und Christa Wolfs verwandte Aktualisierung der Konstellationen des Trojanischen Kriegs, sondern auch römische Dichtung, insbesondere von Catull, Vergil, Horaz
und Seneca, wo zwar auch die Achillgestalt gegenüber Homer als verarmt

oder geschrumpft bezeichnet werden könnte, aber gerade als solche neuen Kontexten mit ambitiösem Deutungsanspruch einzuformen war.

Die von Hölscher entgegengestellte Achillsicht Hölderlins – und ich beziehe Schiller und Goethe[48] mit ein – ist nun auch ihrerseits nicht schlechthin die der Ilias, sondern eine konträre Einseitigkeit, die wiederum nicht erst die Einseitigkeit neuerer Homer-Rezeption ist, in diesem Fall der deutschen Klassik, sondern ihre eigene antike Vorgeschichte hat, bei Alkaios, Pindar, Sophokles, Alexander dem Großen.

Die nachhomerischen Achillbilder sind daher für uns, gerade in ihrer Einseitigkeit, Varianten der Verarbeitung bestimmter Erfahrungen und haben als solche einen je eigenen Geltungsanspruch und ein je eigenes Erkenntnispotential; sie sind für uns andererseits, ebenfalls gerade in ihrer einseitigen Verabsolutierung nur eines Teils des homerischen Achill, mögliche Wegzeichen zu einem vollständigen Bild des Iliashelden, vielleicht sogar Elemente dieser Gestalt selbst. So können wir möglicherweise ein dreifältiges Achillbild und dessen jeweilige Erschließungskraft gewinnen.

Dazu will ich folgendermaßen vorgehen. Ich gebe zuerst eine Skizze des Achillgeschehens der Ilias im Anschluß an Hölscher. Zwei positive Achillbilder sollen folgen, das Pindars und das des sophokleischen Philoktet.[49] Dann sollen vier negative Achillbilder, aus dem Peleus-Epyllion Catulls, aus der Aeneis, das Achillbild des Horaz in dem Geschichtsmythos der 6. Ode des 4. Odenbuchs und das des Senecadramas Troades, referiert und erklärt werden. Zum Abschluß berichte ich von Shays Kulturvergleich zwischen dem Trojanischen und dem Vietnamkrieg und seinem Versuch, das homerische Achillbild als Deutungsmuster für moderne Kriegserfahrungen und Diagnosemodell für PTSD, d.h. Post Traumatic Stress Disorder, zu verstehen, einem Versuch, von dem auf jeden Fall gilt, daß selten Homer und Dichtung so existenziell und therapeutisch ernstgenommen worden sind und daß hier ‚das nächste Fremde' in aufregender Weise zur Erkenntnis unserer selbst und unserer Welt und auch zur Veränderung unserer selbst und unserer Welt neu ergriffen ist.

Achill ist der Held der Ilias. Wenn das Epos beginnt, stehen Griechen und Trojaner schon im zehnten Kriegsjahr. Der Heerführer Agamemnon beleidigt Achill furchtbar, indem er ihm das schönste seiner Beutemädchen, zum Ersatz des eigenen, das er hergeben mußte, wegnimmt. Achill zieht sich im Zorn vom Kampf zurück. Infolgedessen unterliegen die Griechen. Agamemnon versucht, Achill zu versöhnen, doch der verhärtet sich nur tiefer in seinem Groll. Da brechen die Trojaner in das griechische Schiffslager ein, und schon brennt das erste Schiff. Patroklos, Achills geliebter Gefolgsmann, bittet ihn unter Tränen, an seiner Stelle ihn ziehen zu lassen, daß er wenigstens die Schiffe rette. Achill wird weich und läßt den

Freund ziehen. Im Siegesrausch vergißt Patroklos den Auftrag, sogleich umzukehren, und jagt die Trojaner bis vor die Mauern der Stadt und hätte sie beinahe erobert. Hier aber tritt ihm der Gott Apollon entgegen und schlägt ihm die Rüstung vom Leibe. Getroffen von Hektors Lanze stirbt er. Achill erhält im Lager die Botschaft. Wahnsinnig vor Schmerz liegt er am Boden. Aus der Tiefe des Meeres kommt seine Mutter, die Göttin Thetis, um ihn zu trösten. Achill aber will nicht Trost, nur Rache. Und keine Warnung hilft. Er kennt sein Schicksal: gleich nach Hektor werde er fallen. Er erscheint auf dem Schlachtfeld, die Trojaner fliehen. Im Skamander richtet sein Wüten ein fürchterliches Blutbad an. Die Feinde retten sich in die Stadt, Achill nähert sich dem Tor. Da stellt sich ihm Hektor, ganz allein. Vater und Mutter flehen ihn von der Mauer herab an, er aber bleibt. Nach einer schrecklichen Verfolgungsjagd, dreimal um die Stadtmauer, folgt der kurze Zweikampf, und Hektor fällt. Die Griechen erheben ihr Siegesgeschrei, und Achill setzt zum Sturm auf das Skäische Tor an. Statt des nun nach der Sage eigentlich zu erwartenden Todes Achills im Skäischen Tor vom Pfeilschuß des Paris erzählt Homer, wie Achill überlegt, daß noch der tote Freund Patroklos im Kriegszelt liegt, ungerächt. Da bindet er den Leichnam Hektors an seinen Kriegswagen und schleift ihn über das Schlachtfeld. Das wiederholt er an den folgenden Tagen. Die Götter beobachten vom Olymp aus den Greuel der Leichenschändung. Thetis wird von Zeus zu ihrem Sohn geschickt, ihm den Auftrag zu überbringen, den Leichnam für ein Lösegeld freizugeben. Achill gehorcht. Priamos bricht zu ihm auf, umfaßt seine Knie und küßt ihm die Hände, „die schrecklichen, männermordenden, die ihm so viele Söhne getötet". Es kommt zur Versöhnung und zur Freigabe von Hektors Leichnam. Priamos kehrt mit dem Körper seines Sohnes nach Troja zurück. Mit drei großen Frauenklagen um Hektor, der Mutter, der Frau und der, um die der Krieg geführt wird, Helenas, endet das Gedicht. Trauer ist das letzte Wort. Der Krieg geht weiter.

Nach dieser Skizze, die Hölschers Skizze eng, zum Teil wörtlich folgt, nochmals ein Zitat aus seinem Vortrag: „So entläßt die Ilias den Zuhörer bewegt und nachdenklich. Und was ist sie also? Ein Kriegsgedicht, heißt es, in alter und neuester Zeit. Wir stoßen uns an der Verherrlichung des Kriegerischen, an der Grausamkeit der hundertfachen Tode. Aber vom Geist der Ilias erfaßt man damit nur wenig; und wenn man sie ein Gedicht *gegen* den Krieg nennen wollte, träfe man ihren Sinn wenigstens nicht schlechter. Es ist wahr, der Krieg wird nicht hinterfragt. Aber er wird auch nicht glorifiziert; er gehört aus dieser frühen Weltsicht zur tragischen Verfaßtheit des Daseins: ‚Denn so haben es die Götter den elenden Menschen zugesponnen, daß sie in Kummer leben – sie selber nur sind leidlos'

– so sagte es Achill zu Priamos. Es ist ein Gedicht der Leiden: der Leidenschaften, und des Unmaßes, der heroischen Freundschaft und der Gatten-
liebe, der Verblendung und des Scheiterns, Liebe und Haß. Aber das
Riesenmäßige in dem Charakter Achills, dies Widersprüchliche aus Ehr-
sucht und Freundesliebe, aus Eigensinn und Hingabe, aus Wahn und Klar-
sicht, aus Wildheit und Zartheit, aus Rache und Erbarmen: das ganze Übermaß seiner Höhen und Abgründe, tritt erst am Schluß, in der unerwarteten
Begegnung mit Priamos, völlig ans Licht. Diese Szene, diese Umkehrung
der alten Sage, ist etwas vom eigensten Eigentum dieses Dichters."

Pindars Achillpreis soll das Zitat der beiden wichtigsten Passagen repräsentieren. In der Zweiten Olympischen Ode lauten die Verse 57–83 in Dieter Bremers Übersetzung so:[50]

> Von den hier Dahingeschiedenen
>   (zahlen) sogleich die heillosen Herzen
> Bußen [...] – was in diesem Zeusreich an Verruchtem geschieht,
> richtet unter der Erde einer, der mit feindlichem
> Zwang den Urteilsspruch verkündet;
>
> aber bei gleichen Nächten für alle Zeit
> und gleichen Tagen Sonne erhaltend, empfangen
> müheloseres Leben die Guten (ἐσλοί), nicht die Erde
>   aufwühlend im Zugriff des Arms
> und nicht das Meerwasser
> zu leerem Lebensunterhalt, sondern bei Gottgeschätzten
> genießen, die Freude hatten an Eidestreue,
>   tränenlose Lebenszeit –
> die anderen aber schleppen Mühsal, nicht anzusehen.
>
> Soviele es aber vermochten, dreimal auf jeder der beiden Seiten
> verweilend, fern ganz von Unrecht (ἀπὸ [...] ἀδίκων) zu halten
> die Seele, ziehen hinauf den Zeusweg zum
>   Kronosturm; dort umatmen
> die Insel der Seligen (μακάρων νᾶσον) ozeanische
> Lüfte; Blüten flammen von Gold,
> die einen am Land von schimmernden Bäumen herab,
>   das Wasser nährt andere,
> mit deren Ketten sie Arme umflechten und Kränze
>
> nach den geraden Ratschlüssen des Rhadamanthys,
> den der große Vater als seinen bereiten Beisitzer hat,
> der Gatte der Rhea, die über alles
>   einnimmt den höchsten Thron.
> Peleus und Kadmos werden diesen zugezählt;
> und den Achilleus trug, nachdem sie des Zeus Herz
> durch Bitten überredet, dorthin die Mutter;

er brachte Hektor zu Fall, Troias unbekämpfbare
unerschütterliche Säule, und übergab Kyknos dem Tod
und den Sohn der Eos, den Aithiopen.

Aus der Dritten Nemeischen Ode zitiere ich die Verse 40–63:[51]

Durch angeborene Ansehnlichkeit (συγγενεῖ [...] εὐδοξίᾳ) hat einer
  großes Gewicht.
Wer aber bloß Gelerntes besitzt, ein dunkler Mann,
  bald dies, bald das hechelnd, tritt niemals auf
mit unverdrehtem Fuß, an tausend Tüchtigkeiten nippt er nur mit
  ziellosem Sinn.

Aber der blonde Achilleus hat, weilend noch in Philyras Haus,
als Kind, das er war, gespielt große Taten (μεγάλα ἔργα); in Händen oft
von kurzem Eisen den Speer schwingend, Winden gleich,
brachte im Kampf er Löwen auf freier Wildbahn zur Strecke
und erlegte Eber; die Leiber schaffte er zu dem Kronossohn,
dem Kentauren, die röchelnden,
als Sechsjähriger zum ersten Mal, und dann die ganze Zeit;
über ihn staunten Artemis und die kühne Athene,

wie er erlegte die Hirsche ohne Hunde und tückische Netze;
mit den Füßen war er ja überlegen. Wie sie hier erzählt wird,
hab' ich diese Sage von Früheren: Der tiefkluge Chiron zog auf
im steinernen Haus drinnen Iason und später Asklepios,
den er der Heilmittel Brauch mit sanfter Hand lehrte;
er vermählte wiederum die glanzbusige
Nereustochter (sc. Thetis) und pflegte ihren prächtigen Sprößling
in allem Geziemenden, den Mut ihm stärkend,

daß er, von den Meereswindstößen geleitet nach Troia hin
unter die lanzenklirrende Stätte, dem Kampfschrei der Lykier
  standhielte und der Phryger
und Dardaner und, mit den speertragenden Aithiopern
im Handgemenge, ihnen ins Zwerchfell hefte,
  daß ihnen ihr Herrscher nicht wieder zurück nach Hause
komme, der kraftvolle Verwandte des Helenos, Memnon.[52]

Katherine King kommentiert die Achillpassagen Pindars als Preis der
„ability to kill".[53] Das ist im Zusammenhang einer Untersuchung zu „Paradigms of the War Hero from Homer to the Middle Ages" (so der Untertitel ihres Buches) von bedenklicher Myopie: Wenn die Forscherin nicht
zwischen den Konzepten des besten Kriegers oder des besten Helden im
Kampf und einem Massenmörder zu unterscheiden versteht bzw. wenn sie
von vornherein weiß, daß ein guter Krieger mit einem Massenmörder identisch ist, dann fragt man sich, wie sie zu historischen Differenzierungen
kommen will. Dabei lassen die Pindartexte doch klar erkennen, daß es um

Achills Überlegenheit geht, schon bei der Jagd des Knaben, daß er schneller als die Tiere, daß er mutig und stark ist.

Im sophokleischen Philoktet (409 v. Chr.) tritt Achill nicht auf. Die Konstellation des Dramas setzt sogar voraus, daß er nicht mehr lebt. Achill ist in dem Stück präsent als der Vater des Neoptolemos (der immer wieder als „Sohn des Achill" angeredet wird), und dieser, von dem schlauen Odysseus in einem Lügenkomplott eingesetzt, um den Bogen des kranken und ausgesetzten Philoktet zu gewinnen, kämpft in seinem Innern einen Kampf zwischen dem odysseischen Betrugsstrategem aus Staatsräson und seiner innersten edlen Anlage als Achillsohn. Achill ist der Maßstab, an dem er gemessen wird, das Ideal, zu dem er schließlich gelangt, indem seine wahre Natur sich durchsetzt, als Mitgefühl und Wahrheitsliebe.[54]

Ich springe, nachdem ich Euripides vorher kurz erwähnt habe, zu den Römern. Der erste römische Tragiker, Livius Andronicus, verfaßte eine Tragödie „Achilles"; der einzige erhaltene Vers läßt seinen Streit mit Agamemnon erkennen (fr. 1 Warmington). Vom zweiten römischen Tragiker, Naevius, besitzen wir zwei Verse eines „Hector proficiscens" (fr. 17 und 18 W.). Ennius, der dritte römische Tragödienautor, dichtete einen „Achilles", der stofflich auf das neunte Iliasbuch, die Gesandtschaft zu Achill, zurückgeht und als Modell die gleichnamige Tragödie Aristarchs von Tegea,[55] eines Zeitgenossen des Euripides, hatte – von diesem Stück sind Fragmente im Gesamtumfang von zehn Versen erhalten – sowie das Drama „Hectoris Lytra", das stofflich dem letzten Iliasbuch, jedoch mitsamt Vorgeschichte, entspricht und eine aischyleische Trilogie unter dem Titel ihres Schlußstückes zusammenfaßt. Von dieser Tragödie besitzen wir Fragmente im Umfang von 20 Versen. Während uns von dem vierten Tragiker in Rom, Pacuvius, kein Titel eines Achilldramas überliefert ist, gab es von dem fünften, von Accius, drei Stücke (oder falls zwei Titel ein und dasselbe Drama bezeichnen: zwei) zum Achillmythos bzw. zur Iliashandlung um Achill, nämlich die „Myrmidonen", einen „Achilles" und eine „Epinausimache", d. h. ‚Kampf bei den Schiffen'.

Danach tritt Achill überraschend bei Catull auf, in seinem Kleinepos Carmen 64, das wir in der Regel Peleus-Epyllion nennen. Auf dem Fest der Hochzeit des Helden Peleus mit der Meeresgöttin Thetis singen die Parzen, ihre Fäden spinnend, ein prophetisches Lied von dem Sohn, der in der Hochzeitsnacht gezeugt werden wird, Achill, das Spinnen seiner Schicksalsfäden also zugleich in Schicksalsspruch umsetzend. Nach dem hohen Preis des Peleus und seines Hochzeitsglücks, zuerst durch den Dichter (v. 22–30), dann im Parzenlied selbst (v. 323–336), ist die spezifische Färbung dieser Prophezeiung merkwürdig, ja, befremdlich:[56]

Euch wird geboren ein Sohn, der Furcht nie teilhaft, Achilleus,
dessen Rücken kein Feind wird kennen, die tapfere Brust nur,
der oftmals der Sieger im schweifenden Kampfe des Wettlaufs,
selbst die lohende Spur überholte der hurtigen Hirschkuh.
    Hurtig, ihr Spindeln, hurtig und ziehet im Drehen die Fäden!
Niemals wird sich ein Held mit ihm im Kampfe vergleichen
dort, wo von Teukrerblut die Gefilde Phrygiens triefen,
wenn nach langem Belagern von Trojas Mauern der dritte
Erbe des meineid'gen Pelops die Stadt in Trümmer wird legen.
    Hurtig, ihr Spindeln, hurtig und ziehet im Drehen die Fäden!

Bis hierhin ist zur Verwunderung noch kein zwingender Anlaß, wenn
auch die Umschreibung des Schlachtfelds in der troischen Ebene als
,von (Teukrer-)Blut triefende (phrygische) Felder' – „manabunt sanguine
campi" – nicht nach Heldenverehrung klingt und die Periphrase ,dritter
Erbe des wortbrüchigen Pelops' für den Heerführer Agamemnon diesen
unter den Atridenfluch stellt und das von ihm geleitete Unternehmen
nicht besonders empfiehlt. Die Parzen singen weiter.

Seinen erlesenen Mut und den Ruhm seiner glänzenden Taten
werden oft noch gestehn die Mütter am Grab ihrer Söhne,
wenn sie lösen das graue Haar, das nicht mehr gepflegte,
und mit den schwächlichen Händen die welken Brüste sich schlagen.
    Hurtig, ihr Spindeln, hurtig und ziehet im Drehen die Fäden!

Muß Heldentum – ,egregiae virtutes claraque facta' (v. 348) – so aus der Perspektive alter trauernder Mütter beschrieben werden? Bei Pindar klang das
anders. Aber Catull hat hier Worte Achills selbst aus der Ilias aufgegriffen,
dabei ihr Pathos gesteigert: „Doch jetzt will ich guten Ruhm gewinnen, /
Und manche der Troerinnen und Dardanerfrauen, der tiefgebauschten, /
Will ich dazu bringen, mit beiden Händen von den zarten Wangen / Abzu-
wischen die Tränen mit dichtem Stöhnen" (Il. 18,121–124).[57]

Denn wie ein Schnitter die dichten Ähren trennt von den Halmen
und unter glühender Sonne die gelben Fluren aberntet,
so streckt jener die Trojaentstammten hin mit dem Mordstahl.
    Hurtig, ihr Spindeln, hurtig und ziehet im Drehen die Fäden!

Hier ist ein Gleichnis, das in der Ilias allen Kämpfern gilt, auf Achill allein
übertragen: „Die aber, so wie Schnitter, welche gegeneinander / Die Mahd
vortreiben auf dem Feld eines reichen Mannes / Von Weizen oder Gerste,
und dicht fallen die Büschel: / So mordeten Troer und Achaier, gegeneinander springend" (Il. 11,67–70).

Zeuge wird sein von seinen gewaltigen Taten Skamanders
Welle, die sich ergießt in den reißenden Hellespontus:

denn ihren Lauf engt er ein durch Haufen erschlagener Leiber,
und mit dem Mordblut mischt und wärmt und hebt er die Fluten.[58]
Hurtig, ihr Spindeln, hurtig und zieht im Drehen die Fäden!

„Um eine einzelne Heldentat Achills zu nennen, erwähnt Catull nicht die Tötung Hektors, die man erwartet, sondern sein Wüten im Skamander (Il. 21,17ff.)", kommentiert Wilhelm Kroll. Die Strophe ist eine Kontamination.[59] Vgl. zuerst Il. 21,214/215a/218–221, wo der Flußgott Skamandros zu Achill sagt: „O Achilleus! übergewaltig bist du und über die Maßen Schlimmes übst du / Vor den Männern." „Denn schon sind mir erfüllt von Leichen die lieblichen *Wasser*, / Und ich kann die *Strömung* nicht mehr in die göttliche Salzflut ergießen, / *Beengt* von Leichen, du aber tötest, nicht anzusehen! / Aber laß doch auch ab! Entsetzen faßt mich, Herr der Völker!" Dazu tritt Accius, Epinausimache, fr. 322 Ribbeck³ (= fr. 313f. Warmington) mit Versen, die Achill spricht: „*Scamandriam undam* salso sanctam obtexi sanguine / atque *acervos alta* in amni *corpore* explevi hostico."

Zeuge endlich wird sein die Beute, dem Toten gewidmet,
wenn sein ragendes Grab mit dem Rund des geschütteten Hügels
einst die schneeigen Glieder empfängt der geopferten Jungfrau.
Hurtig, ihr Spindeln, hurtig und zieht im Drehen die Fäden!
Denn sobald Fortuna vergönnt den ermatteten Griechen,
der dardanischen Stadt des Neptunus Gürtel zu lösen,
wird des Grabmals Hügel vom Blute Polyxenas triefen,
die – einem Opfertier gleich, das der Doppelaxt Schneide erlegen -
in die Knie gebrochen, verstümmelten Leibes dahinsank.
Hurtig, ihr Spindeln, hurtig und ziehet im Drehen die Fäden!

Und nun fahren die Parzen so fort:

Auf denn, vereinigt euch zur erwünschten Liebeserfüllung,
daß der Gemahl empfange die Göttin zu fruchtbarem Bunde
und die Braut sich nun schenke dem sehnsüchtig harrenden Gatten.

Zu welcher Folgerung mit ‚daher also‘, wohlgemerkt Folgerung aus und nach den Versen mit dem Vollzug eines Menschenopfers, mit der Schlachtung einer Jungfrau – „Copley’s translation, ‚will drop headless on crumpled knee, a corpse‘, captures the horror of the image which concludes the prophecy"[60] – Kroll ungerührt kommentiert: „Weil eure Ehe auf so glücklichen Erfolg rechnen kann, so vereinigt euch jetzt."

Dieser merkwürdig widersprüchliche Übergang kann hier nicht aufgeklärt werden, weil es dazu einer Gesamtinterpretation des ungeheuer schwierigen Gedichtes bedürfte.[61] Im Blick auf die Wandlungen des Achillbildes sind aber die folgenden Aussagen möglich:

– Die Vorstellung, im Parzenlied würden positive Aussagen über Achill gemacht, im Sinn traditioneller heroischer Großtaten, ist abwegig. Vielmehr erscheint im Gegenteil ein Zweifel an der Verurteilung Achills als schlechterdings unmöglich.

– Wir können demnach beobachten, daß um die Mitte des 1. Jhs. v. Chr. in Rom eine Sicht Achills wie die des Euripides in seinen Antikriegsstükken aufkommt und eine neue moralische Sensibilität sich äußert.

– Diese Sicht ist nicht allein von der nachhomerischen Geschichte des Polyxena-Opfers geprägt, sondern bezieht auch die Ilias mit ein und zwar denjenigen Teil der Aristie Achills, der unten mit Shay als „rampage" und „Berserkerwüten" betrachtet werden wird.

In der vergilischen Aeneis ist Achill als der größte Held unter den Feinden Trojas und als Hauptursache des Untergangs der Stadt „der grausame": „immitis" oder „saevus",[62] und das Bild seines Wütens unter den Trojanern steht dem bei Catull nahe (Verg., Aen. 5,804b–808a):

> Als drängend Achilles
> Gegen die Stadt verfolgte die kraftlosen Männer von Troja,
> Tausende niederschlug und voll von den Leichen die Fluten
> Stöhnten und Xanthus den Weg nicht finden konnt' und hinaus sich
> Wälzen ins Meer, […] (Übersetzung von Wilhelm Plankl)

Nach Vorliegen der vergilischen Aeneis (19 v. Chr.) mit ihrem römischen und augusteischen Ursprungsmythos dichtet Horaz im Zusammenhang mit seinem Festlied zur Saecularfeier in Rom (17 v. Chr.), dem carmen saeculare, einen Apollo-Hymnus in elf sapphischen Strophen, der der trojanischen Herkunft der Römer und der Aeneassage eine neue und ungewöhnliche Deutung gibt, nach welcher der Ursprung Roms apollinisch als anti-achilleisch ist. Als Keim der Konzeption kann Aen. 6,56–58a gelten, der Anfang eines Gebets, das Aeneas in Cumae an Apollo richtet:

> Phoebus, der stets sich erbarmte des grausam leidenden Troja,
> Der auf den Leib des Peliden die Hand des Paris gelenkt hat
> Und den Dardanerpfeil! (Übersetzung von W. Plankl)

In der horazischen Ode, c.4,6, wird Apollo als der Gott gepriesen, der mit der Tötung Achills (vgl. Il. 21,278) die Eroberung Trojas verhindert hat, wobei die Tat des Gottes in eine Reihe mit seiner Bestrafung von Freveln gegenüber Göttern gestellt wird. Achill, so heißt es, ‚beinahe Sieger über das hohe Troja, erfuhr dich, Gott, er, allen anderen überlegen, dir als Kämpfer nicht gewachsen':

> Ob er zwar, Sohn der Thetis, der Meergöttin,
> Dardanus' Türme erschütterte, mit furchtbarem
> Speer kämpfend.
>
> Er, wie vom beißenden Stahl getroffen
> die Fichte oder vom Oststurm die Zypresse gestoßen,

stürzte weithin vornüber und legte seinen Hals in
den Staub der Teukrer.

Denn Achill, heißt es weiter, hätte nicht, eingeschlossen im Hölzernen
Pferd, das eine Weihegabe für Minerva zu sein log, die Trojaner, die zur
Unzeit feierten, und den Palasthof des Priamus, den Tänze erfreuten, getäuscht; nein:

> sondern er hätte, unverstellt den Eroberten schlimm, wehe des Frevels, wehe,
> die unmündigen Knaben in den Achiver-
> Flammen verbrannt, selbst den
> im Mutterleib verborgenen.

‚Aber der Vater der Götter ließ sich von Apollos und der anmutigen Venus
Worten umstimmen und sagte der Sache des Aeneas Stadtmauern zu, die
unter besserem Vogelzeichen (als die Mauern Trojas) gezogen sein würden.‘ Troja wurde nicht gänzlich zerstört, weil Achill vor ihrem Fall von
Apollo getroffen wurde. Apollo wirkt als Rächer einer nur künftigen alle
Trojaner vernichtenden Grausamkeit Achills. Vermöge dieses moralisch
bedingten Rettungsaktes erscheinen die Geretteten und insbesondere
Aeneas als sittliches Gegenbild zu Achill und Rom als um dieser Sittlichkeit willen zugesagt und auf diesem Fundament gebaut. Der rächende
Apollo, von dessen Pfeilen Achill fällt, ist Garant Roms.

Ein viertes Mal[63] ist Achill in römischer Dichtung fürchterlich, in Senecas Troerinnen (v. 164–202).[64] Da wird von der Erscheinung Achills aus
der Unterwelt berichtet. Im Morgengrauen erbebt die Erde in dumpfem
Brüllen und reißt auf in unermeßlicher Höhlung. Der klaffende Spalt öffnet einen Weg aus dem Erebos nach oben. Heraus zuckt auf seinen Grabhügel der ungeheure Schatten Achills. Sein Aussehen ist das des grausamen Siegers, seine Stimme die des Erzürnten. So erschien er, „wie er
aussah, als er, zwischen den Schlachtreihen rasend (furens) voll von Mars
in seiner Gewaltsamkeit (Marte violento), / mit Leichen die Flüsse verschloß und, einen Weg suchend, / langsam der Xanthus in bluterfülltem
Bett hin und her wogte, / oder, wie er war, als er auf stolzem Wagen, ein
Sieger, stand / und die Zügel führte, Hektor schleifend und also auch Troja. / Es erfüllte das ganze Gestade die Stimme des Zornigen: / ‚Geht, geht,
ihr Schwächlinge, die meinen Händen geschuldeten / Ehren tragt mit euch
fort, macht die undankbaren Schiffe los, / um über mein Meer zu fahren.
Nicht einen kleinen Preis / hatte die Buße Griechenlands, die es dem Zorn
Achills zahlte, und sie wird einen großen Preis haben: / verlobt werden
meiner Asche soll Polyxene, / sie soll, von Pyrrhus’ Hand geschlachtet,
meinen Grabhügel tränken‘“ (v. 185–196). Ein Botenbericht am Ende der
Tragödie zeigt den Tod der Polyxene, die frei, kühn und wild den Todes-

stoß von Achills Sohn empfängt (v. 1118–1164). „Und doch auch noch
sterbend nicht / legte sie ihre Seelenkraft ab: sie fiel, um Achill / die Erde
schwer zu machen, vornüber und in zornigem Schwung" (v. 1157b–1159).
Aber auch im Tod nicht ist Achill willenlos und schwach: „Nicht blieb
vergossen das Blut (gerinnend) stehen / oder floß nur so obenhin auf dem
Erdboden; einsaugte es sogleich / und in wilder Lust der Grabhügel und
trank es ganz, das (noch frische flüssige) Blut" (v. 1162b–1164).

Ich stelle nun die Iliaslektüre von Jonathan Shay in „Achilles in Vietnam" vor. Er liest Homers Epos als die Geschichte der Zerstörung oder
des Verlusts von Achills sittlicher Persönlichkeit – „The Iliad is the story
of the undoing of Achilles' character" (S. 26) – „als die Tragödie eines edlen Charakters, den zwei Ereignisse, Erlebnisse, Agamemnons Verrat dessen, ‚was recht ist', und der Tod seines Freundes Patroklos, moralisch zerstören" (S. 31). Diese Geschichte Achills „war auch die Geschichte vieler
Kampfveteranen, sowohl des Vietnamkrieges als auch anderer langer
Kriege. [...] Ich habe diese Erzählungen mit der Ilias zusammengebracht,
nicht um sie zu zähmen, angemessen zu machen oder zu nobilitieren, sondern um ein tieferes Verständnis von beiden zu befördern, wobei ich die
Fähigkeit des Lesers, sich von der Ilias beunruhigen zu lassen, steigern,
nicht den Schock der Veteranengeschichten mildern will" (S. XXf.).

Shays Ausgangspunkt und Pointe ist, daß Achill ein Held ist, edelster
Vertreter seines Standes, groß in seinen großen Tugenden. Das muß deshalb betont werden, weil die Gesamtdeutung des amerikanischen Psychiaters als unbedingte moralische Verdammung Achills und modernistische
Iliaskritik, genährt aus ‚links-intellektueller' Verurteilung des Vietnam-
kriegs, mißverstanden worden ist. So wenig Shay die Ilias kritisiert, so
wenig die sittliche Persönlichkeit Achills. Sie ist die Voraussetzung seiner
Deutung.

Achill ist ein sehr hoher Offizier, der sogar eine Heeresversammlung ein-
berufen kann. Er tut das am zehnten Tag der von Apollon geschickten Pest,
und er ist dabei von der Sorge um das ganze Heer der Achaier bewegt
(Il. 1,61 mit 56; Shay, S. 24).

Achill teilt den Respekt vor den Toten mit seiner Kultur, die Trojanern
und Griechen gemeinsam ist. Das bezeugt Andromache in einem Kontext,
der diesen Aspekt nicht einmal funktional begünstigt: „Ja, unseren Vater
erschlug der göttliche Achilleus / ... / ... / Doch nahm er ihm nicht die
Waffen: das scheute er in dem Mute, / Sondern verbrannte ihn mitsamt
dem Rüstzeug, dem verzierten, / Und schüttete ein Mal über ihm auf"
(Il. 6,414–419; Shay, S. 29).

Während in der ganzen Ilias sonst kein einziges Mal ein Gegner gefangen genommen, für Lösegeld freigegeben oder als Sklave verkauft wird,

bezeugt Hekabe über der Leiche Hektors eben dies für Achill: „Denn andere von meinen Söhnen hat der fußschnelle Achilleus / Verkauft, wenn er einen fing, über das Meer, ... / ... / Dich aber ..." (Il. 24,751 ff.). Darin unterscheidet sich Achill von den anderen achaischen Helden, die ihre Gegner erschlagen, auch wenn sie Lösegeld bieten, oder schon Gefangengenommene niederhauen (Shay, S. 30).[65]

Shay arbeitet also heraus, „daß vor Agamemnons Verrat an dem, ‚was recht ist', und vor Patroklos' Tod Achill eine hochentwickelte gesellschaftliche Moral besaß".[66] Sein „moralisches Unglück, seine Tragödie war es, daß Ereignisse [...] in ihm das Verlangen weckten, Dinge zu tun, die er selbst als schlecht betrachtete" (Shay, S. 31).

Agamemnon nimmt Achills Beutefrau Briseis weg. Das ist eine Kompetenzüberschreitung, außerdem ungerechtfertigt, ein Unrecht. Darin stimmen der Erzähler, andere Heerführer, die Götter und endlich auch Agamemnon überein.[67] Achill zieht sich vom Kampf zurück und nimmt ausdrücklich in Kauf, daß das viele Männer das Leben kosten wird (Il. 1,242 f., Shay, S. 25). Sein Verhalten ist die Reaktion auf den Bruch von θέμις, d. h. den Verrat an dem, ‚was recht ist'. Achill kündigt sogar an (Il. 9,356 ff.), daß er mit seinem Truppenkontingent nach Hause fahren werde, was formal durchaus sein Recht, aber moralisch Desertion ist (Shay, S. 26). In seinem Zürnen über die Kränkung geht er einmal sogar soweit sich vorzustellen, daß nicht nur kein Trojaner, sondern auch kein Argeier dem Tod entginge, sondern nur er selbst und Patroklos übrig blieben (Il. 16,97–100; Shay, S. 28). Seine moralische und soziale Verantwortung ist infolge des Unrechts des Königs vom Achaierheer insgesamt auf einen einzigen Kameraden geschrumpft.

Hektor tötet Achills Freund Patroklos im Kampf. Achill rächt den Tod des Gefährten. Er tötet Hektor, geht nicht auf dessen Angebot einer Übereinkunft (ἁρμονίη Il. 22,255) ein, sie wollten im Fall des Sieges den Leichnam des Gegners nicht schänden, sondern zurückgeben, läßt die Schändung von Hektors Leiche durch die herbeikommenden Achaier zu – „und keiner trat zu ihm heran, der nicht nach ihm stach", Il. 22,371:[68] οὐδ' ... ἀνουτητί, hapax legomenon in der Ilias;[69] vgl. 375: οὐτήσασκε) – was so nur hier allein einem Toten geschieht, und schändet ihn dann, indem er ihn an seinen Streitwagen bindet und von Troja zu den Schiffen der Achaier und dann zwölf Tage lang um das Grabmal des Patroklos schleift:[70] „und dem göttlichen Hektor sann er schmachvolle Dinge: / An beiden Füßen hinten durchbohrte er ihm die Sehnen / Von der Ferse bis zum Knöchel und knüpfte rindslederne Riemen daran, / Band ihn an seinen Wagen und ließ das Haupt nachschleifen. / Und er stieg auf den Wagen und hob hinauf die berühmten Waffen, / Schwang die Geißel und trieb, und die flogen nicht unwillig dahin. / Da war um den Geschleiften ein Schwall von Staub; seine blauschwarzen Haare / Fielen auseinander; und das Haupt lag ganz im Staube, / Das einst so liebliche: damals aber hatte es Zeus seinen Feinden / Gegeben zu schänden in der eigenen väterlichen Erde" (Il. 22,395–404; vgl. 22,463–465; 24,12–18.22.50–54.754–756).

Als der sterbende Hektor bittet, Achill möge seinen Leib nach Hause zurückgeben, damit die Trojaner ihn verbrennen könnten, antwortet Achill: „Nicht bei den Knien, Hund! bitte mich kniefällig, noch bei den Eltern! / Könnte doch Ungestüm und Mut mich selber treiben, / Roh heruntergeschnitten dein Fleisch zu essen (ὤμ᾽ ἀποταμνόμενον κρέα ἔδμεναι), für das, was du mir getan hast! / So ist keiner, der dir die Hunde vom Haupte fernhält!" (Il. 22,345–348; vgl. 23,21.24–26.182f.).[71] Das letztere ist eine eher üblich zu nennende Drohung in der Ilias;[72] die Äußerung des (irrealen) Wunsches, Hektors Fleisch zu essen, erscheint dagegen ungewöhnlich[73] – es bleibt der römischen Kaiserzeit vorbehalten, solchen Kannibalismus episch realisieren zu lassen: Statius, Thebais 8,751–766: der sterbende Tydeus verschlingt das Hirn des Melanippus.[74]

Achill, der die Toten entsprechend der Kultur, der er angehörte, geachtet hatte, ist verändert (Shay, S. 29). Das ist nicht moderne Interpretation, sondern diese Erklärung wird schon in der Dichtung selbst und zwar von Apollon gegeben: „Doch dem heillosen (ὀλοός) Achilleus, Götter, wollt ihr beistehen, / Dem nicht die Sinne gebührlich (ἐναίσιμος) sind, noch auch das Denken / Biegsam (γναμπτός) ist in der Brust, ... / ... / ... / So hat Achilleus das Erbarmen (ἔλεος) verloren, und es fehlt ihm die Scheu (αἰδώς), / Die den Männern großen Schaden bringt wie auch Nutzen" (Il. 24,39–45).[75]

Im Blick auf den Umgang mit überwältigten Gegnern „erkennt Achill ausdrücklich die Veränderung seines Charakers an" (Shay, S. 30). Als der Priamossohn Lykaon, den er einst gefangen und verkauft hatte und der, freigekauft, nach Troja zurückgekehrt war, ihm nun bittflehend zu seinen Knien Lösung bietet (Il. 21,34–96), antwortet Achill: „Kindischer! biete mir nicht Lösung an und rede nicht davon! / Ja, bevor Patroklos dem Schicksalstag gefolgt ist, / Solange war mir lieber im Sinn, auch einmal zu schonen / Die Troer, und viele habe ich lebend gefangen und verkauft. / Jetzt aber ist der nicht, der dem Tod entrinnt, wen immer / Ein Gott vor Ilios in meine Hände wirft, / Von allen Troern, und zumal von des Priamos Söhnen!" (Il. 21,99–105) Und er stößt in den Wehrlosen, der sich mit ausgebreiteten Armen auf den Boden setzt, sein Schwert hinein, schleudert den Toten am Fuß in den Skamander und verhöhnt ihn, der nun nicht von seiner Mutter beweint werde, sondern von dessen Blut und weißem Fett sich die Fische nährten. Der Flußgott ergrimmt (Il. 21,114ff.).[76]

Als Achills „Hände müde waren vom Töten", nimmt er zwölf junge Trojaner lebendig gefangen, um sie auf dem Scheiterhaufen des Patroklos zu
opfern (Il. 21,26–32). Und als er das dann tut (Il. 23,22 f.175–182), kommentiert der Erzähler: „auf schlimme (κακά) Dinge dachte er im Sinn!" (v. 176).
Merkwürdigerweise hat Shay diese unmenschliche Handlung übergangen.[77]
    Bevor ich zu Shays eigentlichem Zielpunkt komme, dem Berserkerzu-
stand, muß ich auf Achills Schmerz über Patroklos' Tod eingehen, wie ihn
der amerikanische Psychiater beschreibt und deutet. So spricht er zuerst
von „self-mutilation" (S. 49) im Blick auf Il. 18,22–27: „[…] und den um-
hüllte des Schmerzes schwarze Wolke. / Und er griff mit beiden Händen in
den rußigen Staub / Und schüttete ihn über das Haupt und entstellte sein
liebliches Antlitz, / Und auf dem nektarischen Kleid saß rings die schwarze
Asche. / Doch er selbst lag im Staub, der Große, groß hingestreckt, / Und
raufte sein Haar und entstellte es mit seinen Händen." Vielleicht sollte
man eher von ‚Selbstaggression' sprechen und zugleich betonen, daß die
Formen dieser Selbstaggression kulturell vorgegeben waren. Antilochos
aber „hielt die Hände des Achilleus – der stöhnte in seinem ruhmvollen
Herzen –, / Denn er fürchtete, er könnte sich die Kehle abschneiden mit
dem Eisen" (Il. 18,33 f.). Am Scheiterhaufen des Freundes schert Achill
sich sein Haar ab, das sein Vater dem Flußgott Spercheios für die Heimkehr des Sohnes gelobt hatte: „Doch jetzt, da ich nicht wiederkehre zur
eigenen väterlichen Erde, / Gebe ich Patroklos, dem Helden, die Mähne,
sie mitzunehmen." (Il. 23,150 f.). Todeswunsch, Todesgewißheit, das Gefühl, ‚schon tot zu sein', gehen ineinander über. Diese Formen des Schmerzes werden intensiviert, bei Achill wie bei den Veteranen, die den nächsten
Kameraden verloren haben, durch Schuldgefühl in den beiden Varianten:
den Freund im Stich gelassen zu haben und „It should've been me!" bzw.
„wrongful substitution" (Shay, S. 69 ff.). „Gleich will ich tot sein, da ich
dem Gefährten, / Als er getötet wurde, nicht helfen sollte! Er ging zugrunde / Weit entfernt von der Heimat, und ich war nicht da, ihm ein Wehrer
des Unheils zu sein. / […] / (Ich) bin dem Patroklos nicht ein Licht geworden [… / … /] Sondern sitze bei den Schiffen, eine nutzlose Last der Erde"
(Il. 18,98–104; Shay, S. 69 f.). „Denn früher hoffte mir immer der Mut in
der Brust, / Daß ich allein hinschwinden werde, fern von Argos, dem pfer-
denährenden, / Hier in Troja; du aber würdest nach Phthia heimkehren, /
Daß du mir den Sohn im schnellen Schiff, dem schwarzen, / Heraus-
führtest von Skyros und ihm all und jedes zeigtest: / Meinen Besitz und
die Knechte und das hochüberdachte große Haus" (Il. 19,328–333; Shay
70). „Die Grenze zwischen Selbstmord aus Trauer, um dem Toten zu folgen, und Selbstexekution aus dem Schuldbewußtsein des ‚Ich hätte es sein
sollen!' ist nicht sehr klar" (Shay, S. 72).[78]

Intensive Trauer kann in Rasen umschlagen (S. 53 ff.).[79] Shay glaubt, daß das Hervorkommen von Rasen aus intensiver Trauer[80] ein biologisches Universale sei (55), daß aber sowohl in der Ilias wie auch in den Erlebnissen der Vietnamveteranen der vorausgehende Verrat an dem, ,was recht ist', ein konditionierendes Element des Berserkerzustandes nach dem Tod des engsten Waffengefährten ist. Zwar könne er nicht behaupten, daß ein solcher Verrat eine notwendige Voraussetzung sei, aber er habe bisher keinen Veteranen kennengelernt, der aus Schmerz allein zum Berserker geworden wäre (S. 96). „Der Berserkerzustand ist das wichtigste und das distinktive Element des Kampftraumas" (S. 75).

Die Ilias kennt als eine Bauform der Erzählung des Kampfgeschehens die Aristie, d.h. ,Höchstleistung', als Reihung von Heldentaten, siegreichen Einzelkämpfen, im Siegeslauf eines Helden. So erzählt Homer die Aristien von Diomedes (Il. 5,1–453), Agamemnon (Il. 11,84–283), Hektor (mehrfach), Idomeneus (Il. 13,361–454), Menelaos (Il. 13,581–672), Patroklos (Il. 16,257–867) und Achill (19–22). Shay versteht Achills Aristie als Berserkerzustand, und er identifiziert einmal (S. 80f.) auch sämtliche Aristien der Ilias als Berserkerwüten, in Widerspruch zu der gerade referierten Auffassung, daß Verrat an dem, ,was recht ist', der Erfahrung des Verlusts des nächsten Freundes als auslösenden Erlebnisses für die Berserkerwut konditionierend vorausgehe (S. 96f.). Um diesen Widerspruch zu mildern, verstehe ich als das eigentliche Berserkerwüten Achills nur den Teil seiner Aristie, den King „rampage" (,Wüten') nennt:[81] Il. 20,381–21,135, d.h. die Kampfphase nach dem Beinahezweikampf mit Hektor bis zur Verhöhnung der Leiche Lykaons. Shay gibt eine Liste von Charakteristika des Berserkerzustands (S. 82) und handelt ihre Posten einzeln in Abschnitten mit Zitaten sowohl aus Veteranenberichten als auch aus der Ilias ab. Achill „lost it", wie die Veteranen sagen, womit sie offenbar die Menschlichkeit meinen. Der Berserker ist ,wie ein Tier', ,wie ein Gott'; er ist verrückt und rast wie im Drogenrausch; er ist grausam, ohne Zügel und unterschiedslos; nicht zu sättigen; furchtlos und unbekümmert um die eigene Sicherheit wie unverwundbar; ohne Schmerzempfindung, kalt und gleichgültig. Statt Shays Einzelabschnitte (S. 82–99) zu diesen Charakteristika zu referieren, gebe ich eine Zusammenfassung von Kings Analyse des achilleischen ,rampage'.[82] Verglichen mit der Aristie des Diomedes ist die achilleische glanzvoller, erfolgreicher, ernstzunehmender, verglichen mit der Agamemnons, des einzigen größeren Helden, dessen Töten konsequent ein brutales und gräßliches Niedermachen ist („brutal and grisly slaying", King, S. 14), erscheint Achills Aristie ausgezeichnet durch mehr grausames und gräßliches Detail. Das ist um so sprechender, als die beiden Aristien in Struktur und Motiven auffallende Übereinstimmungen erkennen lassen. Achill übertrifft demnach an Unbarmherzigkeit selbst Agamemnon, der seinem Bruder Menelaos die Schonung eines Gegners verwies: „Nein, von denen soll keiner entgehen dem jähen Verderben / Und unseren Händen. Auch nicht, wen im Leib die Mutter / Trägt als einen Knaben; auch er soll nicht entrinnen! Sondern allesamt / Sollen sie gänzlich vertilgt sein aus Ilios, unbestattet und spurlos!" (Il. 6,57–60).[83] Wenn Horaz, wie wir gesehen haben, den Mord an Ungeborenen als die letzte Steigerung dessen, was in Troja von Achill zu erwarten war, nennt (c. 4,6,19 f.: „etiam latentem / matris in alvo"), dann hat er die Maxime Agamemnons in der Ilias mit Recht auf Achill übertragen; jedenfalls gilt sie als Extrapolation einer Möglichkeit aus wirklichen Taten während seines Berserkerwütens.

Shay gibt eine Synthese des strahlenden Achillbildes, des schönsten, jüngsten, tapfersten griechischen Helden und Götterjünglings, in dessen Wesen auch zarte Züge nicht fehlen, musische und soziale Talente und Tätigkeiten integriert sind, und des erbarmungslosen viehischen Schlächters. Diese Synthese ist keineswegs beruhigend, denn sie ist die klinische Diagnose der unheilbaren psychischen Erkrankung eines großen Menschen. „Wenn ein Soldat den Berserkerzustand überlebt, verurteilt dieser sein psychisches Wesen zu emotionalem Tod und einer Verletzlichkeit, die sich in explosivem Rasen äußert, und seinen physiologischen Habitus zu permanenter Übererregung, den Erkennungszeichen von ‚posttraumatic stress disorder' bei Kampfveteranen. Meine klinische Erfahrung mit Vietnam-Kampfveteranen führt mich dazu, den Berserkerzustand als den Kern ihrer schwersten psychologischen und physiologischen Verletzungen zu verstehen." „Ich glaube, daß jemand, der einmal in den Berserkerzustand gekommen ist, für immer verändert ist" (Shay, S. 98).

Shays Diagnose ist die sozialpsychologisch-klinische Bestätigung von Martha C. Nussbaums These in ihrem Buch „The Fragility of Goodness: Luck and Ethics in Greek Tragedy and Philosophy", die Shay als Motto über das zweite Kapitel von Teil 1 seines Werks gestellt hat:[84] „Durch (themis) können Menschen sich selbst stabilisieren. [...] Vernichtung von Konvention (themis) durch die Akte eines andern kann [...] eine stabile Persönlichkeit zerstören [...] Sie kann, ganz einfach gesagt, Bestialität hervorbringen, den vollständigen Verlust menschlichen Bezogenseins" (S. 417). Innerhalb dieses Konzepts von „moral luck" (Shay, S. 31) gilt, daß Achill eine Katastrophe erfahren hat.

Inwiefern diese Lesung der Ilias neu und aufregend ist, kann zunächst die Gegenüberstellung mit Kings Interpretationslinie verdeutlichen. Während Catherine King urteilt: „Homer turned a celebration of martial valor into a critical exploration of heroic values" (King, S. XV); sein Gedicht sei ein „disillusioned questioning of the heroic code" (King, S. XVI), besteht

nach Shay die Tragödie Achills gerade darin, daß er seine auf dem heroischen
Code beruhende sittliche Persönlichkeit verliere, daß die Taten seines Berserkerwütens nicht heroisch seien, sondern den Verlust seiner Menschlichkeit bedeuteten. Bei der von King angenommenen Opposition von Heldentum und Menschsein[85] im Achillgeschehen scheint übersehen, daß die
Ilias keineswegs kriegerisches Heldentum abweist, daß nicht der Sieg über
Hektor, sondern die Schändung seiner Leiche verurteilt wird.

Wenn wir uns andererseits klarmachen, daß die Deutung in Kings
Achillesbuch grundsätzlich und der Richtung nach mit der von Wolfgang
Schadewaldt[86] übereinstimmt, und wenn ich unterstellen darf, daß auch
meine (Hörer und) Leser so wie ich von seiner Interpretation geprägt sind,
daß nämlich die Ilias mit der Versöhnung zwischen Priamos und Achill im
letzten Gesang das heroische Epos transzendiere und aufbreche, dann beginnen wir zu begreifen, was uns Shay auch zumutet. Im Rahmen dieses
Vortrags zur Wirkungsgeschichte Achills, zu den Wandlungen seines Bildes
muß ich mich nicht entscheiden. Ich wollte das aus der Arbeit mit psychisch
kranken Vietnamveteranen entstandene Buch eines Bostoner Psychiaters
als das jüngste Zeugnis lebendiger Wirkung und Produktivität der Achillgestalt bzw. als großartigen Beleg engagierter und ernstnehmender heutiger Rezeptivität gegenüber einer antiken mythischen Figur und moderner
Sensibilität der Homerlektüre vorstellen.

Dennoch will ich andeuten, wo in meinen Augen Shays Sicht auf die Ilias
vielleicht problematisch ist. Das 24. Buch spielt praktisch keine Rolle bei
ihm; es gibt nur drei eher beiläufige Erwähnungen.[87] Warum? Ich vermute,
weil Shay dem Dichter, den er liebt, bewundert und für einen großen Psychologen hält, hier psychologisch-anthropologisch nicht zustimmen kann,
vorausgesetzt, die Versöhnung mit Priamos, ihr gemeinsames Weinen und
die Freigabe von Hektors Leichnam zur Bestattung durch die Seinen sollten
als Achills Heilung von seinem Berserkertrauma verstanden werden, Shay
hier also moralische oder wissenschaftliche Zweifel an der Wahrheit der Ilias
hat. Er kann offenbar die menschlich anrührende Szene des Iliasschlusses
nicht für den Zielpunkt des Gedichts halten, sondern für ein angesichts des
Geschehens (vom Ursprung des Achillzorns an) unmögliches Ende.

Was wäre Shay zu antworten? Wohl entweder, daß die Versöhnung am
Ende der Ilias eine Utopie ist, die die Dichtung uns bietet, eine Utopie, die
uns einerseits die Wirklichkeit schärfer zu erkennen gibt, und uns andererseits zur Veränderung unserer Wirklichkeit aufruft.[88] Oder mit einer Reflexion über die Grenzen der Vergleichbarkeit zwischen der Behandlung
traumatisierter Vietnamveteranen durch einen amerikanischen Psychiater
und der Begegnung zwischen Achill und dem Vater des Erschlagenen, dem
greisen König der feindlichen Stadt.[89]

Shays „Achilles in Vietnam" ist mehr als eine Station in der Wirkungsgeschichte des homerischen Achillbildes. Es ist ein tief bewegendes Buch
über unsere Kriegskultur. Das gehört nicht eigentlich zu meinem Thema,
aber ich will doch einige Andeutungen geben. Nach über 20 Jahren seit
dem Ende des Vietnamkrieges gibt es eine Viertelmillion Kampfveteranen,
für die die offiziellen diagnostischen Kriterien (DSM-III-R, d. h. das offizielle Diagnosehandbuch) für PTSD, Post-Traumatic Stress Disorder vorliegen (Shay, S. 166 u. 184). Seit dem Ende des Krieges haben nach dem
Urteil der Veteranen selbst – offizielle Zahlen liegen nicht vor – doppelt so
viele Vietnamsoldaten Selbstmord begangen, wie im Krieg gefallen sind
(Shay, S. 179).

Aus dem Kulturvergleich zwischen dem Trojanischen Krieg in der Ilias
und dem Vietnamkrieg nenne ich nur diese beiden Themen. Die Kampf-
schilderungen bei Homer lehrten, daß weder Kriegstüchtigkeit noch die
Auffassung, für eine gerechte Sache zu kämpfen, die Verachtung der Feinde als untermenschlicher Wesen – die Vietkong wurden als „vermin" (Un-
geziefer) bezeichnet – zur Voraussetzung haben. Shay betrachtet das Alte
Testament als Ursprung auch noch der modernen US-amerikanischen
Herabwürdigung des Kriegsgegners (Shay, S. 103 ff.).

Die Ilias kennt die Vergemeinschaftung der Trauer („communalization
of grief", S. 55) und gemeinschaftliche Trauerarbeit („griefwork", S. 55);
im Vietnamkrieg fehlten sie fast vollständig: „The virtual suppression of
social griefwork in Vietnam contrasts vividly with the powerful expres-
sion of communal mourning recorded in Homeric epic" (S. 39). Die detaillierten Nachweise aus Homer und der Praxis in Vietnam, mit einem
durch Vietnam geschärften Blick auf den Reichtum der konkreten gemein-
schaftlichen Trauer in der Ilias, die unmittelbare Beteiligung des Freundes
und der Kameraden an der Sorge für den Toten, und in dem durch die Ilias
substanziierten Mangelbewußtsein bei dem Umgang mit den Gefallenen
und den hinterbliebenen Kameraden im Vietnamkrieg, erscheinen mir besonders erhellend (S. 39 ff.). Die Ilias wird bei Shay zu einem Spiegel, in
dem wir unsere Kultur erkennen können, und Achill zum Symbol der sittlichen Zerstörung eines Menschen durch Krieg.[90]

Anmerkungen

[1] Zum Zusammenhang von frühem Tod und nie schwindendem Ruhm vgl. Il.
9,413.

[2] Die beiden wichtigsten neueren Arbeiten zur Wirkungsgeschichte Achills sind:
Katherine Callen King, Achilles. Paradigms of the War Hero from Homer to

the Middle Ages, Univ. of California Press, Berkeley – Los Angeles – London 1987 und Joachim Latacz, Achilleus. Wandlungen eines europäischen Heldenbildes. Lectio Teubneriana III, Stuttgart und Leipzig 1995, beide mit umfangreicher Bibliographie (King S. 305–321, bei Latacz ist außer der Bibliographie S. 105–108 auch Anm. 15 auf S. 69 f. zu vergleichen). Mit ihrer Gelehrsamkeit und Kompetenz kann sich der vorgelegte Beitrag nicht messen, wenn er auch beansprucht, Eigenes und Neues zu sagen und eine andere Sicht des Gesamtphänomens vorzulegen. Den düsteren Kulturpessimismus und die radikale Modernitätskritik von Latacz teile ich nicht, geschweige die Kritik an einer Moderne, die sei es noch vor der Ilias, sei es zu ihrer Zeit, sei es unmittelbar nach ihr oder mit dem Peloponnesischen Krieg begonnen habe und die der Prozeß des Verfalls einer in Achill Gestalt gewordenen Idee wäre bis hin zu ihrem Tiefpunkt in Christa Wolfs ‚Kassandra‘ (bes. S. 9–12; 26; 30; 40;65). Das methodisch einleuchtende Verfahren, die Schichten späterer Achillbilder abzutragen und Homers Achillbild in seiner aktuellen Bedeutung für das 8. Jh. v. Chr. durch genaue Interpretation der Ilias wiederzugewinnen, wird von Latacz mißverstanden als identisch mit der Verdammung der nachhomerischen europäischen Geschichte des menschlichen Geistes und seiner sittlichen Kultur: zur ‚Ganzheit‘ der homerischen Achill-Idee unfähig „rächt sich eine Nachwelt" durch „Manipulation" und „Zerstückelung" (S. 26). Lataczs These selbst, in der Ilias richte Homer in Achill den alten Adelscode in bedrohender Zeit auf, hat für das Achillgeschehen in der Dichtung als Handlungslinie, die über den Tod des Patroklos und die Tötung Hektors zur Freigabe seines Leichnams und zur Versöhnung führt, kaum wirkliche Erschließungskraft.

[3] Vorbemerkung: Hier und im Folgenden wird für das Proklosexzerpt die Paragrapheneinteilung von Kullmann benutzt und in Klammern angegeben: Wolfgang Kullmann, Die Quellen der Ilias. (Troischer Sagenkreis). Hermes Einzelschriften Heft 14, Wiesbaden 1960, S. 50–57. Zur oben im Text genannten Version in der Aithiopis: vgl. (66) Kullmann = Poetarum Epicorum Graecorum Testimonia et Fragmenta, Pars I, ed. A. Bernabé, Leipzig 1987, p. 69, 21 sq. = Epicorum Graecorum Fragmenta, ed. M. Davies, Göttingen 1988, p. 47, 27 sq.

[4] Alkaios, fr. 166 Page (LGS): ‚Herrscher des Skythenlandes‘.

[5] Ibykos, fr. 10 Page (PMG) = 270 Page (LGS) = 291 Campbell: Elysion.

[6] Simonides, fr.53 Page (PMG) = 382 Page (LGS): Elysion.

[7] Pindar, Ol.2,79 f. im Kontext von V. 68 ff.: von Zeus auf Bitten der Mutter auf die Insel der Seligen versetzt; Nem.4,49 f.: auf einer leuchtenden Insel im Schwarzen Meer.

[8] Vgl. Hildebrecht Hommel, Der Gott Achilleus. SB Heidelberger Ak.d.Wiss., Heidelberg 1980; Art. Achilleus, LIMC I 1 (1981), Sp. 193–195; Latacz (1995), Anm. 11. Vgl. zu dieser Insel allgemein: Lahovari, G.I. et al., Marele dicționar geografic al Romîniei, vol.V. Bukarest 1902, s.v. Șerpilor (Insula-), S. 515–517.

[9] Textfassung nach: Gottfried Benn, Sämtliche Werke. Stuttgarter Ausgabe in Verbindung mit Ilse Benn herausgeg. von Gerhard Schuster, Band I. Gedichte I, Stuttgart 1986, S. 192.

[10] F.W. Wodtke, Die Antike im Werk Gottfried Benns, Wiesbaden 1963, S. 83–
      96; vgl. auch S. 13: Orphisches bei Benn von Rohde vermittelt.

[11] Vgl. Wodtke (1963), S. 92 f., Anm. 195. – Die beiden ersten Teile des Gedichts
      sind in ganz analoger Weise Rohde verpflichtet; vgl. Wodtke, S. 85 ff. Merk-
      würdigerweise findet sich zu dem „Schwarzen Felsen" in Teil 2, V. 8 (V. 6–8:
      „Kore geraubt und Demeter verirrt, / bis sich die beiden Göttinnen begeg-
      net / am Schwarzen Felsen und Eleusis wird") offenbar kein Anhaltspunkt
      bei Rohde (nichts dazu bei Wodtke, a. O.; eigene Suche ergebnislos).

[12] Vgl. zum letzteren auch noch Rohde, Bd. 2, Anm. 2 zu S. 369 auf S. 370: Zeug-
      nisse für Helena und Achill auf Leuke: „Paus.3,19,11–13. Konon narr.18.
      Schol. Plato, Phaedr.243 A Philostr. Heroic.244 ff. Boiss." Das früheste Zeug-
      nis, das Achill und Helena zueinander in Beziehung setzt, steht in den pseu-
      do-hesiodeischen Frauenkatalogen (deren Entstehung man um 600 v. Chr.
      oder im 6. Jh. ansetzt), fr.204,87–92 M.-W. Vgl. Ernst Günther Schmidt,
      Achilleus und Helena – ein verhindertes antikes Traumpaar. Ps.-Hesiod,
      Frauenkatalog Frgm.204,87–92 M.-W. In: R. Faber – B. Seidensticker (edd.),
      Worte – Bilder – Töne. Studien zur Antike und Antikerezeption. FS B.
      Kytzler, Würzburg 1996, S. 23–38; vgl. dort auch S. 29 mit Anmerkungen den
      knappen Überblick über die Konstellation Achill-Helena in der griechischen
      Antike. Vgl. insbes. Kyprien (41) Kullmann = p. 42,59 sq. Bernabé = p. 32,77
      sq. Davies. – Zu Achills Gesellschaft auf Leuke (neben den im Text genannten
      wurden ihm gelegentlich auch zugesellt: Medea – zuerst Ibykos [vgl. o.
      Anm. 5], die beiden Aianten, Antilochos) vgl. Apollodor, Epitome 5.5,
      Pausanias 3,19, 11–13.

[13] Vgl. Wodtke (1963), S. 91: Benn hat „einen fast vergessenen Mythos erneu-
      ert". – Das Register von King (1987) führt Leuke nicht auf; zur Entrückung
      Achills, seiner Unsterblichkeit und Verehrung als Gott vgl. S. 53 f. (mit An-
      merkungen), zu Achill auf Leuke und Helena vgl. S. 174 mit Anm. 11. Im
      Kontext mittelalterlicher Achillversionen wird diese Konstellation nicht
      mehr erwähnt. Vgl. jedoch unten S. 94.

[14] Vgl. Wodtke (1963), S. 91 f.

[15] Gegenüber Thomas Gelzer, Helena im Faust. Ein Beispiel für Goethes Um-
      gang mit der antiken Mythologie. In: W. Killy (ed.), Mythographie der frühen
      Neuzeit. Ihre Anwendung in den Künsten. (Wolfenbütteler Forschungen
      Band 27), Wiesbaden 1984, S. 223–253; hier: S. 228: Goethe „läßt Faust ein-
      treten an der Stelle, die Theseus, Paris, Achill eingenommen hatten […]", be-
      tone ich die Sonderrolle Achills und begründe das im oben Folgenden.

[16] Statt Leuke, von Goethe geändert. Vgl. D. Lohmeyer-Hölscher (nächste
      Anm.), S. 870 f.: „Pherä: in Thessalien, nahe dem Wohnsitz Achills in Phthia
      gelegen; von G. geändert, wohl um der Einheit des thessalischen Schauplatzes
      willen; auch soll sich in Pherä ein Eingang zur Unterwelt befunden haben.
      Pherä war zudem der Sitz des Königs Admetos, dessen Gattin Alkestis vom
      Tode wieder ins Leben heraufgeholt wurde. G. begründete selber die mögli-
      che Wiederkehr der Helena mit der einst erfolgten der Alkestis […]".

[17] Vgl. auch Par.99A13 (Nov.1826); 123C (Dez.1826); 157 (18.6.1830). Die Texte
      dieser Paralipomena und ihr Zusammenhang am bequemsten jetzt in Bd. 18.1

(1997) der Münchner Goethe-Ausgabe (Dorothea Lohmeyer-Hölscher), S. 856, 860, 863. Vgl. auch S. 870 zu V. 7435.

[18] Das Euphorion-Mythologem ist die Erfindung eines Ptolemaios Chennos (1. Jh. n. Chr.), Sohn des Hephaistion, in seiner Καινὴ ἱστορία in 7 Büchern, von der umfangreiche Exzerpte in der Bibliothek des Photios erhalten sind. Auch Hederich bezieht sich auf diesen Ptolemaios; er kennt (vgl. S. XLIV) die Exzerpte aus Thomas Gale (ed.), Scriptores historiae poeticae, Paris 1675. Heute benutzt man die Ausgabe von A. Chatzis, Der Philosoph und Grammatiker Ptolemaios Chennos. Leben, Schriftstellerei und Fragmente. Paderborn 1914 (Reprint 1967), p. 27 = Καινὴ ἱστορία Buch IV 3.- Zu Euphorion in Faust II und zu dem oben genannten Paralipomenon vgl. Münchner Goethe-Ausgabe, Bd. 18.1 (1997), S. 985–1023 (Dorothea Hölscher-Lohmeyer).

[19] Münchner Goethe-Ausgabe, Bd. 18.1 (1997), S. 937; vgl. Goethes Brief an Wilhelm von Humboldt vom 22.10.1826: „Es ist eine meiner ältesten Konzeptionen, sie ruht auf der Puppenspiel-Überlieferung, daß Faust den Mephistopheles genötigt, ihm die Helena zum Beilager heranzuschaffen."

[20] Vgl. a. O.

[21] Vgl. King (1987), S. XVIII; Gianpiero Rosati, L'Achilleide die Stazio, un'epica dell' ambiguità, Maia 44 (1992), S. 233–266; hier: S. 234 f. mit Anm. 10 und 11, S. 266.- Die Erotisierung der Achillgestalt setzt offenbar im Hellenismus ein. Vgl. zu Polyxene u. Anm. 44; zu Penthesilea (Achill ‚liebt' den Leichnam der von ihm Getöteten) vgl. Apollodor, Epitome 5.1 und schol.Soph.Philoct.445 und mythologische Handbücher von Hederich an. In der Aithiopis war erzählt, daß Achill den Thersites tötete, weil dieser ihm Liebe zu Penthesilea vorgeworfen hatte: (54) Kullmann = p. 68,1 sqq. Bernabé = p. 47,47.7 sq. Davies.

[22] Vgl. Rosati (1992), S. 234 ff., 250 ff., 266.

[23] Vgl. Rosati (1992), S. 235 mit Anm. 8.

[24] Vgl. King (1987), S. XVIII f.; Latacz (1995), S. 22 f.

[25] Vgl. King (1987), S. XII, 171 und Register, s. v. „Achilles, as lover" und „A., lust of", S. 324. Vgl. Dante, Divina Commedia, Inferno, Canto 4,112 ff.; 5,52 ff.; 7,100 ff.

[26] Vgl. Christopher Marlowe, Doctor Faustus, ed. by J. D. Jump, London 1962, S. xxiv–xxvi.

[27] Vgl. Latacz (1995), S. 15–22.

[28] Vgl. Münchner Goethe-Ausgabe Bd. 18.1 (1997), S. 987.

[29] Vgl. Brief an Nees von Esenbeck vom 25.2.1827: „Wie ich im Stillen langmütig einhergehe, werden Sie an der dreitausendjährigen Helena sehen, der ich nun auch schon sechzig Jahre nachschleiche". Der Anfang ist wohl „Der neue Paris. Knabenmährchen" (Dichtung und Wahrheit. Erster Theil. Zweites Buch, WA I.26, S. 78–99 (1756 oder wenig später, diktiert am 3.7.1811). Zur Entstehungsgeschichte des Helena-Akts vgl. die Münchner Goethe-Ausgabe Bd. 18.1 (1997); vgl. auch im Artikel „Antike" von Volker Riedel im Goethe Handbuch, Stuttgart-Weimar 1997, Bd. 4/1 (S. 52–72) S. 56, 62, 67 sowie Thomas Gelzer, Goethes Helena und das Vorbild des Euripides. In: H. Flashar (ed.), Tragödie. Idee und Transformation. (Colloquium Rauricum Bd. 5), Stuttgart u. Leipzig 1997, S. 199–234 (mit Lit.-Verz.).

30 Faust II, V. 5573–5575: „Bin die Verschwendung, bin die Poesie./Bin der Poet, der sich vollendet / Wenn er sein eigenst Gut verschwendet."

31 Vgl. das Zeugnis Goethes in Münchner Goethe-Ausgabe Bd. 18.1, S. 692 f.

32 Vgl. dazu Max Treu, „Wohl dem, der seiner Väter gern gedenkt. Die Interpretierbarkeit genealogischer Reihen bei Euripides, Gymnasium 75 (1968), S. 435–452; hier: 438–442, bes. S. 440 mit Anm. 4 (Goethe an Schiller am 29.8.1798 über Hygin: „Es liegen herrliche Motive darinn und gewiß ließen sich noch manche daraus entwickeln").

33 Vgl. Heinrich Dörrie, Sinn und Funktion des Mythos in der griechischen und der römischen Dichtung. (Vorträge der Rhein.-Westfäl. Ak. d. Wiss., Geisteswissenschaften 230), Opladen 1978, S. 7: „Die gesamte Antike (war) davon überzeugt, daß alle Mythen ursprünglich einmal von Dichtern verkündet worden seien." Auch heute „muß (Mythos) durch das Erlebnis von Dichtung erfahren werden."

34 Friedrich Hölderlin, Sämtliche Werke. Große Stuttgarter Ausgabe hrsg. von F. Beißner, Band 4.1 (1961), S. 224 f. (danach hier zitiert). Text der im folgenden zitierten Elegie nach Bd. 1.1, S. 271.

35 Vgl. dazu Latacz, S. 16: „In zwölf der 24 Ilias-Gesänge" betritt Achill gar nicht in persona die Szene.

36 F. Beißner in Bd. 2.2 (S. 828) der von ihm besorgten Großen Stuttgarter Hölderlin-Ausgabe (vgl. o. Anm. 34).

37 In allen drei Fassungen; V. 35 f. in der dritten Fassung (Bd. 2.1, S. 198).

38 Text nach: Friedrich Schiller, Sämtliche Werke, hrsg. von G. Fricke und H.G. Göpfert, Bd. 1, München 1987⁸, S. 242.

39 Christa Wolf, Kassandra. Erzählung, Darmstadt und Neuwied (Luchterhand) 1983. Vgl. Rudolf G. Wagner, On Christa Wolf's *Cassandra*. In: M.D. Birnbaum and R. Trager-Verchovsky (edd.), History: Another Text. (Michigan Studies in the Humanities, 7), Ann Arbor 1988, S. 83–133. Wagner weist u.a. auf Ursule Molinaro, The Autobiography of Cassandra, Princess & Prophetess of Troy, Danburry Ct. 1979 hin, ohne sagen zu können, ob Christa Wolf dieses Werk der Übersetzerin ihrer „Kindheitsmuster" kannte oder nicht.

40 Vgl. in Katherine Kings Achillbuch (1987) diese Titel zweier Kapitel des Teils „The Archetype. Homer's Achilles": „Best of the Achaians" und „Be‹a›st of the Achaians".

41 Radikaler Latacz (1995), S. 11: „Um ‚Achill das Vieh' zu prägen, bedurfte es der Neuzeit." Vgl. die Kapitelüberschrift „Be‹a›st of the Achaians" in dem von Latacz durchweg positiv zitierten Buch von K. King (1987) (vgl. o. Anm. 40). Vgl. Latacz (1995), S. 9–12 zu Christa Wolfs ‚Kassandra'. Vgl. u. zu negativen Achillbildern der Antike nach Euripides.

42 Radikaler Latacz (1995), der S. 14 als Resultat des Buches von King (1987) herausstellt, daß in „der permanenten Transformation der Achill-Gestalt [...] immer mehr von der *Idee* Achill verloren" geht und dieser „Prozeß des Schwindens" vom Leser „als wachsende Verarmung" gefühlt werde.

43 Vgl. King (1987), S. 50. 67; anders S. 79: „Euripides' versions – or perversions – of Homer's Achilles".

44 (100) Kullmann = p. 89,22 sq. Bernabé = p. 62,35 sq. Davies. Erstes Vorkommen Polyxenes im (unerotischen) Zusammenhang mit Achill wohl in den Kyprien. Vgl. Latacz (1995), Anm. 40 auf S. 75; vgl. Kullmann (1960), S. 214 mit Anm. 4.

45 Homeri Opera, vol.5, ed. Allen, p. 108,24–26 = (106) Kullmann = p. 94,9–11 Bernabé = p. 67,15–17 Davies.

46 Vgl. King (1987), S. 84–86. – Die angebliche Bezeugung der Erscheinung von Achills Schatten bei Simonides (fr.52 Page, PMG = 381 Page, LGS) durch Ps.-Longin, De subl.15,7 beruht möglicherweise auf einem infolge einer Lücke nur scheinbaren Zusammenhang mit Ps.-Longins Bewunderung für die entsprechende sophokleische Darstellung: vgl. Winfried Bühler, Beiträge zur Erklärung der Schrift vom Erhabenen, Göttingen 1964, S. 111f.

47 Vgl. Latacz (1995), S. 26f. mit Anm. 71: zum Achillbild in der „Elektra" (417 v.Chr.). King (1987), S. 86–104 geht außer auf die „Hekabe" ausführlich auch auf das Achillbild in der „Iphigenie auf Aulis" (406/400 v.Chr.) ein.

48 Vgl. z.B. Achilleis, V. 274: „Er, der Beste der Griechen, der würdige Liebling der Götter". Vgl. Latacz (1995), S. 15–18.

49 Ich übergehe also Alkaios, fr.111 Page (LGS), wo in V. 13 Achill „der beste unter den Halbgöttern" (αἱμιθέων φέριστον) heißt. Vgl. dazu King (1987), S. 54f.

50 Pindar, Siegeslieder. Griech.-deutsch. Herausgegeben, übersetzt und mit einer Einführung versehen von Dieter Bremer, München 1992.

51 Vgl. King (1987), S. 56–58.

52 Vgl. zu beiden Texten Pind., Pyth. 3,100–103; 6,19–27: Nem. 6,45–54; Isthm. 5,34–45; 8,26a–60. Von diesen zusammen mit den oben zitierten und mit Nem.4 (o. Anm. 7) 8 Gedichten sind 5 an Sieger aus Aigina gerichtet (N.3, 4 u. 6; I.5 u. 8), wo die Aiakiden, zu denen Achill gehört, als Heroen verehrt werden. Vgl. King (1987), S. 56–66.

53 King (1987), S. 58: „supreme ability to kill"; vgl. S. 57: „The excellence that Achilles exhibits as a child is that of killing"; S. 59: „homicide follows homicide"; S. 60: „The *kléos* of this excellent killer".

54 Vgl. Latacz (1995), S. 27f.

55 Vgl. Musa Tragica, Göttingen 1991, Nr. 14.

56 Die folgende Übersetzung der Verse 338–374 stammt von Otto Weinreich.

57 Vgl. Kroll, z.St.

58 In den beiden letzten Versen (V. 359f.) weicht die Übersetzung hier von der Weinreichs ab, der die Welle des Skamanders zum Subjekt und den Hellespont zum Objekt macht; außerdem fasse ich „alta" als proleptisch-resultativ auf: „er hebt (die Fluten)".

59 Kursiv hervorgehoben sind in den beiden folgenden Zitaten die wörtlichen Übereinstimmungen, in der deutschen Übersetzung die Wörter, die ein griechisches Pendant zu denen bei Catull wiedergeben.

60 Kenneth Quinn, z.St.

61 Vgl. dazu Ernst A. Schmidt, Catull. (Heidelberger Studienhefte zur Altertumswissenschaft), Heidelberg 1985, S. 77ff. und die dort genannte Literatur.

62 Vgl. Aen. 1,30; 2,29;3,87. Vgl. zu Achill in der Aeneis Latacz (1995), S. 25 mit
    Anm. 63 auf S. 82–84; das dort gegebene Bild von Vergils und überhaupt rö-
    mischer Sicht der Griechen zu korrigieren durch Antonios Rengakos, Zum
    Griechenbild in Vergils Aeneis, Antike und Abendland 39 (1993), S. 112–124.

63 Damit ist Ovid, Met. 13,441ff. übergangen, ein Passus, der zusammen mit
    Euripides, Hekabe zu den literarischen Voraussetzungen des Polyxenage-
    schehens in Sen., Tro. gehört. Vgl. King (1987), S. 190f.

64 Vgl. King (1987), S. 191–195.

65 Einzelne Geschichten, wie Achill Priamossöhne verschonte und für Lösegeld
    oder als Sklaven verkaufte, berichten Il. 11,104–106 und 24,34–41: in beiden
    Fällen handelt es sich nicht um Überwältigung in der Schlacht, sondern ein-
    mal beim Schafehüten im Ida, einmal beim Feigenzweigeschneiden im Gar-
    ten. Auch die Freigabe für Lösegeld der Mutter Andromaches nach der Er-
    oberung von Thebe (Il. 6,425–427), von Latacz (1995), S. 42 neben den beiden
    obigen Belegen angeführt, gehört nur bedingt hierher. Der Vergleich mit dem
    Verhalten von Diomedes, Odysseus usf. ist also nur mit Einschränkung be-
    rechtigt. Andererseits läßt eine Äußerung Achills (vgl. u.) in der Schlacht er-
    kennen, daß seine Schonung von Gegnern auch im Kampf besiegte betraf.
    Vgl. auch King (1987), S. 13f.

66 Das gleiche Verfahren mit ähnlichem Resultat bei Latacz (1995), S. 40–43: am
    „*vor*-iliadischen Achilleus" exemplifiziert Homer in der Ilias „nicht so sehr
    die ‚harten‘ Werte" des Adelscodes als vielmehr „die eher ‚weichen‘", „Werte
    wie Freundlichkeit, Loyalität, Mitleid, Ritterlichkeit, aber auch rational be-
    gründeter Gerechtigkeitssinn und Achtung vor dem anderen": Achill ist ein
    idealer ἄριστος, „der auch die Würde achtet und im Gegner den gegnerischen
    Menschen sieht." Latacz, S. 36–39 bezieht den Rat des Peleus gegenüber
    Achill in die Betrachtung sowohl des allgemeinen Wertekodex des Adels als
    auch seiner spezifischen Ausprägung in Achill mit ein. Vgl. dort auch S. 46f.
    und Anm. 122 auf S. 93f.

67 Vgl. Latacz (1995), S. 47: „reiner Willkürakt". Vgl. generell zu Agamemnons
    Schuld S. 43–53 und Anm. 129, S. 95.

68 Von Shay (1994), S. 86 nur beiläufig und nicht im Kontext mit Achills Un-
    menschlichkeit erwähnt, d.h. auch ohne zu berücksichtigen, daß diese Schän-
    dung durch die Griechen nur mit Einwilligung Achills geschehen konnte.

69 Vgl. Lex.d.frühgriech.Epos, s.v. – Zur Interpretation vgl. Bd. 6 (N. Richard-
    son) des neuen englischen Iliaskommentars, Cambridge 1993, z.St.

70 Wenn Kassandra in Christa Wolfs Erzählung (S. 128) sagt: „Achill das Vieh
    hat ihn (sc. Hektor) am Gehenk des Aias viele Male um die Burg geschleift",
    dann folgt sie nicht der Ilias, sondern kontaminiert zwei Versionen, die erst
    in Tragödien vorkommen, aus nachhomerischen Epen stammen und vorho-
    merisch sein mögen (vgl. de Romilly [1981], S. 1–3), nämlich die Schleifung
    Hektors mit dem Gürtel, den Aias ihm geschenkt hatte (Soph., Aias 1029–
    1031), und um die ganze Stadt Troja herum (Eur., Andromache 107f.; Verg.,
    Aen. 1,483).

71 Es scheint mir problematisch, mit neueren Arbeiten (vgl. Latacz (1995), S. 30–
    33 mit Anm. 81) durchgehend die Perspektive Achills und die des Dichters

gleichzusetzen, Achill zum „focalizer" der Erzählung und zur Stimme Homers zu machen und damit explizit (vgl. u. Anm. 75) oder implizit alle entgegenstehenden und kritischen Äußerungen (wozu u. a. auch auktoriale Bemerkungen gehören) zu relativieren und zu entwerten. So ist es z. B. fraglich, ob die Kritik des Patroklos an Achills Verhalten Il. 16,29–35 von vornherein im Licht von Achills Recht als Ausdruck seines Unverständnis zu betrachten ist.

72 Vgl. King (1987), S. 17 mit Anm. 48 und 49.

73 Zu Achills erster Drohung vgl. Il. 24, 212–214, wo Hekabe sagt: „Dem (sc. Achill) könnte ich mich in die Leber / Einbeißen mitten hinein, sie zu essen: dann würde Vergeltung geschehen / Für meinen Sohn!" Vgl. Shay (1994), S. 88f.

74 Die Geschichte selbst ist älter; siehe Frazer zu Apollod. 3,6,8; Bd. 1, S. 369f., Anm. 4.

75 Der Kritik von Latacz (1995), Anm. 111 auf S. 92 an den Interpreten, die hier ein „auktoriales Verdammungsurteil" sehen und also nicht beachteten, daß Apollon als Freund der Trojaner und Feind der Griechen und Achills spreche, ist zu entgegnen, daß Apollons Worte durch die auktoriale Erzählung Il. 22,395–404 (o. S. 110 zitiert) gedeckt sind, daß Here zwar widerspricht, Zeus aber auf Ausgleich bedacht ist (Il. 24,55–76; vgl. de Romilly [1981], S. 12: „Hera allein ist nicht überzeugt". „Von der Verzweiflung des Priamos bis zum Eingreifen der freundlichen Götter, ja des Zeus selber, hat Homer also die Mißbilligung nicht zurückgehalten, die Achill verdient"). Und Il. 24,23–30 spricht vom Erbarmen aller Götter bis auf die Trojafeinde Here, Poseidon und Athene. Mir ist Latacz's Rechtfertigung Achills, selbst im Blick auf die Schleifung Hektors (S. 59: „Kriegsbrauch", hat nichts „mit Grausamkeit zu tun"), vor dem Hintergrund der von ihm herausgearbeiteten ‚weichen' Werte der Adelsmoral und der zur Versöhnung führenden Achillhandlung gänzlich unverständlich. Seine Berufung S. 59 mit Anm. 152 auf de Romilly (1981) ist ein Versehen, da dort S. 9–14 das Gegenteil steht. Vgl. z. B. S. 9: „Homers Werturteil und Rüge ist in der ganzen Darstellung gegenwärtig"; S. 10: „Nunmehr aber ist diese Härte so groß geworden, daß sie selbst die Götter beunruhigt"; S. 14: „Diese Entdeckung des Mitleids am Ende der Ilias ist die Antwort auf die Grausamkeit der vorhergehenden Gesänge". Aber auch S. 1–9 stellen keine Relativierung dieser Urteile dar: Hier versucht de Romilly zu zeigen, daß frühere Epik oder auch spätere Entwicklung (vgl. S. 3) und Epik anderer Völker (z. B. die der Iren) noch größere Grausamkeiten kennt, daß aber die von Homer gemilderte Grausamkeit gerade bei ihm eine „große, erschreckende Ausnahme" (S. 7) ist und „den Charakter [...] des Exzesses" annimmt, daß man „Achills Grausamkeit bemerkt", „weil Homer sie bemerkbar gemacht hat" (S. 5), und „daß die Mißhandlung etwas ganz Unerhörtes ist" (S. 6). Die Pointe des Aufsatzes besteht im Aufweis einer doppelten Humanisierung des epischen Stoffes durch Homer, nämlich zuerst der humanen Milderung grausamer Taten und dann in der ethischen Verurteilung gerade dieser gemilderten Grausamkeiten.

76 Latacz's (1995), S. 62f. und 65 Erklärung („das Gesetz des Krieges [...]: ich oder er"; „wo Mitleid Selbstmord wäre") trifft die Pointe von Achills Worten nicht.

[77] Auch bei King (1987) geschieht ihrer eher beiläufig Erwähnung (vgl. S. 16 und 25); nichts bei Latacz (1995).

[78] Die Beschreibung, die Latacz (1995) von Achill nach dem Tod des Patroklos gibt, ist der von Shay sehr ähnlich: „Achills furchtbarer Schmerz, sein seelischer Zusammenbruch und seine totale Selbstvergessenheit, als ihm dieser Freund getötet wird und er sich auch noch selbst die Schuld an diesem Unglück geben muß [...]" (S. 38); „Achilleus klagt sich an, daß *er* [...] schuld sei; in seiner Qual will er sich töten" (S. 59).

[79] Latacz's (1995), S. 59 Beschreibung der Ursache von Achills Wüten kommt der von Shay sehr nahe: die Rede ist „vom Phänomen des Trauerzorns, von der Verengung des Denkens, die damit einhergeht, [...], vom Schock, der auf den Verlust des liebsten Menschen folgt, den einer hat [...]." Es ist Latacz auch darin rechtzugeben, daß das Wüten unter den Trojanern aus Achill nicht einen von vornherein grausamen Charakter, einen Wilden, einen Bluthund, ein Vieh macht. Seine Implikation jedoch und Suggerierung, daß auch die Taten und Reden selbst nicht wild und grausam waren, sondern normaler Kriegsusus, wird durch das Gedicht selbst und dessen Leitung des Lesers widerlegt (vgl. hier passim).

[80] Vgl. de Romilly (1981), S. 6: „Jede grausame Handlung bei Homer entspringt der Trauer".

[81] King (1987), S. 14.

[82] King (1987), S. 1 und 13–25.

[83] Vgl. Aischylos, Agamemnon 114ff. das Zeichen der beiden Adler, die sich an einer trächtigen Häsin weiden, was der Seher auf die beiden griechischen Heerführer Agamemnon und Menelaos und die Eroberung Trojas deutet; Artemis zürne den Adlern, weil sie die ungeborene Leibesfrucht der Häsin zerfleischten.

[84] Shay (1994), S. 23; wiederholt auf S. 30f. mit Anm. 7.

[85] King (1987), S. XV. 44f.

[86] Wolfgang Schadewaldt, Aufbau der Ilias, Strukturen und Konzeptionen, Frankfurt a. M. 1975.

[87] Shay (1994), S. 58, 65, 183.

[88] So nach dem Vortrag am 18.5.1998 in der Diskussion Katharina Schmidt.

[89] So in der Diskussion des Vortrags Benjamin Marius Schmidt. – Die Problematik psychiatrischer Diagnosen gegenüber einem dichterischen Text aus einer uns fernen Kultur des 8. Jhs. v. Chr. wurde in der Diskussion zu Recht immer wieder artikuliert. Sie kann hier, auch wegen der rezeptionsgeschichtlichen Perspektive dieses Beitrags, nicht behandelt werden. Vgl. Erich Wulff (ed.), Ethnopsychiatrie. Seelische Krankheit – ein Spiegel der Kultur? (Akademische Reihe, Auswahl repräsentativer Originaltexte), Akadem. Verlagsgesellschaft Wiesbaden 1978; darin Teil I mit vier Einzelbeiträgen: „I. Transkulturell vergleichende psychiatrische Deskription und Epidemiologie". Der erste Beitrag stammt von dem Begründer der transkulturellen Psychiatrie E. D. Wittkower, Probleme, Aufgaben und Ergebnisse der transkulturellen Psychiatrie, S. 13–24 (zuerst in: H. E. Ehrhardt, ed., Perspektiven der heutigen Psychiatrie, Frankfurt 1972, S. 305–312) mit Definition S. 14: „... ,transkulturelle Psy-

chiatrie' … ist ein Zweig der Psychiatrie, der sich mit den kulturellen Aspekten der Ätiologie, der Häufigkeit und Art geistiger Erkrankungen, sowie mit
der Behandlung und Nachbehandlung der Kranken innerhalb der Grenzen
einer gegebenen kulturellen Einheit befaßt." Vgl. weiter: Wolfgang M. Pfeif-
fer, Transkulturelle Psychiatrie. Ergebnisse und Probleme, Stuttgart – New
York ²1994.
[90] Zur Furchtbarkeit auch schon des Trojanischen Krieges vgl. den auch schon
von Shay (S. 129, Anm. 10) zitierten Aufsatz von Glenn W. Most, *disiecti
membra poetae*: The Rhetoric of Dismemberment in Neronian Poetry. In: R.
Hexter & D. Selden (edd.), Innovations of Antiquity, New York – London
1992, S. 391–419, insbes. die Aufstellungen über die Verwundungstypen
S. 397ff. mit Anm. 33, 39, 41, 43, 44.

Bibliographie

Uvo Hölscher, „Gegen den Verlust der Bilder – Ein Plädoyer für Achill" (Rede
zur Verleihung des Reuchlin-Preises durch die Stadt Pforzheim am 1. Juli
1989). Nach Publikationen in zwei Organen 1990 jetzt in: U.H., Das nächste
Fremde. Von Texten der griechischen Frühzeit und ihrem Reflex in der Moderne. Hrsg. von *J. Latacz* und *M. Kraus*, München 1994, S. 383–393.
Katherine Callen King, Achilles. Paradigms of the War Hero from Homer to the
Middle Ages, Univ. of California Press, Berkeley – Los Angeles – London
1987 (mit umfangreicher Bibliographie S. 305–321).
Wolfgang Kullmann, Die Quellen der Ilias (Troischer Sagenkreis). Hermes, Ein-
zelschriften Heft 14, Wiesbaden 1960, S. 50–57: „Die Zitierweise der kyklischen Epen. Paragrapheneinteilung des Proklosexzerpts".
Joachim Latacz, Achilleus. Wandlungen eines europäischen Heldenbildes. Lec-
tio Teubneriana III, Stuttgart und Leipzig 1995 (mit umfangreicher Bibliographie S. 105–108; vgl. auch Anm. 15 auf S. 69f.).
Jacqueline de Romilly, Achill und die Leiche Hektors. (Zur Humanität Homers),
Wiener humanist. Blätter, Heft 23, Wien 1981, S. 1–14.
Jonathan Shay, Achilles in Vietnam. Combat Trauma and The Undoing of Character, New York 1994 (Paperback New York 1995) (dt. von K. Kochmann
unter dem Titel „Achill in Vietnam. Kampftrauma und Persönlichkeitsverlust",
Hamburger Edition 1998).

Pandora

Richard Kannicht

Pandora ist der griechischen Wortbildung nach ein weibliches Wesen, das die Begriffe πᾶν ‚alles/jedes‘ und δῶρον ‚Gabe/Geschenk‘ vielsagend in sich vereint: „die aller Gaben", aktivisch also „die Allgeberin", passivisch die „Allbegabte". Doch gehört sie nicht zu den immer wieder neu geformten Gestalten des griechischen Mythos wie Odysseus oder Achilleus, Medea, Phaidra oder Elektra. In der überlieferten griechisch-römischen Literatur hat sie überhaupt nur *eine* maßgebende Ausarbeitung erfahren: um oder bald nach 700 vor Christus in den beiden Lehrgedichten des früharchaischen Dichters Hesiodos von Askra (kurz Hesiod); und deshalb pflegt Pandora auch nicht unbedingt zum Grundbestand mythologischen Fachwissens zu gehören.

Umso reicher ist die Wirkungsgeschichte, die Pandora als Gestalt und als Symbol seit der Renaissance in der Kunst und Literatur der Neuzeit entfaltet hat. Zur Zeit begegnet sie uns sogar als Markenzeichen wissenschaftlicher Kulturprodukte: für den Gräzisten ist ‚Pandora‘ im Arbeitsalltag das Computerprogramm, das ihm den Thesaurus Linguae Graecae erschließt (die auf CD-ROM gespeicherte griechische Literatur von Homer bis Eustathios), und der Campus Verlag bringt unter dem Titel EDITION PANDORA eine kulturwissenschaftlich vielseitig interessante Schriftenreihe heraus: der Prospekt symbolisiert dies mit einem alten Signet, das die ‚Büchse der Pandora‘ in ein Füllhorn umdeutet – wir werden der ursprünglichen Fassung (Abb. 10) nachher noch begegnen.

Näher zur Sache führt uns die große Pandora-Ausstellung der Walters Art Gallery Baltimore, die das Antikenmuseum Basel vor zwei Jahren nach Europa geholt hat. Die Ausstellung trug (und das stattliche Kataloghandbuch trägt) den Haupttitel ‚Pandora‘, das nähere Thema lautete aber – so der Untertitel – ‚Frauen im klassischen Griechenland‘ (d.h. in der klassischen Epoche des 5. und 4. Jh. v. Chr.), und in der Tat ist hier aus zwei Jahrzehnten altertumswissenschaftlicher Sozialforschung zur Welt der Frauen in dieser Epoche eine erste Summe gezogen worden.[1] Auch Kenner der Materie hat überrascht, wie reich die Welt der Frauen und Mädchen und wie nüanciert das Verhältnis zwischen den Geschlechtern in der Bildkunst dieser so stark von den Männern beherrschten Zeit zur Darstellung kommt (noch nie zuvor war dies an einer solchen Fülle erstklassiger Bildwerke aus den Museen der Welt so instruktiv gezeigt worden); umso nachdrücklicher war aber (und bleibt) zu fragen, was es in der Sache bedeuten sollte, daß dieses Ausstellungsunternehmen unter den Namen der Pandora gestellt wurde.

Ich werde das Thema ‚Pandora‘ hier in drei Schritten erläutern. Zunächst erzähle ich Hesiods Pandorageschichte so nach, wie sie in der Überlieferung kanonisch geworden ist; sodann skizziere ich in einigen großen Zügen die Wirkungsgeschichte dieser Geschichte in der Antike und in der Neuzeit; und am Ende kehre ich zu Hesiod zurück und frage im Licht der Wirkungsgeschichte, was *er* mit dieser Geschichte *seiner Zeit* hat erklären wollen.

Zunächst also die Geschichte nach Hesiod in der wirkungsgeschichtlich maßgebenden Fassung der ‚Werke und Tage‘, eines Lehrgedichts über die Bewältigung von Unrecht, Mühe und Plage in der archaischen Bauernwelt.[2]

Zur Zeit der Titanen, in der Urzeit der ersten Menschen, stahl Prometheus dem Zeus das Feuer und brachte es den Menschen. Zeus sann ergrimmt auf eine Kompensation für den Feuerbesitz und ließ Hephaistos und Athene, Aphrodite und Hermes ein menschliches Ebenbild der Göttinnen schaffen: ein anmutiges und kunstfertiges, zugleich listig-verschlagenes weibliches Wesen, „ein Übel, an dem alle ihre Freude haben sollen, wenn sie es umarmen“. Hermes nannte die so erschaffene Frau ‚Pandora‘ [im passivischen Sinn von ‚die Allbegabte‘], weil ‚alle‘ Götter ihr ein ‚Geschenk gegeben‘ hatten (nämlich Gestalt und Verstand, Anmut und Schläue), und brachte sie „den Menschen zum Leid“ zu Epi-metheus (dem ‚Hinterdrein-denker‘), der nahm das hübsche Geschenk gegen den Rat seines Bruders Pro-metheus (des ‚Voraus-denkers‘) an – und bemerkte das Malheur erst, als es irreversibel passiert war. „Denn“ – und nun wird erklärt, worin das Malheur bestand –: bis dahin hatten die Menschen *ohne* Mühsal, Plage und Krankheit dahingelebt. Pandora aber hob den Deckel vom Pithos [einem großen irdenen Vorratsgefäß (Abb. 7)] und ließ alles dies entweichen: nur die Hoffnung blieb drinnen; denn ehe auch sie entweichen konnte, ließ Pandora den Deckel wieder fallen. Und so waren Mühsal, Plage und Krankheit nun in der Welt.

Soweit Hesiods Geschichte, eine Geschichte von sehr abstrakter und in wichtigen Punkten höchst wortkarger Symbolik: kein Wort darüber, wo dieser Pithos steht, woher er kommt, wem er gehört, was er enthält, wieso Pandora ihn öffnet und wieder schließt, ehe die Hoffnung entweichen kann – sicher ist nur, daß Pandora in dieser Geschichte die von Zeus gesandte Urheberin der *conditio humana* ist. Nehmen wir also die Geschichte zunächst einmal so hin und sehen uns in großen Zügen ihre Wirkungsgeschichte an.

Abb. 1:
Weißgrundige Schale in London, Tarquiniamaler, 470–460 v. Chr.

Im Altertum selbst findet sich der einzige Beleg produktiver Rezeption der hesiodischen Geschichte in der Dichtung und Bildkunst Athens: es sind die spärlichen Fragmente eines Satyrspiels des jungen Sophokles unter dem Doppeltitel ‚Pandora oder die Hammerschläger‘ und eine Gruppe frühklassischer Vasenbilder, die sich so gut wie sicher auf das sophokleische Stück beziehen lassen.[3]

Bei den Großen oder Städtischen Dionysosfestspielen Athens wurde im 5. Jh. v. Chr. nach drei Tragödien jeweils ein Satyrspiel gegeben, das die Zuschauer nach den drei tragischen Katastrophen unter befreiendem Lachen dem Leben wiedergeben sollte. Seine Komik beruhte darauf, daß die erhabenen Helden der Tragödie und ihre heroischen Taten hier in die Sphäre der Satyrn, der absolut unernsten Naturwesen im Gefolge des Dionysos, und damit ins Burleske gezogen wurden. Was das sophokleische Spiel betrifft, so sichert der Doppeltitel in ‚Pandora‘ den hesiodischen Stoff (ein Textfragment bezeugt das Einweichen von Lehm zur Herstellung Pandoras), in ‚Die Hammerschläger‘ die Rolle der Satyrn als Ackersklaven, die mit ihren Hämmern verklumpte Erdschollen zu zerkleinern hatten; aber erst in den Vasenbildern nimmt das Spiel für uns Gestalt an.

Das qualitätvolle, leider fragmentierte Innenbild einer weißgrundigen Schale in London (Abb. 1) zeigt Pandoras Schmückung durch ‚Athenaia‘ (links) und ‚Hephaistos‘ (die Deutung ist durch Namensbeischriften gesichert): Pandora (in der Mitte) noch statuarisch leblos, frontal gesehen, ihr Kopf Athene zugewandt, die ihr das Kleid zu ordnen scheint, rechts jugendlich lebhaft Hephaistos, der ihr das Diadem zu richten scheint (so Hesiod, Theog. V. 573–4 [= Erga V. 72] und 578–80). Die einzige Abweichung von Hesiod: Pandora heißt hier Ἀνησιδώρα (An-esi-dora) ‚Gaben

Abb. 2:
Detail von Abb. 3

Abb. 3:
Rotfiguriger Mischkrug
in London, Seite A,
Niobidenmaler, um 460
v. Chr.

Empor-sendende'. Seit Sophokles ist Anesidora (wie das Synonym An-
axi-dora) auch als Beiwort Demeters bezeugt, der mütterlichen Göttin des
Ackerbaus und Getreides (entsprechend erscheint in dieser Zeit auch Pandora aktivisch als Beiwort der Mutter Erde als der Geberin aller Gaben):
Sophokles hat ,Pan-dora' also offenbar gegen Hesiod nicht passivisch,
sondern – im Grundsinn des Wortes – aktivisch gefaßt und dies in der Wahl
der eindeutig aktivischen Namensform An-esi-dora ausgedrückt.

Ein etwa gleichzeitiger rotfiguriger Mischkrug in London (Abb. 3) zeigt
offenbar eine sehr ähnliche Szene: in der Mitte des oberen Registers (Abb. 2)
auch hier statuarisch-leblos wirkend und frontal gesehen Pandora (ohne
Namensbeischrift), von links mit einem Kranz Athene, von rechts in Waffen

Abb. 4:
Rotfiguriger Mischkrug
in Oxford, Umkreis des
Polygnot, um 450 v. Chr.

Abb. 5:
Detail von Abb. 4

Ares, links von dieser zentralen Gruppe (Abb. 3) Poseidon mit Dreizack und majestätisch thronend Zeus im Gespräch, rechts mit neuem Auftrag enteilend Hermes, und diese Gesamtsituation wird im unteren Register zu einem Satyrspiel in Beziehung gesetzt: in der Mitte festlich gekleidet der Aulosbläser des Theaters, flankiert von je zwei Satyrn im typischen Kostüm der Theatersatyrn: hier steht das sophokleische Spiel also offenbar schon greifbar im Hintergrund.

Die nächste Phase der Geschichte zeigt der schöne Pandora-Krater aus dem Umkreis des Vasenmalers Polygnot in Oxford (Abb. 4) – die vier Personen sind hier wieder durch Namensbeischriften gesichert –: links entsendet Zeus den Götterboten Hermes, rechts taucht vor Epimetheus (mit Hammer) im Bildschema der Anodos (eines Aufstiegs aus der Tiefe) bräutlich geschmückt Pandora auf (Abb. 5), über Pandora schwebt dem

Abb. 6:
Rotfiguriger Mischkrug
in Ferrara, umlaufendes
Halsbild, um 450 v. Chr.

Epimetheus ein Eros zu, der den Vorgang deutet: sobald Epimetheus Pandora bei sich aufgenommen hat, werden die Männer nicht mehr ohne die Frauen sein können.

Schließlich das umlaufende Halsbild eines rotfigurigen Mischkrugs in Ferrara (Abb. 6), das das Auftauchen der bräutlich geschmückten Pandora im Mittelpunkt einer lebhaft bewegten Satyrspielszene zeigt (oben links wieder festlich gekleidet der Theater-Aulet) – hier haben wir das sophokleische Satyrspiel offenbar selber vor uns: die Satyrn als Ackersklaven im Dienst des Epimetheus (oder des Prometheus oder auch beider), und wie durch ihr Gehämmer heraufgerufen und scheinbar dessen umwerfendes Ergebnis die Heraufkunft einer bräutlich schönen jungen Frau! Wie immer die Handlung im Einzelnen verlaufen sein mag – sicher scheint, daß dieses Satyrspiel die Ankunft Pandoras bei den Menschen als ein heiteres Ereignis inszeniert und Pandora-Anesidora vor allem als die gottgesandte Bringerin von Gutem gefeiert hat: ein überraschender Vorbote positiver Pandorakonzepte der Neuzeit.

Im übrigen ist das sophokleische Stück ohne erkennbare Wirkung geblieben. Vom 4. Jahrhundert v. Chr. an ist Pandora in der Literatur nur noch mythographisch oder antiquarisch als jene erste Frau präsent, die Hesiod zufolge den Deckel des Pithos geöffnet hatte. Einen neuen Impuls hat ihre Wirkungsgeschichte erst wieder durch die großen Kirchenväter des 2. bis 4. Jahrhunderts n. Chr. erhalten. Im Zuge ihrer vergleichenden Gegenüberstellungen von heidnischer und biblischer Überlieferung, von griechischer Weisheit und christlicher Offenbarung wurde gegen die hesiodische Urfrau Pandora die biblische Eva ausgespielt und die wahre Geschichte natürlich in der Schöpfungsgeschichte nach Genesis 2 und 3 gesehen. So heißt es bei Tertullian (ca. 160–240 n. Chr.): „Wenn es eine Pandora gegeben hat, die Hesiodus als die erste Frau erwähnt, dann war ihr Haupt das erste, das die Grazien bekränzten, als sie von allen beschenkt wurde, *unde Pandora*. Uns (Christen scil.) aber beschreibt Moses, prophetischer, nicht poetischer Hirte, wie die erste Frau Eva sich eher die Scham mit Blättern bedeckte [Genesis 3,7] als die Schläfen mit Blumen: *nulla ergo Pandora*, keine Pandora also!" (*De corona* 7,3). Und doch hat offenbar gerade dieser Vergleich die Pandora Hesiods interessant und aufregend gemacht. Origenes (184/5–254/5 n. Chr.) bezieht dann in einem polemischen Vergleich der Erschaffung Evas nach Genesis 2,21–2 mit der Erschaffung Pandoras nach Hesiod auch die Pithosöffnung als die heidnische Version des biblischen Sündenfalls ein (*Contra Celsum* 4,38), und damit war zugleich der Pithos als *das* Attribut und Requisit Pandoras exponiert.

Die Wirkungsgeschichte in der Bildkunst und Literatur der Neuzeit setzte ein, sobald Origenes und Hesiod gegen Ende des 15. Jahrhunderts in den ersten gedruckten Textausgaben bekannt wurden.[4] Hierfür und für den folgenden Streifzug durch die Bildkunst verweise ich auf die an Material, Entdeckungen und Ideen überaus reiche Arbeit von Dora und Erwin Panofsky.[5]

Zunächst das Pithos-Motiv. Für Hesiod war der Pithos ein faßartiges, irdenes, bis zu mannshohes Vorratsgefäß von der Art, wie sie für uns vor allem in den Palästen des minoischen Kreta aufgetaucht ist (Abb. 7): so waren sie zu Hesiods Zeiten auch in Griechenland überall verbreitet. Im Lateinischen entspricht dem griechischen *pithos* das *dolium* (,Faß'). Das Emblem der Hoffnung (*spes*) (Abb. 8) in den damals weit verbreiteten Emblemata des Andreas Alciatus (²1534) zeigt Spes (links) auf einem veri-

Abb. 7: Pithoi im minoischen Palast von Mallia (Kreta), Hirmer Fotoarchiv München

tablen deutschen Holzfaß sitzend, in der Rechten die zerbrochenen Pfeile des Todes, wie die Subscriptio erläutert, die Linke auf eine Krähe weisend, die auf dem Rand des Fasses sitzt (sie ist Attribut der Hoffnung, weil ihr krächzender Schrei wie lateinisch *cras cras* [„morgen morgen"] klingt), rechts Personifikationen der Ziele aller Hoffnung: BONUS EVENTUS („Gutes Gelingen") und, mit siegesgewiß erhobenen Pfeilen, AMOR.

In der Subscriptio läßt Alciatus SPES dem Betrachter des Emblems dann in elegischen Distichen erläutern, wer sie ist: warum sie die zerbrochenen Pfeile des Todes in Händen halte? *Quod vivos sperare decet ...* („Weil die Lebenden hoffen sollen ..."); und auf die letzte Frage, warum sie faul auf dem Deckel eines Fasses sitze, antwortet sie mit gelehrtem Zitat ihrer griechischen Quelle: sie allein sei daheim geblieben, als die Übel allenthalben davonflogen, wie es die Muse des Alten von Askra (die Muse Hesiods also) gelehrt habe:

> *Sola domi mansi, volitantibus undique noxis,*
> *Ascraei ut docuit Musa verenda senis.*

Daß es bei Hesiod Pandora war, die die Hoffnung im Pithos zurückgehalten hatte, ist in diesem Zitat allenfalls noch implizit mitgegeben.

Wo Pandora selbst handelnd auftritt, ist ihr Attribut nicht mehr der *pithos* oder das *dolium*, sondern die *pyxis*: jene ‚Büchse', die noch wir mit ihr assoziieren. Die Quelle für diesen Wandel des Gefäßes haben die Panof-

Abb. 8:
Holzschnitt aus den
Emblemata des Andrea
Alciati, ²1524

skys in den Adagia des Erasmus von Rotterdam entdeckt, jenem unter-
haltend belehrenden Thesaurus antiker Sprichwortweisheit, der alsbald zu
einem der populärsten Bücher des Humanismus wurde.[6] Das Sprichwort
hostium munera non munera („Feindesgaben keine Gaben", *Adag.* I 235)
wird hier mit der Pandorageschichte belegt: „so wie es jene trügerische
Büchse (*pyxis illa fallax*) war, die durch Pandora von Zeus dem Prometheus gesandt wurde" (derselbe Beleg ausführlicher erzählt zum Sprichwort *malo accepto stultus sapit* [„Der Dummkopf wird erst durch Schaden
klug", *Adag.* I 31]: der Dummkopf ist hier natürlich Epimetheus).[7] Die

Abb. 9: Rosso Fiorentino, Federzeichnung, zwischen 1530 und 1540

pyxis als solche scheint jedoch der berühmten Novelle von Amor und
Psyche im Eselsroman des Apuleius zu entstammen (*Met.* VI 16–22), wo
Psyche für Venus aus der Unterwelt eine von Proserpina gefüllte und ver-
schlossene *pyxis* heraufholen muß (das Wort fällt hier allein sechsmal):
Psyche öffnet sie – natürlich –, doch weht ihr daraus nicht ein Hauch von
Proserpinas Schönheit entgegen, sondern lähmender Unterweltsschlaf ... .

Die erasmianische Büchse der Pandora erscheint in der Bildkunst der
Renaissance zuerst in einer außerordentlichen Federzeichnung Rosso Fio-
rentinos (Abb. 9). Sie ist zwischen 1530 und 1540 entstanden, als Rosso in
Paris wirkte, und ist zugleich das erste Bildwerk, das den dramatischen
Augenblick der Öffnung zeigt: „aus einem blendenden Licht- und Ener-
gieblitz taucht ein Schwarm lebensgroßer menschlicher Gestalten auf" (so
die Panofskys S. 46): in ihren zentrifugalen Bewegungen scheint noch die
Kraft fortzuwirken, die sie freigesetzt hat, aber es sind nicht die hesiodischen Übel, sondern (wie die Panofskys näher zeigen) die sieben Tod-
sünden des christlichen Glaubens: rechts unten z. B. – seine eigenen Einge-
weide fressend – der Neid. Am Pyxisrand hängt die Krähe: die Hoffnung
wird hier also nur noch durch ihr Attribut zitiert. Von Rossos Zeichnung

ist offenbar ein etwas jüngeres Druckersignet des Pariser Verlegers Gourbin inspiriert (Abb. 10): die Übel entweichen hier jedoch sozusagen hesiodisch als kleine geflügelte Wesen, und die Hoffnung ist mit dem lateinischen Hesiodzitat Pandoras zentrales Vermächtnis: SPES SOLA REMANSIT INTUS: „die Hoffnung allein blieb drinnen zurück".[8]

Ein überraschend neues Pandorabild hat im frühen 17. Jahrhundert der Genius Jacques Callots kreiert (Abb. 11): oben, im himmlischen Kreis aller Götter, die Erschaffung Pandoras, über ihr von seinem Adler getragen Zeus-Juppiter, sie selbst in schöner Nacktheit auf einer Wolke schwebend, die vasenförmige ‚Büchse' mit der Rechten wie eine Trophäe emporreckend, von allen Seiten hingerissen bewundert, und unten ihre Ankunft auf der Erde, die Büchse in ihrer Rechten jetzt betrachtend wie im Zweifel, ob sie sie wirklich öffnen soll … Von diesem Blatt scheint die qualitätvolle Zeichnung Abraham van Diepenbeecks (Abb. 12) inspiriert zu sein, nur daß sie das Sujet auf die Erschaffung im Olymp reduziert: Pandora wiederum in schöner Nacktheit von allen Seiten bewundert, mit der Büchse hier aber – wie die biblische Eva mit dem Feigenblatt – ihre Scham verdekkend. Pandora ist hier also nicht mehr als das fatal „schöne Übel" Hesiods gefaßt, sondern als der Inbegriff himmlischer Schönheit und als die Träge-

Abb. 11: Jacques Callot (1592/3–1635), Radierung um 1625

Abb. 12:
Abraham van Diepen-
beeck (1596–1675),
Zeichnung vor 1638

Abb. 13: Dante Gabriel Rossetti (1828–1882), Ölbild 1872 und Kreidezeichnung vor 1879

rin aller guten Gaben, die die Götter den Menschen geben können: Muse, Grazie, δῖα γυναικῶν („himmlische Frau") schlechthin – dies ist im Grundkonzept bereits die Pandora Goethes.

Am Ende dieses Streifzugs durch die Bildkunst sollen drei bedeutende Werke des 19. und 20. Jahrhunderts stehen. Zunächst, aus dem 19. Jh., die in mehreren Versionen überlieferte präraffaelitische Pandora Dante Gabriel Rossettis (Abb. 13): links ein Ölbild (1871), rechts eine Kreidezeichnung für ein weiteres (1879 vollendetes) Ölbild. Die Überfülle des kunstvoll frisierten Haars soll offenbar die natürliche Schönheit steigern, der üppig geformte Mund und der „tiefe Blick aus verschatteten Augen" (Panofsky) scheinen melancholische Sinnlichkeit anzudeuten, die Linke hält mit festem Griff ein Kästchen (Rossettis Version der ‚Büchse'), die Rechte drückt angestrengt den Deckel nieder, und doch entweicht der Inhalt dampfend in einer Wolke, die den Kopf wie eine fatale Gloriole umgibt – „die Kräfte der Stunden verbotener Leidenschaft", so Rossetti selbst in seinem Sonett an diese Pandora (Panofsky S. 120):

> Aye, hug the casket now! Whither they go
> Thou mayst not dare to think: nor canst thou know
> If Hope still pent there be alive or dead.

Rossettis Pandora ist die *femme fatale* dieser Epoche.

Abb. 14:
Paul Klee (1879–1940),
Zeichnung 1920 Nr. 155,
Die Büchse der Pandora,
28 x 19 cm
Tusche und Aquarell auf
Papier. (Privatbesitz
Schweiz)
© VG Bild-Kunst,
Bonn 1998

Abschließend unser 20. Jahrhundert: zunächst die Pandorazeichnungen Paul Klees.[9] Die erste Version (Abb. 14: 1920 Nr. 155) heißt in Klees zierlicher Schrift „Die Büchse der Pandora": die ‚Büchse' der Griechin ist hier eine griechische Vase in der Form eines Volutenkraters, unter dem girlandengeschmückten Gefäßbauch erscheint jedoch zentral als Hauptsache ein weibliches Genital: Pandora ist hier also mit ihrem Requisit zum Symbol weiblicher Geschlechtlichkeit verschmolzen – eine Bildidee, zu der Klee wahrscheinlich von Frank Wedekinds Lulu angeregt worden ist. Aus der ‚Büchse' quillt Rauch auf, der ihre Ausgeburt umfaßt: in Notenlinien eingezeichnet menschliche Figuren, links ein Klavier, rechts eine Pauke (?). In einer zweiten Version hat Klee diese Komposition horizontal zerschnitten und den unteren Teil (die Vase, jetzt mit der Inschrift ‚Pandora' versehen) „Die Büchse der Pandora als Stilleben" genannt (1920 Nr. 158), den oberen (1920 Nr. 159) „Schlechte Musikkapelle" – : die Ausgeburt dieser Pandora also Disharmonie, Dissonanz, Mißklang?

Abb. 15: Max Beckmann (1884–1950), Gouache 1936 / 1947
© VG Bild-Kunst, Bonn 1998

Mit vehementer Steigerung sagt Ähnliches die Gouache von Max Beckmann (Abb. 15), begonnen vor dem Zweiten Weltkrieg (1936) und nach
dem Krieg (1947) neu gemalt. Die ‚Büchse' ist hier (rechts unten) ein Mu-
nitions- oder Bombenkasten, der aufgeklappte Deckel trägt die Inschrift
PANDORA: der Kasteninhalt entlädt sich in explodierenden Formen und
Farben (Panofsky: ich kenne nur diese Schwarzweißabbildung) – aber man
muß schon an den mythischen Urkrieg Europas, den Trojanischen Krieg
um die schöne Helena denken, um Chaos und Vernichtung nach Hiro-
shima noch immer auf die hesiodische Urfrau zurückzuführen.

Neben der Bildkunst verlief seit dem 16. Jahrhundert in Dramen und
Romanen, Opern und Gedichten überaus materialreich die literarische
Wirkungsgeschichte Pandoras (s. Literaturhinweise 3.). Viele dieser Texte
liegen außerhalb meiner Reichweite, manche dürften nur noch von be-
grenztem Interesse sein, einige zumindest aber hätten hier gewiß nähere
Aufmerksamkeit verdient: etwa John Lyly's ‚The Woman in the Moone'
(1597), die erste Pandorakomödie (Schauplatz die ländliche Welt frauen-
loser Hirten, in die Pandora turbulentes Leben bringt), oder Alain-René

Lesage's ‚Boîte de Pandore' (1724), eine der neuen Gesellschaftskomödien
des Pariser Volkstheaters (Pandoras Büchse wird hier zu einem Irrungen
und Wirrungen stiftenden Hochzeitsgeschenk), vor allem aber wohl Calderóns ‚La Estatua de Prometeo' (im Druck erschienen 1677): die schöne,
von Prometheus gefertigte Statue wird hier durch einen Sonnenstrahl
Apollons zu einer minervahaften Pandora erweckt, die am Ende als die
göttlich belebte Verkörperung von Kunst und Wissenschaft mit Prometheus vermählt die menschliche Kultur begründet. Ich muß mich hier mit
einem Blick auf die beiden Werke begnügen, die mir in der deutschen Literatur die bedeutendsten Pandoratexte zu sein scheinen: Goethes ‚Pandora'
(1808) und Frank Wedekinds ‚Lulu' (1892–1913). Diese beiden Texte
scheinen mir zugleich den äußersten und bisher wohl auch schärfsten Gegensatz im Sinnpotential des Symbols Pandora zu bilden.

Goethes ‚Pandora' – ein hochpoetisches und überaus kunstvoll gearbei-
tetes ‚Festspiel' zur Bekräftigung musischer Kultur in widrigen Zeiten –
deutet den hesiodischen Mythos radikal ins Positive um und knüpft damit
offenbar über Calderón hinweg vor allem an das Pandorakonzept Jacques
Callots an (Abb. 11). Hauptpersonen sind in neuen Rollen die beiden ungleichen Brüder: ‚Pro'-metheus nur noch der ‚vorwärts'-denkende Inge-
nieur der Zivilisation, ‚Epi'-metheus dagegen der den Dingen ‚nach'-den-
kende Geist der Reflexion und des forschenden Verstehens (V. 9–12 [die
Zitate nach der Hamburger Ausgabe]):

> Denn Epimetheus nannten mich die Zeugenden,
> Vergangnem nachzusinnen, Raschgeschehenes
> Zurückzuführen, mühsamen Gedankenspiels,
> Zum trüben Reich gestalten-mischender Möglichkeit.

Und so war er es, der Pandora nicht abgewiesen hat wie sein pragmatischer
Bruder (V. 85–91):

> freudig hüpfte mir das Herz,
> Als mir Pandora nieder vom Olympos kam.
> Allschönst und allbegabtest regte sie sich hehr
> Dem Staunenden entgegen, forschend holden Blicks,
> Ob ich, dem strengen Bruder gleich, wegwiese sie.
> Doch nur zu mächtig war mir schon das Herz erregt,
> Die holde Braut empfing ich mit berauschtem Sinn.

Und als Pandora dann ihre Mitgift: „des irdenen Gefäßes hohe Wohlge-
stalt" öffnete, da entflogen ihm wie Sternenblitze Gedanken, Ideen, Konzepte, Bilder (V. 102–4):

> Pandora zeigt' und nannte mir die Schwebenden:
> Dort siehst du, sprach sie, glänzet Liebesglück empor?
> Wie? rief ich, droben schwebt es? Hab ich's doch in dir!

Doch nachdem Epimetheus sie umarmt hatte und durch sie geworden war, der er nun ist, da entschwand sie wieder dorthin, woher sie gekommen war, und blieb ihm seine lebenslang ersehnte und dann und wann freundlich geneigte Muse (der biographische Bezug auf Goethes irdische Musen liegt auf der Hand). Die Versöhnung von pro-metheischer und epi-metheischer Lebensform (griechisch: von βίος πρακτικός und βίος θεωρητικός, lateinisch: von *vita activa* und *vita contemplativa*) führt Goethe am Ende pragmatisch durch die symbolische Ehe der Prometheus- und Pandorakinder Phileros und Epimeleia herbei. Aber die Abschiedsworte der Morgenröte mahnen Prometheus (V. 1081–6):

> Fahre wohl! du Menschenvater. – Merke:
> Was zu wünschen ist, ihr unten fühlt es;
> Was zu geben sei, die wissen's droben.
> Groß beginnet ihr Titanen; aber leiten
> Zu dem ewig Guten, ewig Schönen,
> Ist der Götter Werk; die laßt gewähren.

„Gewähren", so denke ich, durch ihr schönstes Gebilde – durch Pandora.[10]

Gegen Goethes Himmelsgeist nun Frank Wedekinds Erdgeist. Der Name Pandora erscheint bei Wedekind überhaupt nur in dem Titel ‚Die Büchse der Pandora', den die Lulu-Tragödie ursprünglich tragen sollte. Sie erschien dann aber in zwei Teilen unter eigenen Titeln: der erste Teil (Lulus prekärer Aufstieg) 1895 unter dem Titel ‚Der Erdgeist', der zweite (Lulus tragischer Niedergang) 1902 unter dem ursprünglichen Titel ‚Die Büchse der Pandora', erst in einer Ausgabe von 1913 sind beide Teile in überarbeiteter Fassung unter dem Titel ‚Lulu' zu einer Tragödie in fünf Aufzügen zusammengezogen worden, und es ist diese Fassung, die aufgeführt zu werden pflegt und die auch Alban Berg seiner Oper in drei Akten zugrunde gelegt hat.[11]

Wer also ist Lulu? Und was hat Lulu mit der Büchse der Pandora zu tun?

Lulu, von dem alten Vagabunden Schigolch als fünzehnjähriges Blumen- und Strichmädchen namenlos aufgelesen und von dem einflußreichen Zeitungsmann Dr. Schön in die bürgerliche Welt geholt, Lulu ist zu Beginn der Tragödie eine hinreißend schöne, erotisch faszinierende, naiv sich auslebende Neunzehnjährige, die nun durch die Betten mehrerer Ehemänner und diverser Liebhaber Leichen hinter sich lassend die Hautevolée erobert. Aber nur ein paarmal heißt sie auch Lulu. Ihr erster Ehemann (Medizinalrat Dr. Goll) nennt sie – offenbar in einer Koseform von Helena – Nelli (I 2, S. 15,32):

> GOLL [zu Dr. Schön]. Ich habe sie in unserm Ehekontrakt nämlich Nelli getauft.
> SCHÖN. So? – Ja.
> GOLL. Was halten Sie davon?

SCHÖN. Warum nennen Sie sie nicht lieber Mignon?
GOLL. Das wäre auch was […].

Nelli nennt sie dann zunächst auch Golls Nachfolger, der Kunstmaler Schwarz (I 5, S. 25,33):

SCHWARZ. Ich liebe dich, Nelli.
LULU. Ich heiße nicht Nelli.
SCHWARZ (*küßt sie*).
LULU. Ich heiße Lulu.
SCHWARZ. Ich werde dich Eva nennen.

Im 2. Akt nennt Schwarz sie dann Dr. Schön gegenüber in der Tat Eva. Darauf (II 4, S. 48,26)

SCHÖN. Ich nannte sie Mignon.
SCHWARZ. Ich meinte, sie hieße Nelli?
SCHÖN. So nannte sie Dr. Goll.
SCHWARZ. Ich nannte sie Eva …
SCHÖN. Wie sie eigentlich hieß, weiß ich nicht.
SCHWARZ (*geistesabwesend*). Sie weiß es vielleicht.

Die Zuschauer hatten die Antwort darauf kurz zuvor durch den folgenden Dialog zwischen Lulu und dem alten Schigolch erhalten (er sieht sein Findelkind Lulu seit Jahren zum ersten Mal wieder; II 2, S. 37,8):

SCHIGOLCH. […] (*Ihr das Knie streichelnd.*) Nun erzähl' du mal – lange nicht gesehen – meine kleine Lulu.
LULU (*zurückrückend, lächelnd*). Das Leben ist doch unfaßlich!
SCHIGOLCH. Was weißt du! Du bist noch so jung.
LULU. Daß du mich Lulu nennst.
SCHIGOLCH. Lulu, nicht? Habe ich dich jemals anders genannt?
LULU. Ich heiße seit Menschengedenken nicht mehr Lulu.
SCHIGOLCH. Eine andere Benennungsweise?
LULU. Lulu klingt mir ganz vorsintflutlich. […] Ich heiße jetzt …
SCHIGOLCH. Als bliebe das Prinzip nicht immer das gleiche!
[…]
LULU. Eva.
SCHIGOLCH. Gehupft wie gesprungen.

Dieses Prinzip wird für Wedekind offenbar durch die ‚Büchse der Pandora' im Sinne der Zeichnungen Paul Klees symbolisiert: die Frau – als Lulu, als Nelli-Helena, als Eva, als Mignon, als Pandora – mit brutaler Konsequenz auf ihr Geschlecht und auf ein Wesen reduziert, das jenseits von Gut und Böse nichts als unerschöpfliche Paarungslust ist: ein erotisches Kraftfeld, das die Männer immer nur anzieht, beseligt, und ruiniert, und das in dieser Tragödie am Ende, wo seine erotische Energie erloschen ist, im schaurigen Schlußakt, von Jack dem Ripper (in der Uraufführung 1904 von Wedekind selbst gespielt) auch physisch ausgelöscht wird.

Mit diesem grellen Kontrast zwischen den Pandorakonzepten Goethes und Wedekinds beende ich meinen wirkungsgeschichtlichen Ausflug in die Neuzeit[11a] und kehre abschließend in mein gräzistisches Fachgebiet zurück: zu Hesiod und zu der Frage, was *er* mit seiner so außerordentlich folgenreichen Geschichte im Kontext seiner Lehrgedichte *selbst* hat sagen und erklären wollen (s. Literaturhinweise 1.).

Hesiod erzählt die Geschichte zum ersten Mal bereits in der Theogonie, einem Lehrgedicht über die göttlichen Mächte und Kräfte, die die Welt durchwalten und bestimmen, theologisch an der Spitze Zeus, und die Pandorageschichte ist hier Teil der Geschichte, wie Zeus mit der Überlistung des Prometheus seinen Sieg über die Titanen und damit die Gewinnung seiner Herrschaft über Himmel und Erde einleitet (Theog. V. 535–616). Hesiod setzt diese Geschichte in die Zeit, „als Götter und sterbliche Menschen sich voneinander schieden", das heißt: als die goldene Vorzeit ihrer Lebens- und Mahlgemeinschaft endete und als die geschichtliche Welt der getrennten Sphären von Göttern und Menschen entstand. In dem maskulinischen (οἱ) ἄνθρωποι war für Hesiod offenbar selbstverständlich mitgegeben, daß es ursprünglich nur männliche Menschen: Männermenschen gab.

Zunächst läßt Zeus den Opferbetrug des Prometheus zu und sanktioniert damit den griechischen Opferbrauch, daß von den Opfertieren das Fleisch den Menschen, den Göttern nur Knochen und Fett zufallen. Zum Ausgleich für diesen Vorteil will Zeus den Menschen das Feuer vorenthalten, aber Prometheus entwendet es ihm und bringt es den Menschen. Damit sind die physiologische und die technische Voraussetzung für das Überleben der Menschen gegeben – aber zum Ausgleich für den Feuerbesitz läßt Zeus nun von Hephaistos und Athene die erste Menschenfrau bilden (sie bleibt hier namenlos). Götter und Menschen bestaunen „das schöne Übel", „den steilen Trug, unwiderstehlich den Menschen" (den Männermenschen!): ἐκ τῆς γὰρ γένος ἐστὶ γυναικῶν θηλυτεράων, „von der nämlich stammt ab das Geschlecht (die Art) der weiblichen Wesen: der Frauen".

Die Geschichte soll hier also wie die Schöpfungsgeschichte der Bibel (Genesis 2 und 3) erklären, wie durch das Hinzutreten des weiblichen Menschen das binäre Geschlechterverhältnis entstand, das seither die Reproduktion des Menschengeschlechts bestimmt. Aber eben dies wird von Hesiod schon in der Theogonie als ein zeusgewolltes κακόν gesehen, als ein „Übel", mit dem die Menschheit seither leben muß.

In den Erga (Werken und Tagen) nimmt Hesiod dann paränetisch die Frage in Angriff, wie die soziale Menschenwelt unter der Ägide des Zeus

erträglich zu ordnen und zu gestalten ist, und die Pandorageschichte soll
hier erklären, warum die Sicherung der Existenz und des Fortbestandes
der Menschen mit soviel πόνος („Mühe" und „Plage") verbunden ist und
wie dieser *ponos* in die Welt kam. Der Klärung dieser Frage dient die Episode, um die Hesiod die Pandorageschichte in den Erga gegenüber der
Theogonie erweitert hat: die eingangs referierte Pithosgeschichte. Deren
Wortlaut müssen wir uns hier nun etwas genauer ansehen.

90 Πρὶν μὲν γὰρ ζώεσκον ἐπὶ χθονὶ φῦλ᾽ ἀνθρώπων
 Zuvor nämlich lebten auf der Erde die Stämme der Menschen

 νόσφιν ἄτερ τε κακῶν καὶ ἄτερ χαλεποῖο πόνοιο
 fern und frei von Übeln und frei von Mühe und Plage

 νούσων τ᾽ ἀργαλέων, αἵ τ᾽ ἀνδράσι κῆρας ἔδωκαν.
 und von quälenden Krankheiten, die den Menschen dann den Tod geben.

 ἀλλὰ γυνὴ χείρεσσι πίθου μέγα πῶμ᾽ ἀφελοῦσα
 Aber die Frau, da mit ihren Händen von dem Pithos den großen Deckel
 sie abhob,

95 ἐσκέδασ᾽, ἀνθρώποισι δ᾽ ἐμήσατο κήδεα λυγρά.
 ließ sie frei und schuf den Menschen damit Leiden und Plagen.

 μούνη δ᾽ αὐτόθι Ἐλπὶς ἐν ἀρρήκτοισι δόμοισιν
 Einzig die Hoffnung blieb an Ort und Stelle im bruchfesten Gehäuse,

 ἔνδον ἔμεινε πίθου ὑπὸ χείλεσιν οὐδὲ θύραζε
 drinnen, unter dem Pithosrand, und flog nicht ins Freie

 ἐξέπτη· πρόσθεν γὰρ ἐπέμβαλε πῶμα πίθοιο
 hinaus: zuvor nämlich warf sie den Deckel wieder auf den Pithos,

 αἰγιόχου βουλῇσι Διὸς νεφεληγερέταο.
 wie vom Aigishalter geplant, Zeus dem wolkenversammelnden.

100 ἄλλα δὲ μυρία λυγρὰ κατ᾽ ἀνθρώπους ἀλάληται·
 Die anderen Plagen aber ohne Zahl schweifen nun durch die Menschen hin:

 πλείη μὲν γὰρ γαῖα κακῶν, πλείη δὲ θάλασσα·
 voll nämlich ist die Erde von Übeln und voll das Meer.

 νοῦσοι δ᾽ ἀνθρώποισιν ἐφ᾽ ἡμέρῃ, αἵ δ᾽ ἐπὶ νυκτὶ
 Krankheiten suchen die Menschen heim bei Tag, andere bei Nacht,

 αὐτόματοι φοιτῶσι κακὰ θνητοῖσι φέρουσαι
 von selber (wie sie wollen), Schlimmes den Menschen bringend,

 σιγῇ, ἐπεὶ φωνὴν ἐξείλετο μητίετα Ζεύς.
 schweigend, da ihnen die Stimme genommen hat der klugsinnende Zeus.

105 οὕτως οὔ τί πη ἔστι Διὸς νόον ἐξαλέασθαι.
 So ist es gänzlich unmöglich, dem Plan des Zeus zu entkommen.

Kein Passus der Gedichte Hesiods ist in der gräzistischen Forschung so kontrovers und so widerspruchsvoll diskutiert worden wie dieser, denn kein Passus steht so sehr unter dem Druck seiner Wirkungsgeschichte: dies gilt vor allem für die *interpretatio christiana* der Hoffnung. Nach der vorzüglichen Arbeit von Andreas Spira halte ich jedoch die folgenden Punkte für endlich gesichert:[12]

– Wie immer die Geschichte vor Hesiod gelautet haben mag: bei Hesiod hat der Pithos κακά und nur κακά enthalten, „Übel" und nur „Übel", und damit nur all das Schlimme, das nun in der Welt ist.

– Wie immer Heiden und Christen die Hoffnung an sich und in dieser Geschichte gedeutet haben (in der Regel positiv als ein Gut): für Hesiod ist sie nicht ein Gut, sondern eines der Übel, die der Pithos enthalten hatte.

– Der Pithos ändert im Zuge der Geschichte seine Funktion:[13] zunächst hat er die Funktion eines Gefäßes, das die Übel beisammen und unter Verschluß hält, sodann (für die Hoffnung) die Funktion des üblichen Vorratsgefäßes, in dem aufbewahrt wird, was stets zur Verfügung sein soll. Zeus läßt Pandora also den Deckel lüften und dann schnell wieder schließen, um die Hoffnung von den anderen Übeln zu trennen.[14]

Die zentrale Frage ist bei dieser Deutung natürlich, in welchem Sinne die Hoffnung ein Übel ist, und eben hieran sind die Interpreten denn auch bisher gescheitert. Andreas Spira meint (und kann dies mit griechischen Urteilen und Sentenzen über die Hoffnung auch gut belegen), sie sei jedenfalls immer dann ein Übel, wenn sie leer oder illusionär ist und die Menschen zum Selbstbetrug verführt. Mir scheint der Text aber klar zu sagen, daß sie hier nicht bloß in dieser oder jener Erscheinungsform, sondern grundsätzlich ein Übel ist.

Und in der Tat: die von Pandora in die Welt entlassenen und die Menschheit seither heimsuchenden Übel werden ja erst dadurch zu Übeln, daß wir hoffen können, vor ihnen bewahrt zu werden oder ihnen (haben sie uns heimgesucht) wieder zu entrinnen. Die einst (V. 90) „fern und frei von Übeln" lebenden Urmenschen hatten und brauchten deshalb auch keine Hoffnung, und umgekehrt: hätten die nunmehr von den Übeln bedrohten oder heimgesuchten Menschen die Hoffnung nicht, so würden sie diese Übel gar nicht als solche fürchten oder erleiden, sondern ohne die Vorstellung von einer möglichen Alternative einfach dumpf hinnehmen. Dann aber wären sie wiederum nicht die Strafe, die Zeus mit ihnen im Sinn hatte. Und entsprechend: wäre die Hoffnung mit den anderen Übeln in die Welt ausgestreut worden, dann wäre sie auch nur wie diese Übel in der Welt: unberechenbar, ‚wie sie will' und ‚schweigend' sich einstellend (V. 102–3) oder auch fernbleibend – nicht gerade das, was wir als Hoffnung erfahren und kennen. Erst die *ständig präsente* Hoffnung also läßt uns die Übel als solche erfahren und erleiden, und deshalb muß Pandora „nach dem Plan des Zeus" (V. 99) den Deckel so schließen, daß uns die Hoffnung auf Vorrat im Pithos bleibt; denn nur so sind wir mit den Übeln bestraft. Die Hoffnung ist also für Hesiod „in Wahrheit das übelste der Übel" (Friedrich Nietzsche).[15]

Es bleibt die Frage, warum Hesiod die *conditio humana* mit seiner Version der Geschichte so rigoros auf Pandora und damit auf die Frauen zurückführt.

In der Theogonie heißt es im Hinblick auf die Frauen einmal (V. 592), sie seien nichts für die verdammte Armut, sondern nur etwas für den Überfluß. In der Tat dürfte die Frau in der Bilanz des archaischen Bauernhaushalts infolge ihrer strengen Beschränkung auf die häusliche Arbeit eher zu den Passiva als zu den Aktiva gerechnet worden sein.[16] Hinzu kommen aber zweifellos Erfahrungen, wie sie zum Teil erst die Wirkungsgeschichte zur Sprache gebracht hat: auf der einen Seite die immer wieder ambivalente Faszination der Männer von den pandorahaft eigenen Reizen der Frauen voller Hoffnungen und Erfüllungen, Enttäuschungen und Niederlagen, auf der anderen Seite aber auch (und wohl vor allem) die Wahrnehmung der Frauen als der dunklen Triebkräfte der Reproduktion, als der ewigen Mütter und Großmütter des Oikos mit ihren Kindern und Kindeskindern, Quellen unausgesetzter Sorge und Mühe des Mannes für die Erhaltung des Oikos. In der weitgehend von Männern für Männer gemachten Literatur der Griechen dominieren daher bis in die klassische Zeit herab die frauenfeindlichen Stimmen.

Und doch könnte die Paränese der Werke und Tage Zeus am Ende zum Verlierer werden lassen. Gelänge es nämlich dem Menschen, die von Zeus gewollte und von Pandora herbeigeführte *conditio humana* mit Gerechtigkeit und mit Arbeitsamkeit im privaten wie im öffentlichen Bereich produktiv zu meistern, so wäre sie am Ende keine Strafe mehr, sondern Chance und Geschenk: *dank Pandora*.

Anmerkungen

[1] S. im Ausstellungskatalog (Bibliographie 2.) insbesondere die Essays von E. D. Reeder, ‚Frauen und Männer im klassischen Griechenland', S. 20–31/ 432, und von Chr. Sourvinou-Inwood, ‚Männlich und weiblich, öffentlich und privat, antik und modern', S. 111–120.

[2] Hesiod, Erga (Werke und Tage) V. 42–105 (s. Bibliographie 1.).

[3] Der griechische Titel: Πανδώρα ἢ Σφυροκόποι; die Textzeugnisse und Textfragmente in *Tragicorum Graecorum Fragmenta* 4 (1977) *Sophocles*, ed. St. Radt, S. 388–390; die Vasenbilder im Pandora-Katalog (Bibliographie 2.) Nr. 79–82

sowie im *Lexicon Iconographicum Mythologiae Classicae* (*LIMC*) I (1981) S. 790 ‚Anesidora‘ (E. Simon) und VII (1994) S. 163 ‚Pandora‘ (M. Oppermann).

4   Die Daten: Origenes lateinisch 1481, griechisch 1605; Hesiod lateinisch 1471, griechisch 1495, die Erga (Werke und Tage) allein bereits 1482.

5   S. Bibliographie 3.: die Auswahl, die ich für diesen Streifzug aus dem reichen Material getroffen habe, ist äußerst schmal und sehr subjektiv.

6   Erasmus von Rotterdam, *Adagiorum Chiliades tres ...*, Venedig (Aldus) 1508: vgl. hierzu W. Bühler, *Zenobii Athoi proverbia* I, Göttingen 1987, S. 303–314 ‚De Erasmi *Adagiis*‘. – Die *Adagia* sind hier nach der großen Amsterdamer Erasmus-Gesamtausgabe: II 1 *Adagiorum Chilias Prima* (1993) zitiert.

7   Nach F. Krafft, Vergleichende Untersuchungen zu Homer und Hesiod, Göttingen 1963 (Hypomnemata 6), S. 109 Anm. 3, taucht die *pyxis* schon vor Erasmus in den ersten lateinischen Übersetzungen (Anm. 4) auf.

8   Es ist übrigens diese Pandorafigur, die der Campus Verlag im Signet des EDITION PANDORA-Prospektes ohne den Rahmen als Symbol positiver Gabenfülle abbildet.

9   S. hierzu P. D. Krumme im Nachwort zu Panofskys Büchse der Pandora (Bibliographie 3.) S. 184–7 mit Abb. 68–9 und im Lulu-Heft der Stuttgarter Staatsoper (Anm. 11) S. 48–51 (mit Abbildungen), vor allem – diesen Hinweis verdanke ich M. Peppel – den Ausstellungskatalog von W. Kersten und O. Okuda, Paul Klee. Im Zeichen der Teilung. Die Geschichte zerschnittener Kunst Paul Klees 1883–1940. Mit vollständiger Dokumentation (Kunstsammlung NRW Düsseldorf 21.01.–17.04.1995 / Staatsgalerie Stuttgart 29.04.–23.07. 1995), Stuttgart 1995.

10 Auf das Problem der von Goethe geplanten Fortsetzung der ‚(Wiederkehr der) Pandora‘ habe ich mich hier nicht weiter eingelassen: Peter Hacks’ Gründe für die poetische Abgeschlossenheit des vorliegenden ‚Festspiels‘ (Pandora. Drama nach J. W. von Goethe. Mit einem Essay, Berlin-Weimar 1981, S. 99 ff.) haben mir eingeleuchtet.

11 Frank Wedekind, Lulu: Erdgeist. Die Büchse der Pandora, hg. von E. Weidl, Stuttgart 1989 (Reclams Universal-Bibl. Nr. 8567). Alban Berg, Lulu. Oper in drei Akten nach Frank Wedekinds Tragödien *Erdgeist* und *Die Büchse der Pandora*: Staatsoper Stuttgart, Spielzeit 1996/97, Heft 37; der vollständige Text im Begleitheft zur LP-Produktion der Deutschen Grammophon Gesellschaft. – M. Peppel weist mich darauf hin, daß Wedekinds Lulu auch G. W. Pabsts Stummfilm „Die Büchse der Pandora“ (1928) zugrunde liegt und daß dieser Stummfilm auf dem Festival in Cannes 1998 in Paul Auster’s Film „Lulu on the Bridge“ (filmdienst 12 [1998] S. 10) als Film im Film wieder aufgetaucht ist.

11a Die in der Vorlesung aufgeworfene Frage, ob sich wohl auch Horst Janssen, der große Zeichner und Erotiker unserer Zeit, des Themas Pandora angenommen habe, ist mir vom Verlag St. Gertrude GmbH Hamburg freundlicherweise beantwortet worden: Ja, in drei Fassungen einer Zeichnung, die mir einen Schädel als mit einem Gürtel zugeschnallte Dose darzustellen scheint und handschriftlich von folgendem Text begleitet ist: „Pandora döst /

Cupido löst/in so'nem falle/die schnalle der dose/– der lose" (zwei Fassungen sind auf den 20. und 21.2.74 datiert; die Publikationsorte: 1. H.J., Lirum Larum, Hamburg 1984; 2. H.-J.-Postkartenset des Hower Verlags, 1979; 3. H.J., Nature Morte, Hamburg 1993).

[12]   Bibliographie 1.: eine instruktive Zusammenfassung der bisherigen Deutungen gibt Verdenius S. 66–71 zu Vs. 96.

[13]   A. Lesky, Motivkontamination, in: Wiener Studien 55 (1937) S. 21–26 (= Gesammelte Schriften, Bern-München 1966, S. 327–330).

[14]   Ich fasse also das ἄλλα in Vs. 100 wörtlich attributiv („die anderen Plagen aber …"). Wer die Hoffnung (wie die Mehrzahl der Interpreten) als Gut verstehen will, muß dieses ἄλλα pleonastisch, d. h. nur den Gegensatz pointierend fassen (vgl. R. Kühner – B. Gerth, Ausführl. Grammatik d. griech. Sprache, II. Satzlehre 1 [^{3}1898 = repr. 1963] S. 275 Anm. 1) und übersetzen „(das andere/übrige:) die *Plagen* aber …". Diese Möglichkeit wird hier jedoch von der Grammatik und vom Kontext weder erzwungen noch nahegelegt.

[15]   Menschliches, Allzumenschliches. Ein Buch für freie Geister (1878), 2. Hauptstück Nr. 71: „… der Mensch … hält das zurückgebliebene Übel für das größte Glücksgut – es ist die Hoffnung. Zeus wollte nämlich, daß der Mensch … das Leben nicht wegwerfe, sondern fortfahre, sich immer von neuem quälen zu lassen. Dazu gibt er dem Menschen die Hoffnung: sie ist in Wahrheit das übelste der Übel …" (aber eben, wie Pandora selbst, ein καλὸν κακόν: ein „schönes Übel" [Glenn W. Most]). Nietzsches Deutung ist von der Hesiodforschung bisher, soweit ich sehe, ignoriert und auch von mir erst nachträglich entdeckt worden.

[16]   Die wirtschaftsgeschichtliche Bearbeitung dieser Frage scheint noch auszustehen: einige Hinweise in F.I. Zeitlin's (problematischem) Essay ‚Das ökonomische Gefüge in Hesiods Pandora' (*sic*) im Pandora-Katalog (Bibliographie 2.) S. 49–56. Zur sozialgeschichtlichen Seite s. o. Anm. 1.

Bibliographie

1. Hesiod

Hesiodi Theogonia, Opera et Dies, Scutum. Ed. F. Solmsen, Oxford ^{3}1990 (Oxford Classical Texts).

Hesiod, Sämtliche Gedichte: Theogonie, Erga, Frauenkataloge. Übersetzt und erläutert von W. Marg, Zürich-München ^{2}1984 (Bibliothek der Alten Welt).

Hesiod, Theogony/Works and Days. Ed. with Prolegomena and Commentary by M. L. West, Oxford 1966/1978.

W.J. Verdenius, A Commentary on Hesiod, Works and Days vv. 1–382, Leiden 1985 (Mnemosyne Suppl. 86).

A. Spira, Angst und Hoffnung in der Antike, in: F.R. Varwig (Hg.), AINIGMA. Festschrift für Helmut Rahn, Heidelberg 1987, S. 133–146.

2. Antike Bildkunst

Ellen D. Reeder, Pandora. Frauen im klassischen Griechenland. Hrsg. von Walters Art Gallery Baltimore, Maryland / Antikenmuseum Basel und Sammlung Ludwig, Mainz 1996, S. 277–286 ‚Pandora'.

3. Pandora in Kunst und Literatur der Neuzeit

J. Davidson Reid, The Oxford Guide to Classical Mythology in the Arts, 1300–1990s, Oxford 1993, s. v. ‚Pandora' (Bd. 2, S. 813–817).

E. Frenzel, Stoffe der Weltliteratur. Ein Lexikon dichtungsgeschichtlicher Längsschnitte, Stuttgart [8]1992, s. v. ‚Pandora' (S. 617–620).

D. und E. Panofsky, Pandora's Box ([2]1962), deutsch: Die Büchse der Pandora. Bedeutungswandel eines mythischen Symbols. Aus dem Englischen und mit einem Nachwort von P. D. Krumme, Frankfurt-New York 1992 (Sonderband der EDITION PANDORA).

G. Vogel, Der Mythos von Pandora. Die Rezeption eines griechischen Sinnbildes in der deutschen Literatur, Hamburg 1972; ders., Goethe und der Pandoramythos, Hamburg 1974.

Abbildungsnachweis

Abb. 1–5: Pandora. Frauen im Klassischen Griechenland. Hg. Walters Art Gallery Baltimore, Maryland / Antikenmuseum Basel und Sammlung Ludwig, Mainz: Philipp von Zabern 1996.

Abb. 6: A. D. Trendall and T. B. L. Webster, Illustrations of Greek Drama, London: Phaidon 1971, Abb. II 7.

Abb. 7: Sp. Marinatos – M. Hirmer, Kreta, Thera und das mykenische Hellas, München: Hirmer [3]1976, Tafel 56.

Abb. 8–15: D. und E. Panofsky, Die Büchse der Pandora, Frankfurt / New York: Campus 1992.

Orpheus

Heinz Hofmann

Der Mythos von Orpheus und Eurydike

Che farò senza Euridice?
Dove andrò senza il mio ben?
Io son pure il tuo fedel!
Ah, non m'avanza più soccorso,
   più speranza,
nè dal mondo, nè dal ciel!

Ach ich habe sie verloren,
All mein Glück ist nun dahin,
wär, o wär ich nie geboren,
weh, daß ich auf Erden bin!

Diese Arie, seit Christoph Willibald Glucks Vertonung in seiner 1762 am Wiener Burgtheater aufgeführten „azione teatrale" *Orfeo ed Euridice* vielleicht das bekannteste Beispiel der musikalischen Adaption des Mythos von Orpheus und Eurydike, hat das Bild des klagenden Orpheus nachhaltig bestimmt: des wohlberühmten Sängers, des Sohnes der Muse Kalliope und des Thrakers Oiagros, nach manchen sogar des Apollon selbst,[1] dessen Hochzeit mit Eurydike durch ein fatales Geschick ein jähes Ende fand. Von einer Schlange gebissen, starb sie, und Orpheus entschloß sich in seiner Trauer und Verzweiflung, das Äußerste zu wagen: in die Unterwelt zu ziehen und von den Göttern dort die geliebte Gattin zurückzufordern, wie es auf einem apulischen Volutenkratēr von etwa 330 v. Chr. dargestellt ist (Abb. 1). Mit dem Spiel seiner Lyra und seinem Gesang gelang es ihm, den schrecklichen dreiköpfigen Höllenhund Kerberos zu bezwingen und bis zum Sitz von Hades und Persephone vorzudringen. Sein Saitenspiel und seine Lieder lockten die Schatten an, die gebannt seiner Musik und seiner Stimme lauschten: Sisyphos hörte auf, den Felsen den steilen Berg hinaufzurollen, der Geier unterbrach seine Mahlzeit an Tityos' Leber, Ixions Rad stand eine kurze Weile still, Tantalos vergaß seiner Qualen und unterbrach seine vergeblichen Versuchen, den Zweig mit den Früchten zu erreichen und einen Schluck Wasser aus dem See zu trinken, und die Danaiden hielen inne, Wasser in das durchlöcherte Faß zu schöpfen.

Abb. 1:
Orpheus singt vor
Hades und Persephone,
apulischer Volutenkratēr,
ca. 330 v. Chr. (Staatl.
Antikensammlung,
München)

Solche Szenen sind auf mehreren apulischen Unterweltsvasen abgebildet, etwa auf einem Kratēr aus derselben Zeit (Abb. 2). Im Zentrum thront wieder Persephone, rechts neben ihr steht Hades, links vor dem Palast Orpheus, singend und die Leier schlagend, ganz rechts ist eine der Danaiden mit ihrem Wasserkrug zu sehen, im unteren Teil der dreiköpfige Kerberos, der von Herakles gebändigt wird. Orpheus kann die Herrscher der Unterwelt umstimmen, die ihm erlauben, Eurydike zurück auf die Oberwelt mitzunehmen – allerdings mit der Auflage, sich nicht umzusehen, bis er die Oberwelt erreicht habe. Jedoch kann er seine Liebe und seinen Zweifel, ob Eurydike ihm tatsächlich folge, nicht bezwingen, und so wendet er sich, als das Ende des Wegs schon beinahe erreicht ist, dennoch um und verliert so die geliebte Gattin auf immer.

Auf einem römischen Marmorrelief des 1. Jh.s n. Chr. aus Neapel (Abb. 3), einer von fünf erhaltenen Kopien eines griechischen Originals aus der Zeit von ca. 410 v. Chr., ist dieser tragische Augenblick mit bewegendem Ausdruck gestaltet: Orpheus hat sich umgewendet und steht frontal zum Betrachter, während Eurydike und Hermes noch seitlich im Profil zu

Abb. 2:
Orpheus singt vor
Hades und Persephone,
apulischer Volutenkratēr,
ca. 330 v. Chr.
(Badisches Landes-
museum, Karlsruhe)

sehen sind. In der Linken hält Orpheus die Leier, mit der Rechten hat er Eurydikes Schleier weggezogen und berührt sanft ihren linken Arm, den sie zärtlich auf seine rechte Schulter gelegt hat. Doch Hermes hat bereits ihren rechten Arm ergriffen und ist dabei, sie wieder in die Unterwelt zurückzuziehen, weg von Orpheus, dem nur noch ihr schmerzlich-entsagender Blick bleibt, der sich mit dem seinen trifft.

So muß Orpheus allein in die Oberwelt zurückkehren, und aus tiefer Enttäuschung über das Mißlingen seiner Unterweltsmission zieht er sich in die Wälder und Einöden Thrakiens zurück, wo er so herzzerreißende Klagelieder singt, daß die Tiere herbeiströmen und sich zahm um ihn versammeln, ja sogar Bäume und Felsen bewegen sich von ihren angewurzelten Plätzen und kommen herbei, um seinem Gesang zu lauschen. Sein Klagen lockt auch die Thraker an, deren wilder Charakter durch Orpheus' Kunst besänftigt und mild gemacht wird, wie es auf einem attischen rotfigurigen Kolonettenkratēr von ca. 440 v. Chr. dargestellt ist (Abb. 4), der die kriegerischen Thraker in ihren rauhen Mänteln zeigt, mit Helm und Lanze, wie sie teils noch skeptisch, teils neugierig zuhören und schon völ-

Abb. 3:
Orpheus und Eurydike
mit Hermes, röm. Kopie
(1. Jh. n. Chr.) eines
griech. Reliefs von
ca. 410 v. Chr. (Museo
Nazionale, Neapel)

lig gebannt sind von seinen Liedern. Aus Trauer und Groll über den Verlust Eurydikes wies er alle Annäherungsversuche der thrakischen Frauen zurück und vermied jede Gemeinschaft mit ihnen. Darüber wurden sie so erbost, daß sie dem Sänger nachstellten und ihn töteten. Diese Szene ist oft auf Vasenbildern dargestellt, etwa auf einer rotfigurigen attischen Amphora aus Nola in Campanien von 440/30 v. Chr. (Abb. 5). Eine an beiden Armen tätowierte Thrakerin nähert sich im Laufschritt mit einem Schwert, um mit ihrem linken Arm den Sänger zu packen. Orpheus sinkt zu Boden und versucht, sich mit der Linken abzufangen, während er seine Rechte mit der Lyra so weit zurückbiegt, als wolle er das Instrument als Waffe gebrauchen und damit auf die Angreiferin einschlagen.

Eine andere Darstellung auf einem attischen rotfigurigen Weingefäß (Stamnos) aus Vulci von ca. 470 v. Chr. (Abb. 6) zeigt bereits des Sängers Fall: Von einem Bratspieß verwundet, der in seinem rechten Oberschenkel steckt, ist Orpheus auf die Knie gesunken; er stützt sich mit der linken Hand auf, während er mit seinem rechten Arm, der die Lyra hält, weit zurück über seinen Kopf zum Gegenschlag ausholt. Mehrere Frauen dringen auf ihn ein, um ihm weitere Wunden zuzufügen: Die hinter ihm steht, hält seinen Kopf fest und stößt ein Schwert in seinen Hals, so daß das Blut in voller Wucht herausspritzt. Hinter ihr schwingt eine zweite Frau eine

Abb. 4:
Orpheus singt vor den
Thrakern, attischer rot-
fig. Kolonettenkratēr,
ca. 440 v. Chr. (Staatl.
Museen Preußischer
Kulturbesitz, Antiken-
sammlung, Berlin)

Abb. 5:
Mänade tötet Orpheus
mit dem Schwert, atti-
sche rotfig. Amphora,
ca. 440/30 v. Chr.
(Louvre, Paris)

Mörserkeule, links davon wuchtet eine dritte einen Stein, um den Sänger
damit zu zerschmettern, während ganz rechts eine vierte Frau eine
Doppelaxt schwingt. Auf dieser Abbildung fällt zum einen die Heftigkeit
auf, mit der die Frauen auf ihr Opfer losstürmen, zum andern die Heteroge-
nität der Waffen, die dem Waffenarsenal der Krieger, der Küche und der
Natur selbst entstammen und etwas von der blinden Wut ahnen lassen, mit
der die Frauen auf den Mann losgehen, der ihre Liebe verschmäht.

Sein Leichnam wurde zerrissen und in den Wäldern verstreut, doch die
Musen sammelten die Glieder, setzten sie bei und beweinten zusammen
mit den Thrakern, den wilden Tieren, den Felsen und Bäumen den göttlichen Sänger, der einst alle in seinen Bann geschlagen hatte. Sein Haupt
jedoch schwamm, wie durch ein Wunder weitersingend und weissagend,
auf dem Fluß Hebros und wurde zusammen mit der Lyra, deren Töne
ebenfalls weiter erklangen, ins Meer hinausgetrieben und an der Insel Lesbos angespült und dort von den Bewohnern bestattet. Seitdem ist die Insel
von Gesang und Saitenspiel erfüllt und die Heimat großer Dichter und
Musiker wie Terpander, Sappho und Alkaios geworden. Die Lyra wurde

Abb. 6:
Thrakerinnen töten
Orpheus, attischer rotfig.
Stamnos, ca. 470 v. Chr.
(Antikenmuseum Basel
und Sammlung Ludwig,
Inv. BS 1411)

ebenfalls auf Lesbos bestattet, nach anderer Überlieferung von den Musen bewahrt und Zeus übergeben, der sie als Sternbild der Leier an den Himmel versetzte.

Eine attische rotfigurige Hydria von etwa 440/30 v. Chr. (Abb. 7) zeigt das weissagende Haupt des Orpheus auf dem Hebros schwimmend; links und rechts davon sind drei Musen zu sehen, welche die Glieder des Sängers einsammeln, eine von ihnen verwahrt seine Lyra, während ein bärtiger Mann sich mit ausgestreckter rechter Hand zum Haupt herabbeugt. Die Deutung ist unsicher: Manche Gelehrte sehen in der bärtigen Gestalt einen Orakelbefrager, der versucht, die Orakel zu deuten, die dem Mund des Hauptes entströmen, andere sehen in ihm den Sänger Terpander, der das angespülte Haupt aufnehmen und bestatten will.

Orpheus in der Antike

Soweit also die Sage von Orpheus und Eurydike, wie sie den meisten aus antiker oder späterer Überlieferung bekannt sein dürfte. Nur: aus welcher Überlieferung? Denn was ich soeben erzählt und anhand von Vasenbildern illustriert habe, ist ein spätes, synkretistisches Konstrukt. Die erste

Abb. 7: Weissagendes Haupt des Orpheus mit Musen und männl. Figur, attische rotfig. Hydria, ca. 440/30 v. Chr. (Antikenmuseum Basel und Sammlung Ludwig, Inv. BS 481)

ausführliche Erzählung der Geschichte stammt in dieser Form erst von etwa 30 v. Chr. und beschließt das vierte Buch von Vergils *Georgica*, seines Lehrgedichts vom Landbau. Die folgenden Fassungen, die überwiegend von Vergil abhängen, finden sich in dichter zeitlicher Folge im 11. Gedicht des 3. Odenbuches von Horaz, im 10. und 11. Buch der *Metamorphosen* Ovids, in dem pseudovergilischen Gedicht *Culex* („Die Mücke"), einem parodistischen Kleinepos, das von den Unterweltsschicksalen einer Mücke erzählt und dabei auch des unglücklichen Ausgangs von Orpheus' Hades-fahrt gedenkt, und in den Chorliedern der Hercules-Dramen Senecas.[2]

Ganz anders stellt sich für uns die Situation vor Vergil dar: Eurydike als Name von Orpheus' Gattin begegnet erst spät, nämlich knapp zwei Genera-tionen vor Vergil in dem Epitaph eines unbekannten griechischen Verfassers auf den Dichter Bion (122 f.); doch ist auf der apulischen Unterweltsvase von Abb. 2 ein weiblicher Kopf durch die Beischrift ΕΥΡΥΔΙΚΗ (*EYRYDIKE*) gekennzeichnet, somit dieser Name für die 2. Hälfte des 4. Jh.s gesichert. Der Name Orpheus dagegen ist früh inschriftlich bezeugt. Der älteste Beleg findet sich um 570 v. Chr. auf einer Metope des Schatzhauses der Sikyonier (oder Syrakusier) in Delphi, wo Orpheus als Teilnehmer am Argonautenzug dargestellt und durch die Inschrift Ὀρφᾶς (*Orphas*) identifiziert ist; die erste Nennung in der Literatur verdanken wir eine Generation später einem Fragment des Dichters Ibykos, der ihn ὀνομάκλυτος Ὀρφής (*onomáklytos Orphés*) nennt, „Orpheus mit dem berühmten Namen".[3]

Man kann die Funktionen, in denen uns der antike Orpheus bekannt ist, auf drei Bereiche konzentrieren, die ich im folgenden kurz andeuten will: Orpheus als Person des Mythos, Orpheus als Verfasser poetischer Werke und Orpheus als Kultur- und Religionsstifter.

a) Orpheus als Person des Mythos

Orpheus war von frühester Überlieferung an der weithin berühmte Sänger und Kitharode, der Erfinder der Musik und des Saitenspiels. Er verkörpert die Macht der Musik, mit der er die Menschen und die belebte und unbelebte Natur bezaubert.

Bereits die eben genannte älteste Darstellung auf dem Schatzhaus der Sikyonier in Delphi von ca. 570 v. Chr., die Orpheus mit dem Argonautenzug in Verbindung bringt, den Jason zur Gewinnung des Goldenen Vlieses mit einer Gruppe berühmter Heroen der Generation vor dem Trojanischen Krieg unternommen hatte, beruht auf seinem Ruhm als Sänger und Kitharode: denn erst mit seinem rhythmischen Gesang gelang es, das Schiff Argo ins Wasser zu ziehen, er trieb mit seiner Musik die Symplegaden, die zusammenschlagenden Felsen, auseinander, so daß das Schiff Argo sie sicher passieren konnten, er sang den Drachen, der das Goldene Vlies bewachte, in festen Schlaf, er übertönte mit Gesang und Leierspiel die Sirenen, so daß die Argonauten ungefährdet an ihrer Insel vorbeifahren konnten, und bei vielen anderen Gelegenheiten griff er mit seiner Kunst helfend und rettend ein oder unterhielt und belehrte die Helden, etwa mit einer Theogonie, einem Lied über die Entstehung der Götter und der Welt, das ihn Apollonios von Rhodos (Anfang 3. Jh. v. Chr.) in seinem Argonautenepos vortragen läßt. Auch die älteste literarische Erwähnung, die auf Orpheus anspielt (ohne freilich seinen Namen zu nennen), in einem schwer zu datierenden Gedicht des Chorlyrikers Simonides von Keos (557/6–468/7) – vielleicht aus der Zeit seines Aufenthalts in Thessalien zwischen 514 und 490 – beschreibt die magische Wirkung seines Gesanges auf Vögel und Fische.[4]

Der zweite große Mythos, mit dem Orpheus seit frühen Zeiten verbunden wird, ist die Hadesfahrt, deren erste Reflexe sich in der 438 v. Chr. aufgeführten *Alkestis* des Euripides finden – also nahezu gleichzeitig mit dem Relief aus Neapel von Abb. 3. Zur Hadesfahrt gehört die Rückkehr unverrichteter Dinge und der Tod des Sängers von der Hand der thrakischen Frauen. Bereits um 460 v. Chr. hatte Aischylos in der Tragödie *Die Bassariden* den Tod des Orpheus so dargestellt, daß dieser nach der Rück-

kehr aus der Unterwelt sich vom Dionysoskult ab- und dem Kult des Helios-Apollo zugewandt habe, worauf Dionysos Frauen aus seinem Gefolge, die *Bassarai* oder *Bassarides*, geschickt habe, die ihn zerrissen und seine
Glieder weithin verstreuten; aber die Musen hätten sie eingesammelt und
in Leibethra am Fuße des Olymp bestattet. Diese Version verbindet Orpheus mit anderen bekannten Personen der Vergangenheit, die sich dem
Dionysoskult widersetzt hatten und bestraft wurden: z. B. mit dem thrakischen König Lykurgos, dessen Schicksal Aischylos in der den *Bassariden* vorausgehenden Tragödie innerhalb derselben Tetralogie dargestellt
hatte, oder mit Pentheus, dessen ähnliches Schicksal Euripides in den *Bakchen* auf die Bühne brachte.[5]

Die Version, daß Orpheus sich der Knabenliebe zugewandt und diesen
bis dahin unbekannten Brauch bei den Thrakern heimisch gemacht habe,
begegnet erstmals in einer Elegie des im 3./2. Jh. v. Chr. schreibenden Dichters Phanokles und dürfte wohl eine hellenistische Erfindung sein wie auch
jene von der Verstirnung seiner Leier.[6]

b) Orpheus als Verfasser poetischer Werke

Orpheus' Ruhm als Sänger brachte es mit sich, daß man nach Werken
suchte, die sich auf ihn zurückführen ließen, oder daß man ihm Dichtungen unterschob, die anonym zirkulierten oder explizit unter seinem Namen
geschrieben wurden. Als ältester Dichter hatte er nach damaliger Auffassung auch das älteste Versmaß, den Hexameter erfunden, und die Dichtungen, die unter seinem Namen überliefert sind, sind in diesem Versmaß
verfaßt. Erhalten sind eine Sammlung von 87 kurzen Hymnen, ein Epos
Argonautika von 1376 Versen – also etwa so lang wie *ein* Buch der *Argonautika* des Apollonios von Rhodos – und ein Buch *Lithika* über die magische Kraft von Steinen (774 Verse). Diese Texte sind jedoch sehr spät
entstanden, zwischen 200 und 400 n. Chr., und sind vor allem ein Zeugnis
für die Wirkkraft des Namens Orpheus bis in die Spätantike. Von Werken
des 6. und 5. Jh.s v. Chr., die unter seinem Namen zirkulierten – eine *Theogonie*, eine *Kosmogonie* und eine *Katabasis* –, haben wir nur indirekt Kunde.[7]
Das älteste Zeugnis findet sich in der 427 v. Chr. aufgeführten Tragödie
Hippolytos des Euripides, in der Theseus seinem Sohn Hippolytos vorwirft
(952 ff.), er gefalle sich als Vegetarier, spiele den Orpheusanhänger und
glaube an den in den vielen orphischen Schriften stehenden Unsinn.
„Haufenweise“ Schriften des Orpheus bezeugen auch der Philosoph Platon (*Politeia* 2,364 e) und die Komödiendichter des 5./4. Jh.s v. Chr. besonders für obskure Winkelpriester und Wahrsager, die mit dem Namen
und Renommée des großen Dichters und Sehers Schindluder trieben.

Besonders interessant ist die Parodie einer orphischen *Theogonie* in der
414 v. Chr. aufgeführten Komödie *Die Vögel* des Aristophanes: Zwei Aus-
wanderer aus Athen suchen ein besseres und sorgenfreies Zuhause bei den
Vögeln, denen sie zwischen Himmel und Erde eine Stadt Nephelokokky-
gia („Wolkenkuckucksheim") erbauen und einreden, sie – die Vögel – sei-
en die ursprünglichen Götter und Herren der Welt und die heutigen Götter hätten sie aus ihrer angestammten Macht vertrieben. Zur Bekräftigung
dieser These singt der Chor ein Lied, das die Entstehung der Welt und
Götter erzählt (693 ff.):

> Am Anfang waren das Chaos und die Nacht, das Dunkel des Erebos und die
> Tiefe des Tartaros; die Erde aber und die Luft und der Himmel waren noch
> nicht. Im unergründlichen Schoße des Erebos legte die schwarzgeflügelte
> Nacht das uranfängliche Windei und brütete es aus; ihm entkroch nach dem
> Ablauf der Zeiten Eros, der alles Verlangen entzündet, an den Schultern von
> goldenen Flügeln umstrahlt und behend wie die wirbelnde Windsbraut. Eros
> paarte sich dann mit Chaos, dem mächtigen Vogel, in des Tartaros Tiefen und
> hat uns, die Vögel, ausgebrütet und heraufgeführt ans Licht des Tages. Das
> Geschlecht der Unsterblichen gab es damals noch nicht: Es entstand erst, als
> Eros alles in Liebe vermischte: denn erst, als sich eins mit dem anderen paarte,
> da entstanden Okeanos, Himmel und Erde und all die unsterblichen seligen
> Götter.

Man hat oft versucht, den Wert dieser Parodie als Beweis für die Existenz
orphischer Theogonien und Kosmogonien im 5. Jh. v. Chr. herunterzu-
spielen, da Nachrichten über entsprechende Texte erst dem Hellenismus
oder gar erst der römischen Kaiserzeit entstammen. Doch die Skeptiker,
die nicht an die frühe Existenz orphischer Dichtungen glauben wollten,
wurden eines Besseren belehrt, als 1962 in einem Grab in Derveni unweit
von Saloniki eine angekohlte Papyrusrolle entdeckt wurde, die auf 23 les-
baren und einigen weiteren fragmentarischen Kolumnen eine Abhandlung
über Religion, Kulte und Mysterien enthält, in der orphische Theogonien
und Kosmogonien zitiert und allegorisch ausgelegt werden. Die Rolle sollte
mit dem Toten auf dem Scheiterhaufen verbrannt werden, doch wurde sie
nur angekohlt, so daß sie uns wesentliche Aufschlüsse über frühe orphische Texte und ihre Interpretation geben kann. Der Papyrus kann auf 330/
20 v. Chr. datiert werden, der Text selbst scheint 100 Jahre früher, also
Ende des 5. Jh.s geschrieben zu sein, d. h. in den Anspielungen in Euripides' *Hippolytos* und Aristophanes' *Vögeln* wird tatsächlich die Existenz
solcher Texte bereits vorausgesetzt.[8]

c) Orpheus als Kult- und Religionsstifter

In der Parabase der 405 v. Chr. aufgeführten Komödie *Die Frösche* des
Aristophanes, einer Literaturkomödie, in der der Theatergott Dionysos
höchstpersönlich in den Hades zieht, um einen der großen Tragiker Athens
wieder an die Oberwelt zu holen, weil die heutigen Theaterdichter nichts
mehr taugen, preist der Chor die großen Dichter der Vorzeit als Lehrer
und Kulturbringer (1032 ff.):

> Orpheus hat uns in heilige Mysterien eingeweiht und uns die Scheu vor blu-
> tigen Opfern gelehrt, Musaios brachte uns die Heilkunst und Orakel. Vom
> Pflügen und Säen und Ernten berichtet uns Hesiod; der göttliche Sänger Ho-
> mer erwarb sich höchste Ehre dadurch, daß er uns lehrte und beschrieb die
> Aufstellung der Heere, die Kraft der Helden und die Waffen der Männer.

Neben dem didaktischen Aspekt der Dichtung als Mittel zur praktischen
und moralischen Ertüchtigung fällt der Nachdruck auf, mit dem Orpheus
als Mysterien- und Religionsstifter eingeführt wird. In der Tat läßt sich –
nicht zuletzt mit Hilfe des neuen Papyrus von Derveni – für das 6. Jh. v.
Chr. die Existenz von Schriften belegen, die in Orpheus einen Religions-
und Kultstifter sahen und ihn zum Begründer von Mysterien – religiösen
Geheimlehren (τελεταί, *teletai*) – machten, die nur Eingeweihten zugänglich waren. In diesen Lehren spielten dionysische und eleusinische Kulte,
bakchisch-orgiastische Riten, Lehren von der Seelenwanderung, Vor-
schriften für eine bestimmte Lebensführung, etwa das Gebot des Vegeta-
rismus und unblutiger Opfer, vor allem aber eine starke Erlösungs-
hoffnung im Jenseits und genaue Vorstellungen über das Leben nach dem
Tode eine zentrale Rolle. Die Eingeweihten durften auf ein besseres Los
im Jenseits hoffen, wenn sie im Diesseits diese Lehren befolgt und sich
den religiösen Übungen der orphischen Kultgemeinden angeschlossen
hatten. Daß diese „Orphiker" keine fest definierte und abgegrenzte Sekte
mit spezifischer Dogmatik, heiligen Büchern, eigenen Priestern und einer
festen religiösen Organisation waren, ist erst in letzter Zeit deutlich geworden. Im Gegenteil, man entdeckte, daß in diesen orphischen Anschauungen auch viele Lehren eingegangen sind, die sonst für Pythagoras
und die sogenannten Pythagoreer in Unteritalien, aber auch für Empedo-
kles und andere vorplatonische spekulative Theologen und Philosophen
bezeugt sind.[9] Diese Kulte wurden von wandernden Bettelpropheten getragen: Scharlatane (ἀγύρται, *agýrtai*) nennt sie Platon (*Politeia* 2,364 b),
die unter Berufung auf Schriften von Musaios und Orpheus den Reichen
und ganzen Städten das Geld aus der Tasche ziehen mit der Aussicht auf
Erlösung von den Übeln im Jenseits – und wer nicht zahlen will, den
erwarte Schreckliches nach dem Tode. Ihre aufwendige Selbstinsze-

nierung und ihr alternativer Lebensstil rückte sie in die Nähe jener „Gurus", vor denen bereits damals Väter ihre Kinder warnten – die vorhin zitierten Worte von Theseus an seinen Sohn Hippolytos illustrieren dies treffend.

Die engen Beziehungen orphischer Anschauungen zum griechischen Kulturgebiet in Unteritalien und zu den Pythagoreern wurden in den letzten Jahrzehnten durch eine Reihe neuer Funde demonstriert. Auf S. 154f. oben sind zwei der apulischen Unterweltsvasen abgebildet, für die man eine enge Beziehung zu orphischen Kultgemeinschaften vermutet hat, da die meisten davon als Beigaben in Gräbern gefunden wurden. In Gräbern in Unteritalien, Thessalien und auf Kreta kamen ferner zahlreiche Goldplättchen zum Vorschein – das älteste davon aus der Zeit um 400 v. Chr. – mit hexametrischen Texten, die genaue Anweisungen für die Reise ins Jenseits enthielten und dem Toten Paßwörter mitgaben, durch die er sich vor den Wächtern als einer der Eingeweihten ausweisen und damit, wie ihm die Mysterienkulte verhießen, mühelos den Weg ins Elysium finden konnte. Der Wunsch, für Tod und Jenseits gerüstet zu sein, war also das zentrale Anliegen, mit dem sich jene bakchisch-orphischen Kulte beschäftigten, und niemand war ein besserer Führer als Orpheus, der diese Reise bereits einmal gemacht hatte und den Eingeweihten als Ratgeber und Begleiter auf dem Weg zur ewigen Seligkeit zur Seite stehen konnte.[10]

Diese Funktion von Orpheus wird durch eine apulische Amphora von ca. 330/20 v. Chr. verdeutlicht, die geradezu eine Illustration zum Fund der Papyrusrolle von Derveni liefert (Abb. 8). Innerhalb einer Aedicula, die den Grabbau darstellt, nähert sich von links Orpheus im leichten Tanzschritt, singend und die Leier schlagend, einem weißhaarigen Mann, der auf einem Hocker sitzt. In der rechten Hand hält er einen Stab und in der linken eine Papyrusrolle, die unzweifelhaft solche orphischen Texte enthielt wie die verkohlte Papyrusrolle im Grab von Derveni. Wir haben also die Vasendarstellung einer Szene, wie sie gleichzeitig die Wirklichkeit des Grabes von Derveni überliefert: Ein verstorbener Eingeweihter in die Mysterien des Orpheus hat eine Papyrusrolle mit einem maßgeblichen Text seiner Religion in der Hand und wird in der Unterwelt tatsächlich von Orpheus, dem Kultheros seiner Mysterien, begrüßt und in jene Freuden des seligen Lebens eingeführt, wie es ihm sein Glaube im Diesseits verheißen hat.

Abb. 8:
Orpheus singt vor einem
Verstorbenen in der Un-
terwelt, apulische rotfig.
Amphora, ca. 330/20 v.
Chr. (Antikenmuseum
Basel und Sammlung
Ludwig, Inv. S 40)

Orpheus in der Spätantike

Das Orpheusbild der Spätantike war unter dem Einfluß der eben skizzierten orphischen Lehren überwiegend geprägt von der Vorstellung von Orpheus als göttlichem Sänger, der mit seinem Gesang und Leierspiel Menschen, Tiere und die unbelebte Natur bezauberte und damit gleichzeitig
Kulturstifter war, so wie Horaz es in der *Ars poetica* ausgedrückt hatte
(391 ff.):

> Als die Menschen noch in Wäldern hausten, hat Orpheus als priesterlicher
> Künder des göttlichen Willens sie erzogen, daß sie sich abwandten von Blutta-
> ten und gräßlicher Speise; deshalb meldet auch die Sage, er habe Tiger und
> reißende Löwen zur Sanftmut bekehrt.

Etwas später als Horaz schuf Ovid in den *Metamorphosen* (10,1–11,66)
das Bild eines Orpheus, der ebenfalls durch seinen Gesang Natur und
Menschen in seinen Bann schlägt, und läßt ihn eine Reihe von Liedern
vortragen: nicht die von ihm schon oft behandelten theologischen und
kosmologischen Themen, sondern Verwandlungssagen, die alle zu tun haben mit Knaben, die von Göttern geliebt wurden, und Mädchen, die in

Abb. 9:
Orpheus bezaubert die
Tiere, Mosaik aus
Rougga, um 200 n. Chr.
(Museum, El-Djem)

verbotener Liebe entbrannten und dafür gerechte Strafe verdienten. In subtiler Anspielung auf Phanokles' Gedicht von Orpheus als Erfinder der Knabenliebe singt Orpheus von Jupiters Liebe zu Ganymed und Apollos Liebe zum schönen Hyakinthos, danach von Pygmalions Liebe zu der von ihm selbst gemeißelten Statue, von der inzestuösen Liebe der Myrrha zu ihrem eigenen Vater und dem traurigen Schicksal der Frucht dieser inzestuösen Bindung, nämlich Adonis, der von einem wilden Eber getötet wird.

Dieses Orpheusbild manifestiert sich sowohl in der paganen als auch in der christlichen Kunst bis ans Ende der Spätantike. Besonders häufig begegnen daher Darstellungen von Orpheus unter den Tieren in der spätantiken Mosaikkunst, mit der sich die reichen Domänenbesitzer ihre Villen ausschmücken ließen, von Britannien über Gallien bis Nordafrika, von der Iberischen Halbinsel bis Griechenland, Kleinasien und Palästina.

Ein vor nicht allzu langer Zeit entdecktes Mosaik aus Rougga in Tunesien (Abb. 9) aus dem Ende des 2. oder Anfang des 3. Jh.s hat die beachtlichen Ausmaße von 4,14 x 3,60 m, das abgebildete zentrale Orpheus-Medaillon hat einen Durchmesser von 80 cm. Es stellt einen verbreiteten Bildtyp dar und zeigt den lorbeerbekränzten jugendlichen und fast nackten Sänger, die Schultern und Oberschenkel mit einem roten Mantel drapiert, auf einem Felsen sitzend, wie er mit beiden Händen die siebensaitige Leier schlägt, die auf seinem linken Oberschenkel ruht. In den weiteren Feldern sind dann die Vögel und wilden Tiere zu sehen, die seinem Gesang lauschen.

Dem Ende des 2. Jh.s entstammt das Fußbodenmosaik aus Leptis Magna (Abb. 10), das im oberen Teil Orpheus unter den Tieren zeigt, in den anderen Feldern sechs Szenen aus dem Alltagsleben des römischen Nordafrika. Orpheus ist hier bekleidet und trägt als Kopfbedeckung eine phrygische Mütze; mit der Linken stützt er eine viersaitige Leier schräg auf seinen linken Oberschenkel, während er seine Rechte vor seine Brust hält.

Das nächste Mosaik (Abb. 11) wurde 1962 in dem sogenannten ‚Haus des Menander' in Mytilene auf Lesbos entdeckt, das durch seine Mosaikdarstellungen mit Szenen aus Menanderkomödien berühmt geworden ist.[11] In einem Raum findet sich allerdings ein etwa 36 m² großes Mosaik der Zeit um 270/80 n. Chr., in dessen zentralem Oktogon Orpheus dargestellt ist: Wie auf dem vorhergehenden Mosaik von Leptis Magna ist er bekleidet und trägt eine phrygische Mütze, doch spielt er mit beiden Händen auf einer fünfsaitigen Leier, die er neben sich auf den Felsensitz gestellt hat. In den umgebenden Feldern sind, wie in dem Mosaik von Dougga, verschiedene wilde und zahme Tiere dargestellt.

Orpheus war Weisheitslehrer und Religionsstifter, er predigte einen neuen Gott und eine neue Moral, er verhieß ein ewiges Leben in Glück und Seligkeit denen, die sich auf Erden an seine Gebote hielten und seine Lehren befolgten, er ist abgestiegen in die Unterwelt und wieder auferstanden von den Toten, ja er galt als Verfasser eines „Testaments" (διαθήκη, *diathéke*), worin er seine Bekehrung zum Monotheismus schildert. Wenn Sie sich erinnern, was ich im Odysseus-Vortrag über den rechten Gebrauch

Abb. 11:
Orpheus bezaubert die
Tiere, Mosaik im Haus
des Menander in Mytilene
(Lesbos), 270/80 n. Chr.

Abb. 12: Orpheus als Guter Hirte, Sarkophag des Quiriacus, Ende 3. Jh. (Museum, Ostia)

sagte, den die Kirchenväter von der antiken Literatur machten,[12] so verwundert es nicht, daß sich die Christen schon bald der Orpheusgestalt bemächtigt haben, um mit seiner Person die eschatologischen Ideen ihrer Religion auszudrücken. Bereits der Syrer Tatian (2. Hälfte des 2. Jh.s n. Chr.) verglich Orpheus mit Herakles, der in der bekannten Fabel von Herakles am Scheideweg[13] sich für den steilen Weg der Tugend und nicht für den bequemen des Lasters entschieden hatte. Für Clemens von Alexandrien zu Beginn des 3. Jh.s ist Christus der wahre Orpheus, der mit seinem Wort die Leidenschaften besänftigt und die Menschen von ihren Sünden erlöst. Und wenn auch Clemens und spätere Exegeten, vor allem Augustin, sich von der heidnischen Erlösungstheologie der Orphiker distanzieren, übersehen sie die verbindenden Züge nicht, die es erlauben, eine christliche Nutzanwendung (χρῆσις/*chrêsis, usus iustus*) aus den heidnischen Mythen herauszufiltern. Daher fand Orpheus Eingang in die christliche Plastik, Malerei und Grabkunst als Besänftiger der wilden Kreatur, als guter Hirte und damit als Symbol für Christus und nicht zuletzt als

Abb. 13:
Orpheus als Guter Hirte,
Sarkophag des Quiriacus
(Detail)

griechisches Pendant zum alttestamentlichen Sänger und Harfenspieler David, dessen Ikonographie er sich vor allem im Mittelalter stets mehr annähert, wofür es jedoch bereits ein spätantikes jüdisches Mosaik von 508/9 n. Chr. aus Jerusalem gibt, das König David mit Nimbus als Orpheus zeigt.[14]

Die frühesten Beispiele finden sich auf mehreren Sarkophagen aus Ostia, von denen ich hier nur *ein* Beispiel zeigen kann:

Dieser Sarkophag vom Ende des 3. Jh.s (Abb. 12) trägt die Inschrift *Hic Quiriacus dormit in pace*; an den Außenseiten sind die Reliefs des verstorbenen Quiriacus (rechts) und seiner Frau (links) erhalten. Beide richten ihre Blicke auf die Orpheusfigur in der Mitte. Die Frau hält in ihrer Linken eine Papyrusrolle, zu Füßen des Mannes rechts außen erkennt man zwei Papyrusrollen, die offensichtlich Texte der Hl. Schrift enthalten, wie jene Papyrusrolle auf dem Vasenbild des verstorbenen Orpheusmysten (oben Abb. 8) heilige Texte der orphischen Religion enthielt. Das zentrale Orpheusrelief (Abb. 13) zeigt den Sänger, wie er mit einem Plektrum die Lei-

Abb. 14: Christus als Orpheus, Katakombe SS. Marcellino e Pietro, Rom, Ende 4. Jh.

er schlägt, die auf einem Pfeiler ruht. Der Vogel im Baum links oben und das Schaf zu Füßen von Orpheus verweisen auf seine Rolle als Sänger und guter Hirte.

Die Darstellung von Orpheus als gutem Hirten ist in der christlichen Plastik und der Katakombenmalerei des 3./4. Jh.s. ebenfalls häufig anzutreffen, wofür hier wiederum *ein* Beispiel genügen muß: 1957 wurde in einem Arcosol-Grab der Katakombe SS. Marcellino e Pietro in Rom ein Fresco von ca. 320/30 n. Chr. gefunden, dessen unterer Teil leider zerstört ist (Abb. 14). Orpheus, in orientalisierender Tracht und mit Phrygermütze, sitzt auf einem Felsen zwischen zwei Bäumen, auf denen je ein Vogel zu sehen ist, der sich ihm zuwendet. In der Linken hält er die Lyra weit von sich, die Rechte umklammert das Plektron, seine Augen sind leicht nach rechts oben gewandt und blicken weit in die Ferne.

Christliche Orpheus-Christus-Darstellungen finden sich jedoch auch auf spätantiken Mosaiken, z. B. auf einem Mosaik aus einer christlichen Grabanlage des 4./5. Jh.s in Jerusalem (Abb. 15), das sich heute in Istanbul befindet. Auch hier trägt der jugendliche Orpheus die phrygische Mütze. Er sitzt auf einem Felsen und hält mit beiden Händen eine elfsaitige Leier, die er auf seinen linken Oberschenkel aufstützt und deren Saiten er nur mit den Fingern seiner rechten Hand zu berühren scheint. Er ist von mehreren Tieren umgeben, darunter einer Schlange (über seinem Haupt), einem Kalb (links oben), einem Bären und einem Raubvogel. Auffallend sind die beiden mythologischen Gestalten zu seinen Füßen: links ein Kentaur, der seine Keule sinken läßt und die rechte Hand nachdenklich lauschend ans

Abb. 15:
Orpheus bezaubert Tiere und mythologische Fabelwesen, Grabmosaik aus Jerusalem, Ende 4./ Anfang 5. Jh. (Archäolog. Museum, Istanbul)

Gesicht hält, rechts Pan, der mit der Rechten auf Orpheus weist, vor dessen Kunst seine eigene Flöte verstummt. Dieser Bildtyp, bei dem zu den traditionellen Tieren auch mythologische Mischwesen wie Pan und Kentauren treten, ist in der Spätantike ziemlich verbreitet. Der christliche Kontext dieses Mosaiks ist durch Darstellungen der hier bestatteten Frauen Theodosia und Georgia mit christlichen Friedenssymbolen (Palmzweig, Taube) gesichert.

Orpheus im Mittelalter

Das westliche Mittelalter kannte Orpheus vor allem aus Vergils *Georgica* und Ovids *Metamorphosen*, den Erwähnungen bei Horaz und Seneca und den Diskussionen der Kirchenväter. Hinzu kam die Allegorese der Orpheus-und-Eurydike-Erzählung im letzten (12.) Gedicht des 3. Buches der *Consolatio Philosophiae* des 525 hingerichteten Christen und neuplatonischen Philosophen Boethius. Dort preist die Philosophie den Mann glücklich, der den Lichtquell des Guten erblicken und sich von den Fesseln der Erde befreien konnte, und erzählt als Exemplum die Geschichte von Orpheus und Eurydike, die als Versuch des Menschen und beständiger Ansporn für ihn gedeutet wird, sich nicht wie Orpheus durch Liebe zu irdischen Dingen beirren zu lassen, den Blick nicht nach unten zur Schattenwelt des Tartarus zu richten, sondern den Geist aufwärts zum Licht, zur Quelle des Guten, zur Gottheit zu lenken.[15] In Boethius' Deutung kehren Elemente des platonischen Höhlengleichnisses wieder, verbunden mit dem höchsten Ziel der neuplatonischen Lehre, der Schau des Guten, die nur möglich ist, wenn man sich von der Fessel alles Irdischen befreit hat.

Diese bewußte Verbindung von Orphik und Platonismus nimmt Remigius von Auxerre im 9. Jh. in seinem Kommentar zur *Consolatio Philosophiae* wieder auf: Bei ihm ist es allerdings Eurydike, die das Gebot der Unterweltsgötter mißachtete und sich nach Orpheus umwandte, da sie als Frau über einen schwächeren Verstand (*ratio*) verfüge als der Mann und mehr ihren Affekten gehorche, so daß Proserpina, als Herrscherin der Unterwelt Sinnbild für alle Laster und Verlockungen, sie wieder in den niederen Bereich der *concupiscentia*, der sinnlichen Begierden, zurückgeholt habe. Eurydike wird so zum Beispiel dafür, wie der Mensch seine wahre Bestimmung verfehlen kann und den niedrigen Leidenschaften erneut nachgibt, deren Opfer er in Gestalt Eurydikes bereits durch den tödlichen Schlangenbiß geworden ist, der gleichnishaft so verstanden werden muß, daß der Mensch der Gier nach irdischen Vorteilen erlegen ist. Diese Interpretation hält sich in mannigfachen Variationen bis ins 14. Jh. und wird seit dem 12. Jh. besonders durch Wilhelm von Conches und die Schule von Chartres neu akzentuiert: Orpheus ist ein mit Leiblichkeit und Begierde behaftetes Wesen, der sich dadurch von seiner wahren Bestimmung abbringen läßt und der Lust der Welt, dem Schattenreich der Vergänglichkeit, anheimfällt, von dem er sich nur dadurch befreien kann, daß er selbst in diese Schattenwelt hinabsteigt und sie mit seinem Verstand (*ratio*) prüft und als nichtig erkennt.[16]

Von hier ist es dann nicht mehr weit zu anderen allegorisierenden Interpretationen, die das Mittelalter so sehr liebte. Der Schlangenbiß und der Verstoß Eurydikes gegen das Verbot, sich umzuwenden, konnte mit dem Sündenfall Evas im Paradies, der auch durch die Schlange ausgelöst wurde, in Verbindung gebracht werden, wie es Pierre Bersuire (latinisiert Petrus Berchorius) Mitte des 14. Jh.s in seinem *Ovidius moralizatus*, dem 15. Buch seines als Predigerhandbuch verfaßten *Reductorium morale*, tat. Orpheus konnte als Symbol für die Überzeugungskraft der menschlichen Rede gedeutet werden, Eurydike als Symbol der *ratio*, des menschlichen Verstandes (also gerade das Gegenteil der Interpretation von Remigius von Auxerre): Durch die Überzeugungskraft seines Wortes kann der Mensch den Verstand vor den Verlockungen der Welt bewahren, sofern dieser auf ihn hört und nicht durch verbotenes Zurücksehen vom rechten Weg abweicht. Eurydike konnte in Weiterführung der negativen Bewertung ihres Charakters – denn *sie* war es ja in diesen Deutungen, die sich nach Orpheus umgeblickt hatte – zum Prototyp der launenhaften, unbeständigen und untreuen Frau werden, die für ihre Untreue mit dem Tod bestraft wurde; die Troubadours und Minnesänger konnten in sie aber auch die Ideale der hohen Liebe und höfischen Minne hineinprojizieren, für die sie wie Orpheus bereit waren, alles zu erdulden und selbst die größten Gefahren auf sich zu nehmen, um sie für sich zu gewinnen.

Auch im Mittelalter bleibt Orpheus die Verkörperung der Macht der Musik und Dichtung, deren Deutung aber wie so oft polyvalent ist und verschiedenen Zwecken dienstbar gemacht werden kann: Zunächst kann im Anschluß an die negative Exegese des durch Boethius vermittelten Orpheusbildes vor der sinnbetörenden Musik des Orpheus gewarnt werden, seine Leier kann als Instrument, das zu *sensibilitas* und *voluptas* verführt, gedeutet und Orpheus geradezu als Vertreter der allein in der Sinnenlust ihre Befriedigung suchenden Epikureer hingestellt werden, während Herakles, dem von den frühen Kirchenvätern Orpheus gleichwertig an die Seite gestellt wurde, als stoischer Tugenheld plötzlich das vollkommene Gegenteil des sinnlichen Orpheus wird. Diese Interpretation wurde von Coluccio Salutati (1331–1406) in seiner Schrift „Über die Arbeiten des Herkules" (*De laboribus Herculis*) vorbereitet und von Christine de Pisan (ca. 1365–1430) in dem gegen 1400 entstandenen *Brief der Othea*, einer an den jungen Hector gerichteten Tugendlehre,[17] als eine zu den fleischlichen Lustbarkeiten gehörende höfisch-weltliche Vergnügung gebrandmarkt, die dem *esperit chevalereux*, also dem ritterlichen Tugendideal, abträglich sei.

Andrerseits kann die kulturstiftende und zivilisatorische Wirkung von Musik und Dichtung hervorgehoben werden, ja Orpheus kann als göttlich inspirierter Dichter zur Allegorie von Musik und Poesie schlechthin werden, deren von den Pythagoreern behauptete ethische und therapeutische Wirkung seit dem 6. Jh. in musiktheoretischen Traktaten diskutiert wurde und den mittelalterlichen Autoren Gemeingut war. In christlichem Verständnis konnte er geradezu als griechischer Vorläufer von König David erscheinen, so daß beide Figuren als Typen des göttlichen Sängers einander überlagern.

Wie gelegentlich bereits in der Spätantike erscheint Orpheus auch in dieser Miniatur einer Pariser Handschrift des 12. Jh.s mit Predigten des

Abb. 16:
Musizierender Orpheus,
12. Jh., Bibl. Nat. Paris,
Cod. Coislinianus gr.
239, fol. 122ᵛ

Gregor von Nazianz mit einem Nimbus (Abb. 16). Hier repräsentiert
Orpheus den aus den vorhin gezeigten spätantiken Darstellungen bekannten Bildtyp, in dem jedoch überhaupt keine Tiere mehr vorkommen.

Die Ähnlichkeit der Gestalt des Orpheus mit der Davids in einer vatika-
nischen Psalter-Handschrift des 11. Jh.s ist daher typisch für diese bereits
seit der Spätantike wahrzunehmende Angleichung beider Figuren (Abb.
17). David ist hier dargestellt, wie er in seiner Jugend die Schafe hütet, die
links unten zu sehen sind neben einigen Vertretern der wilden Tiere, die
sich aus der Orpheus-Tradition eingeschlichen haben. Neben David sitzt
die allegorische Figur der Melodie, die sein Leierspiel inspiriert. Die Situation von Orpheus zwischen den wilden Tieren wurde dabei analog gesehen zu der Davids am feindlichen Hofe König Sauls (1. *Sam* 18,8ff.) und
wurde übertragen auf die Situation des Christen inmitten einer feindlichen
jüdischen oder heidnischen Umwelt; daneben bot es sich an, die Zähmung
der wilden Tiere durch Orpheus allegorisch auszudeuten als die Heilung
König Sauls, der von einem bösen Geist besessen war, durch Davids Saitenspiel (1. *Sam* 16,14ff.).

Schließlich wurde auch die antike Allegorese von Orpheus als Präfigu-
ration Christi wieder aufgenommen und weiter ausgebaut: Neben der Ka-

Abb. 17:
David als Orpheus,
11. Jh., Bibl. Apostolica
Vaticana, Cod. Barb. gr.
320, fol. 2ᵛ

tabasis und der Rückkehr aus der Unterwelt verband Orpheus und Christus auch der Umstand, daß Christus die Welt durch sein Wort bekehrte, aber unschuldiges Opfer der neidischen Juden und Pharisäer wurde, so wie Orpheus die wilden Tiere durch sein Lied ‚bekehrte‘, aber durch die feindlichen Frauen getötet wurde. „Orpheus-Christus“, so heißt es in einer weitverbreiteten moralisierenden Interpretation Ovids, dem *Ovide moralisé* vom Beginn des 14. Jh.s,[18] „beschloß, selbst in die Unterwelt hinabzusteigen. So gewann er seine Gattin, d. h. die menschliche Natur, wieder zurück und entrückte sie aus dem Reich der Finsternis, um sie in das Reich des Himmels einzuführen.“

Orpheus vom 16. bis zum 18. Jahrhundert

Im 16. und 17. Jh. wurden zwei Aspekte der Orpheusgestalt besonders hervorgehoben: seine Rolle als Philosoph und Religionsstifter und sein Dichtertum.

Auf den Punkt gebracht ist diese neue Auffassung von Orpheus, die sich seit dem 15. Jh. breitmacht, im Marmorfußboden der Kapelle Santa Caterina im Dom von Siena von 1480/90 (Abb. 18): Orpheus als nackter Jüngling, jedoch ohne männliche Geschlechtsteile, sitzt in waldiger Landschaft auf einem Felsen. Oberhalb der Bäume sind Mond und Sonne erkennbar, dazwischen lagern wilde Tiere, die alle eine bestimmte Symbolfunktion

Abb. 18: Francesco di Giorgio, Orpheus mit Spiegel unter wilden Tieren, ca. 1480/
90, Fußboden im Dom von Siena

haben: Das Einhorn symbolisiert die Spiritualität, die Eule die Weisheit,
der Löwe die Kraft, der Adler den Scharfblick usw. Doch anstatt auf der
Leier zu spielen, blickt Orpheus in einen Spiegel. Man hat viel über den
Sinn dieser Darstellung gerätselt und den Mann gelegentlich auch als Adam
gedeutet. Mir scheint jedoch sicher, daß es sich um Orpheus handelt, der
das neue Selbstverständnis jener Zeit symbolisiert: Der humanistische
Dichter-Philosoph erkennt sich als Orpheus, der durch seine Dichtung
Zugang zu einer höheren Wirklichkeit erhält, von der aus er die Wirklich-
keit der Welt erklären kann. Daneben ist in dem Spiegel, in dem sich die
Sonne reflektiert und der Dichter sich selbst erkennt, ein Element antiker
Weisheit und Theologie beschlossen: die Sonne als Helios-Apollo, der
Orpheus inspiriert und dessen Kult und Theologie Orpheus annimmt und
verbreitet, und das delphische „Erkenne dich selbst", das dem Platoniker
Ficino ein zentrales Anliegen war.[19]

Für Orpheus den Philosophen und Religionsstifter interessierten sich
nämlich vor allem die neuplatonischen Kreise Italiens, die sich im 15. Jh.
in der Florentiner Akademie um Marsilio Ficino (1433–1499) und Cristo-
foro Landino (1424–1498) versammelt hatten und die antike Philosophie
mit dem Christentum in Einklang bringen wollten. Musik und Harmonie

der Sphären, die den Pythagoreern und ihren Nachfolgern jahrhunderte-
lang als vollkommener Ausdruck des Göttlichen galten, wurden von Ficino
mit der Person des Orpheus verbunden, der für ihn die anfängliche, später
zerstörte Einheit von Musik und Dichtung verkörperte und der durch die
inzwischen bekanntgewordene griechische Literatur ein völlig neues Profil erhalten hatte. Ficino hatte Platon, die Neuplatoniker, die orphische
und hermetische Literatur ins Lateinische übersetzt und darüber Abhand-
lungen geschrieben. Ficino projizierte in Orpheus seine eigenen philosophischen und theologischen Interessen und Probleme zurück: Er suchte in
ihm die Antwort auf seine christlichen Auffassungen zu Monotheismus,
Trinitätsdogma und Schöpfungslehre der *Genesis* zu finden und machte
ihn so zu einem theologischen Dichter, der göttliche Weisheit verkündet
hat und in seinem *furor divinus* Seher und Dichter zugleich ist: ein Ge-
währsmann für die poetische Weltdeutung der antiken Mythologie. Die
Zeitgenossen sahen Ficino selbst bald als Reinkarnation des Orpheus, der,
wie Poliziano sagt, die platonische Weisheit aus der Unterwelt zurückge-
bracht und sie nicht, wie Orpheus seinerzeit Eurydike, verloren habe.[20]
    Angelo Poliziano (1454–1494) hatte mit seiner *Favola d' Orfeo*, die um
1480 bei einem höfischen Fest in Mantua aufgeführt wurde, einen Text von
weitreichender Bedeutung geschaffen: Im Stil der *sacre rappresentazioni*
mit musikalischen Einlagen durchsetzt, doch angereichert mit zahlreichen
anderen literarischen und gattungsmäßigen Elementen, knüpfte Poliziano
an die Geschichte des Landmanns und Bienenzüchters Aristaeus in Vergils
Georgica an, vor dessen vergeblichem Liebeswerben die jungvermählte
Eurydike floh und dabei versehentlich auf die todbringende Schlange trat.
Damit versetzte er die Orpheussage erstmals in das pastorale Milieu der
Schäfer, wie es in der etwa geichzeitig entstandenen *Arcadia* von Sanna-
zaro als idealer Raum von Glück und arkadischer Liebesfreiheit konzipiert wurde. Orpheus wird von Bacchantinnen zwar, wie es der Mythos
verlangt, getötet, doch die Bacchantinnen feiern dann ein Trinkgelage, mit
dem sie zum Kontext des höfischen Festes zurückleiten. Polizianos *Orfeo*
wurde für viele ähnliche Dramen an norditalienischen Höfen zum Vorbild
und hat Alessandro Striggio als Vorlage für sein Libretto gedient, das
Claudio Monteverdi 1607 komponierte.[21]
    Damit bin ich bei den ersten Vertonungen der Orpheussage in jener
neuen Gattung angekommen, mit der seit der 2. Hälfte des 16. Jh.s vielfach
experimentiert wurde und die Orpheus endlich auch als Musiker singend
und musizierend auf die Bühne brachte. Diese Entwicklung wurde von
literarischer Seite vor allem von Ronsard und Joachim Du Bellay vorbereitet, die Orpheus als schöpferischen Künstler, Dichter und Musiker sahen,
hinter dem freilich sie selbst standen und der ihnen in erster Linie als

Sprachrohr ihrer eigenen poetischen Auffassungen von der religiösen Rolle des Dichterberufs, seiner Funktion als Dichter und Seher, diente, mit der sie beim antiken Selbstverständnis von Horaz und Vergil anknüpften, aber auch Ovids, der den Orpheus seiner *Metamorphosen* ebenfalls als sein verdecktes *alter ego* gestaltet hatte. Auf musikalischer Seite gehen der Oper lange Diskussionen voraus über das Verhältnis von Musik und Theater, über die Möglichkeit der Wiederbelebung antiker Tragödien als Gesamtkunstwerke, d. h. mit Text, Musik und Chortanz, über die Eigenart der antiken, besonders griechischen Musik, über neuplatonische Theorien über das Wesen der Musik und ihr Vermögen, die Menschen zu rühren, und über die Eigenheiten von literarischen Gattungen, die seit Julius Caesar Scaligers *Poetik* (1564) und Lodovico Castelvetros Kommentar zu Aristoteles' *Poetik* (1570) neuen theoretischen Auftrieb erfahren haben.

Eines der frühesten Stücke, das nach heutiger Auffassung der neuen Gattung Oper zuzurechnen ist, ist die *Tragedia Euridice* von Ottavio Rinuccini mit der Musik von Jacopo Peri (1561–1633), beide bereits erfahrene Partner in diesem Metier, eine Auftragsarbeit, die anläßlich der Hochzeit von Maria de' Medici mit Heinrich IV. von Frankreich am 6. Oktober 1600 im Palazzo Pitti in Florenz aufgeführt wurde. Die Handlung mit durchgehend gesungenen Dialogen ist ganz im pastoralen Milieu angesiedelt, weicht aber dadurch von der überlieferten Fassung ab, daß sie ein glückliches Ende hat: Pluto gibt Euridice ohne Auflage frei, und das Paar erscheint am Schluß glücklich wiedervereint – ein *lieto fine*, der durch den Anlaß der Fürstenhochzeit gegeben war, die nicht durch eine Aufführung verdorben werden konnte, bei der Orpheus die geliebte Gemahlin für immer verliert.

Sieben Jahre später, im Februar 1607, wurde dann *La Favola d'Orfeo* von Claudio Monteverdi (1567–1643) mit dem auf Polizianos Drama beruhenden Libretto von Alessandro Striggio vor einem kleinen Publikum in Mantua aufgeführt – auch sie eine *favola pastorale*, doch diesmal getreu der Überlieferung ohne ein glückliches Ende. Orpheus verliert Eurydike, nachdem er durch einen Lärm unsicher wurde, ob sie ihm auch wirklich folge, und sich nach ihr umgedreht hat. Zur ursprünglichen Schlußszene, in der Orpheus vor den Bacchantinnen flieht, die einen Chor zu Ehren von Dionysos anstimmen, ist keine Komposition überliefert, so daß die Oper heute mit dem Schluß der Fassung von 1609 aufgeführt wird, in dem Apollo seinen Sohn Orpheus unter Gesang und Tanz der Nymphen und Hirten in den Himmel erhöht, wo er in der Sonne und den Sternen Eurydices Ebenbild sehen wird.[22]

Das tragische Ende der Sage von Orpheus und Eurydike bereitete auch späteren Dramatikern und Opernkomponisten Probleme, und nicht alle

Abb. 19: Nicolas Poussin, Paysage avec Orphée et Eurydice, ca. 1650 (Louvre, Paris)

konnten sich entschließen, der Überlieferung zu folgen: auch Christoph Willibald Gluck nicht, dessen Orpheus nach seiner berühmten Arie Selbstmord begehen will, aber im letzten Moment durch das Eingreifen Amors als eines *deus ex machina* gerettet wird, der ihm Eurydike zurückgibt, so daß dem *lieto fine* im Amortempel mit Ballett und Chor der Schäfer und Schäferinnen nichts mehr im Wege steht.

Die pastorale Welt, in der Orpheus und Eurydike vom 16. bis ins 18. Jh. in Literatur und Musik vornehmlich eingebettet waren, bestimmte teilweise auch die Darstellung in der Malerei, vor allem Szenen mit Orpheus und Eurydike als glücklichem Paar in einer idealen Landschaft. Einige wenige Beispiele müssen hier genügen:

Die gegen 1650 gemalte *Landschaft mit Orpheus und Eurydike*, eines der berühmtesten Werke von Nicolas Poussin (Abb. 19), bereitet den Kunsthistorikern eine Reihe von Problemen der Interpretation. Sie beginnen bei den literarischen und ikonographischen Vorlagen und reichen bis zu den möglichen politischen Sinnebenen des Bildes. Ein blumenbekränzter Orpheus mit hellem Chiton und leuchtend rotem Mantel schlägt seine Leier und singt dazu. Zwei Mädchen und ein stehender junger Mann (vielleicht der Hochzeitsgott Hymenaios) hören ihm zu, ein Knabe, der im Fluß angelt, dreht sich nach ihm um. Genau in der Mitte des Vordergrunds erhebt sich erschreckt Eurydike beim Anblick einer von links nahenden Schlange und wirft in ihrer jähen Bewegung einen Blumenkorb um. Die Szene kurz vor dem tödlichen Schlangenbiß ist in ihrer latenten Bedrohung einer Land-

Abb. 20: Frans II Francken d. J., Orpheus in der Unterwelt, ca. 1600 (Nîmes, Musée des Beaux-Arts)

schaft eingefügt, deren Architekturelemente an den sog. Turm der Milizen im Trajansforum, die Milvische Brücke und das Mausoleum Hadrians (die Engelsburg) in Rom erinnern, hinter der unheildräuende Rauchwolken aufsteigen. In dieser Szenerie spielen sich die tägliche Arbeit (die Schiffer links, die das Boot auf einem Treidelpfad ziehen) und das Freizeitvergnügen (die Männer auf dem Floß rechts, von denen einige im Fluß schwimmen, und die entspannt der Kunst sich hingebende Gesellschaft um Orpheus) eines scheinbar glücklichen Sommertages ab.

Das bald nach 1600 zu datierende Gemälde (Abb. 20) von Frans II Francken d. J. (1581–1642) zeigt Orpheus lorbeerumkränzt, wie er mit seinem Gesang und Harfenspiel Pluto und Proserpina erweichen will. Diese sitzen mit einem Ausdruck größter Überraschung über den kühnen Fremdling unter einer Art Baldachin auf ihrem Thron, links von ihnen lagert, ebenfalls von Orpheus' Musik bezwungen, der dreiköpfige Höllenhund. Den Hintergrund nimmt die Darstellung der Unterwelt ein, in der Büßer des antiken Hades mit den Teufeln der christlichen Hölle kombiniert sind: links die Danaiden mit ihren Wasserkrügen, dahinter Ixion auf einem Rad, links im Hintergrund die Eumeniden mit ihren Fackeln, zwischen Orpheus und Proserpina Sisyphus mit dem Felsen, dagegen über Orpheus mittelalterliche Teufelsfratzen, im Hintergrund andere Verdammte.

Abb. 21: François Perrier, Orphée devant Pluton et Proserpine, ca. 1646/49 (Louvre, Paris)

Das 1646/9 entstandene Gemälde von François Perrier (1594–1649) zeigt dieselbe Szene in einer gewissen familiär-intimen Abgeschlossenheit (Abb. 21). Die Überrschung ist hier der Neugier und dem Zauber von Orpheus' Gesang gewichen, wie Haltung und Gesichtsausdruck des nachdenklich lauschenden Pluto und der lässig über den Thron gelehnten Proserpina andeuten, die sichtlich auch von der Person des Orpheus fasziniert ist. Dieser spielt ein Streichinstrument jener Zeit, eine *lira da braccio,* die der puttenhafte Amor mit beiden Händen stützt: symbolhafter Ausdruck der Stütze von Orpheus' ganzer Unternehmung. Kerberos, Schemel für Plutos Fuß, ist bereits eingeschlafen, während eine Sphinx – links von Plutos Knie sichtbar – aufmerksam zuhört. Die Unterwelt selbst ist nur durch den Feuerschein im Hintergrund angedeutet, in dem Sisyphos zu erkennen ist, wie er den Felsen den Berg hinaufwälzt.

In dem Gemälde von Jan Roos (1591–1638), einem seit 1614 in Genua arbeitenden Flamen, der vor allem durch Tierdarstellungen und Stilleben berühmt wurde (Abb. 22), ist Orpheus dargestellt, der durch sein Spiel die Tiere eher bezaubert als zähmt: denn es ist das Inventar eines mittleren Bauernhofs, das sich um ihn versammelt hat, dazu ein paar scheue Waldtiere – man beachte den jungen Kuckuck oben auf dem Ast, der von einem anderen Vogel gefüttert wird – und Exoten wie der Kakadu im Baum oder

Abb. 22:
Jan Roos, Orpheus
bezaubert die Tiere,
Anfang 17. Jh. (Privat-
besitz, Genua)

die drei Äffchen links und in der Bildmitte. Orpheus spielt diesmal eine
Art Gambe und blickt verzückt-melancholisch nach oben im Gedenken
an die verlorene Eurydike.

Auf dem um 1630 entstandenen Gemälde von Alessandro Varotari (gen.
Il Padovanino, 1590–1650) ist der Moment, in dem sich Orpheus nach
Eurydike umblickt und diese ihm auf der Stelle entrissen wird, mit manieri-
stischer Eleganz des Rhythmus von Bewegung und Körperhaltung gebannt
(Abb. 23). Orpheus mit weit gebauschtem rotem Mantel, die *lira da braccio*
auf dem Rücken, versucht Eurydike mit beiden Händen zu halten, die ihrerseits Schulter und Arm von Orpheus umfaßt, sich aber bereits zurück-
wendet und im Begriff ist, die Stufen hinabzusteigen, beobachtet von einem
zähnefletschenden Kerberos (links vorne). Die Trennung der Liebenden ist
in der durchkomponierten Licht- und Bewegungsregie und im Gegensatz
von Berührung und unterbrochenem Blickkontakt intim in Szene gesetzt.

Orpheus und Eurydike im 19. und 20. Jahrhundert

Im 18. Jh. hat die sich langsam zur neuzeitlichen Wissenschaft entwickelnde
Klassische Philologie den Orphismus als eine philosophische und theologische Bewegung der Antike neu entdeckt und kam, wie nicht anders zu

Abb. 23:
Alessandro Varotari,
Orfeo ed Euridice,
ca. 1620/40 (Galleria
dell'Accademia, Venedig)

erwarten, zu grundverschiedenen Bewertungen: Gelehrte von Andreas Christian Eschenbach (1663–1722) bis hin zu Georg Friedrich Creutzer (1771–1858) sahen in Orpheus den Gründer der Eleusinischen und weiterer Mysterien und in seinen hinterlassenen Gedichten den Schlüssel zu dieser verhüllt überlieferten Weisheit. Dagegen erhob Christian August Lobeck (1781–1860) in seinem Buch *Aglaophamus* (1829) entschiedenen Widerspruch, mit dem er sich bis weit in unser Jahrhundert durchsetzen konnte, obwohl einige Forscher – von Otto Gruppe über Fritz Wehrli und Pierre Boyancé bis zu Walter Burkert, Fritz Graf und anderen – stets einen Zusammenhang zwischen eleusinischen und orphischen Anschauungen angenommen haben, worin sie u. a. durch die Neufunde der Goldplättchen, des Derveni-Papyrus und anderer bildlicher Darstellungen glänzend bestätigt wurden.

Erstes poetisches Ergebnis dieser Bemühungen des 19. Jh.s sind Goethes „Urworte orphisch" von 1820, die um die für die Orphik zentralen Begriffe *Daimon* (‚Dämon' in Goethes Übersetzung), *Tyche* (‚Zufall'), *Eros* (‚Liebe'), *Ananke* (‚Nöthigung') und *Elpis* (‚Hoffnung') kreisen.

Novalis und Hölderlin sahen Orpheus als Verkörperung von Wesen und Aufgabe des Dichters, als „Vater der Poesie", wie ihn Friedrich Schlegel nannte, und schlossen sich damit einer langen, bis auf Ovid und frühere zurückgehenden Tradition an. In der Nachfolge des göttlich beseelten

Dichters und Mysterienstifters schrieben sie ihre Gedichte, wie Horaz und andere augusteische Dichter fühlten sie sich als *vates*, als Seher und Verkünder einer höheren Wahrheit, als Priester, die den Menschen eine religiösmystische Botschaft zu überbringen hatten.

Die Dichter des 19. und 20. Jh.s haben sich häufig mit Orpheus identifiziert und ihn als Chiffre für ihr eigenes Schöpfertum und Selbstverständnis, für die Macht der Poesie und die Schönheit der Musik gebraucht: Mallarmé und Valéry, Shelley und Swinburne, André Breton und Lawrence Durrell, W. H. Auden und Robert Graves, Trakl und Gottfried Benn, Rilke natürlich, in dessen frühem Gedicht *Orpheus. Eurydike. Hermes* (1904) Orpheus Eurydike wieder ins irdische Leben zurückführen will, und in dessen Zyklus der 55 *Sonette an Orpheus* (1922) Orpheus ins Reich der Toten zu Eurydike gehört, aber als Künstler die Grenze zwischen Leben und Tod aufhebt,[23] aber auch Ingeborg Bachmann, deren Gedicht *Dunkles zu sagen* (1952) das alte Mysterium von Musik und Liebe, Dichtung und Tod neu formuliert:[24]

Wie Orpheus spiel ich
auf den Saiten des Lebens den Tod
und in die Schönheit der Erde
und deiner Augen, die den Himmel verwalten,
weiß ich nur Dunkles zu sagen.

Vergiß nicht, daß auch du, plötzlich,
an jenem Morgen, als dein Lager
noch naß war von Tau und die Nelke
an deinem Herzen schlief,
den dunklen Fluß sahst,
der an dir vorbeizog.

Die Saite des Schweigens
gespannt auf die Welle von Blut,
griff ich dein tönendes Herz.
Verwandelt ward deine Locke
ins Schattenhaar der Nacht,
der Finsternis schwarze Flocken
beschneiten dein Antlitz.

Und ich gehör dir nicht zu.
Beide klagen wir nun.

Aber wie Orpheus weiß ich
auf der Seite des Todes das Leben,
und mir blaut
dein für immer geschlossenes Aug.

In der Musik des 19. Jh.s ist Orpheus fast ganz von der Opernbühne verschwunden, nur Jacques Offenbachs grandiose Travestie *Orpheus in der Unterwelt* (1858), die hinter der Maske der Antike die Zustände des Zweiten Kaiserreichs unter Napoleon III. erbarmungslos verspottet, hat überlebt. Um so größer ist das Interesse an der Problematik des Künstlertums und der Macht der Musik im 20. Jh., in dem in Opern, Balletten und symphonischer Musik der antike Mythos in einen aktuellen Bezug zur Gegenwart gesetzt wurde.[25] In der 1925 entstandenen Kammeroper *Les malheurs d'Orphée* von Darius Milhaud werden Liebe, Einsamkeit, Rache und Tod als zentrale Motive thematisiert: Orpheus, ein einfacher Bauer, der sich vornehmlich um kranke Tiere kümmert, will das Zigeunermädchen Eurydike heiraten. Als sie an einer unerklärlichen Krankheit stirbt, vertraut sie Orpheus der Obhut der Tiere an. Ihre Schwestern jedoch, die Orpheus des Mordes an Eurydike beschuldigen, erstechen ihn und erkennen erst durch seine Todesvision, in der er sich mit der Geliebten wieder vereinigt sieht, ihren tragischen Irrtum. Mit kleiner Besetzung und einfachen musikalischen Mitteln gelingen dem Komponisten Szenen von großer Eindringlichkeit und verhaltener Schönheit wie der Chor der Dorfbewohner, das Liebesduett zwischen Orphée und Eurydice und das Finale des 1. Aktes, die Sterbeszene der Eurydice, der Klagegesang der Tiere um die tote Eurydice oder die Szene der Ermordung von Orphée.

Ein Jahr nach Milhaud wurde in Kassel Ernst Křeneks Oper *Orpheus und Eurydike* uraufgeführt, deren Libretto das gleichnamige Schauspiel von Oskar Kokoschka (1915) bildet. Kokoschka geht mit dem Mythos sehr eigenwillig um: Eurydike wird von den Furien für Hades geraubt, und als Orpheus nach drei Jahren Trauer sich endlich aufrafft, sie zurückzuholen, hat sie sich bereits für Hades entschieden, von dem sie inzwischen ein Kind erwartet. Verzweifelt und dem Wahnsinn nahe kehrt Orpheus zurück und verkommt stets mehr, bis er nach sieben Jahren unter seinem Haus ein Loch bis in die Unterwelt gräbt und ein letztes Mal Eurydike begegnet, die sich jedoch ganz von ihm lösen will und ihn zu Asche verbrennt. Kokoschka interpretiert die Beziehung zwischen Orpheus und Eurydike als archetypische Haßliebe, die psychologisch nicht mehr aus dem Verhalten der Personen oder der Tradition des Mythos erschließbar ist, und stellt den Unterweltsgott Hades, aus dem alles Leben entspringt und von dem auch Eurydike schwanger ist, als Grundtyp künstlerischen Schöpfertums dem als Künstler unbedeutend gewordenen Orpheus gegenüber.[26]

Zu Beginn des 20. Jh.s mehrten sich Orpheus-Dramen, welche die Problematik des Künstlers in der modernen Gesellschaft behandelten. Die schöpferische Krise des renommierten, aber von den jungen Dichtern ver-

achteten Orpheus steht im Zentrum von Jean Cocteaus *Orphée*. 1926 uraufgeführt, arbeitete Cocteau das Bühnenstück zu einem Drehbuch für
einen Film erheblich um, der unter seiner Regie 1949 gedreht wurde.[27] Eine
angebliche Prinzessin und Mäzenin des jungen Dichters Cégeste, der eines
mysteriösen Unfalltodes stirbt, stellt sich als ,Madame la Mort', als Personifikation des Todes, heraus, zu der sich Orphée unwillkürlich hingezogen
fühlt. Sie läßt ihn von ihrem Chauffeur Heurtebise in eine abgelegene Villa
mitnehmen, wo er Zeuge der Wiedererweckung des jungen Dichters durch
die Prinzessin wird, der Cégeste hinfort bedingungslos zu Willen ist. Heurtebise fährt Orphée in sein Landhaus zu Eurydice zurück, wo er sein Auto
in Orphées Garage einstellt und als Beobachter und Warner zurückbleibt.
Aus dem Autoradio vernimmt Orphée die seltsam verschlüsselten Botschaften von Cégeste, von denen er sich neue poetische Inspiration er-
hofft. Heurtebise verliebt sich seinerseits in Eurydice, zu der Orphée in
letzter Zeit ein gespanntes, oft durch Streitereien getrübtes Verhältnis hatte, so daß sie ihm nicht einmal mitteilen konnte, daß sie von ihm ein Kind
erwartet. Heurtebise muß aber die Befehle der Prinzessin ausführen, die
kommt, um Eurydice zu holen und sich dadurch die Liebe Orphées sichern zu können. Der Wechsel der Grenzbereiche zwischen Leben und
Tod, Diesseits und Jenseits, wird im Film dadurch ausgedrückt, daß die
Prinzessin und Heurtebise, aber auch Eurydice und später Orphée, durch
einen Spiegel in die jeweils andere Welt verschwinden. „Die Spiegel sind
die Pforten, durch die der Tod kommt und geht", klärt Heurtebise Orphée
auf. „Wenn Sie Ihr ganzes Leben wie in einem Spiegel betrachten, so werden Sie den Tod bei der Arbeit sehen wie eine Biene in einem Bienenkorb
aus Glas." Jedoch hat die Prinzessin, als sie Eurydice holte, ihre Hand-
schuhe liegenlassen, mit deren Hilfe Orphée unter Führung von Heurtebise nun ebenfalls ins Reich des Todes gelangen kann, um Eurydice zu
suchen. Doch trifft er dort auf die Prinzessin, die ihm ihre Liebe gesteht,
die aber bereit ist, ihre Liebe zu opfern und ihm zu entsagen, so daß
Orphée zuletzt doch wieder, wie es der Mythos verlangt, zu Eurydice zurückkehrt. Diese Szene spielt im Zimmer der Prinzessin in derselben Villa
des Todes, wohin sie Orphée bereits zu Anfang im Auto mitgenommen
hatte. Allerdings müssen sich die Prinzessin und Heurtebise wegen ihrer
eigenmächtigen Handlungsweise – dafür, daß sie sich in Lebende verliebt
und diese ohne Befehl ins Totenreich gebracht haben – vor einem Gericht
aus mysteriösen älteren Herren verantworten (es sind die Totenrichter des
Mythos: Aiakos, Minos und Rhadamanthys). Auch Orphée und Eurydice
werden von den Richtern verhört, doch dürfen beide mit der Hilfe von
Heurtebise an die Oberwelt zurückkehren, freilich mit der bekannten,
hier noch verschärften Auflage, daß sie sich nie mehr ansehen dürfen. Der

Übergang von der Totenvilla in das Schlafzimmer von Orphées Villa geschieht wieder durch den Spiegel und endet mit dem überraschenden Erwachen von Orphée. Aus diesem Schluß wird deutlich, daß die ganze Handlung des Stücks als Traum konzipiert ist, auch Eurydices Tod und Orphées Unterweltsfahrt, seine Liebe zur Prinzessin und die Gerichtsverhandlung im Totenreich. So bleibt als eine der Aussagen, die Cocteau mit diesem Film verbinden wollte, daß Liebe und Tod ein unzertrennliches Paar formen, daß die Todessehnsucht des Dichters zentrales Motiv und Bedingung seines Schaffens ist, daß er mehrmals sterben muß, um ein Dichter zu werden, und daß erst im Tod das Dichterische ganz zu seinem Recht kommen kann. „Der Tod eines Dichters muß sich opfern, um ihn unsterblich zu machen," sagte die Stimme des Autors aus dem Off, wobei mit dem Tod eines Dichters die Prinzessin mit gemeint ist.

Cocteau hat in diesen Film auch viel Autobiographisches hineingepackt, nicht zuletzt seine eigene künstlerische Krise Ende der vierziger Jahre: Die Jungen, die sich den Existentialisten zuwandten, akzeptierten ihn nicht mehr als Dichter; hinzu kam das Zerbrechen seines Verhältnisses mit dem Schauspieler Jean Marais, der im Film den Orphée gespielt hatte, und seine neue Beziehung zu Edouard Dermit, dem Schauspieler des Cégeste, den Cocteau später adoptierte, so daß Orphée auch ein Portrait von Cocteau selbst ist.

Ist Orpheus bei Cocteau ein zwar noch berühmter, doch ausgebrannter Dichter, so ist er in der *Eurydice* von Jean Anouilh (1942) nur noch ein Stehgeiger, der in Cafés aufspielt und dort Eurydice kennenlernt, die Mitglied einer heruntergekommenen Theatertruppe ist. Die Beziehung scheitert jedoch an Eurydices Vergangenheit, und als sie Orphée verläßt, wird sie bei einem Unfall getötet. Ein geheimnisvoller Monsieur Henri (Hermes als Totengeleiter) arrangiert in einem verlassenen Provinzbahnhof ein nächtliches Treffen, doch darf Orphée vor Tagesanbruch Eurydice nicht ansehen; er will aber alles über ihre früheren Liebhaber wissen und setzt sich über das Gebot hinweg, während Eurydice in der Nacht verschwindet. M. Henri nimmt ihm jede Hoffnung auf Glück in diesem Leben, und Orphée stürzt hinaus in die Nacht, um mit Eurydice im Tod vereint zu sein.

In Tennessee Williams' Drama *Orpheus Descending* von 1955, das 1960 unter dem Titel *The Fugitive Kind* verfilmt wurde, treffen ein Jazzgitarrist aus New Orleans und die unglückliche, sexuell frustrierte Frau des krebskranken Inhabers eines *Mercantile Store* in der vergifteten Atmosphäre einer Kleinstadt im Mississippidelta zusammen und erleben in ihrer Beziehung die Befreiung aus der Hoffnungslosigkeit und dem Überdruß ihres bisherigen Daseins; doch endet auch dieser Ausbruchsversuch aus den

Konventionen tragisch: Der krebskranke Alte erschießt seine Frau, der
Gitarrist wird vom Mob der Kleinstadt als angeblicher Mörder gehetzt
und mit einem Schweißbrenner aus dem Laden des Alten getötet (in einer
anderen Fassung wird er von den Hunden des Sheriffs zerfleischt). Auch
bei Tennessee Williams ist Orpheus ein Symbol für den modernen Dichter,
der ein Außenseiter in einer ihm feindlichen Welt ist, die ihn und seine
Dichtung nicht versteht – auch seine Eurydike nicht – und der mit seiner
Kunst niemand mehr bezaubern und beeinflussen kann.

Gitarre spielt auch der Orpheus in dem Drama *Orfeu de Conçeicao* des
brasilianischen Autors Vinícius de Moraes (*1913), das 1959 von Marcel
Camus unter dem Titel *Orfeu negro* verfilmt wurde. Dort ist er ein schwar-
zer Straßenbahnschaffner, der sich im Karneval von Rio in ein einfaches
Mädchen vom Lande verliebt – er in der Maske der Sonne, sie in der der
Nacht. Sie wird jedoch von ihrem abgewiesenen Liebhaber in der Maske
des Todes verfolgt und in eine Transformatorenstation gedrängt, wo sie
von dem Straßenbahnschaffner, ihrem ,schwarzen Orpheus', durch einen
versehentlich ausgelösten Elektroschock unwissentlich getötet wird.
Nach einer albtraumhaften Suchfahrt durch die Unterwelt Rios findet er
gegen Morgen endlich ihre Leiche und trägt sie zu sich in eines der Elends-
viertel auf den Hügeln rings um Rio. Während er dort vom Glück singt,
das nur eine Illusion sei, wird er durch einen herabstürzenden Stein getroffen, den seine eifersüchtige Verlobte gelöst hat, und stürzt mit seiner toten
Geliebten in eine Schlucht. Am nächsten Morgen findet ein Kind seine
Gitarre und spielt auf ihr.

Der Orpheus der Literatur des 20. Jh.s ist also offensichtlich ein „Orpheus descending", ein Orpheus, der auf der sozialen und künstlerischen
Stufenleiter immer weiter herabgestiegen ist und damit zugleich ein Symbol des Niedergangs der Kunst und ihrer Wertschätzung in großen Teilen
unserer Gesellschaft wird. Zu diesen Negativtypen gehört auch Georg
(,Orje', wie er sich selbst verkürzend nennt) Düsterhenn, ein zum Schlager-
texter heruntergekommener Dichter, der mit dem Bus zu einem Wochen-
endbesuch in das Dorf Schadewalde fährt, wo er Fiete Methe, eine alte
Jugendliebe, wiedersehen will, um durch diese sentimentale Begegnung
vielleicht Inspiration für neue Schlagertexte zu gewinnen. Im Bus sitzen
noch vier junge Damen, offensichtlich Medizinstudentinnen („Jägerinnen"
nennt sie der Ich-Erzähler), die ebenfalls mit ihm in Schadewalde aussteig-
gen. Aber Fiete – oder Rieke, wie sie im Dorf heißt – ist inzwischen ein
fetter Bauerntrampel geworden: Düsterhenn erkennt sie zunächst gar nicht,
als er zufällig Zeuge wird, wie sie von einem Knecht im Stall beiläufig ge-
vögelt wird, und auch sie erkennt ihn nicht mehr, als sie mit ihm die Treppe
hinaufsteigt, um ihm sein Zimmer zu zeigen. Düsterhenn ist enttäuscht,

wagt aber nicht, sich zu erkennen zu geben, vor allem, weil er fürchtet, wenn es denn dazu käme, wegen Impotenz versagen zu müssen. Er beschließt daher, um allen Komplikationen aus dem Weg zu gehen, sich noch in derselben Nacht heimlich davon zu machen. Aber als er sich um Mitternacht aus einem Fenster im Erdgeschoß schwingt und über den Hof schleicht, bemerkt er Licht in der Scheune. Er lugt durch einen Spalt und wird zum Voyeur einer lesbischen Orgie der vier „Jägerinnen", bei der ihm endlich nochmals die Potenz kommt. Doch verrät er sich durch ein Niesen – Symbol für sein Masturbieren – und wird dabei von einer der vier überrascht: Sie versetzt ihm einen gewaltigen Schlag, so daß er sein Gleichgewicht verliert und von dem Stapel Fichtenstämme, auf dem er stand, herunterfällt. Durch diesen Lärm wird der Wirt geweckt, der seinen Hund auf ihn hetzt. In kopfloser Flucht, bei der er sein Reimlexikon verliert, rettet sich Düsterhenn mit letzter Kraft in den Lieferwagen des Vertreters H. Levy, den er schon am Nachmittag im Dorf getroffen hatte und der in den Gaststätten ringsum die Kondomautomaten nachfüllt. Dieser reagiert blitzschnell, fährt los und rettet so Düsterhenn vor seinen Verfolgern.

Die Kenner werden längst gemerkt haben, worum es sich handelt: um Arno Schmidts vor genau 35 Jahren entstandene Erzählung *Caliban über Setebos*, die 1964 in dem Band *Kühe in Halbtrauer* erschien, die jedoch erst Ende 1966 von Günther Maschke als Adaption des Orpheus-Mythos erkannt wurde. Dadurch lassen sich die grundlegenden Zuordnungen feststellen: Das Dorf Schadewalde ist der Hades, in den Orpheus ('Orje')-Düsterhenn hinabsteigt, um Rieke-Eurydike wieder zu sehen, die vor ihm die Treppe zu seinem Zimmer, wo die Wiederbegegnung stattfinden soll, hinaufsteigt; doch Orpheus-Düsterhenn verweigert die Anagnorisis selbst dann, als Rieke-Eurydike die Treppe wieder hinabsteigt und sich nochmals nach ihm umdreht; er bittet lediglich: „Wecken Sie mich bitte. Morgn Früh um Sex." Der Gastwirt O. Tulp ist, wie das Anagramm seines Namens verrät, der Unterweltsgott Pluto, sein Hund Kirby ist Kerberos, Madame Tulp ist die Totengöttin Proserpina, die im Wirtshaus (= dem Hades) skatspielenden Bauern sind die Totenrichter, die Jägerinnen sind die Bakchantinnen, die Orpheus zerreißen (im Bus hecheln sie „gemeinsame Bekantinnen" durch), usw. Zudem sind die einzelnen Personen der Erzählung mythologisch mehrfach determiniert: Rieke ist auch Aphrodite (Kallipygos), der Gastwirt Tulp auch Dionysos, hinter der abendlichen Wirtshausszene steht das dreitägige attische Dionysosfest der Anthesterien mit den Pithoigia (Öffnung der Weinfässer), Choën (Kannenfest mit Wettrinken, vgl. die Bemerkung „Während die Abteilung selig Verdammter sich unermüdlich wett-tränkte") und Chytroi (Topffest mit Gedenken an die Verstorbenen wie unser Allerseelen, worauf angespielt wird mit „Einer brällte, allerseelich, ein ‚POTT herbei!'"), Düsterhenn ist auch Hermes (Trismegistos), die „Jägerinnyen" sind eben auch die Erinyen (die Namen Meg und Alex verweisen auf die Erinyennamen Megaira und Allekto, der Ich-Erzählers nennt eingangs eine auch „die lange Megäre" und spielt auf ihre Geißeln [eine hält „in der Hand ‚ne lange Schwippe"] und ihr Schlangenhaar an [„ALEX' Rasseprofil; deren Blondhaar sich zu schlängeln an hoop"]), das Reimlexikon des Peregrinus Syntax steht für die Leier, der Kondomvertreter H. Levy ist der Tod, aber auch der Fluß Hebros, der das Haupt des Orpheus rettet und entführt: Düsterhenn nimmt neben ihm auf dem „Todessitz" Platz und hofft „Hauptsache er'ss nich direkt schwul", was zusammen mit dem unmittelbar folgenden Satz „‚kalaiskalaiskalais' grübelte der Motor vor sich hin" auf die homoerotische Liebe des Orpheus zu dem Knaben Kalais hinweist, von der Phanokles berichtet hatte;[28] der letzte Satz der Erzählung lautet dann folgerichtig: „bei einem anständigen Menschen lebt am Ende nur noch der Kopf!"

Die orphische Signatur der Erzählung wird durch zahllose Anspielungen, Wortspiele, Zitate und tieferliegende etymologische Verweise erreicht, die bei weitem noch nicht alle entschlüsselt sind – Arno Schmidt sprach von „3000 Fiorituren und Pralltriller", die er in den Text gepackt habe – und die die ganze Tradition des Orpheusmythos bis in die sechziger Jahre verarbeiten und zitieren, daneben auch andere Mythen- und Erzählkomplexe. Der Name Düster-henn spielt im ersten Teil auf die angebliche antike Etymologie von Orpheus (ὀρφός „düster, dunkel") an, der zweite Teil verweist auf Henna, den Ort auf Sizilien, wo Persephone in die Unterwelt entführt wurde; sein Vater hieß mit Vornamen A. Paul, was sich englisch als *po:l* aussprechen läßt und auf Apoll als Vater von Orpheus verweist, seine Mutter Moosedear, worin ebenfalls die Muse (*mju:z*) anklingt; Schadewalde ist ganz offenkundig „Schatten-wald/-welt" (und zugleich Bargfeld, der Wohnort des Autors); Rieke ist Kurzform von Eurydike, aber auch die Ricke/Reihgeiß in der Jägersprache, ihr eigentlicher Vorname Fiete ist eine Verkürzung aus Aphrodite, ihr Nachname Methe bedeutet μέθη (*méthē*) „Rausch, Trunkenheit"; der Wirt O. Tulp ist ein Anagramm von Pluto, der Kondomvertreter H. Levy liest sich als „Halévy", der Verfasser des Librettos von Offenbachs *Orpheus in der Unterwelt* (aus dem auch sonst häufig zitiert wird), der Hundename Kirby ist Kurzform von Kerberos usw.

Schmidt erreicht die Dichte des Anspielungsnetzes außerdem durch seine eigenwillige, mehrere Bedeutungs- und Anspielungsebenen erschließende Rechtschreibung und Zeichensetzung: etwa wenn er von der Bezahlung der Buskarte sagt „mein'n Obulus hatt'ich ja richtich-entrichtet" („Obulus" verweist auf den Preis für die Überfahrt über den Styx in Charons Nachen, „*richt*ich-ent*richt*et" auf das Totenge*richt*), wenn er vom Schild der Bushaltestelle als von dem grünblassen „‹H› *des* Gesichts" spricht (wobei *Hades* herausgehört werden kann), wenn er die „Jägerinnen" als Medizinstudentinnen taxiert und daran eine Erinnerung knüpft, wie „nachtsinderklinik, während einer *gelehrten Vigilie* [Anspielung auf *Vergils/Virgils* Orpheus-Geschichte im *Lehr*gedicht] ... eine als tot Ästimierte ...‚, unter völliger Mißachtung der ihr aus solchem Befund erwachsenden Verpflichtungen, noch ma kurz aufgestanden" war (wie Eurydike), wenn das Bächlein, das durch Schadewalde fließt, „erheblich stügisch" wirkte (Anspielung auf den Unterweltsfluß Styx), oder wenn im Wirtshausgarten „ein kleinbürgerlich-ovales Mittelbeet itzt voller Eisenhut" ist (Eisenhut wuchs aus dem Geifer des Kerberos, als Herakles ihn bei seiner zwölften Arbeit an die Oberwelt gebracht hatte).[29]

Die Erzählung hat also neben der vordergründigen inhaltlichen Realität des Abenteuers von Georg Düsterhenn in Schadewalde eine zweite Diskursebene, auf der die Probleme eines deutschen Literaten und Intellektuellen der sechziger Jahre, wie Arno Schmidt einer war, thematisiert werden. Die dritte Diskursebene bildet die Travestie oder Destruktion des antiken Mythos, während die vierte Ebene in Arno Schmidts Freud-Rezeption zu suchen ist, wodurch die Erzählung gleichzeitig psychoanalytische Sachverhalte darstellt. Bestimmend für ihn ist hier Sigmund Freuds Opposition von *libido* und *destructio*, von Lebens- und Todestrieb, wodurch Kultur und Triebleben als Gegenpole erscheinen: Orpheus-Düsterhenn, der mit zunehmender Impotenz nur noch als Voyeur am Triebleben teilhaben kann, repräsentiert Kultur und den sublimierenden Künstler, die Jägerinnen als Mänaden repräsentieren den Destruktions- und Todestrieb. Die psychoanalytische Symbolik kommt in einer Reihe von zentralen Begriffen und Gegenständen zum Tragen, z.B. in dem Krug, den Düsterhenn bei Tulp kauft, um ihn mit Spirituosen zu füllen: dieser Krug steht einmal für die Vagina, zum andern ist er als Urne ein Todessymbol. Er denotiert im Text den nicht stattfindenden Koitus zwischen Düsterhenn und Rieke (Düsterhenn „birgt ihn in seinem Schoß"), er kompensiert den Koitus durch Rausch (Düsterhenn will ihn einmal im Monat mit Whisky füllen), so daß seine rote Nase von einem Penis-Symbol zu einem Symbol des impotenten Alkoholikers und der Krug auch zum Fetischersatz für Methe („Rausch"), die verlorene Eurydike, wird.

Ich muß es mir hier versagen, auf die weiteren psychoanalytischen Hintergründe von Arno Schmidts Prosatheorie einzugehen und Ihnen diese vierte Sinnebene des Textes zu entwickeln, die nur die „4. Instanz", deren Theorie Arno Schmidt in *Zettels Traum* (S. 910–917) als zusätzliche psychische Instanz zu den drei Instanzen des Unbewußten, des Ich und des Über-Ich von Sigmund Freud aufstellt, adäquat entschlüsseln kann.[30] Der

Abb. 24: Gustave Courtois, Orphée, 1875 (Musée Municipal, Pontarlier)

Titel *Caliban über Setebos* zitiert ein Gedicht von Robert Browning *Caliban upon Setebos* und verweist natürlich auf den Hintergrund des Shakespearschen *Tempest*. Kurz gesagt, ist Caliban, das primitive, geknechtete Wesen ohne Verständnis für Kunst und Kultur, für Arno Schmidt das Unbewußte, das von Setebos, dem Gott und Calibans Herrn, dem Über-Ich in Schmidts Deutung, unterdrückt wird. Setebos / Über-Ich steht für die hohe kulturelle Tradition des „WahrenSchönenGuten", das sich jedoch in einem elenden und beklagenswerten Zustand befindet, weil es von Christentum, Staat, aber auch der Kunst selbst für andere Zwecke mißbraucht wurde. Düsterhenn hat diesen Zustand mit der Einsicht der 4. Instanz, die er sich im Lauf der Erzählung erwirbt, durchschaut und allen Glauben an das Ideale der Kunst aufgegeben. Dazu gehört auch der Mythos, der nichts mehr erklären, sondern nur noch zur Demontage der europäischen Kunsttradition beitragen kann. Für diese Tradition hoher Kunst steht Orpheus als ihr Symbol und die ganze Orpheus-Tradition in der europäischen Literatur, namentlich Rilke, für den Arno Schmidt nur das abschätzige Adjektiv „feinsinnig" übrig hat. Man kann mit dieser Tradition nur noch umgehen wie Düsterhenn: sie in ihrem eigentlichen Wesen entschleiern und lächerlich machen. Der alternde, impotent werdende Intellektuelle Düsterhenn, Caliban, das Unbewußte, wird durch die 4. Instanz befreit, die sich in der Form des Textes manifestiert, indem sich ihm die Sprache mittels der „Etyme", der wahren Denotationen hinter den vorgeblich etwas anders bedeutenden Wörtern, entschleiert und dadurch in ihm

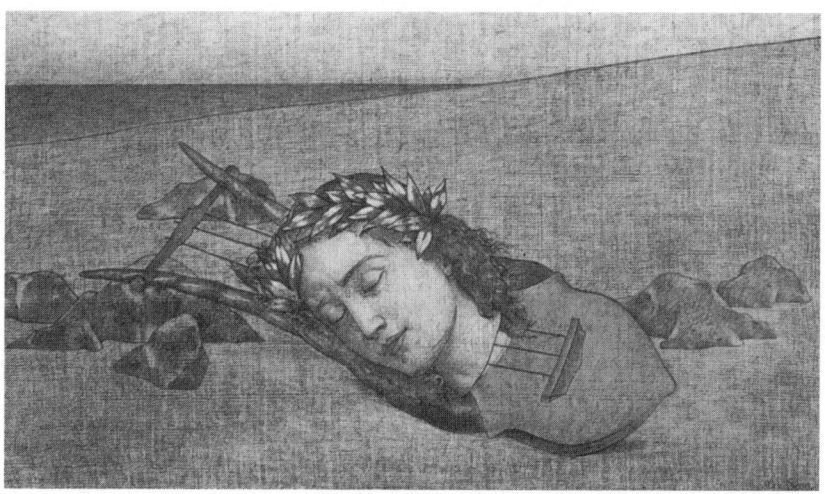

Abb. 25: Aléxandre Séon, La lyre d'Orphée, 1898 (Musée d'Art Moderne, Saint-Étienne)

das vom Über-Ich reglementierte Unbewußte freisetzt, und greift Setebos – die Tradition, die Hochkultur, das Über-Ich – an und bemächtigt sich ihrer. Caliban, das dumpfe und primitive Wesen, ist „über Setebos", und die 4. Instanz schaut zu unter „Gelechta" (*Zettels Traum* S. 915).

Doch Arno Schmidts krasser Zynismus ist die Ausnahme: Auch im 20. Jh. überwiegt das Verständnis von Orpheus als des Künstlers schlechthin, der als positives Vorbild leider nur zu oft die Folie für negative Entwicklungen auf dem Gebiet von Kunst und Kultur, von Musik und Dichtung, von Malerei und Literatur abgeben muß. Das Haupt des Orpheus, das singend auf den Wellen des Hebros treibt, die Lyra, die weiterspielt und als Sternbild an den Himmel versetzt wird, stehen für die Apotheose der Kunst, wie sie verschiedentlich von Malern in den Jahrzehnten um die letzte Jahrhundertwende einfach und doch eindrucksvoll dargestellt wurde (Abb. 24–28) und wie Igor Strawinsky sie im letzten Satz seines Balletts *Orpheus* (1946/7) mit einfachster Motivik, klarer Stimmenführung und sparsamer Instrumention – die Harfe, Orpheus' Instrument, umspielt eine fugierte Melodie des Horns, des romantischen und männlichen Instruments, in D-Dur – eindrucksvoll beschworen hat.

Abb. 26:
Odilon Redon, Tête
d'Orphée sur la lyre,
1880 (Musée Municipal
de l'Échêvé, Limoges)

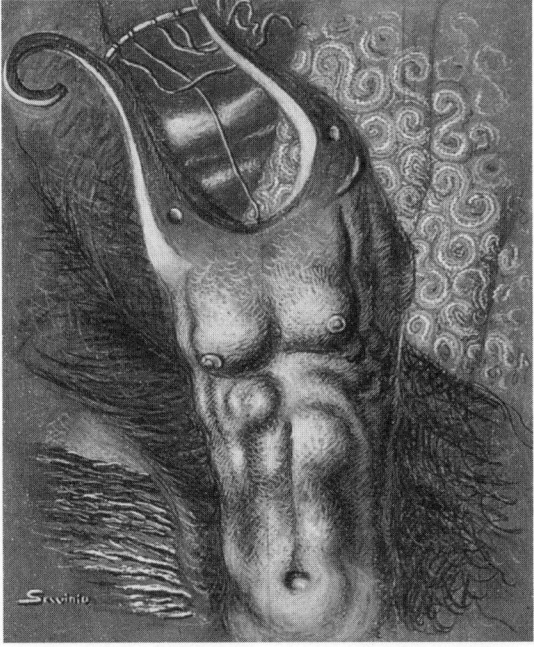

Abb. 27:
Alberto Savinio, Orfeo,
1932 (Musée d'Art Mo-
derne de la Ville de Paris)
© VG Bild-Kunst,
Bonn 1998

Abb. 28:
Odilon Redon, Orphée,
nach 1903 (Cleveland
Museum of Art)

Anmerkungen

Die in der Bibliographie aufgeführten Titel werden in den Amerkungen nur abgekürzt zitiert.

[1] Sohn des Oiagros: Pindar, *fr.* 128c, 11 f. ed. Snell-Maehler; Platon, *Symposion* 179d. Sohn des Apollon: Pindar, *Pythien* 4,176 f.; Ovid, *Metamorphosen* 10,167.

[2] Vergil, *Georgica* 4,453 ff.; Horaz, *Carmina* 3,11,13 ff.; Ovid, *Metramorphosen* 10,1–11, 66; *Culex* 268 ff.; Seneca, *Hercules furens* 569–591, *Hercules Oetaeus* 1031–1101.

[3] Ibykos, *fr.* 25 = Poetae Melici Graeci *fr.* 306, ed. Denys L. Page, Oxford 1967, S. 156.

[4] Apollonios von Rhodos, *Argonautika* 1,496 ff.; Simonides, *fr.* 62 = Poetae Melici Graeci *fr.* 567, S. 293.

[5] Hans Werner Henzes bei den Salzburger Festspielen 1966 uraufgeführte Oper *Die Bassariden* behandelt jedoch nicht den Tod des Orpheus, sondern basiert auf Euripides' *Bakchen* – ebenso wie Karol Szymanowskis Oper *König Roger*, die das Thema ins normannische Sizilien des 12. Jh.s verlegt (und in der Inszenierung von Peter Mußbach in der Spielzeit 1998/9 wieder in der Staatsoper Stuttgart zu sehen ist).

[6] Phanokles, Ἔρωτες ἢ Καλοί (*Erotes oder schöne Knaben*), in: Collectanea Alexandrina, ed. Iohannnes U. Powell, Oxford 1925, S. 106f.

[7] Martin L. West, The Orphic Poems, Oxford 1983. Sammlung der Testimonien und Fragmente bei Otto Kern (Ed.), Orphicorum Fragmenta, Berlin 1922, Ndr. 1963.

[8] Der Papyrus von Derveni ist noch immer nicht in einer kritischen Ausgabe veröffentlicht. Vorläufige Transkription von Reinhold Merkelbach, Der orphische Papyrus von Derveni, Zeitschrift für Papyrologie und Epigraphik 47, 1982, S. 1–12 (Sonderpaginierung im Anhang nach S. 300). Vgl. auch André Laks-Glenn W. Most (Ed.), Studies on the Derveni Papyrus, Oxford 1997.

[9] Vgl. Fritz Graf, Eleusis und die orphische Dichtung Athens in vorhellenistischer Zeit, Berlin-New York 1974; ders., Orpheus: A Poet among Men, in: Interpretations of Greek Mythology, ed. Jan Bremmer, Totowa/NJ 1986, S. 80–106; Orphisme et Orphée, éd. par Philippe Borgeaud, Genf 1991.

[10] Christoph Riedweg, Initiation – Tod – Unterwelt. Beobachtungen zur Kommunikationssituation und narrativen Technik der orphisch-bakchischen Goldblättchen, in: Ansichten griechischer Rituale. Geburtstags-Symposium für Walter Burkert, hrsg. von Fritz Graf, Stuttgart-Leipzig 1998, S. 359–467.

[11] Sérafim Charitonidis, Lilly Kahil, René Ginouvès (édd.), Les mosaïques de la Maison de Ménandre à Mytilène, Bern 1970

[12] Vgl. oben S. 38 und André Boulanger, Orphée. Rapports de l'orphisme et du christianisme, Paris 1925.

[13] Sie wird dem Sophisten Prodikos von Keos (2. Hälfte 5. Jh. v. Chr.) zugeschrieben und ist bei Xenophon, *Erinnerungen an Sokrates* (*Memorabilia*) 2,1,21–34 nacherzählt.

[14] Lexicon Iconographicum Mythologiae Classicae, Bd. 7, Zürich-München 1994, s.v. Orpheus Nr. 170 (mit Abb.).

[15] Vgl. Helga Scheible, Die Gedichte in der Consolatio Philosophiae des Boethius, Heidelberg 1972, S. 118ff.; Gerard O'Daly, The Poetry of Boethius, Chapel Hill-London 1991, S. 188ff.

[16] Pierre Courcelle, La Consolation de Philosophie dans la tradition littéraire. Antécédents et postérité de Boèce, Paris 1967, S. 247ff., 278ff., 302ff.; Heitmann 1963.

[17] Vgl. oben S. 40 und Antonie Wlosok, Allzu weltliche Lebenskunst. Orpheus als negatives Beispiel bei Christine de Pizan, in: Römische Lebenskunst, hrsg. von Geza Alföldy u.a., Heidelberg 1995, S. 155–167.

[18] *Ovide moralisé* 10, 2494–3008. 3305–3329, ed. Cornelis de Boer u.a., Bd. 4, Amsterdam 1936, S. 70ff., 90ff.

[19] Ziegler 1950; Buck 1961.

[20] Buck 1961, S. 16ff.; John Warden, Orpheus and Ficino, in: Warden 1982, S. 85–110.

[21] Antonia Tissoni Benvenuti, L'*Orfeo* del Poliziano, Padua 1986.

[22] Timothy J. McGee, *Orfeo* and *Euridice*, the First Two Operas, in: Warden 1982, S. 163–181; Attila Csampai-Dietmar Holland (Hrsg.), Claudio Monteverdi: Orfeo. Texte, Materialien, Kommentare, Reinbek b. Hamburg 1988. Übersicht über weitere Orpheus-Opern bei Davidson Reid 1992, II, S. 775ff.

[23] Hans Jürgen Tschiedel, Orpheus und Eurydice. Ein Beitrag zum Thema: Rilke und die Antike, Antike und Abendland 19, 1973, S. 61–82; Segal 1989, S. 118–154; Ernst Leisi, Rilkes Sonette an Orpheus: Interpretation, Kommentar, Glossar, Tübingen 1987.

[24] Ingeborg Bachmann, Sämtliche Gedichte, München [5]1996, S. 42; auch in: Mythos Orpheus 1997, S. 263.

[25] Oswald Panagl, Iphigenie geht – Ödipus kommt – Orpheus bleibt. Ein mythologisches Szenario des modernen Musiktheaters, in: Csobádi u. a. 1990, S. 1–12; Rainer Schönhaar, Auf der Spur des Orpheus in Dichtung, Drama und Film, Musik- und Tanztheater des 20. Jahrhunderts, a. a. O., S. 335–374.

[26] Oskar Kokoschka, Das schriftliche Werk, hrsg. von Heinz Spielmann. Bd. 1: Dichtungen und Dramen, Hamburg 1973, S. 111–175.

[27] Jean Cocteau, Orphée, par Jacques Brosse, Paris-Bruxelles-Montréal 1973. Vgl. Klaus Rave, Orpheus bei Cocteau, Frankfurt a. M. etc. 1984; Cornelia A. Tsakiridou (Ed.), Reviewing Orpheus: Essays on the Cinema and Art of Jean Cocteau, Lewisburg 1997.

[28] Vgl. oben Anm. 6.

[29] Vgl. Robert Wohlleben, Götter und Helden in Niedersachsen. Über das mythologische Substrat des Personals in „Caliban über Setebos", Bargfelder Bote 3, Juni 1973; Joachim Kaiser, DES SENGERS PHALL. Assoziation, Dissoziation, Wortspiel, Spannung und Tendenz in Arno Schmidts Orpheus-Erzählung „Caliban über Setebos", Bargfelder Bote 5–6, November 1973; Jörg Drews, Caliban Casts Out Ariel: Zum Verhältnis von Mythos und Psychoanalyse in Arno Schmidts Erzählung „Caliban über Setebos", in: Jörg Drews (Hrsg.), Gebirgslandschaft mit Arno Schmidt. Grazer Symposion 1980, München 1982, S. 46–65; Werner Schwarze, Ägyptologie in „Caliban über Setebos". Ein Deutungsversuch, München 1980; Ralf Georg Czapla, Mythos, Sexus und Traumspiel. Arno Schmidts Prosazyklus „Kühe in Halbtrauer", Paderborn 1993, S. 273–309 (Der griechisch-römische Orpheus-Mythos in CALIBAN ÜBER SETEBOS).

[30] Vgl. Reinhart Herzog, GLAUCUS ADEST. Antike-Identifizierungen im Werk Arno Schmidts, Bargfelder Bote 14, Dezember 1975 (das Folgende z. T. nach Herzog); Karl-Ernst Bröer, Die Geburt der 4. Instanz aus dem Geiste der Impotenz. Zur „Mühdtollogie" in »ZT«, Bargfelder Bote 58–60, März 1982, S. 15–27; Stefan Gradmann, Das Ungetym. Mythologie. Psychoanalyse und Zeichensynthesis in Arno Schmidts Joyce-Rezeption, München 1986, bes. S. 91 ff.

Bibliographie

August Buck, Der Orpheus-Mythos in der italienischen Renaissance, Krefeld 1961.
Peter Csobádi u. a. (Hrsg.), Antike Mythen im Musiktheater des 20. Jahrhunderts, Anif/Salzburg 1990.
Jane Davidson Reid, The Oxford Guide to Classical Mythology in the Arts, 1300–1990s, 2 Bde., New York-Oxford 1993.

John B. Friedman, Orpheus in the Middle Ages, Cambridge/Mass. 1970.

Klaus Heitmann, Orpheus im Mittelalter, Archiv für Kulturgeschichte 45, 1963, S. 253–294.

Dorothy M. Kosinski, Orpheus in Nineteenth-Century Symbolism, Ann Arbor-London 1989.

Eva Kushner, Le mythe d'Orphée dans la littérature française contemporaine, Paris 1961.

Les métamorphoses d'Orphée. Éditions Musée des Beaux-Arts de Tourcoing, Les Musées de la Ville de Strasbourg, Musée Communal d'Ixelles, Bruxelles 1995.

Mythos Orpheus. Texte von Vergil bis Ingeborg Bachmann, hrsg. von *Wolfgang Storch*, Leipzig 1997.

Orpheus und Eurydike: Poliziano, Calderón, Gluck, Offenbach, Kokoschka, Cocteau, Anouilh, hrsg. von *Joachim Schondorff*, mit einem Vorwort von Karl Kerényi (Theater der Jahrhunderte), München-Wien 1963.

Enrique R. Panyagua, Catálogo de representaciones de Orfeo en el arte antiguo I–III, Helmantica 23, 1972, S. 83–135, 393–416; 24, 1973, S. 433–498.

Christoph Riedweg, Orfeo, in: I Greci: Storia, Cultura, Arte, Società, a cura di Salvatore Settis, II, Turin 1997, S. 1251–1280.

Charles Segal, Orpheus: The Myth of the Poet, Baltimore-London 1989.

Walter A. Strauss, Descent and Return. The Orphic Theme in Modern Literature, Cambridge/Mass. 1971.

John Warden (Ed.), Orpheus: The Metamorphoses of a Myth, Toronto 1982.

Max Wegner, Orpheus: Ursprung und Nachfolge, Boreas 11, 1988, S. 177–225.

Konrat Ziegler, Orpheus, in: Pauly-Wissowa, Realencyclopädie der classischen Altertumswissenschaft XVIII/1, 1939, Sp. 1200–1316.

Konrat Ziegler, Orphische Dichtung, in: a.a.O. XVIII/2, 1942, Sp. 1321–1417.

Konrat Ziegler, Orpheus in Renaissance und Neuzeit, in: Form und Inhalt. Kunstgeschichtliche Studien, Otto Schmitt zum 60. Geburtstag am 13. Oktober 1950 dargebracht, Stuttgart 1950, S. 239–256.

Ödipus nach Sophokles

Thomas Alexander Szlezák

Ein neueres Buch zum Ödipus-Stoff beginnt mit Frage und Antwort folgendermaßen: „Oedipus? Never heard of it."

Es ist mir klar, daß dies nicht die Situation beschreibt, in der ich mich befinde. Wer vor dem literaturkundigen Publikum einer Tübinger Studium-Generale-Vorlesung über Ödipus reden will, muß seinen Hörern wirklich nicht erst sagen, wer Ödipus war.

Das ist auch nicht weiter erstaunlich. Aber als erstaunlich darf man es ansehen, daß dasselbe wohl auch von einem weit weniger belesenen Publikum, ja beinahe von jedem beliebigen Publikum gesagt werden könnte. Und so meint auch der soeben zitierte Autor, Lowell Edmunds, daß jene völlige Unkenntnis über Ödipus nur „in a completely new order of things" möglich wäre.[1]

Ödipus und seine Geschichte gehören heute zum Bildungsgut. Niemand muß erklärt bekommen, was Ödipus getan hat. Das Erschlagen des Vaters und das Zeugen von Kindern mit der eigenen Mutter sind Dinge, die je für sich schon extrem selten vorkommen; daß beides zusammen ein und derselben Person zustößt, hat folglich eine unendlich geringe Wahrscheinlichkeit. In Friedrich Dürrenmatts Erzählung „Das Sterben der Pythia" (1976) will die Pythia Ödipus „etwas möglichst Unsinniges und Unwahrscheinliches (prophezeien), von dem sie sicher war, daß es nie eintreffen würde, denn, dachte Pannychis, wer wäre auch imstande, seinen eigenen Vater zu ermorden und seiner eigenen Mutter beizuschlafen".[2] Wenn die Kombination dieser Verbrechen – oder sind es nur Unglücksfälle? – niemandem als radikal neue und eigentlich unwirkliche Möglichkeit erst bekannt gemacht werden muß, so kann das klarerweise nicht an der Wirklichkeit liegen, es muß aus der kulturellen Vermittlung kommen.

Beschäftigt haben sich mit dem Thema Ödipus in unserem Jahrhundert nicht nur Philologen und vergleichende Literaturhistoriker, sondern ebenso auch Ethnologen und Tiefenpsychologen, Märchenforscher und Theaterleute, dazu noch Verhaltensforscher und vor allem auch Komponisten und Dichter. Daß die Dichter damit fortfahren werden, scheint ziemlich sicher, und wenn sie das tun, werden auch all die anderen nicht damit aufhören, so daß die Prognose, die Geschichte von Ödipus werde auch in dreißig, in sechzig oder auch in hundert Jahren noch zur dann stark veränderten Bildung der Zeit gehören, vielleicht nicht allzu gewagt ist.

Ödipus gehört zu den überregional bekannten Figuren der Literatur spätestens seit ca. 600 v. Chr. (also grob gerechnet schon ca. 200 Jahre vor Sophokles). Und Ödipus blieb in diesem nicht so großen Kreis der immer Gegenwärtigen mit einer Beständigkeit wie wenige sonst. Natürlich gab es Perioden von reduzierter Intensität der Befassung mit seiner Gestalt und Perioden, in denen die Umformung des Mythos oder die Übertragung der Inzest-Thematik auf andere Figuren wichtiger waren als die Bewahrung des Mythos und die Auseinandersetzung mit seiner ursprünglichen Gestalt – ich denke hier an das Mittelalter, das den Ödipus-Stoff in Gestalt des Roman de Thèbes (um 1150/55) kennt und in interessanter Weise abwandelt, das den Mutter-Sohn-Inzest, die Buße für die Sünde und die schließliche Erhöhung des Schuldigen aber vor allem in der Gestalt des Gregorius verarbeitet. Die Renaissance empfand, wie zu erwarten, die sophokleische Vorlage wieder stärker als verbindlich, sodaß zunächst Übersetzungen und eng an der Vorlage bleibende Bearbeitungen überwogen.[3]

Ein Ereignis besonderer Art sowohl für die abendländische Theater- und Operngeschichte als auch für die Ödipus-Rezeption war die Eröffnung des von Palladio gebauten Teatro Olimpico in Vicenza im Jahr 1585. Gespielt wurde Sophokles' *Oidipus Tyrannos* in der Übersetzung von Orsatto Giustiniani, die Chorpartien wurden gesungen in einer Vertonung von Angelo Gabrieli. Auf diesen Anfang folgten nicht wenige weitere Vertonungen, und nicht nur der lyrischen Partien des Dramas. Das heißt es gibt eine umfangreiche Opernliteratur um die Ödipus-Gestalt, wobei die neue musikalische Großform der Oper auch neue Libretti erzwang, wären doch die sophokleischen Rheseis, Dialoge und Botenberichte wenig geeignet für die musikalischen Formen Arie und Rezitativ. Man findet nicht weniger als zwölf Opern, ferner zwölf Bühnenmusik- und vier Ballettkompositionen verzeichnet im Oxford Guide to Classical Mythology in the Arts (1993).

Über diese Ödipus-Musikliteratur will ich hier indes nicht sprechen. Einige Werke sind verloren, andere blieben ungedruckt, alle werden sie heute selten oder gar nicht gespielt, so daß auch Aufnahmen in den meisten Fällen nicht zur Verfügung stehen. Bekannt und auf CD verfügbar ist Igor Strawinskys lateinisches „Opern-Oratorium" *Oedipus Rex* (1927), dessen Libretto sich nicht etwa an das Drama Senecas anlehnt, auch nicht an Boccaccios lateinische Iocasta-Erzählung von 1362 in *De claris mulieribus,* vielmehr eine lateinische Übersetzung darstellt von einer Art Extrakt aus Sophokles, den Strawinskys Freund Jean Cocteau unter dem Titel *Oedipe-Roi* 1922 verfaßt hatte. Es war die erklärte Absicht des Komponisten, monumental und statuarisch zu wirken. Dementsprechend wählte er die oratorische Form, die gerade nicht die Handlung betont. Die Komposition scheint so der Dynamik des sophokleischen Stückes entgegenwirken zu wollen. Gleichwohl handelt es sich um ein imponierendes Werk einer „Neo-Archaik", wie Wolfgang Dömling das genannt hat. Ähnlich weite Verbreitung wie Strawinskys Oratorium fand Carl Orffs Vertonung von Hölderlins Sophokles-Übersetzung *Ödipus der Tyrann* von 1959, während eine Reihe weiterer Musikwerke – zumindest in unserem Land – weniger Beachtung fand.[4]

Doch zurück zur Sophokles-Aufführung von Vicenza 1585. Das prächtige neue Theater sollte in einer Zeit, die programmatisch nach Größe strebte, würdig und bedeutsam eingeweiht werden. Für die Wahl des Stückes gab es bei dieser Zielsetzung nur *eine* Möglichkeit. Man las ja seit langer Zeit wieder die *Poetik* des Aristoteles und hatte dessen Sichtweise gründlich verinnerlicht. In diesem Grundwerk der europäischen Literaturtheorie, geschrieben um die Mitte des vierten Jahrhunderts v. Chr., ist der *Oidipus Tyrannos* bereits als das herausragende Musterdrama behandelt, an dem die wichtigsten Merkmale der Gattung Tragödie abgelesen werden können. Die Tragödie ist verstanden als Darstellung einer ernsten Handlung, wobei durch Erregung von Mitleid und Furcht beim Zuschauer eine Befreiung (oder Reinigung = *katharsis*, κάθαρσις) von solchen Affekten erzielt wird (Aristoteles, *Poetik* 1449 b 24–28). Mitleid und Furcht kommen zustande, wenn ein mittlerer Charakter, also ein weder vollkommener noch verwerflicher Mensch, aus dem Glück ins Unglück stürzt auf Grund einer Verfehlung (*hamartia*, ἁμαρτία), an der gemessen die Strafe zu groß zu sein scheint. Das Übermaß des Unglücks ist die Voraussetzung für die Empfindung des Mitleids, die Ähnlichkeit des Leidenden als mittleren Charakters mit dem Zuschauer die Voraussetzung für die Furcht (1452 b 34–1453 a 12). Als Beispiel für einen aus großem Ruhm und Glück abstürzenden mittleren Charakter aber wird Oidipus genannt (1453 a 11).

Man kann sich fragen, ob Aristoteles bei seiner Tragödientheorie gut daran tat, Sophokles' *König Oedipus* als Mustertragödie zu behandeln. In welchem Sinn ist denn Oidipus ein mittlerer Charakter? Ist wirklich Mitleid das Gefühl, das sein Sturz auslöst? Und fürchten wir für ihn vor seinem Sturz, weil wir uns ihm gleich vorkommen?

Indes könnte es sein, daß Aristoteles dieses Stück nicht erst auf Grund seiner Tragödientheorie heraushob, sondern es schon in der Tradition als herausgehobenes vorfand. Wer oder was machte den *König Oedipus* zur Tragödie par excellence? Über die früheste Rezeption wissen wir nichts. Daß die offizielle Jury der Tragödienfestspiele im Jahr der Aufführung (um 430 v. Chr.) Sophokles auf Platz zwei hinter Philokles setzte,[5] besagt natürlich nichts, denn die Aufführung umfaßte vier Stücke von jedem der Dichter – abgesehen davon, daß das Urteil der Jury nicht das Urteil der Mehrheit gewesen sein muß. Man darf annehmen, daß der Rang des Stükkes den Theaterkundigen nicht verborgen blieb und daß dies den Dichter auf den Gedanken brachte, oder vielleicht nur in dem schon gefaßten Plan bestärkte, an seiner mächtigen Schöpfung weiterzudichten. Das mag soweit bloße Vermutung sein. Doch die Tatsache, daß Sophokles im *Oedipus auf Kolonos* ein zweites Meisterwerk um diese Figur vorgelegt hat, und dies offenbar als geplanten Abschluß seiner dichterischen Karriere, scheint mir zu folgender Feststellung zu berechtigen:

Offenbar wollte der Dichter aus seinem umfangreichen Oeuvre gerade diese eine Gestalt, dieses eine Stück herausheben, daher bezieht sich das spätere Drama strukturell und inhaltlich ununterbrochen auf das frühere, auf den *König Ödipus.* Und indem der Dichter sein Lebenswerk mit einem eindrucksvollen Stück mit stark betontem intertextuellen Verweischarakter abschloß, arbeitete er weiter am Mythos des „Oedipus", „Oedipus" jetzt nicht verstanden als Mythenfigur, sondern als „Mythos" der Theatergeschichte, womit er selbst die Voraussetzung dafür schuf, daß Aristoteles zwei Generationen später in seiner *Poetik* die exemplarische Statur jener Oedipus-Dichtung, die Sophokles selbst in einer zweiten Dichtung über dieselbe Gestalt reflektiert hatte, festschreiben konnte.

Der sophokleische Oedipus ist der ganze Oedipus der beiden Stücke. Das zweite Stück, der *Oedipus auf Kolonos* – aufgeführt 401 v.Chr., vier Jahre nach dem Tod des Dichters –, ist die Geschichte vom Sterben des greisen blinden Bettlers Oedipus. Er weiß, daß er jetzt sterben wird, und akzeptiert den Tod als Befreiung und Erfüllung, vor allem als Gnade der Götter. Gegen Widerstand setzt er durch, daß er dort sterben darf, wo er es will, wobei sein Wille und der der Götter nun am Ende übereinstimmen. Sein Sterben ist ein bewußt vollzogener Prozeß, ein aktiv mitgestaltetes Geschehen. Das Aktive bei Ödipus ist natürlich nicht Selbstmord, sondern bejahende Annahme des Rufes aus der anderen Welt und zugleich wissendes Bestimmen der Verhältnisse, die er zurückläßt. Der Vaterstadt entzieht er seinen Schutz, den Söhnen läßt er den Fluch zurück: sie werden sich gegenseitig töten. Den Töchtern, die ihm so viel Liebe entgegenbrachten, sagt er abschiednehmend, daß *ein* Wort alle Mühsal des Lebens aufwiegt: die Liebe (1610–19). Der gottesfürchtigen Stadt Athen aber wird sein verborgenes Grab für alle Zeit Schutz gewähren.

Das Stück gestaltet das gefaßte und selbstbestimmte Dem-Tod-Entgegen-Gehen als die äußerste Möglichkeit des Menschen, weshalb dieses Geschehen der Gestalt gegeben wird, an der mehr als 20 Jahre zuvor die Nichtigkeit der menschlichen Selbstbestimmung gezeigt worden war.[6] Der von

den Göttern zu schrecklichen Taten Bestimmte und von den Menschen
Verstoßene findet hier den Einklang mit den Göttern und die Reintegra-
tion in die Gemeinschaft.

Zugleich ist das Stück so gestaltet, daß es sich als der eigene Abschied
des über 90 Jahre alten Dichters vom Leben, von der Dichtung und von
seiner Stadt Athen lesen läßt. Vor allem der versprochene Schutz für Athen,
das am Ende des Peloponnesischen Krieges extrem gefährdet war, weist in
diese Richtung. Ferner wird man den Verdacht auf Selbstbezüglichkeit nicht
los an den Stellen, wo der bloße Name Oidipus bei den Mitspielern Entsetzen und Abwehr auslöst (*Oedipus auf Kolonos* 222 ff.) und der enorme
Bekanntheitsgrad seiner Gestalt erwähnt wird (305 f., 517 f., 551 f., 597).
„Alle Griechen" reden vom Schicksal des Oedipus, heißt es einmal (597).
Gilt das nur von den Griechen der mythischen, der vortrojanischen Zeit?
Oder gleichzeitig auch von den theatersüchtigen Griechen um 400 v. Chr.?
Dann wäre der unbegrenzte Ruhm vor allem der des Stückes, nicht nur der
des Mythos. Letzteres scheint mir deswegen nicht unwahrscheinlich, weil
der Ödipus, vor dem sich die Athener der Urzeit im zweiten Stück entset-
zen, deutlich der sophokleische Ödipus des früheren Stückes ist.

Denn vor anderen Oidipodes mußte man sich vielleicht gar nicht so sehr
entsetzen. Die erste Erwähnung des Vatermordes und der Inzestehe mit
der Mutter, eine zehnzeilige Episode im Rahmen von Odysseus' Befra-
gung der Seelen der Verstorbenen in der Unterwelt im 11. Buch der Odyssee (271–280), läßt die Geschichte zwar mit großem Schmerz enden, aber
wohl nicht mit grausigem Entsetzen: das Verbrechen wird enthüllt von
den Göttern, und zwar „alsbald" (ἄφαρ, 274), von Selbstentdeckung und
von Kindern aus der Inzestverbindung ist nicht die Rede, von Selbstbestrafung auch nicht. Epikaste – so heißt die spätere Iokaste bei Homer –
erhängt sich zwar, doch bleibt Oidipus, wenn auch „Schmerzen leidend"
(ἄλγεα πάσχων), weiter König. In einem langen Fragment des Chorlyrikers
Stesichoros (um 600 v. Chr.)[7] versucht die Mutter die Oedipus-Söhne zum
Ausgleich zu bewegen, sie hat also hier die Entdeckung ihres Inzestes nicht
mit dem Selbstmord beantwortet; vielleicht war auch Oedipus' Schicksal
nicht mit äußerster Härte zu Ende geführt. Iokaste erlebt auch in Euripides' *Phoinissai* (aufgeführt ca. 411/409 v. Chr.) noch den tödlichen Kampf
ihrer Söhne Eteokles und Polyneikes, erst das bringt sie zum Selbstmord,
nicht die verkehrte sexuelle Beziehung (in ihrer Ehe) zu ihrem ersten Sohn
Oidipus. In Euripides' Oidipus-Drama (aufgeführt wohl vor den *Phoinissai*) war Oidipus von den Dienern des Laios geblendet worden, was
gewiß eine sehr grausame Strafe ist, selbst für ein Verbrechen wie den
Königsmord, aber gleichwohl des Grauens einer Selbstblendung entbehrt.
In den *Phoinissai* überlebt Oedipus seine Söhne, als liebender Vater be-

rührt er ihre Leichen auf dem Schlachtfeld (*Phoinissai* 1699–1701). Er erlebt so noch mehr des Leids als bei Sophokles, doch ist dies ‚Mehr‘ nur ein additives Mehr, das zwar das Mitleid steigern kann, der Gestalt aber ihre Isoliertheit und furchteinflößende Konsequenz nimmt. Mit der Blendung von fremder Hand in seinem *Oidipus* hatte Euripides die schon von Aischylos eingeführte Selbstblendung abgeschwächt.[8] Der aischyleische Oedipus – 467 v. Chr. auf die Bühne gebracht im Rahmen der ‚thebanischen‘ Trilogie *Laios – Oidipus – Sieben gegen Theben* – mag dem sophokleischen am nächsten gestanden haben hinsichtlich der Härte seines Tuns, doch darf man annehmen, daß die Kraft des Fluchs auf dem Geschlecht des Laios stärker betont war als die Selbstverstümmelung in Eigenverantwortung, und daß den Höhepunkt des Grauens der Fluch des Helden gegen seine Söhne darstellte,[9] der zum erhaltenen nächsten Stück der Trilogie, den *Sieben gegen Theben*, weiterführte (vgl. Aisch., *Septem* 778–791).

Der sophokleische Oedipus versucht in erster Linie dem Orakel, das ihn zum Vatermörder und Mutterschänder bestimmt, zu entgehen und erfüllt es gerade mit den Entscheidungen, die er zur Vermeidung dieses Schicksals trifft. Nach der ihm unbewußten Erfüllung der Orakel sucht er, von Apollon auf den Weg gebracht, nach seiner Tat und damit seiner Identität weiter und weicht vor dem Schrecklichen nicht aus. Er bestraft sich so, daß er seine Strafe und seine Befleckung zu Ende leben muß. Sich selbst und den anderen ist er ein Greuel – doch er bleibt weiter Gegenstand von Orakeln. Die Götter geben ihm die Macht über Theben, das ihn vernichtet hat, und die Macht über das Schicksal seiner Söhne, die ihn nicht ehrten. Sein Grab bleibt geheim und bringt so dem Land, das ihn birgt, für immer Segen.

Überblickt man das Ödipus-Schicksal bis zu seinem Ende, so zeigt sich, daß das Wichtigste nicht der Vatermord und nicht der Inzest ist, sondern dies, daß das Orakel des Apollon sich um ihn kümmert. Zweitens aber, daß der Mensch, auf den der Gott sein Augenmerk richtet, in jeder Phase aktiv mitwirkt:

- aktiv versucht er dem Orakel zu entgehen, was mißlingt;
- aktiv deckt er seine Identität auf, was ihn vernichtet;
- aktiv vollzieht er die Strafe an sich selbst, was ihn aus der Gemeinschaft der Menschen ausschließt; und
- aktiv geht er seinem Tod entgegen, wobei ihm eine Macht zuwächst, die seinen früheren, scheinhaften Glanz in den Schatten stellt.

Die beiden Hälften der sophokleischen Geschichte von Oedipus ergeben erst zusammen eine Geschichte vom Menschen.[10] Das Rätsel der Sphinx, das auf den Menschen zielt, löste Oedipus *vor* seinem größten Frevel. Selbsterkenntnis war dafür nicht erforderlich. Der das Rätsel löste, muß noch viel dazulernen, nämlich:

- daß der Mensch sich nicht kennt;
- daß der Mensch sich nicht selbst bestimmen kann; Apollon weist Oedipus seine Identität zu;
- daß der Mensch sich aber selbst suchen kann; auf der Suche gibt es viel Irren, und das Finden der Wahrheit ist nicht erfreulich;
- vor allem aber daß der Mensch annehmen kann, was der Gott ihm zugewiesen hat; auf diesem Weg kann er die Huld des Gottes zurückgewinnen.

Im ersten Stück, auf der Höhe der Macht und bei der Selbst-Suche und Selbstbestrafung, ist Oedipus allein, das Einverständnis mit Iokaste erweist sich als trügerisch. Im zweiten Stück, auf dem Tiefpunkt des Bettlerdaseins, ist er getragen von der Liebe der Töchter und der Freundschaft des Theseus. Seine letzten Worte, an diese Menschen gerichtet, kreisen um Liebe (τὸ φιλεῖν, 1617) und Treue (πίστιν ἀρχαίαν, 1632). Danach kommt nur noch das Sich-Niederwerfen vor Erde und Olymp, vor unteren und oberen Göttern (1653–55). Das ist das Letzte, was wir von Oedipus hören. Man darf wohl so verstehen, daß der Rätsellöser nunmehr wirklich weiß, was der Mensch ist oder sein soll.

Was ist nun das Zwingende an der Oedipus-Geschichte? (Ich gehe davon aus, daß sich noch niemand dieser Geschichte entziehen konnte.) Ich glaube, es liegt in folgenden Elementen:

- Die Ereignisse sind unabwendbar. Laios zwar hätte sie verhindern können durch Verzicht auf die Zeugung eines Sohnes. Da er es nicht tat, ist danach kein Spielraum für die Nichterfüllung der Orakel.
- Die Gottheit, die den Frevel voraussagt und wirklich werden läßt, ist erhaben, rein, unergründlich.
- Oedipus selbst will rein sein, ist gottesfürchtig und pflichtbewußt.
- Seine geistigen Gaben sind überragend: nur er löst das Rätsel der Sphinx.
- Oedipus entdeckt seine Taten selbst.
- Er bestraft sich auch selbst.
- Seine Verbrechen sind die größten, und sie erfolgen in einer Klimax: der Inzest ist weit schlimmer als das Erschlagen des Vaters.
- Oedipus' Kampf gegen sein Schicksal ist ein einsamer Kampf.

Wenn die Verbindung dieser Voraussetzungen und Aspekte der Handlung das Zwingende der Oedipus-Geschichte ausmacht, so muß schon Veränderung eines einzigen Punktes eine deutlich andere Geschichte ergeben. Die Dichter, die im Laufe der Jahrhunderte den Oedipus-Stoff behandelten, haben nach und nach an fast allen Punkten Änderungen vorgenommen. Es sind nicht wenige bedeutende Werke dabei entstanden, und der Oedipus-Stoff erwies sich dabei als geeignet, die Weltsicht und das Menschenbild vieler Epochen auszudrücken. Ein Aspekt der Handlung, der neu dazugewonnen wurde, ist die Liebe zwischen Iokaste und Oedipus, abgeändert wurde vor allem die Auffassung der Vorbestimmung durch das

Orakel und des Willens der Götter, aufgegeben wurde oft das Isoliertsein des Oedipus, verloren ging meistens die Autonomie seiner Selbstzerstörung und seine Ambivalenz als Schuldbeladener und Segensbringer.

Aus seinem Alleinstehen befreit ist Oedipus bei Pierre Corneille, dessen Tragödie *Oedipe* von 1659 (nach zwei französischen Bearbeitungen des Stoffes im frühen 17. Jahrhundert) die erste selbständige Neufassung von einem bedeutenden Dichter darstellt.[11] Corneille führt eine Nebenhandlung neu ein, die die Haupthandlung zeitweilig ganz zurückdrängt. Theseus ist aus dem zweiten sophokleischen Stück genommen und in die erste, thebanische Handlungsphase versetzt. Doch ist dieser Thésée nicht so sehr gottesfürchtiger Herrscher und Wahrer des Rechts, sondern in erster Linie Liebhaber: er wirbt um die neu eingeführte Figur der Dirke (Dircé), einer Tochter des Laios und der Iokaste, also leiblicher Schwester und rechtlicher Stieftochter des Oedipus, der sich als König dieser Verbindung widersetzt. Haupt- und Nebenhandlung verbinden sich, als das Orakel das Ende der Pest vom freiwilligen Tod eines Sprosses von Laios abhängig macht, und Dircé sich zu opfern bereit ist. (Insofern ein solcher Tod in Corneilles Stück nicht stattfindet, ist das Orakel schon dadurch implizit abgewertet.) Um Dircé zu retten, behauptet Thésée, *er* sei der einst ausgesetzte Sohn des Laios. Statt Unklarheit des Menschen über seine Identität haben wir bewußten Betrug in dieser Frage, wenn auch aus edelsten Motiven. Als sich herausstellt, daß Oedipe der Mörder des Laios ist, will der falsche Laios-Sohn Thésée den ,Vater‘ im Zweikampf mit Oedipe rächen. Durch diese Vorstellung ist die Selbstbestrafung, die später doch noch folgt, in ihrer Wucht schon abgemildert. Nach der Entdeckung der vollen Wahrheit entscheidet Oedipe, daß Dircé und Thésée doch ein Paar werden dürfen. Sie beherrschen denn auch die letzten vier Szenen des Stückes, während Oedipe, der sich im Haus selbst blendet, nach dieser Tat nicht mehr auf der Bühne erscheint. Diese Lösung traf der Dichter (nach dem Vorwort zum Stück) aus Rücksicht auf das Feingefühl der Damen („la délicatesse de nos dames").

Wieso kann sich Oedipe im Angesicht der vollen Wahrheit mit Dingen wie der Verbindung Dircé-Thésée befassen, statt mit sich selbst (als dem schlimmsten Frevler)? Weil im ganzen Stück schon das Oedipus-Schicksal nicht in der Weise der antiken Vorlage mit der Person der Hauptfigur verbunden ist. „Mein Untergang scheint *für den Staat* Notwendigkeit zu sein" sagt Oedipe am Ende von Akt IV. 4, als klar ist, daß er Laios tötete, aber noch nicht, daß dieser sein Vater war. Oidipus bei Sophokles hatte schon in dieser Phase der Enthüllung die Tat ganz auf seinen moralischen Status bezogen (*Oidipus Tyrannos* 821–3), die Notwendigkeit für den Staat hinter sich lassend. Der Bote aus Korinth, der die Identität von Oedipe verrät, redet in Akt V. 5 ganz von selbst, kein leidenschaftlich seine Identität suchender König muß ihn dazu treiben. Nachdem der Bote gesprochen hat, sagt Oedipe zu ihm und zum thebanischen Hirten, also zu seinen Rettern:

> Der Himmel hatte es vorhergesagt, und Ihr habt es vollendet;
> Und Ihr habt alles dies getan, als Ihr mich rettetet.[12]

Die einst bloße Werkzeuge des Schicksals waren, erscheinen hier für einen Augenblick als Täter. Und was den „Himmel" betrifft, der Oedipe alles vorhergesagt hat, so wird er von Thésée am Ende des dritten Aktes einer weit eindrucksvolleren Kritik unterzogen als durch Iokaste bei Sophokles (*Oidipus Tyrannos* 707–725, 857–8). Mag Oedipe die Unentrinnbarkeit des Schicksals am Ende (V. 7) auch anerkennen, er identifiziert sich letztlich nicht mit seinen Verbrechen; daß sie gegen seinen Willen erfolgten, bleibt wichtiger, als daß sie *seine* Verbrechen waren. Daher hebt seine Sicht auch nicht Thésées flammendes Plädoyer für die Willensfreiheit auf. Thésée empört sich:

> Der Mensch hätt auf sich selber so geringen Einfluß,
> Daß er ein Schurke wird, wenn Delphi es vorausgesagt?[13]

Der unergründliche Wille der Götter ist für ihn ein „tiefer Abgrund, wo wir nichts erkennen können".[14]

Hier konnte Voltaire anknüpfen, der ca. 60 Jahre nach Corneille in jugendlichem Alter ein Stück auf die Bühne brachte, das zu einem großen Erfolg wurde.[15] Was der Priester über Oedipus verkündet,[16] erweist sich zwar als die Wahrheit. Doch was von anderen Figuren gegen die Priester gesagt wird, bleibt beunruhigend und aufrüttelnd stehen. Iokastes Worte:

> Solch schrecklich Beispiel diene Euch als Lehre!
> Verbannt den Schrecken, den ein Priester Euch versetzt;
> Aus meinen Fehlern lernt.[17]

sind als Aufforderung deutlich genug und konnte vom Publikum durchaus als politische Aussage gegen den mächtigen Klerus aufgefaßt werden. Ein politisches Element bringt auch die Bedrohung der des Mordes an Laios Verdächtigen, des Phorbas und des Philoktet, durch das aufgebrachte Volk (Akt III.2) – man muß nur dazudenken, daß die Wut des Volkes sich in Wahrheit auf den König richten müßte. Und die Macht in Frankreich hatte damals der Regent Philippe von Orléans (reg. 1715–1723), dem ein inzestuöses Verhältnis nachgesagt wurde.

Die Liebe wird bei Voltaire noch wichtiger als bei Corneille, insofern sie nun mit einer der Hauptfiguren verbunden ist: Iokaste liebt immer noch Philoktet, den sie ursprünglich hatte heiraten wollen, bevor sie in die Ehe mit Laios gezwungen wurde. Philoktet ist im ganzen Stück präsent: seine Rückkehr eröffnet das Stück, dann wird er der Tötung des Laios verdächtigt, verteidigt Oedipus gegen die Priester und wird von ihm am Schluß als neuer Herrscher vorgeschlagen. Iokastes Liebe zu ihm, die sie freilich nicht untreu werden läßt, mindert die Bedeutung des Inzestmotivs, insofern sie so nicht mehr durch die unerlaubte Beziehung zu ihrem Sohn definiert ist, sondern ihrem innersten Empfinden nach in eine ganz andere, erlaubte und reine Beziehung gehört. Voltaire mildert die Situation auch dadurch, daß aus der nur zwei Jahre währenden Ehe von Iokaste und Oedipus keine Kinder hervorgegangen sind. Für Oedipus empfindet Iokaste nur Freundschaft.

In Übereinstimmung mit der Kritik an den Priestern steht die Wertung des Willens der Götter, den sie verkünden. Iokaste tötet sich selbst auf der Bühne – wie bei Seneca – und schließt hierbei das Drama mit dem Wort, daß sie „die Götter zum Erröten brachte, die sie [mich] zum Frevel zwangen"[18]). Ebenso klar entlastet Oedipus sich selbst: er war wider seinen Willen „der Sklave und das Werkzeug einer unbekannten Macht". Eigene Schuld hat er nicht. „Ihr Götter, …, meine Frevel sind die euern, für sie bestraft ihr mich."[19]

Erotisierung, Politisierung und die dem Geist der beginnenden Aufklärung gemäße Klerus- und Religionsfeindlichkeit machten Voltaires *Oedipe* zu einem Theaterereignis und langwährenden Erfolg im Paris des frühen 18. Jahrhunderts.

Die Figur Iokastes gewinnt notwendig an Statur, sobald sie nicht mehr allein durch die Inzestehe mit dem Sohn definiert ist. An Voltaire konnten wir das soeben feststellen – doch ist dies beileibe nicht der erste Text, der das zeigt. Die Iokaste, die zwischen ihren Söhnen, die unter Oedipus' Fluch stehen, Frieden zu stiften versucht, hatte schon bei Stesichoros und in Euripides' *Phoinissai* eine zusätzliche Dimension, die ihr Sophokles wohl mit Bedacht auch im zweiten Stück nicht gab. Unter dem Druck der gegenwärtigen Not sieht die euripideische Iokaste den lange zurückliegenden Inzest mit einer resignierten Distanziertheit, die ihm viel von seinem Gewicht nimmt: „Was soll's", sagt sie, „man muß tragen, was die Götter senden" (Phoinissai 382). Eine ganz andere, etwas fragwürdige Relativierung erfährt das Inzestmotiv, wenn in unserem Jahrhundert André Gide die inzestuöse Neigung zum Familienmerkmal macht und Eteokles und Polyneikes ihre Schwester Ismene begehren läßt:

> ETEOKLES: So suche ich zum Beispiel jetzt irgendeinen Satz, der mir das Recht gäbe, mit Ismene zu schlafen.
> KREON *halblaut zu Oedipus:* Dieser Schlingel!
> POLYNEIKES: Mit deiner Schwester?
> ETEOKLES: Mit unserer Schwester … Nun, was ist denn dabei?

POLYNEIKES: Wenn du es findest ... dann sagst du es mir, nicht wahr?
KREON: Zwei Schlingel.
OEDIPUS *zu Kreon*: Geh weg.
ETEOKLES: Wenn ich was finde?
POLYNEIKES: Diese Ermächtigung. Aber es gibt eine andere, weniger spezielle, die du darum auch leichter finden könntest, nämlich die, auf eine Ermächtigung zu verzichten.[20]

Die unbekümmerte Rechtfertigung ihrer Begierden durch die Brüder und deren Charakterisierung mittels des harmlosen Wortes ‚Schlingel‘ durch ihren Onkel Kreon wirken gegenüber der Tradition, für die der Inzest mit Horror belegt ist, verfremdend und erheiternd.

Die etwas freudianisch geschilderten Inzestphantasien der Oedipus-Söhne bei Gide machen *e contrario* deutlich, daß die Oedipus-Geschichte durchaus nicht ein Maximum an vollzogenem Inzest anstrebt. In dieser Hinsicht ist der griechische Mythos leicht zu übertreffen. Drei Beispiele hierfür.

In der mittelalterlichen Gregorius-Legende ist der künftige Papst nicht nur Gatte seiner Mutter, sondern selbst schon Produkt des Inzestes zwischen Geschwistern. Die Mutter, im Vergleich mit Iokaste doppelt belastet, tötet sich gleichwohl nicht, sondern erlangt, wie der Sohn, Vergebung und beschließt ihre Tage in Frömmigkeit.

Schwer ist die Inzestverstrickung auch in der Familie, der Moses entstammte, jedenfalls in der Deutung von Saul Levine und John Pairman Brown, die zwei Stellen aus dem Pentateuch kombinieren.[21] Danach zeugte Levi mit seiner Tochter Jochebed den Kohath, der also Jochebeds Sohn und Bruder war. Dessen Sohn Amram zeugte wiederum mit Jochebed, seiner Großmutter und Tante, den Moses. Niemand tut sich ob dieser Konzentration von Inzest ein Leids an.

Und drittens nennt die Enzyklopädie des Märchens[22] eine ganze Anzahl von Belegen für Geschichten mit multiplem Inzest, in denen Männer Inzeste mit Mutter, Schwester, Taufpatin, Schwägerin und Wahlschwestern beichten. Ich kann mir kaum vorstellen, daß es Leser oder Hörer gibt, bei denen solche Don Juans der intrafamiliären Erotik das Entsetzen über den Inzest zu steigern vermögen.

Anders gesagt: Sophokles hat es fertiggebracht, mit einem vergleichsweise geringen Aufwand an Inzest ein erstaunliches Quantum an Grauen in die europäische Literatur einzubringen.

Das Grauen, das von der Oedipus-Gestalt ausgeht, wurzelt allein im Entsetzen über die moralische Qualität dessen, was er Vater und Mutter antat. Zur verbalen und visuellen Vermittlung dieses Grauens genügten dem griechischen Dramatiker zehn Verse über die Blendung (*Oidipus Ty-*

rannos 1268–77) und eine neue Maske, mit der Oidipus nach der Selbstblendung auftrat. Im übrigen setzte er auf die Kraft der Selbstverurteilung.
Ein Versuch, das Grauen zu steigern durch Überbieten im physischen
Detail findet sich schon bei Seneca, der die zehn sophokleischen Verse auf
54 anwachsen läßt, die viel Raum bieten für das Fließen des Blutes und das
Auskratzen der schon leeren Augenhöhlen mit den Fingernägeln.[23] Noch
weiter geht die Beschäftigung mit dem grausigen Detail in der mittelalterlichen französischen Versdichtung „Roman de Thèbes", wo Polyneikes
und Eteokles die ausgerissenen Augäpfel des Vaters finden und mit den
Füßen zertreten im Entsetzen über den Inzest.[24] Auch hat die Selbstblendung als Strafe nicht allen genügt. Im Ödipus-Drama von John Dryden
und Nathaniel Lee[25] von 1679, das zu gleichen Teilen von Seneca und
Corneille geprägt ist, stirbt der blinde Ödipus durch Sturz aus dem Palast,
vor ihm freilich stirbt Eurydike, eine Tochter Jokastes aus erster Ehe, durch
Kreon, dieser durch Adrast, Eurydikes Geliebten, dieser durch Kreons
Soldaten, die Kinder Jokastes durch die Mutter und diese durch sich selbst.
Dryden und Lee geben mithin acht Leichen mehr als Sophokles, und
konnten ihn doch nicht verdrängen. Die dramatische Darstellung des
Grauens ist eine heikle Sache, die Gefahr, den schmalen Grat zwischen
Harmlosigkeit und Lächerlichkeit zu verfehlen, ist groß.

Der Horror über den Mutterinzest, im Grunde nicht zu steigern, wurde
vielmehr, wie wir sahen, öfters abgemildert durch die Verlagerung des dramatischen Interesses auf andere Beziehungen, in denen Iokaste steht. Ein
anderer Weg liegt in dem Versuch, die normwidrige Beziehung zwischen
Mutter und Sohn verständlich zu machen. Im „Roman de Thèbes" verliebt
sich Iokaste in den Sieger über die Sphinx (während nach der Logik des
Mythos die Hand der Königin einfach der Preis für den Retter der Stadt
ist, und Gefühle folglich zur Motivierung der Handlung nicht erwähnt
werden müssen). Bei Dryden und Lee wird am Ende des ersten Aktes die
Gegenseitigkeit der Liebe zwischen Oedipus und Iokaste betont, und der
Text legt beiden eine hintersinnige Sprache in den Mund, die die Liebe der
Ehepartner der Liebe zwischen Mutter und Kind annähert.[26]

Am weitesten ging in der Gestaltung der Liebe des Königspaares Hugo
von Hofmannsthal in seinem Stück *Ödipus und die Sphinx*[27] von 1905 (aufgeführt im Deutschen Theater Berlin, 1906). Das Stück mit dem Untertitel
„Tragödie in drei Aufzügen" gilt ganz dem, was Aristoteles die Vorgeschichte oder ‚was außerhalb des Dramas liegt' (τὰ ἔξω τοῦ δράματος) nennt,
und das ist hier – vom *König Ödipus* aus gesehen – die Tötung des Laios,
der Sieg über die Sphinx und die erste Begegnung mit Iokaste. Hoffmans-
thal folgt weitgehend der Bearbeitung dieser Phase des Mythos durch José-
phin Péladan, von dem er selbst den Titel und die Einteilung in drei Akte

übernimmt (*Oedipe et le Sphinx*, 1903). Geplant war eine Trilogie, die über die Entdeckung der Frevel zum Ende in Kolonos führen sollte. (Das letzte Stück kam nicht zustande, das zweite existiert als Hofmannsthals Überset-zung bzw. Nachdichtung des sophokleischen *Oidipus Tyrannos*.)

Oedipus schildert seine Begegnung mit der Sphinx in folgenden Worten:

> da gab es [sc. das Weib: die Sphinx] von den fahlen
> gräßlichen Lippen seinen Gruß in meine
> schlagende Brust hinein: ‚Da bist du ja‘, –
> das Wort legt’ es in mich hinein, ‚auf den ich
> gewartet habe, heil dir Ödipus!
> Heil, der die tiefen Träume träumt‘ – und da
> zerschnitten meine Brust, wirft sich’s nach rückwärts,
> den Blick auf mir, den schon verendenden,
> mit einer grauenhaften Zärtlichkeit
> durchtränkten, rücklings in den Abgrund, den
> das Aug’ nicht mißt, den steinernen, und schreit
> im Todessturz den namenlosesten,
> furchtbarsten Schrei, in dem sich ein Triumph
> mit einem Todeskampf vermählt und stürzt
> vor meinem Fuß hinab und schlägt tief unten
> dumpf auf.[28]

Es gab also kein Rätsel zu lösen für Ödipus, die Sphinx kennt ihn, nicht er ihr Rätsel. Für Kreon, der auf den Tod des Ödipus durch die Sphinx ge-hofft hatte, ist nunmehr der Sieger zugleich „ein Gott" und „Mensch, wie Rätsel unbegreiflich".[29] Dieser Mensch also träumt „die tiefen Träume". Ödipus schildert seinen „Lebenstraum" lange vor der Begegnung mit der Sphinx:

> auf einmal
> erschlugen meine Hände einen Mann:
> und trunken war mein Herz von Lust des Zornes.
> Ich wollte sein Gesicht sehn, doch ein Tuch
> verhüllte das, und weiter riß mich schon
> der Traum und riß mich in ein Bette, wo
> ich lag bei einem Weib, in deren Armen
> mir war, als wäre ich ein Gott.

Dieses erträumte „wundervolle Weib"[30] begegnet ihm in der Gestalt Jokas-tes, die ihn, wie ihr Bruder Kreon (wenn auch aus anderem Empfinden) anspricht: „Du bist ein Gott". Und sie fährt fort:

> Nur Götter schaffen um,
> was sie berühren. Ich bin dein Geschöpf:
> in einen Schlaf hast du mich wie in Feuer
> hinabgeworfen und mir drin erneut

die Seele und die Glieder. Sprich: soll dein
Geschöpf hinknieen zwischen deine Hände?
Ödipus schweigt
Ich habe nie mit einem Gott geredet:
sag' selber mir, wie ich dich grüßen soll.[31]

Die gegenseitige Liebe ist wie ein geheimnisvolles, von jeher vorbestimmtes, menschlich nicht begreifbares Zu-einander-Hingezogensein.

> JOKASTE:
> O, wie mir wird,
> wie schwach und leicht –
> *Sie hält sich an den Fels.* Ich müßt in deinen Armen
> des Todes sein!
> OEDIPUS *dicht bei ihr, ohne sie zu umfassen:*
> Um dieses Todes willen,
> durch den du dich getragen hast, Jokaste,
> muß ich dich lieben, wie kein Mann auf Erden
> sein jungfräuliches Weib.[32]

Mit der Deutung dieses Geschehens durch die Liebenden schließt Hofmannsthal den ersten Teil der Trilogie:

> JOKASTE: Ah, was ist es, das wir tun?
> OEDIPUS: Die blinde Tat der Götter.[33]

Die durchaus numinos verstandene, in lyrischer Sprache überhöhte Macht der Liebe führt Mutter und Sohn zusammen, jeder Gedanke an Widerstand oder wache Besinnung wäre der von Hofmannsthal gewollten Konstellation unangemessen. Da der Sieger auch seinen Intellekt nicht betätigen mußte, um die Sphinx zu besiegen, ist das Oedipus-Schicksal hier nicht unter die tragische Wahrheit gestellt, daß das Beste am Menschen, reiner Wille und glänzender Verstand, nicht ausreichen zur Reinheit und zur Selbsterkenntnis, die den Menschen erst vor Gott bestehen lassen.

Der Elimination der Rolle des Intellekts in der frühen Phase des Geschehens müßte die Reduktion oder gar Ersetzung der bewußten Suche des Ödipus nach seiner Identität in der Phase der Enthüllung seiner Verbrechen entsprechen. Hofmannsthal hat diese Möglichkeit in seiner Nachdichtung des sophokleischen *Oidipus Tyrannos* nicht gewählt (zum Glück nicht, denn das hieße das Stück zerstören).

Doch lange vor Hofmannsthal kannte die europäische Oedipus-Dichtung ein Motiv, das vielleicht nicht dazu eingeführt worden war, die Bedeutung der Suche einzuschränken, das aber diese Konsequenz haben kann. Ich meine die Verkündung der Wahrheit über Ödipus durch den Geist des Laios. Diese Variante geht auf Seneca zurück, wo nach dem Versagen der Seherkunst des Teiresias und der Mantik durch Opferschau als letzte Möglichkeit die Beschwörung des Geistes des Toten Klarheit bringen soll (Seneca, *Oedipus* 390 ff.). Dieses Auskunftsmittel müßte die Frage entscheiden, denn Tote lügen nicht. (Etwas anderes ist das Mißtrauen des Oidipus gegen Teiresias bei Sophokles: der Seher könnte Teil eines politischen Komplotts sein.) Doch die rhetorisch effektvolle Schilderung der grausigen Geisterbeschwörung (die sich über fast 130 Verse erstreckt: vv. 530–658) wird dadurch um ihre dramatische Wirkung gebracht, daß sie Oedipus als Bericht des Kreon erreicht und somit leicht wieder in das Schema des Komplotts eingebunden werden kann, so daß dann die Suche ganz auf sophokleischen Bahnen weitergeführt werden kann. Nur ist die Suche des Ödipus für den Betrachter nach dem Stand der Dinge nicht mehr offen, was ihre Wirkung notwendig mindert.

Senecas Geisterbeschwörung war so recht nach dem Geschmack der späten Renaissance und des Barock. Sie fehlt denn auch nicht bei Corneille, Dryden-Lee und Voltaire. Den Höhepunkt jenseitiger Offenbarung und Einmischung markieren zwei Stellen bei Dryden-Lee: als Oedipus noch zu Beginn seiner Suche nach dem Mörder den Himmel um ein Zeichen bittet, kann man die Namen Ödipus und Iokaste auf einer Wolke lesen – in goldenen Buchstaben.[34] Der später von Teiresias beschworene Geist des Laios offenbart abermals die Wahrheit, die durch Adrasts Behauptung, er sei der Mörder, verdunkelt worden war. Und als die Wahrheit durch den Boten und den Hirten bestätigt ist, hat der Geist des Laios immer noch zu tun: er erscheint, um Iokaste zu bedeuten, sie solle ihm in den Himmel nachfolgen.

Eine radikale moderne Antwort auf solche neuzeitliche Aushöhlung des Motivs der Selbstsuche gab André Gide's *Oedipe*[35] von 1931. „Die Orakel, gut für das Volk, können uns nicht imponieren", sagt Ödipus einmal. Da es funktionslos wäre, kommt das Orakel über die Ermordung des Vaters und die Heirat mit der Mutter auch nicht vor bei Gide. Entscheidend für die Konzeption des Stückes ist der Gegensatz der Charaktere: einerseits Teiresias, der negativ gezeichnete Priester, der vor den Problemen ausweicht, sein persönliches Glück Gott überantwortet und Sicherheit im Dogma sucht; andererseits Ödipus, der positiv gezeichnete Sucher, dem jede dogmatische Enge verhaßt ist und der das Wagnis nicht scheut. Für ihn gibt es auf alle Fragen „nur eine einzige Antwort", „und diese einzige Antwort heißt: der Mensch. Und dieser einzige Mensch ist für jeden von uns: er selbst".[36] Als Motto ist dem Stück vorangestellt das wohl berühmteste Wort des Sophokles, der Anfang des ersten Chorlieds aus der *Antigone*: „Viele Dinge sind wunderbar; aber nichts ist wunderbarer als der Mensch", wobei aber das bei Sophokles durchaus ambivalente Wort δεινός (tüchtig, gewaltig, ungeheuer, schrecklich) offenbar uneingeschränkt positiv verstanden wird: der Mensch ist groß für Gide. Und sein Oedipus findet durch eigenes Suchen, was er wissen wollte. Die Selbstblendung wird zur heldischen und übermenschlichen Tat des Mannes, der Gott vorwirft, feigen Verrat an ihm geübt zu haben und der sich „stark genug fühlt, um selbst Gott zu widerstehen".[37]

Die in eigener Verantwortung geführte schonungslose Suche ist hier zurückgewonnen, verbunden mit einer verblüffenden, angesichts des bourgeoisen Umgangstons im Stück nicht ganz überzeugenden, und jedenfalls gänzlich untragischen Überhöhung des Wesens „Mensch". Dieser Überhöhung entspricht eine scharfe Abwertung des unmoralischen und nur Unfreiheit schaffenden Wirkens der Götter. Die Kritik des Götterwillens und die Verherrlichung des Menschen, der sich dem irrationalen Fatum nicht zu unterwerfen bereit ist, hatte schon bei Seneca begonnen und war in der Neuzeit – etwa bei Corneille und Voltaire – nicht verstummt. Hier finden sie einen dem 20. Jahrhundert angemessenen Ausdruck.

Auch der Humor des 20. Jh.s nahm sich des Falles Oedipus an. Nach einer sehr originellen Konzeption aus der Frühzeit des Computergebrauchs hätte die heroische Suche nach der eigenen Identität überhaupt vermieden werden können. Voraussetzung dafür wäre ein anderer Zugang zum anthropologischen Grundproblem des Erfahrung-Machens und Lernens. Der im späten 20. Jh. relevante Zugang ist verständlicherweise ein technischer, und die nötige Technik ist nicht die von gestern, sondern natürlich die von morgen: also die der elektronischen Datenverarbeitung.

Man verstand den Computer anfänglich als Lernmaschine (learning machine), um dessen Einführung der jeweilige Dekan (Dean) besorgt sein müsse. Der erwartete Gewinn ließ sich nicht besser formulieren als mit Bezug auf die Menscheitsfigur Oedipus Rex, der die Erfahrungen, die das Orakel vorausgesagt und das Leben ihm nicht erspart hatte, erst nachträglich zu deuten wußte. Offenbar war bei ihm das Lernen nicht richtig programmiert gewesen – kein Wunder im Vor-Informatik-Zeitalter. Seine Geschichte hätte aber anders verlaufen können, wie folgende Verse eines anonymen Limerick-Dichters zeigen:

> News just came down from the Dean
> That by using a learning machine
>   Old Oedipus Rex
>   Could have learned about sex
> Without ever molesting the Queen.

Einprägsamer läßt sich kaum sagen, daß der neue datenverarbeitende Lebensbegleiter uns nicht nur home shopping und home banking ermöglicht, sondern uns auch die altmodische humanistische Suche nach dem Selbst ersparen könnte durch Vermeidung der Fehler, die das Scheinproblem dieser Suche überhaupt erst aufkommen lassen.[38]

Doch zurück an den Anfang der 30-er Jahre. Nur ein Jahr nach Gide war eine recht andere Maschine als die progressive learning machine, nämlich Jean Cocteaus „La machine infernale" für die Bühne konzipiert worden.[39] Im Prolog deutet eine „Stimme" (ein anonymer Sprecher, der nach Art des epischen Theaters Distanz und Verfremdung schaffen soll) das Geschehen vorweg: gezeigt werde „… eine der vollendetsten Maschinen, ein Uhrwerk, das, völlig aufgezogen, langsam, ein Menschenleben lang, abläuft, von den teuflischen Göttern erdacht zur mathematischen Vernichtung eines Menschen".[40] Solch einem irrationalen Uhrwerk teuflischer Götter kühne und stolze Helden als Partner oder vielmehr Opfer beizugesellen, wäre wenig konsequent. Cocteau vermeidet es. Folgerichtig ist auch die heroische Suche des Ödipus nach seiner Identität um einiges verkürzt. Zwar eignet ihm immer noch ein starker Wissensdrang, doch nicht er, sondern Kreon arrangiert die Gegenüberstellung mit dem Hirten, der seine Herkunft kennt. Ohne viel eigenen Einsatz erfährt er dann die Wahrheit über sich in drei vier Sätzen.

Noch enger und eindeutiger unserem Jahrhundert zugehörig erscheint uns aber jener Ödipus, der „die tiefen Träume träumt", wie die Hofmannsthalsche Sphinx es formulierte. Lange vor der Tat waren Vatermord und Mutterinzest im Traum da, im Unbewußten. Als Hofmannsthal so dichtete, lag Sigmund Freuds *Traumdeutung*[41] bereits vor, das Werk, das Freuds erste Deutung des sophokleischen Dramas als Ausbuchstabieren einer universellen, uns allen aber gewöhnlich verborgenen psychischen Realität enthält. Was Schiller einst die „tragische Analyse" des Oidipus Tyrannos genannt hatte, ist für Freud „der Arbeit einer Psychoanalyse vergleichbar".[42] Freud ist überzeugt, daß die Wirkung des Stückes nicht auf einer bestimmten Sinndeutung (etwa Gegensatz zwischen Schicksal und Menschenwillen) beruht, „sondern in der Besonderheit des Stoffes zu suchen ist". Ödipus' „Schicksal ergreift uns nur darum, weil es auch das unsere hätte werden können". „König Ödipus, der seinen Vater Laios erschlagen und seine Mutter Jokaste geheiratet hat, ist nur die Wunscherfüllung unserer Kindheit".[43] Den Beweis liefern nach Freud unsere Träume. Er versäumt nicht zu erwähnen, daß Sophokles selbst darauf hinweist, daß Inzestträume nichts Seltenes sind (*Oidipus Tyrannos* 955–7).

Dieser Gedanke hat zwei Schwierigkeiten: er erklärt primär das Betroffensein männlicher Rezipienten des Ödipus-Schicksals und läßt die andere Hälfte der Menschheit nicht genuin partizipieren an seiner Wirkung. Und er erklärt vielleicht, warum das sophokleische Stück so viel erfolgreicher war und ist als andere Schicksalsdramen, nicht aber, warum es andere Ödipus-Stücke gleichfalls in den Schatten stellt.[44]

Gleichwohl hat die Vorstellung einer anders als nur durch literarische Sympathielenkung induzierten Identifikation mit der Hauptgestalt eine bleibende Faszination, und Freud hat mit seiner Deutung und seinem Begriff Ödipus-Komplex wesentlich dazu beigetragen, daß der Ödipus-Mythos weiterhin zum Kernbestand auch der heutigen Kultur gehört.

Und Freud hat auch die Beschäftigung der Schriftsteller mit dem Ödipus-Stoff beeinflußt. Ein neueres Beispiel ist der Roman „Oedipus unterwegs" von Henry Bauchau.[45] Der Weg des Ödipus ist hier nicht der nach Delphi, zum Dreiweg und nach Theben, sondern von dort zur Aussöhnung mit seinem Schicksal in Attika. Bauchau füllt also mit seinem Roman die Lücke zwischen dem ersten und dem zweiten Oidipus-Drama des Sophokles. Das Wanderleben in Begleitung Antigones und eines Klios (einer neuen Figur) währt lang, wohl 20 Jahre oder mehr, und führt die drei an zahlreiche Stätten und durch viele Stadien ihrer Entwicklung. Die vielleicht wichtigste Lehre lernt Ödipus bei Diotima – einer Figur, die Platons und Hölderlins Gestalten in sich vereint –, die ihn ein Verständnis der tieferen, nicht ichbezogenen Formen der Liebe gewinnen läßt.

Bauchau läßt alle Figuren zur Annahme ihres Schicksals und zur Aussöhnung mit ihm kommen. Indem der Autor die Geschichte des Labdakidengeschlechts wieder in Erinnerung ruft, erscheint Ödipus mit seinen Taten weniger monströs, Vatermord und Inzest mit der Mutter stehen nicht mehr allein im Vordergrund. Bauchau akzeptiert nicht, daß es so etwas wie eine unüberwindliche tragische Situation geben soll. Mag Iokaste ihr Leben beendet haben, Ödipus lebt weiter und sucht „ein Mehr an Leben in einem Mehr an Sinn zu entdecken, wie es diejenigen tun, die sich einer Psychoanalyse unterziehen" – Letzteres ein Kommentar des Autors selbst zu seinem Werk.[46] Der vielleicht neueste Oedipus ist mithin Symbolfigur der sich unaufhörlich selbst deutenden Seele, vor dem Hintergrund einer stark gewandelten Psychoanalyse, in der die Sexualität nicht mehr die alleinige Schlüsselrolle hat. Der Roman selbst schließt mit dem Wort Antigones: „Der Weg ist vielleicht ausgelöscht, aber Ödipus ist noch und für immer unterwegs".

Anders die sophokleische Gestalt: sie kam an ein Ziel und Ende im Rahmen der Dichtung. Diese Dichtung selbst aber ist noch sichtlich unterwegs, wandelt sich in der Rezeption und zieht doch unversehrt weiter, und wird mit Sicherheit, wie sie schon die Antike, das Mittelalter, die Renaissance und die Neuzeit bis Freud überlebt hat, so auch unsere postmoderne Kultur überleben.

Anmerkungen

1 Edmunds, L., Oedipus. The Ancient Legend and Its Later Analogues, Baltimore/London 1985, S. 1.

2 Friedrich Dürrenmatt, Werkausgabe in 30 Bänden, Zürich 1980, Band 23, S. 119.

3 Erste Informationen zum vorhandenen Bestand der literarischen Tradition finden sich, wie immer, bei E. Frenzel, Stoffe der Weltliteratur, ⁵1976, S. 566, sowie bei J. Davidson Reid, The Oxford Guide to Classsical Mythology in the Arts, 1300–1990s, Oxford 1993, S. 754–762.

4 J. Davidson Reid (oben Anm. 3) nennt nach Strawinsky Opern und Musikdramen von George Enescu (1936), Harry Partch (1951), Robert Still (1954–56), Helmut Eder (1960), Ján Zimmer (1963–64), Josep Soler (1972).

5 Diese Information geht auf Dikaiarchos zurück, einen Schriftsteller des 4. Jh.s v. Chr. (fr. 80 Wehrli). Überliefert ist sie in der zweiten Hypothesis zum *Oidipus Tyrannos*.

6 Ungeachtet der Ungewöhnlichkeit des Geschehens nimmt der Chor Ödipus' Schicksal als Beispiel (*paradeigma*) für die Hinfälligkeit menschlicher Existenz: König Ödipus 1186 ff.

7 D.A. Campbell (ed.), Greek Lyric III, London 1991, S. 136–143 (=P. Lille 76 + 73).

8 In *Phoinissai* 1612–14 führt Ödipus die Selbstblendung allein auf die Wirkung des Fluches zurück; in eigener Verantwortung getan, wäre die Tat für ihn lediglich unvernünftig (ἀσύνετον) gewesen (1612).

9 Vgl. Ch. Segal, Oedipus Tyrannus. Tragic Heroism and the Limits of Knowledge, New York 1993, S. 47.

10 Daß es nicht sinnvoll ist, die beiden Phasen des Geschehens, die thebanische und die attische, isoliert zu behandeln, setzt sich in der gräzistischen Interpretation erst allmählich durch. Aus der Sicht der Märchenforschung war die Zusammengehörigkeit der beiden Phasen nie strittig, vgl. Vladimir Propp, Oedipus in the Light of Folklore, in: L. Edmunds (ed.), Oedipus. A Folklore Casebook, New York-London 1983, S. 76–121.

11 Pierre Corneille, Oedipe. 1659. Dt. Übers. von Edwin Maria Landau in: Theater der Jahrhunderte, hrsg. von J. Schondorff, Ödipus I, München-Wien 1968, S. 159–216.

12 Corneille, loc. cit. S. 209.

13 Corneille, loc. cit. S. 192.

14 Corneille, loc. cit. S. 192.

15 Voltaire, Oedipe, 1719. Dt. Übersetzung von Edwin Maria Landau in: Theater der Jahrhunderte, hrsg. von J. Schondorff, Ödipus I, München-Wien 1968, S. 217–258.

16 Voltaire, loc. cit. S. 240.

17 Voltaire, loc. cit. S. 246 (Akt IV.1; vgl. Philoktet in III. 4, S. 242).

18 Voltaire, loc. cit. S. 258.

19 Voltaire, loc. cit. S. 256.

20 André Gide, Oedipe, Paris 1931. Dt. Übers. von Ernst Robert Curtius, in:

Theater der Jahrhunderte, hrsg. von J. Schondorff, Ödipus II, München-Wien 1968, S. 181–211, Zitat S. 198.

[21] S. Levine, Jocaste and Moses' Mother Jochebed, in: Teiresias Suppl. 2, 1979, S. 49–61, zustimmend zitiert bei: J. P. Brown, Israel and Hellas, Berlin-New York 1995, S. 68 A. 22. Die von Levine und Brown zusammengenommen Stellen sind Exodus 6, 16–20 und Numeri 26,59.

[22] Enzyklopädie des Märchens, hrsg. von R. W. Brednich, Bd. 7, Berlin-New York 1993, S. 236 mit A. 83 (Artikel ‚Inzest' von Ion Talos, S. 229–241).

[23] Seneca, Oedipus 926–979, besonders 965–970, 978f., in: Lucius Annaeus Seneca, Oedipus. Kommentar mit Einleitung, Text und Überstzung von Karlheinz Töchterle, Heidelberg 1994, S. 122–124.

[24] L. Constans (ed.), Le Roman de Thèbes, vol. I, Paris 1890, S. 27.

[25] John Dryden – Nathaniel Lee, Oedipus, A Tragedy, London 1679, in: The Works of Nathaniel Lee, ed. by Th. B. Stroup and A. L. Cooke, New Brunswick 1954, vol. I, S. 367–449.

[26] Dryden-Lee, loc. cit. S. 391f.

[27] Hugo von Hofmannsthal, Ödipus und die Sphinx, in: Sämtliche Werke VIII (= Drama 6), S. Fischer Verlag, Frankfurt am Main 1983.

[28] Hofmannsthal, loc. cit. S. 109.29–110.8.

[29] Hofmannsthal, loc. cit. S. 109.15.

[30] Hofmannsthal, loc. cit. S. 108.4.

[31] Hofmannsthal, loc. cit. S. 115.5–10.

[32] Hofmannsthal, loc. cit. S. 117.9–17.

[33] Hofmannsthal, loc. cit. S. 118.5–6.

[34] Dryden – Lee, loc. cit. (oben Anm. 25) S. 394.

[35] S. oben Anm. 20.

[36] Gide, loc. cit. (oben Anm. 20) S. 200.

[37] Gide, loc. cit. S. 206f.

[38] Die Kenntnis des hübschen Limericks verdanke ich Walter Burkert. – Ich bedaure, daß der zur Verfügung stehende Raum es nicht zuläßt, auf August von Platens literaturgeschichtlich voraussetzungsreiche Komödie „Der romantische Oedipus" (1829) einzugehen.

[39] Jean Cocteau, La machine infernale, 1932, aufgeführt 1934, dt. Übers. von Herbert Mühlbauer in: Theater der Jahrhunderte, hrsg. von J. Schondorff, Ödipus II, München-Wien 1968, S. 213–292.

[40] Cocteau, loc. cit. S. 216.

[41] S. Freud, Die Traumdeutung (1900), in: Gesammelte Schriften, Band 2, Leipzig-Wien-Zürich 1925.

[42] Freud, loc. cit. S. 264.

[43] Freud, loc. cit. S. 265.

[44] Ein weiterer Zweifel, der in den letzten Jahrzehnten viel diskutiert worden ist, betrifft die Frage, ob der sog. Ödipus-Komplex wirklich ein universelles psychisches Phänomen ist. Manche Kritiker betrachten ihn als relevant nur innerhalb sehr enger zeitlicher, räumlicher und soziokultureller Grenzen. Vgl. Jan Bremmer, Oedipus and the Greek Oedipus Complex, in: J. Bremmer (ed.), Interpretations of Greek Mythology, London-Sydney 1987, S. 41–59.

[45] Henry Bauchau, Oedipe sur la route, Arles 1990, dt. Übers. von Anne Neuschäfer, Bielefeld 1995.

[46] Zitiert von A. Neuschäfer im Nachwort zu ihrer Übersetzung, loc. cit. S. 348.

Bibliographie

Aus der überaus reichhaltigen Oedipus-Literatur und der unermeßlichen Sekundärliteratur dazu konnten hier nur einige wenige Werke kurz besprochen (und manche nur eben gestreift) werden. Ich gebe die *Texte* in chronologischer Abfolge; der Abschnitt zur *Deutung* enthält auch Titel, die im Vortrag nicht vorgestellt werden konnten.

Texte

Odyssee (ca. 650/625 v. Chr.): Griechisch-deutsche Ausgabe von Anton Weiher, Tusculum-Bücherei München 1967 (Oidipus' Schicksal erwähnt Buch 11, 271–280)

Stesichoros (ca. 600 v. Chr.): ‚Thebais' (Titel nicht sicher überliefert). Griechisch-englische Ausgabe in D. A. Campbell, Greek Lyric III, London 1991, S. 136–143: ‚Thebais'.

Aischylos (525–456 v. Chr.): Trilogie Laios-Oidipus-Sieben gegen Theben 467 v. Chr. (erhalten nur das letzte Stück). Griechisch-deutsche Ausgabe von O. Werner, Tusculum-Bücherei München 1969².

Sophokles (497–405 v. Chr.): Oidipus Tyrannos, 428 v. Chr. (oder früher); Oidipus auf Kolonos (postum aufgeführt 401 v. Chr.). Griechisch-deutsche Ausgabe von W. Willige, Tusculum-Bücherei München 1966.

Euripides (485–406 v. Chr.): Oidipus (verloren); Phoninissai, ca. 411/409 v. Chr. Griechisch-deutsche Ausgabe von G. A. Seeck (Übersetzung von E. Buschor), Euripides Bd. IV, Tusculum-Bücherei München 1972.

Seneca (4 v. Chr.–65 n. Chr.): Oedipus. Hrsg. von K. Töchterle (Kommentar mit Einleitung, Text und Übersetzung), Heidelberg 1994.

Le Roman de Thèbes (ca. 1150): Vol. I–II, ed. L. Constans, Paris 1830/1890.

Boccaccio, Giovanni (1313–1375): De mulieribus claris (1362), darin: De Iocasta Thebarum regina. Lateinisch-italienische Ausgabe in: V. Branca (ed.), G. Boccaccio, Tutte le opere, vol. 10, Milano 1967, S. 108 f.

Corneille, Pierre (1606–1684): Oedipe (1659). Deutsche Übersetzung von Edwin Maria Landau, in: Theater der Jahrhunderte, hrsg. von J. Schondorff, Ödipus I, München-Wien 1968, S. 159–216.

Dryden, John (1631–1700) / *Lee, Nathaniel* (1651–1692): Oedipus. A Tragedy, London 1679, in: The Works of Nathaniel Lee, ed. by Th. B. Stroup and A. L. Cooke, New Brunswick 1954, vol. I, S. 367–449.

Voltaire (1694–1778): Oedipe (Paris 1719). Deutsche Übersetzung von Edwin Maria Landau, in: Theater der Jahrhunderte, hrsg. von J. Schondorff, Ödipus I, München-Wien 1968, S. 217–258.

Platen, August Graf von (1796–1835): Der romantische Oedipus. Lustspiel in fünf Akten (1829), Stuttgart-Tübingen 1838.

Hofmannsthal, Hugo von (1874–1929): Ödipus und die Sphinx, in: Sämtliche Werke VIII (Dramen 6), hrsg. von W. Nehring – K. E. Bohnenkamp, Frankfurt a. M. 1983, S. 7–118.

Gide, André (1869–1951): Oedipe, Paris 1931. Deutsche Übersetzung von Ernst Robert Curtius in: Theater der Jahrhunderte, hrsg. von J. Schondorff, Ödipus II, München-Wien 1968, S. 181–211.

Cocteau, Jean (1889–1963): La machine infernale, Paris 1932. Deutsche Übersetzung von Herbert Mühlbauer in: Theater der Jahrhunderte, hrsg. von J. Schondorff, Ödipus I, München-Wien 1968, S. 213–292.

Dürrenmatt, Friedrich (1921–1990): Das Sterben der Pythia, 1976, in: Werkausgabe in 30 Bänden, Zürich 1980, Band 23, S. 117–158.

Bauchau, Henry: Oedipe sur la route, Arles 1990, dt. Übers. von Anne Neuschäfer, Bielefeld 1995.

Zur Deutung

Bischof, N.: Das Rätsel Ödipus. Die biologischen Wurzeln des Urkonfliktes von Intimität und Autonomie, München 1985 [Ethologische Überlegungen zum Ursprung des Inzesttabus].

Bremmer, J. (ed.): Interpretations of Greek Mythology, London-Sydney 1987, darin S. 41–59: *J. Bremmer*, Oedipus and the Greek Oedipus Complex.

Dirlmeier, F.: Der Mythos von König Oedipus, Mainz-Berlin 1964.

Edmunds, L.: Oedipus. The Ancient Legend and Its Later Analogues, Baltimore-London 1985.

Edmunds, L. (ed.): Oedipus. A Folklore Casebook, New York-London 1983.

Esselborn, K. G.: Hofmannstahl und der antike Mythos, München 1969.

Flaig, E.: Ödipus. Tragischer Vatermord im klassischen Athen, München 1998.

Freud, S.: Die Traumdeutung (1900), in: Gesammelte Schriften II, Leipzig-Wien-Zürich 1925.

Moddelmog, D. A.: Readers and mythic signs: the Oedipus myth in twentieth-century fiction, Carbondale, Southern Illinois University Press 1993.

O'Brien, M. J. (ed.): Twentieth Century Interpretations of Oedipus Rex. A Collection of Critical Essays, Englewood Cliffs 1968.

Propp, V.: Oedipus in the Light of Folklore, in: *L. Edmunds* (ed.), Oedipus. A Folklore Casebook (s. o.), S. 76–121.

Segal, Ch.: Oedipus Tyrannus. Tragic Heroism and the Limits of Knowledge, New York 1993.

Zak, W. F.: The Polis and the Divine Order. The Oresteia, Sophocles, and the Defense of Democracy, London 1995.

Der Fluch im Haus des Atreus: Von Aischylos zu Eugene O'Neill

Lutz Käppel

Christine und Lavinia Mannon erwarten die Rückkehr des Brigadegenerals Ezra Mannon aus dem amerikanischen Sezessionskrieg. Man schreibt das Jahr 1865. Der Ort: ein herrschaftliches Haus in Neuengland. Lavinia – kurz Vinnie genannt – die Tochter Ezras, erwartet schon sehnsüchtig ihren Vater; die Ehefrau Christine ihn, ihren Mann, dagegen mit Abscheu. Man hatte sich bereits vor dem Krieg nicht mehr viel zu sagen, und die Abneigung hatte sich zu Haß gesteigert. Mit ihrem Geliebten Adam Brant, einem Neffen Ezras, hatte sie sich über die Frustration ihrer Ehe hinweggetröstet. So gerät denn auch die Rückkehr Ezras zur Katastrophe. Bei der Nachricht von der Untreue seiner Frau erleidet der General einen Herzanfall, und Christine hilft mit ein wenig Gift noch nach, so daß Ezra nicht überlebt. Lavinia entdeckt den Ehebruch und den Mord, und als ihr Bruder Orin aus dem Krieg heimkehrt, stiftet sie ihn zum Mord an Adam Brant, dem Geliebten der Mutter, an. Aus Verzweiflung über den Verlust ihres Geliebten nimmt sich Christine das Leben, und Orin, der den Selbstmord der geliebten Mutter nicht verwinden kann, erschießt sich ebenfalls. Lavinia, die einzige Überlebende der Familie, bleibt allein zurück.

Ein Familiendrama im Neuengland des 19. Jahrhunderts also: Die sexuell frustrierte Ehefrau hilft beim Herzinfarkt ihres Gatten ein wenig mit Gift nach, ein schneidiger Oberleutnant der Infanterie erschießt den Geliebten seiner Mutter. Ansonsten ein doppelter Selbstmord.

Eine Geschichte – vielleicht nicht ganz wie sie das Leben schrieb, die aber doch wohl für eine solche Atmosphäre in einer morbiden Familie sehr gut hätte erfunden sein können: von einem Dichter wie Ibsen, Strindberg oder Shaw. Doch der Dichter heißt Eugene O'Neill, und die Geschichte, deren Hauptelemente oben genannt sind, bildet den ,Plot' des dreiteiligen Dramas ,Mourning Becomes Electra', auf deutsch: ,Trauer muß Elektra tragen'.

Zunächst die elementaren Produktionsdaten: Geschrieben zwischen 1929 und 1931, also ganze drei Jahre, wurde das Stück am 26. Oktober 1931 am Guild Theater in New York uraufgeführt. Es war von Beginn an ein großer Erfolg. Davon zeugen nicht nur 150 Aufführungen und zahlreiche Reprisen von 1932 an, sondern, nach einer begeisterten Aufnahme durch die amerikanische Kritik, insbesondere die Verleihung des Nobelpreises für Literatur im Jahre 1936, eine Ehrung, die vor allem dem Stück ‚Mourning becomes Electra‘ galt.[1]

Doch was hat dieses Drama aus Amerika mit dem Generalthema dieser Vorlesungsreihe zu tun?: „Antike Mythen in der europäischen Tradition". Weder scheint der Stoff des Dramas ein antiker Mythos zu sein noch ist er europäischer Provenienz.

Der zweite Einwand ist schnell entkräftet. Denn auch wenn sich die ‚Neue Welt‘ immer wieder von ihren europäischen Traditionen abzuheben versucht, so bleibt dennoch die nordamerikanische Kultur Teil der europäischen Kultur, und zwar nicht nur aus der Perspektive ihrer Wurzeln, sondern auch durch ihre ständige Rückkoppelung mit den jeweils zeitgleich auf dem alten Kontinent stattfindenden Entwicklungen.[2] Ich vereinnahme also auch dieses Drama in den großen Rahmen der europäischen Tradition. Es wird sich noch zeigen, inwiefern dies auch und gerade für dieses Stück gilt.

Und damit komme ich zum ersten Einwand: Inwiefern liegt hier überhaupt ein antiker Mythos vor? Die Geschichte vom Brigadegeneral Ezra Mannon und seiner Familie aus Neuengland in der 2. Hälfte des 19. Jhs. ist zunächst einmal *kein* antiker Mythos – jedenfalls wenn man die gängigen Definitionen von Mythos zugrundelegt. In Gero von Wilperts Sachwörterbuch der Literatur heißt es z.B. s.v. ‚Mythos‘: „Erzählung von Göttern, Dämonen und Helden, (sowie) Ereignissen der Ur- und Vorzeit …" (S. 533). Und ich füge hinzu: ‚…von bestimmten Göttern, Helden und Ereignissen, wie z.B. von Ödipus, der trotz des Orakels Apollons seinen Vater tötet und in Theben seine Mutter heiratet; oder von Medea, der Kolcherin, die ihre Kinder tötet, usw.‘

Von alledem ist in O'Neills Stück nichts zu finden: Kein Mythos also, und schon gar nicht ein *antiker* Mythos? O'Neill selbst war offenbar anderer Meinung. Der Titel des Stücks ‚Mourning becomes *Electra*‘ suggeriert, daß es sich sehr wohl um einen antiken Mythos als Stoff des Dramas handelt: nämlich um den Mythos von der Tochter des Königs von Argos, also im weitesten Sinn um den griechischen Mythos vom argivischen Königshaus. Der Zuschauer, der das Stück nicht kennt, erwartet also vom Titel her eine weitere (moderne) dramatische Bearbeitung eines Abschnittes aus der Geschichte der argivischen Königsfamilie, ein Stück nach dem Muster von Girandoux' „Amphitryon 38", eben die 38. bzw. x-te Version des antiken Mythos. Ganz anders scheint es hier zu sein: Der Titel verweist auf einen antiken Mythos, der dann anscheinend gar nicht den Stoff des Stückes bildet. Die Zuschauererwartung wird also zunächst einmal düpiert. Trotzdem oder vielleicht sogar eben dadurch bleibt das gesamte

Stück hindurch für den Zuschauer die Frage virulent, was die Handlung
auf der Bühne mit dem antiken Mythos zu tun hat. Dieser Kunstgriff der
Divergenz von Titel und Inhalt konstruiert somit eine Rezeptionssitua-
tion, in der vom Zuschauer parallel zur eigentlichen Handlung des Stückes
ein anderer, verborgener Text, ein Subtext, mitgelesen werden soll. Diese
Rückkoppelung an den verborgenen Subtext macht – so muß es jedenfalls
jeder Zuschauer nach der Überwindung der anfänglichen Düpierung vermuten – ein wesentliches Sinnmoment des Haupttextes aus. Voraussetzung
dafür, daß dieses parallele Mitlaufen des Subtextes und die ständige Kontrolle des Haupttextes am Subtext durch den Zuschauer funktioniert, ist
freilich, daß der Zuschauer den Subtext kennt, d. h. den antiken griechischen Mythos vom argivischen Königshaus.

Damit unterscheidet sich ‚Mourning becomes Electra‘ wesentlich von
dem gängigen Muster literarischer Rezeption antiker Mythen. Ein Zuschauer, der z. B. Kleists Amphitryon ansieht, mag das Stück sehr viel besser
goutieren können, wenn er eine oder mehrere Vorgängerfassungen, etwa
die des Plautus und Molières, kennt: das elementare Verständnis der Handlung des Kleistschen Stückes ist jedoch nicht im geringsten beeinträchtigt,
wenn dies nicht der Fall ist. Denn es ist ja derselbe, in sich abgeschlossene
und plausible Stoff, oder besser: derselbe *Mythos*, der abermals (in einer
neuen Version) gegeben wird. Der ‚Mythos‘ des Stücks ist also in diesem
Fall die gleichsam natürlich vorgegebene Summe aller Vorgängerversionen
desselben Stoffs. Der Rückbezug des Stücks auf die vorausliegende Text-
reihe, der seinen Stoff in den Mythos integriert, ist ein durch das *Material*
vorgegebener: Namen, Orte, wesentliche Ereignisse stimmen überein. Je
mehr der Zuschauer vom Mythos bereits kennt, desto größer seine Kritik-
fähigkeit bei der Rezeption, je weniger, desto größer die Unmittelbarkeit,
mit der er die gegenwärtige Version rezipiert.

Dies ist im Falle von O'Neills ‚Electra‘ offensichtlich ganz anders. Nicht
das Drama selbst stellt in Form von Personennamen, Orten, Zeiten und
Hauptereignissen einen Bezug her, sondern der Titel enthält einen Appell
an den Zuschauer, diesen Rückbezug eigenständig herzustellen. Die Frage,
die dieses Verfahren unmittelbar aufwirft, ist die nach dem Verhältnis des
Stücks zum antiken Mythos, ein Verhältnis, dessen Klärung – wie gesagt –
dem Zuschauer aufgetragen ist. Während aber in der traditionellen Mythenrezeption die *Entsprechungen* – und damit die Zugehörigkeit zu einem
bestimmten Mythos – vorgegeben sind, so daß der mehr oder weniger
wissende Rezipient für die *Unterschiede* sensibilisiert ist, ist bei O'Neills
‚Electra‘ gleichsam ein einziger großer *Unterschied* vorgegeben: der Zuschauer soll also – so müssen wir schließen – die *Entsprechungen* aufspüren,
und erst die Etablierung der Entsprechungen wird die Diskrepanz zwischen

dem Titel und dem Inhalt des Stücks schließen können. Dieses Verfahren setzt – wie gesagt – einen gelehrten Zuschauer voraus.

Doch welches ist nun die Folie, auf die der Titel verweist? Die Frage ist sehr viel schwieriger, als sie auf den ersten Blick scheint. Denn einerseits ist mit der äußeren Struktur des Stückes ein expliziter Verweis auf einen konkreten antiken Text gegeben. Die trilogische Form von O'Neills ,Electra' ahmt nämlich sinnfällig die einzige vollständig erhaltene Trilogie der Antike nach: die ,Orestie' des Aischylos. Der Rückbezug auf diesen Text ist über die bloße strukturelle Analogie in der trilogischen Form hinaus zusätzlich allenthalben so dominant, daß man ihn zweifellos als die Hauptfolie ansehen muß. Ich werde deshalb meine Besprechung auf einen Vergleich zwischen der Aischyleischen ,Orestie' und der ,Electra' O'Neills konzentrieren.

Andererseits geht aber die Suche nach Entsprechungen in der ,Orestie' in vielen Fällen fehl; stattdessen findet man die Entsprechungen in anderen Texten, z.B. in den Elektra-Dramen des Sophokles und des Euripides. Vieles ist zudem ohne jede Entsprechung. In dieser Unschärfe des Rückbezugs dürfen wir – zusätzlich zu den Rückbezügen auf die jeweiligen Einzeltexte – einen generellen Rückbezug des modernen Textes auf die Gesamtheit der antiken Texte sehen, die den Orestie- bzw. Elektra-Stoff repräsentieren, kurz gesagt: auf den ,Mythos'. Die Frage, ob hier nur ein Text jeweils auf einen oder mehrere andere Texte Bezug nimmt, oder ob dieser Text als Ganzer ein Verhältnis zum Mythos insgesamt einnimmt – und wenn ja: welches? – ist die Frage, die O'Neills Stück unter dem Horizont des Themas dieser Ringvorlesung aufwirft, und der wir uns am Ende werden stellen müssen.

Zunächst also zum Hauptvergleichstext: der aischyleischen Orestie. Aufgeführt wurde sie erstmals in Athen im Jahre 458 v. Chr., und zwar bei einem Dionysosfest, den sog. Großen Dionysien. Das Festprogramm bestand unter anderem darin, daß drei Tragödiendichter mit je 3 Tragödien und einem Satyrspiel einen musischen Wettkampf austrugen. Häufig bestand zwischen den 4 Stücken eines Dichters kein stofflicher Zusammenhang. Aischylos gehörte zu den wenigen Dichtern, die diese äußere Wettbewerbsvorgabe als künstlerische Herausforderung auffaßten und alle drei Tragödien und das Satyrspiel zu einer inhaltlich zusammenhängenden Inhaltstrilogie bzw. -tetralogie zusammenzogen. Was daraus entstand, war aber keineswegs ein überdimensioniertes Drama mit drei Pausen, sondern tatsächlich eine Folge von inhaltlich und ästhetisch in sich abgeschlossenen Stücken, die aber am Ende gleichwohl einen einzigen großen Ereigniszusammenhang beschrieben. Im Fall der ,Orestie' stellt sich die trilogische Form folgendermaßen dar:

Das erste Stück ist der ‚Agamemnon‘: Seine szenisch präsentierte Handlung ist schnell zusammengefaßt: Der Ort: der Palast von Argos. Die Zeit: Es ist das 10. Jahr des Troianischen Krieges. Der König Agamemnon ist mit seinem Heer fern der Heimat. Da meldet ein Fackelzeichen den Sieg. Man darf also erwartungsvoll der Rückkehr des Herrschers entgegensehen. Klytaimestra (Klytaimnestra), seine Frau, stimmt in den Jubel ein, doppelzüngig freilich – der Zuschauer ahnt bereits, daß sie sich inzwischen mit einem Liebhaber zusammengetan hat. Ganz am Ende des ersten Stückes wird der Zuschauer erfahren, daß es Aigisthos ist, der Vetter Agamemnons. Inzischen ist Agamemnon eingetroffen zusammen mit seiner Liebessklavin Kassandra; er wird von seiner Frau scheinheilig begrüßt und dazu verführt, über einen purpurnen Teppich ins Haus zu schreiten – ein für griechische Maßstäbe gotteslästerliches Verhalten. Schließlich hört man die Todesschreie Agamemnons. Als das Portal sich öffnet, erblickt der Zuschauer die Leichen Agamemnons und seiner Geliebten Kassandra. Klytaimnestra, die Mörderin, und Aigisthos, ihr Geliebter und Helfer bei der Tat, ergreifen triumphierend die Macht in Argos. Die Motive der Täter werden sukzessive im Verlauf des Stücks klar: Seinen Ausgang hatte das ganze Unheil schon in der vorhergehenden Generation genommen: Atreus, der Vater des Agamemnon, hatte seinem Bruder Thyestes als Strafe für dessen Ehebruch mit seiner Frau die eigenen Kinder geschlachtet und zum Mahl vorgesetzt und ihn dann vertrieben. Jahre später, als Agamemnon gegen Troia zog, ließ die Göttin Artemis – als Strafe für die damalige Kinderschlachtung – in Aulis so kräftige Gegenwinde blasen, daß die Flotte festsaß. Nur ein Gegenmittel half: die Opferung Iphigenies, der Tochter Agamemnons, durch ihren eigenen Vater. Die Tat ermöglichte Agamemnon und dem Heer die Weiterfahrt. Auch der Krieg in Troia selbst bleibt nicht ohne Spuren: Zahlreiche Kriegsverbrechen und Ausschweifungen mit weiblichen Kriegsgefangenen prägen das Leben des Heerführers im Feld. So hat Klytaimnestra am Ende einige gute Gründe, ihren Gatten zu ermorden. An der Spitze steht zweifellos ihre Rache für den Tod ihrer Tochter Iphigenie. Doch auch Agamemnons ehebrecherisches Treiben spielt eine gewisse Rolle. Außerdem muß Klytaimnestra ihren Gatten beseitigen, will sie ihre eigene Verbindung zu Aigisthos aufrecht erhalten. Andererseits hat auch Aigisthos klar benennbare Motive, sich am Mord zu beteiligen: Denn er ist das einzig überlebende Kind des Thyestes. Er rächt also an Agamemnon nicht nur seine Geschwister, sondern bringt auf diese Weise auch die ihm seiner Meinung nach zustehende Herrschaft über Argos an sich. Schließlich war der Streit zwischen Atreus und Thyestes, der mit der Vertreibung des Thyestes entschieden wurde, auch ein Machtkampf gewesen.

Auch die Kriegsverbrechen des Heeres vor Troia bleiben nicht ohne
Folgen. Die Götter senden auf der Heimfahrt einen Sturm und verstreuen
die Flotte. Agamemnon kommt allein – ohne seinen Bruder Menelaos und
ohne sein großes Heer – nach Hause. Die Schutzlosigkeit macht ihn zu
einem leichten Opfer, eine Rolle, in die ihn die Götter als Strafe für die
Kriegsverbrechen vor Troia manövriert haben.

Es ist evident, daß dieses Handlungskonstrukt in ein enges Netz aus
Verbrechen und Rache, Schuld und Schicksal geflochten ist. Immer wieder
ist von einem Fluch im Haus des Atreus die Rede: einem Fluch, der sich
von Generation zu Generation fortsetzt, einem Dämon, der im Hause sitzt.

Um für die O'Neillsche Konzeption des Fluchs eine klare Vergleichs-
folie zu haben, möchte ich kurz aus dem aischyleischen Text heraus erläutern, wie sich nach Aischylos ein Fluch realisiert. Ich greife dazu eine Szene aus der Phase nach der Ermordung Agamemnons heraus:[3]

Als Klytaimnestra über den Leichen ihres Gatten und dessen Geliebter
Kassandra sichtbar wird, gerät der Chor sogleich in einen Streit mit der
Mörderin. Der Chor wirft Klytaimnestra ihre Tat als schlimmes Verbre-
chen vor; sie verteidigt sich damit, daß Agamemnon als Mörder seiner
Tochter nur die gerechte Strafe erhalten habe. Auf dem Höhepunkt des
Streites (V. 1448 ff.) kreist dann der Disput um die tieferen Ursachen der
Katastrophe.

Der Chor macht zunächst eine gleichsam naive Vorgabe: Er ruft den
,Daimon', das Schicksal, an, das das ,Haus und die beiden ungleichen En-
kel des Tantalos', d.h. Agamemnon und Menelaos, befalle und Macht von
zwei gleichgesinnten Frauen (d.h. Klytaimnestra und Helena) her ausübe.
Dies bedeutet aus dem Mund des Chores nicht mehr, als daß die beiden
Hausherren mit ihren Frauen ein schlimmes Los gezogen haben. Klytaim-
nestra dreht dem Chor jedoch daraufhin das Wort ,Daimon' im Munde
herum: Sie greift den vom Chor so benannten ,Dämon' (der in Gestalt der
Frauen die Atriden beherrsche) auf und deutet ihn zum Rachedämon des
Hauses um:

1475   Jetzt hast du die Meinung deines Mundes richtig gestellt,
        indem du den dreifachgemästeten (Rache-)Daimon dieses
        Geschlechtes benennst.

Die weitere Diskussion gipfelt dann darin, daß Klytaimnestra sich schließlich selbst zur Inkarnation des Rachedämons erklärt:

1498   Du bist der festen Überzeugung, dieses Werk sei mein.
        Doch ziehe nicht in Betracht, daß ich Agamemnons Gattin bin.
1500   Sondern in der Gestalt der Ehefrau dieses toten Mannes
        hat der alte scharfe Rachegeist

des Atreus, des grausamen Gastgebers
diesen Mann als Bezahlung entrichtet, indem er den Erwachsenen
(Agamemnon) auf den Jungen (Thyesteskinder) geopfert hat.

Dies deutet der Chor sogleich als Versuch Klytaimnestras, sich ganz aus der Verantwortung für die Tat zu stehlen:

1505   Wer wird Zeuge dafür sein,
           daß du unschuldig bist an diesem Mord?

Gleichwohl muß er zugeben:

1507   doch der Rachegeist vom Vater her (sc. Atreus) könnte wohl
           ein Helfer gewesen sein.

Dieses Wirken des Rachegeistes als Faktor in der Vorgeschichte des Todes Agamemnons benennt der Chor schließlich explizit mit dem sogenannten Thyestesmahl, bei dem der Vater Agamemnons, Atreus, seinem Bruder die Kinder zum Mahl vorgesetzt hat und dafür verflucht wurde. Er stellt damit einen Zusammenhang zwischen dem Thyestesmahl und Agamemnons Tod her:

      Durch Ströme stammverwandten Bluts
      bahnt sich der düstere Ares,
1510   die schwarze Vernichtung,
      gewaltsam den Weg,
      rast weiter, unaufhaltsam,
      zur gerechten Vergeltung geronnenen Bluts
      der geschlachteten Knaben.

Danach bringt der Chor wiederum Klytaimnestra als ‚persönliche' Mörderin ins Spiel, und auch Klytaimnestra lenkt nun die Aufmerksamkeit wieder weg von der Rolle des Thyestesmahls und des Fluchs und zurück zur persönlichen Schuld Agamemnons: Agamemnon habe als (‚persönlicher') Mörder den Tod verdient, d.h. unter dieser Perspektive sieht sich auch Klytaimnestra wiederum als ‚persönliche' Täterin, die die Ermordung ihrer Tochter Iphigenie rächt (Ag. 1521–1528). Der Chor ist nun vollkommen verwirrt (Ag. 1529ff.). Er gibt den Disput mit Klytaimnestra auf, ohne daß ein befriedigendes Ergebnis in der Bewertung des Todes Agamemnons gefunden worden wäre. Dabei bleiben zunächst zwei konkurrierende Deutungsmodelle, die beide gleichermaßen die Zustimmung des Chores und Klytaimnestras finden, unvermittelt nebeneinander stehen:

(a) Das Thyestesmahl führt zum Fluch; dieser wiederum führt zum Tod Agamemnons durch den Rachedämon in Gestalt Klytaimnestras.

(b) Die Ermordung Iphigenies führt zum Tod Agamemnons durch Klytaimnestra als Rache für die Tochter.

Daß auch Klytaimnestra ihre persönliche Verantwortung an der Tat keineswegs bestreitet, zeigt ihre abschließende Entschlossenheit, Agamemnon selbst zu bestatten:

1552   Durch uns fiel er, starb er: wir werden ihn auch bestatten.

Der Streit droht weiter zu eskalieren, als Aigisthos, der einzig überlebende
Sohn des Thyestes, der Geliebte Klytaimnestras und Mittäter bei der Ermordung Agamemnons, die Bühne betritt.
   Sein Auftritt ist vom Jubel über die gelungene Rache erfüllt. Nun wird
endgültig das schon lange virulente Element der Handlung von der Schlachtung der Thyesteskinder in der Person des Aigisthos konkret. Aigisthos
schildert die damaligen Ereignisse ausführlich und Schritt für Schritt. Bemerkenswert ist dabei, wie Aigisthos den Zusammenhang zwischen dem
damaligen Verbrechen und der Tötung Agamemnons bestimmt. Einerseits
führt er den Tod Agamemnons direkt auf den Fluch des Thyestes zurück:

1603   Infolge dieses Fluches kannst du diesen Mann hier liegen sehen.

Andererseits nennt er sich selbst den ,Verursacher' des Todes Agamemnons:

1604   Und ich bin mit vollem Recht der Planer dieses Mordes.

Auch hier scheinen sich wiederum die schon von Klytaimnestra bekannten Alternativen gegenüber zu stehen:
   (a) Der Fluch als Ursache des Todes (Ag. 1603).
   (b) Aigisthos (als ,Person') hat den Mord geplant, um Rache zu nehmen
für den Tod seiner Geschwister (Ag. 1604–1607).
   Diese Doppelung der konkurrierenden Erklärungsmuster für den Tod
Agamemnons ist ein deutliches Indiz, das es angeraten scheinen läßt, die
vom Chor und von Klytaimnestra entwickelte These, daß sich in Klytaimnestra der Rachegeist der Thyesteskinder manifestiere, obwohl Klytaimnestra selbst Rache für Iphigenie übe, ernst zu nehmen.
   Ein Blick auf den Schluß des Stückes verspricht nähere Hinweise auf
eine Lösung des Problems. Denn in dem Streit, der sich zwischen Aigisthos und dem Chor am Ende entwickelt, erfährt das Bild, das sich der
Zuschauer von der Rolle des Aigisthos als des Rächers seiner Geschwister
gemacht hatte, eine gewisse Irritation. Während der Chor die Rechtfertigung Klytaimnestras wenn nicht akzeptiert hatte, so doch als ihre Perspektive hatte gelten lassen (Ag. 1560 f.), kann er die Rechtfertigung Aigisthos'
überhaupt nicht gelten lassen. Dies mag daran liegen, daß Klytaimnestra
ihren Gatten immerhin für eine Tat bestraft hat, die er selbst beging, während Aigisthos an Agamemnon für eine Tat Rache nimmt, die Atreus beging. Doch gerade dieses Argument nennt der Chor nicht. Der Hauptvor-

wurf, den der Chor Aigisthos auf dem Höhepunkt der Auseinandersetzung schließlich macht, ist, daß er – feige, wie er ist – den Mord nur hinter-
listig geplant, aber nicht selbst ausgeführt habe (Ag. 1633–1635. 1643–1646,
vgl. 1615. 1625–1627). Für die Konstruktion der Handlung ist dieses Faktum von großer Bedeutung. Aigisthos selbst bekennt offen, daß er den Mord
nicht selbst ausgeführt hat, sondern als ein dem Hause von vornherein Verdächtiger sich der Frau des Opfers bedient hat: Der Plan war seine Sache,
die listige Ausführung die Klytaimnestras (Ag. 1636f.).

Mit diesem unscheinbaren Hinweis ist nun aber weit mehr geleistet als
die Enthüllung der Aufgabenverteilung zwischen den beiden Tätern bei
der Durchführung der Tat (hier der Plan – dort die listige Ausführung): Er
führt erst die Handlungslinien des gesamten Stückes zu einem stimmigen
Ganzen zusammen. Gehen wir dazu von den noch offenen Fragen aus:
Was hat Klytaimnestras Rache für Iphigenie mit dem Thyestesmahl zu tun?
Weshalb kann Klytaimnestra behaupten, sie sei nicht Klytaimnestra, sondern der Rachegeist der Thyesteskinder? Weshalb kann der ihr darin im
Prinzip zustimmende Chor behaupten, der Rachegeist für die Thyesteskinder habe ihr bei der Tat ‚geholfen' (Ag. 1508f.)? Diese Aussage – bezieht man sie nicht nur vordergründig auf Aigisthos' Hilfe bei der Tat – ist
vom Chor grundsätzlicher als Enthüllung einer in der Geschichte der Familie wirkenden Kraft gemeint, die Vergeltung für begangenes Unrecht
besorgt. Klytaimnestra hat – so muß man sowohl den Chor als auch Klytaimnestra verstehen – mit ihrer (persönlichen) Rache für Iphigenie im
Rahmen eines weiter gespannten Vergeltungszusammenhanges auch das
Unrecht des Thyestesmahles gerächt, ohne daß dies bei ihrer Tat für sie
eine Rolle gespielt hätte; trotzdem ist es ihre Tat, die am Ende den Tod der
Thyesteskinder rächt. Andererseits kann Aigisthos in ihrer Tat seinen
Rachewunsch verwirklicht sehen. Was hatte Aigisthos zu tun, um seine
Rache zu üben? Er mußte sich nur mit Klytaimnestra verbünden. Ihr Verlangen nach Rache für die Tochter würde seinen Wunsch nach Rache von
selbst seinem Ziel zutreiben. Nur durch sie konnte er sein Ziel erreichen.
Ohne sie hätte er Agamemnon niemals töten und damit die Herrschaft
wiedererlangen können: Das gibt er selbst zu (Ag. 1636f.). Ohne sie – das
bedeutet auch: ohne ihren Rachewunsch, d. h. ohne Agamemnons Opferung Iphigenies in Aulis, d. h. ohne die Winde der Artemis, die die Flotte in
Aulis festgehalten und so das Opfer provoziert hatten; denn diese Winde
waren durch das Thyestesmahl provoziert worden.

Wenn es richtig ist, daß die Ursache des Zorns der Artemis im Thyestesmahl zu suchen ist, dann läuft eine Handlungskette vom Thyestesmahl
direkt zur Ermordung Agamemnons durch Klytaimnestras Hand: Aigisthos kommt zu seinem Ziel nur durch eben diese Klytaimnestra. Mit dem

Eingreifen der Artemis in Aulis als Reaktion auf die Tötung der Thyesteskinder ist ein Gang der Ereignisse vorgezeichnet, der sich über das Verbrechen Agamemnons, welches wiederum die Rache Klytaimnestras provoziert, schließlich in dem Ziel vollendet, das als mittelbare Folge des
Thyestesmahles verstehbar ist: dem Tod Agamemnons als des Kindes des
Atreus als Sühne für die Kinder des Thyestes. Nur so ist verständlich,
weshalb der Chor und Klytaimnestra von einem ‚Daimon‘ sprechen. Die
Rache des Aigisthos an dem Nachfahren des Mörders seiner Geschwister
wäre nichts als persönliche Vergeltung in dem gleichen Sinne wie Klytaimnestras Vergeltung an dem Mörder ihrer Tochter. Ein jenseits der individuellen Handlungsimpulse einzelner Personen wirkendes Moment kommt
erst in der Verknüpfung beider zustande: Klytaimnestras persönliche Rache wäre nicht ohne die Unterstützung des Aigisthos möglich gewesen
(jedenfalls nicht gefahrlos, was die Zeit nach dem Mord betrifft: ein die
Entscheidung zur Tat sicher erheblich fördernder Rückhalt, s. Ag. 1434–
1437). Aigisthos hätte die Tat nicht persönlich verüben können (s. Ag.
1636 f.). Erst die subtile Verschlingung beider Handlungslinien führt überhaupt zum Ziel: Ohne Klytaimnestras persönliches Rachebegehren hätte
sich Aigisthos' Rachewunsch nicht realisiert, beides nicht ohne Agamemnons Verbrechen, dieses nicht ohne Artemis' Zorn, usw.

Wenn also Klytaimnestra und der Chor – wohl auch mehr ahnend als
wissend – Klytaimnestras Tat (auch) dem Rachedaimon zuschreiben, der
Vergeltung für die Thyesteskinder nimmt, so versuchen sie anscheinend
damit in Worte zu fassen, daß sich hier etwas erfüllt hat, was die Einzelpersonen entweder nicht beabsichtigt haben (wie Klytaimnestra) oder selbst
nicht gekonnt hätten (wie Aigisthos).

Auf der Ebene der Konstruktion der Handlung ist damit das, was die
beteiligten Personen nur nebulös mit dem Begriff ‚Daimon‘ benennen
konnten, als Überlagerung von Wirkungszusammenhängen beschreibbar,
die nicht einzeln, zusammen sehr wohl aber wirken, und zwar in den individuellen, subjektiven, von eigenen Motiven bestimmten, freien Handlungen Einzelner. Der Rachedaimon wirkt nicht als Macht von außen auf das
Einzelergebnis – Klytaimnestra hatte keinen übernatürlichen ‚Helfer‘ –,
sondern es ist das *pattern*, zu dem sich die Einzelhandlungen und -ereig-
nisse fügen: Und es war das ‚*pattern*‘, nicht allein ihr Handeln, das Agamemnon am Ende sterben ließ.

Damit ist ein Konzept menschlichen Handelns entfaltet, das die Homo-
genität und Konsequenz von Gesamtentwicklungen zu erklären vermag,
die sich aus Handlungen zusammensetzen, die – isoliert betrachtet –
durchaus ‚frei‘ zu nennen sind. Das Produkt einer Handlungswirklichkeit,
die so funktioniert, ist ein geschlossenes, homogenes System von Ereignis-

folgen. Ein solches System liegt im ‚Agamemnon‘ vor. Dies zeigt sich auf zwei verschiedenen Ebenen: Jedes Verbrechen zieht die gerechte Strafe des Täters nach sich (s. z. B. Ag. 176–183. 249f. 1564; vgl. Cho. 313). Diese Strafe geschieht jedoch durch eine Tat, die die Beschaffenheit ihrer kausalen Vorgeschichte wiederum in sich trägt:

– Agamemnon wiederholt mit der Tötung seines Kindes die Tötung der Kinder des Thyestes.

– Der troianische Krieg als Strafe für das ehebrecherische und hybride Handeln des Paris und der Helena ist selbst ein Ereignis, das von Hybris und Ehebruch geprägt ist (Chrysestöchter/Kassandra).

– Der Ehebruch des Thyestes mit der Gattin des Atreus, der den Anfang der Kette des Unheils bildet, wird im Zuge der Rache für das Thyestesmahl zwischen dem Thyestes-Sohn Aigisthos und der Gattin des Atreus-Sohnes Agamemnon wiederholt.

Die Wiederholungen sind von Aischylos ganz offensichtlich nicht als sich wiederholende Schandtaten identischer Charaktere zu verstehen, sondern (wie aus anderer Äußerung deutlich wird) als ‚Vererbung‘ einer immanenten Qualität einer Handlung auf eine andere, von Aktion und Reaktion, von Ursache zu Wirkung: Das Verbrechen pflanzt sich fort. Es entsteht ein Netz von sich überlagernden Wirkungszusammenhängen, das schließlich eine so mächtige eigene Dynamik entfaltet, die der Kontrolle der einzelnen Personen entzogen ist und eigenen Zielen zustrebt. Das ist der Fluch im Haus des Atreus. Agamemnons Tod ist – obwohl er durch die grundsätzlich freien Handlungen von Einzelpersonen herbeigeführt wurde – im Rahmen des Fluches unausweichlich.

Halten wir dagegen das erste Stück der O’Neillschen Trilogie: ‚Homecoming‘ (deutsch: „Heimkehr“). Ort: Das Haus der Mannons, „ein stattliches Gebäude in dem griechischen Tempelstil, der“ – wie es in der Regieanweisung heißt – „in der ersten Hälfte des 19. Jhs. die große Mode war“. Zeit: Frühjahr 1865, unmittelbar nach dem Amerikanischen Bürgerkrieg. Man wartet auf den Hausherrn Ezra Mannon. Er ist ein West-Point-Absolvent, Teilnehmer am Mexikanischen Krieg, trat dann aber aus der Armee aus, um nach dem Tod des Vaters die Firma der Familie, ein Schiffahrts- und Transport-Unternehmen, zu führen. Nebenbei studierte er währenddessen Jura und stieg zum Richter und Bürgermeister der Stadt auf; doch als der Bürgerkrieg ausbrach, ließ er sich abermals einziehen und brachte es bis zum Brigadegeneral. Seine Frau Christine, die Tochter eines New Yorker Arztes, ist französisch-niederländischer Abstammung. Von der ferneren Vergangenheit der Familie erfährt man, daß Ezras Bruder, David Mannon, eine Affäre mit einem französischen Hausmädchen hatte, auf das auch Ezra ein Auge geworfen hatte. David schwängert das Mädchen und wird deshalb vom Vater, Abe Mannon, enterbt und verstoßen. Dieser läßt auch das damals so geschändete Haus einreißen und an dessen Stelle den heutigen klassizistischen Bau errichten. Ezra und Christine haben zwei Kinder: Lavinia und Orin. Lavinia liebt ihren Vater abgöttisch, haßt aber ihre Mutter, ein Gefühl, das diese in der gleichen Intensität erwidert. Auch charakterlich und äußerlich bilden Mutter und Tochter einen scharfen Kontrast. Die Mutter sinnlich, lebenszugewandt, lustbejahend, ihre Weiblichkeit in Kleidung und Äußerem betonend; die Tochter lustfeindlich, die Weiblichkeit hinter schwarzen Gewändern versteckend, die Haare streng zusammengebunden zu einem Dutt, der sie wesentlich älter erscheinen läßt, als sie ist. Orin, der als Oberleutnant am Krieg teilgenommen hat und ebenfalls zu Hause erwartet wird, haßt wiederum seinen Vater und liebt seine Mutter.

Die einführenden Dialoge, vornehmlich zwischen Lavinia und ihrem langjährigen Verlobten Peter Niles, enthüllen gleich zu Beginn das neue Skandalon im Hause Mannon. Lavinia hat nämlich entdeckt, daß ihre Mutter ein Verhältnis mit Adam Brant, dem Kapitän eines Klippers, hat. Dieser Adam Brant – so hat sie herausgefunden – heißt eigentlich Brantôme und ist der Sohn von Marie Brantôme, jener französischen Hausmagd, und David Mannon, dem Bruder Ezras. Die Mutter Marie war vor einiger Zeit in New York im Elend gestorben; denn Ezra hatte ihre Bitte um finanzielle Hilfe brüsk zurückgewiesen. Diese Unmenschlichkeit an seiner Mutter hat der Sohn Adam seinem Onkel nie verziehen. Adam selbst ist ein unverklemmter, dem Leben und der Liebe zugewandter junger Mann. Seine Seereisen führen ihn immer wieder zu exotischen Südseeinseln, auf denen nackte junge Mädchen freien Liebesgenuß ermöglichen. Adam nennt sie „the Blessed Isles", die „Inseln der Seligen", weil die Frauen dort das Geheimnis der Glückseligkeit gefunden hätten: Denn sie haben – wie sich Adam ausdrückt – nie davon gehört, daß Liebe eine Sünde sein kann. Lavinia und Adam kennen sich seit langem. Er hatte auch sie einmal sexuell bedrängt und zu küssen versucht, war aber an der harten puritanischen Moral Lavinias abgeprallt. Nun war er also bei der Mutter Christine zum Erfolg gekommen. Das Warten auf die Kriegsheimkehrer verläuft turbulent. Lavinia stellt ihre Mutter zur Rede. Zunächst enthüllen sich vollends die emotionalen Familienkoalitionen. Christine haßt ihre Tochter Lavinia, weil sie sie an die frühe Zeit ihrer Ehe mit Ezra erinnert, der sich mit der Heirat schlagartig von einem romantischen jungen Offizier zu einem Mann puritanischer Prinzipien verwandelt habe. Orin, der Sohn, hingegen, sei – so Christine – ganz der „Ihre", weil sie ihn während Ezras Abwesenheit beim Mexikanischen Krieg ausgetragen und geboren habe. Nachdem in einem Gespräch zwischen Lavinia und Christine diese emotionale Dreieckskonstellation zwischen der Mutter und ihren beiden Kindern mit Vorwürfen von beiden Seiten offen ausgesprochen ist, konfrontiert Lavinia Christine mit der Entdeckung ihres Ehebruchs mit Adam Brant. Christine reagiert hysterisch: Lavinia wolle ihr Lebensglück zerstören, nur weil sie selbst scharf auf Adam Brant sei und in ihrer puritanischen Verklemmtheit sich nicht getraut habe, sich auf ihn einzulassen:

> „And now" – sagt Christine – „you know you can't have him, you're determined that at least you'll take him from me! … But if you told your father, I'd have to go away with Adam. He'd be mine still. You can't bear that thought, even at the price of my disgrace, can you? … I know you, Vinnie! I've watched you ever since you were little, trying to do exactly what you're doing now! You've tried to become the wife of your father and the mother of Orin! You've always schemed to steal my place!" Darauf Lavinia wütend: „No! It's you who have stolen all love from me since the time I was born!" (Part I, Act II, p. 918f.).

Christine hat ihre Tochter richtig eingeschätzt. Denn gegen das Versprechen der Mutter, die Affäre zu beenden, ist Lavinia tatsächlich bereit, den Vater nicht zu informieren. So – glaubt Lavinia – wird die Mutter von Adam Brant getrennt, und der Vater ist vor dem Skandal geschützt.

Gewisse Andeutungen, die Lavinia in Briefen an Ezra und Orin über Christine und Adam hat fallenlassen, sind freilich nicht mehr rückgängig zu machen. Daher plant Christine den Mord an Ezra. Sie will auf Nummer sicher gehen. Dazu läßt sie sich von Adam ein Gift besorgen. Als Ezra eintrifft, wird er zunächst gebührend begrüßt. Sein Mißtrauen aufgrund des Geredes der Leute über eine vermeintliche Affäre von Christine und Adam zerstreut Christine mit der Behauptung, Adam sei ein neuer Verehrer Lavinias. Ezra ist beruhigt. Diese Sicherheit gibt Ezra die Möglichkeit, Christine sein Seelenleben zu öffnen. Er habe – sagt er – durchaus die Gefühlskälte, die Mauer, zwischen ihnen bemerkt und darunter gelitten. Er habe sich aus dieser Kälte in das Geschäft, den Krieg und seine iuristischen und politischen Ämter geflüchtet. Doch er liebe sie nach wie vor: Nun, nach den Erfahrungen dieses furchtbaren Krieges, sei er gekommen, sich ihr zu ergeben:

> „I came home" – sagt er – „to surrender to you" (also wie ein Besiegter dem Sieger die Waffen ausliefert) „– what's inside me … I want to find what that wall is marriage put between us! You've got to help me smash it down! … I've a notion if we'd leave the children and go off on a voyage together – to the other side of the world – find some island where we could be alone a while. You'll find I have changed, Christine. I'm sick of death! I want life! Maybe you could love me now! … I've got to make you love me!" (Part I, Act III, p. 939).

Ezras Einsicht kommt jedoch zu spät. Christine gewährt ihm zwar noch eine letzte Liebesnacht, doch sie tut dies bereits nur in der Hoffnung, Ezras notorische Herzschwäche könnte bereits bei dieser Gelegenheit ihrer Ehe das gewünschte Ende setzen. Als dies nicht geschieht, gesteht sie ihm ihre Affäre mit Adam. Der gewünschte Herzanfall tritt nun endlich ein, was ihr die Gelegenheit gibt, als vorgebliche Medizin das von Adam besorgte Gift zu verabreichen. Lavinia findet schließlich die Giftschachtel, durchschaut das Komplott und bricht in Tränen zusammen.

Soweit das erste Stück. Der gelehrte Zuschauer hat schnell die Analogien zur Orestie des Aischylos erkannt. Schon die Namen bilden Klang-Echos ihrer Vorbilder:

Ezra *Man*non	ist	Aga*mem*non
*Ch*ristine	ist	*Kly*taim(n)estra
O*r*in	ist	*O*rest
*A*dam Brant	ist	*Ai*gisthos
Abe	ist	Atreus
David	ist	Thyestes
*Peter Ni*les, der Verlobte Lavinias	ist	*Pyla*des
*Ha*zel Niles	ist	*H*ermione

Auch die Handlung bietet zahlreiche Entsprechungen:
– Agamemnon kehrt aus dem Trojanischen Krieg heim. – Ezra kommt aus dem Bürgerkrieg.
– Klytaimnestra und Aigisthos begehen Ehebruch. – ebenso Christine und Adam Brant.
– Klytaimnestra tötet Agamemnon. – Christine tötet Ezra.
– Adam hat Grund zur Rache, weil sein Vater aus dem Haus vertrieben wurde. – Auch Aigisthos fühlt sich um das Erbe des Thyestes geprellt.
– Adam fungiert als Helfer beim Mord – ebenso Aigisthos.
Ich übergehe die Nebenfiguren.

Diese personellen und handlungsstrukturellen Analogien reichen aus, um dem Zuschauer die Rückkoppelung des Stückes an den Atriden-Mythos, wie er im Agamemnon dargestellt ist, zu ermöglichen. Die Änderungen, die von O'Neill vorgenommen wurden, stören dabei die elementare Identifikation der Handlung des modernen Stückes mit dem Inhalt des ‚Agamemnon' nicht. Einige Beispiele:
– Adam wird zum Neffen Ezras, während Aigisthos der Vetter Agamemnons war; damit zusammenhängend: Ezra und der verstoßene David sind Brüder, während Thyestes bei Aischylos der Bruder des Atreus ist, der im modernen Stück durch Abe repräsentiert ist.
– Christines Mordmotiv ist allein die Zerrüttung ihrer Ehe mit Ezra, bzw. ihre Affäre mit Adam, während Klytaimnestras Hauptmotiv die Er-

mordung Iphigenies durch Agamemnon gewesen war. Das Motiv der Kin-
destötung entfällt bei O'Neill ganz.

– Lavinia spielt von Anfang an die zentrale Rolle, während Elektra bei
Aischylos nur im zweiten Stück auftritt.

Diese Veränderungen an der Handlungsstruktur erschweren – wie gesagt – die Wiedererkennung des antiken Mythos in der Handlung des modernen Stückes nicht. Vielmehr weisen sie dem nachrechnenden Interpreten
den Weg zur Klärung der grundlegenden konzeptionellen Veränderung,
die O'Neill vorgenommen hat: Die Vorgeschichte hatte sich bei Aischylos
vom Thyestesmahl über die Tötung Iphigenies zum Tod Agamemnons hin
entfaltet; in diese war die Aigisthos-Handlung so kunstvoll eingewoben,
daß nur beide Linien zusammen zu ihrem Ziel führten. Bei O'Neill ist
dagegen jegliche Vorgeschichte gestrichen, und der Keim der Katastrophe
ganz allein ins Seelenleben Ezras verlagert: Die Zerrüttung seiner Ehe,
nicht die Ermordung Iphigenies, die Hartherzigkeit gegenüber Marie Brantôme, die den Bruder David ihm vorgezogen hatte, nicht eine uralte Schuld
aus der vorhergehenden Generation sind letztlich der Grund für seine Ermordung.

Überhaupt ist die ausgreifende Handlungskette, die bei Aischylos gleichsam in innerer Dynamik ihrem Ziel zugestrebt war, von O'Neill in eine
reine Personenkonstellation übersetzt, und zwar in die elementare Familiensituation: Mann – Frau, respektive Vater – Mutter, Sohn – Tochter.
Deren psychologische Konstellation bilden den Nährboden der Ereignisse,
die zur Katastrophe führen. Um diesen Kern der Familie Mannon herum
legen sich noch vier Außenbeziehungen. Der Bruder-Konflikt um die Magd
Marie, der mit der Zurückweisung Ezras endet, die Affäre Christines mit
Adam, die ihr sexuelle Erfüllung außerhalb ihrer Ehe bringt, sowie die Verlobten der Kinder, Hazel und Peter Niles.

Innerhalb der Familie herrschen zwei psychologische Verhaltensraster:
Das erste besteht in einer reinen freudianisch-morbiden Familiensituation.
Die Tochter hat einen krankhaften Elektra-Komplex, der Sohn – wie sich
noch zeigen wird – einen lupenreinen Ödipuskomplex. Der Todestrieb ist
in Ezra präsent, das Lustprinzip in Christine. Unterdrückte Inzestwünsche
sind in allen Familienmitgliedern vorhanden. Daneben wirkt als zweites
psychologisches Raster der puritanische Unterdrückungsmechanismus, der
alle Triebhaftigkeit und Sexualität zu verdrängen sucht. Das Produkt dieses puritanischen Verdrängungsprozesses sind seelische Krüppel, die ihre
natürlichen Wünsche nach Leben und Liebe allenfalls in Phantasien über
ferne Südseeinseln mit nackten Mädchen umsetzen können. Die Verdrängung der Sexualität führt freilich dazu, daß die Triebstrukturen der
menschlichen Psyche unter der Oberfläche nur um so unkontrollierter

und verderbenbringender wüten. O'Neill hat mit der Verwandlung des Handlungskonzeptes der Orestie in ein psychologisches Konzept bei seiner Elektra-Trilogie zwar eine entscheidende Umdeutung der aischyleischen Vorlage vorgenommen, aber die Umdeutung ist eine, die im Rahmen des Mythos so plausibel scheint, daß der Rückbezug, den der Zuschauer ja selbst herstellen muß, nicht ernsthaft gestört oder irritiert wird.

Dies ändert sich auch nicht in den beiden folgenden Stücken. Die ,Choephoren', die ,Weihgußträgerinnen', das zweite Stück der ,Orestie', setzen die Handlung des ,Agamemnon' fort: Orestes kehrt aus dem Exil, in das seine Mutter und ihr Geliebter ihn abgeschoben hatten, nach Argos zurück. Er will seinen Vater rächen, und sich die Herrschaft über Argos als sein rechtmäßiges Erbe zurückholen. Zunächst verdrängt er den Gedanken, daß die Rache den Mord an seiner eigenen Mutter impliziert, doch als diese vor ihm steht, wird ihm die Ungeheuerlichkeit seines Vorhabens deutlich. Gleichwohl gibt er der Rachepflicht gegenüber dem Vater den Vorrang und tötet die Mutter, freilich nicht ohne auch ihren Geliebten zuvor ins Jenseits befördert zu haben. Schließlich wird Orest von den Rachegeistern der Mutter, den Erinyen, mit Wahnsinn geschlagen und stürzt in diesem Wahnsinn davon.

Im zweiten Stück zeigt sich nun, welch tiefgreifende Konsequenzen für den Fortgang der Handlung es hat, wenn man – wie O'Neill es getan hat – Orin mit einem Ödipuskomplex ausstattet. Denn auch das zweite Stück, ,The Hunted', „Die Gehetzten", beginnt zwar (wie die ,Choephoren'): mit der Heimkehr des Sohnes. Doch im Gegensatz zu Orest ist Orin nichtsahnend. Die Zweifel an Christines ehelicher Treue, die Lavinia in ihren Briefen gesät hatte, werden von der Mutter ihrem Sohn gegenüber schnell zerstreut. Mutter und Sohn finden sich schließlich in einem latent inzestuösen Einvernehmen als das neue ,Paar' des Hauses. Orin spricht es sogar offen aus: „Oh, Mother, it's going to be wonderful from now on! We'll get Vinnie to marry Peter and there will be just you and I!" (Part II, Act II, p. 973).

Gegen diese (Schein-)Harmonie von Mutter und Sohn hat es Lavinia zunächst schwer. Als sie Orin vom Mord und dem Ehebruch der Mutter erzählt, glaubt er ihr nicht. Selbst die Giftschachtel überzeugt ihn nicht. Es ist stattdessen das ödipale Verhältnis zur Mutter, an dem sie ihn dann doch packt: „I hope you're not such a coward that you're willing to let her lover escape" (Part II, Act III, p. 979). Allein die Eifersucht bringt also Orin schließlich dazu, Adam Brant als potentiellen Nebenbuhler zu beseitigen. Und so geschieht es: Orin erschießt Adam Brant und vertuscht erfolgreich den Mord. Als Christine vom Tod des Geliebten erfährt, begeht sie Selbstmord. Die Kinder bleiben mit tiefen Schuldgefühlen zurück. Nun ist deutlich, wie sehr die ödipale Konzeption des Verhältnisses Orin – Christine den Fortgang der Handlung beeinflussen muß. Ein Muttermord wie in den Choephoren kommt in ‚The Hunted‘ nicht mehr in Frage. Denn der Sohn liebt die Mutter über alles und haßt seinen Vater. Der Gattenmord ist konsequenterweise für Orin ein Vergehen, über das er im Prinzip hinwegsehen könnte. Statt dessen ist es die Gefährdung seiner eigenen Position als Liebhaber der Mutter, die ihn auf den Plan ruft.

Im dritten Stück geht nun die Abweichung von der Orestie noch weiter. Denn Orestes wird in den ‚Eumeniden‘ von seinem Wahnsinn erlöst: Zunächst entsühnt ihn Apollon in Delphi vom Muttermord. Doch die Rachegeister der Mutter verfolgen ihn weiter. Orestes flieht nach Athen. Dort findet er Schutz vor den Erinyen am Standbild Athenes. Dieser Schutz ist jedoch nicht von Dauer. Die Göttin entwindet daher den Erinyen den unbedingten Anspruch auf Rache und gründet ein Gericht, den Areopag, der über Orest richten soll. Die Abstimmung geht zwar unentschieden aus, doch Orest entkommt der Bestrafung nach dem Grundsatz „in dubio pro reo“. Die Erinyen sind zunächst wütend und drohen, Athen zu zerstören. Athene aber besänftigt sie und verwandelt sie in ‚Eumeniden‘, ‚Wohlwollende‘, die in Zukunft für das Wohl und Gedeihen Athens sorgen werden.

Ganz anders endet die Trilogie O’Neills: Das dritte Stück ‚The Haunted‘, „Die Heimgesuchten“, spielt im Jahr 1866, ein Jahr nach den gräßlichen Ereignissen im Hause Mannon. Orin und Lavinia kehren gerade von einer Reise auf eine Südseeinsel zurück. Beide sind verändert. Orin gleicht inzwischen völlig seinem Vater Ezra, Lavinia ihrer Mutter Christine, und zwar in Kleidung, Auftreten und innerer Einstellung. Lavinia ist offenbar auf der Insel sexuell erweckt worden, während Orin nichts als innere Leere empfindet. Lavinia wendet sich leidenschaftlich ihrem Dauerverlobten Peter Niles zu und beschließt, ihn zu heiraten. Orin trennt sich aus Schuldgefühlen gegenüber seiner Mutter von seiner Verlobten Hazel Niles. Er steigert sich in seinem Schuldkomplex sogar so weit, daß er versucht, auch Lavinia in diesen Schuldkomplex einzubinden: Sie solle die Verantwortung für ihre Tat übernehmen. Er macht ihr Vorwürfe wegen ihres lockeren Auftretens: Eigentlich sei es ihre Pflicht, Buße zu tun, stattdessen habe sie sich auf der Südseeinsel wie eine Hure verhalten – eine Anschuldigung, die handgreiflich nicht wahr ist: „I had kissed him good night“ – verteidigt sich Lavinia – „that was all – in gratitude! He was innocent and good. He had made me feel for the first time in my life that everything about love could be sweet and natural.“ (Part III, Act II, p. 1031).

Doch Orin ist in seiner puritanischen, von Schuldgefühlen genährten Beschuldigungstirade nicht mehr zu bremsen. Schließlich enthüllt er die grausame Wahrheit: „Can’t you see I’m now in Father’s place and you’re

Mother? That's the evil destiny out of the past I haven't dared predict! I'm the Mannon you're chained to!" (Part III, Act II, p. 1032).

Lavinia bricht schluchzend zusammen. Orin versucht sie zu trösten:

> Don't cry. The damned don't cry. – Weine nicht. Die Verdammten weinen nicht.
> (Part III, Act II, p. 1032).

Die Emotionen eskalieren ein letztes Mal. Schließlich tötet Orin sich selbst, Lavinia trennt sich von Peter und fällt wieder zurück in ihre anfängliche geschlechtslose Rolle.

Für Lavinia, die wichtigste Gestalt aller drei Stücke, ist die Begegnung mit dem Tod der wesentliche Anstoß zu innerer Entwicklung und Umkehr.[4] Zu Beginn des Dramas handelt sie – als treibende Kraft bei dem Racheakt an Brant wie als unbewegliche Zeugin beim Tod der Mutter – ganz aus dem Gefühl der Gerechtigkeit heraus. Die Unbedingtheit verleiht ihrem Wesen einen Zug des Unheimlichen, Übermenschlichen. Gleichzeitig aber sind Kräfte des Unbewußten am Werke, die ihre spätere Entwicklung vorbereiten. Zunächst erlaubt ihr der Tod der Mutter, der für sie Befreiung von Eifersucht und Haß bedeutet, die Entfaltung ihres Wesens in der Liebe. Dadurch wird jedoch die Konfliktsituation vorbereitet, die dann durch Orins Anklagen und letzten Endes auch seinen Tod ausgelöst wird. Der Ausgang dieses Konflikts mit dem eigenen Selbst bildet das Ende der Trilogie.

Wie schon im ersten Stück im Falle von Ezra und Christine wird die Entwicklung der Charaktere Orins und Lavinias durch den Kontrast vertieft: Ezra war der Gefühlskalte und Lebensfeindliche, der Krieg hat ihn zum Lebensbejahenden geläutert. Doch bevor er dies ausleben kann, tötet ihn gefühlskalt und erbarmungslos die ursprünglich liebesbejahende Christine. Orin wird vom Liebling der Mutter zum Ebenbild des Vater. Lavinia wird von der Vertreterin der puritanischen Werte des Vaters zum Ebenbild ihrer Mutter und wäre es geblieben, wenn nicht Orin sich getötet hätte. Dies öffnet ihr die Augen: Lavinia erkennt, daß Eifersucht und Haß und nicht etwa das Streben nach Gerechtigkeit das wahre Motiv für ihr mitleidloses Verhalten gegenüber ihrer Mutter und Adam Brant gewesen war, und angesichts dieser Erkenntnis trifft sie die Entscheidung, ihrem Verlangen nach persönlichem Glück zu entsagen. Sie stößt den Verlobten Peter von sich, um ihn zu retten, und indem sie beschließt, allein im öden Haus zurückzubleiben, bringt sie sich den Geistern der Vergangenheit gleichsam zum Opfer dar. Doch nicht der Selbstmord ist ihre Lösung:

> Don't be afraid. I'm not going the way Mother and Orin went. That's escaping
> punishment. And there's no one left to punish me. I'm the last Mannon. I've
> got to punish myself! Living alone here with the dead is a worse act of justice

than death or prison! I'll never go out or see anyone! I'll have the shutters nailed closed so no sunlight can ever get in. I'll live alone with the dead, and keep their secrets, and let them hound me, until the curse is paid out and the last Mannon is let die! ... I know they will see to it I live for a long time! It makes the Mannons to punish themselves for being born. (Part III, Act IV, p. 1053).

O'Neills Drama endet also – anders als das aischyleische – pessimistisch. Die ewige Selbstverdammnis der Hauptschuldigen steht am Ende. Eine wesentliche Pointe des Rückverweises auf die antike Trilogie liegt also darin, daß es in der vermeintlich so barbarischen Welt des antiken Mythos, in der die Menschen den Göttern und dem Schicksal scheinbar hilflos ausgeliefert sind, eine Rettung gibt, während es in einer Welt, in der sie sich selbst, ihren Trieben und ihren perversen Moralvorstellungen überlassen sind, diese Rettung nicht gibt.

Ich komme damit schließlich zu meiner Ausgangsfrage zurück, ob es denn nun eigentlich derselbe Mythos ist, der der aischyleischen ‚Orestie‘ und der ‚Electra‘ O'Neills zugrundeliegt. Oder anders ausgedrückt: Was leistet der poetische Kniff O'Neills, zwischen das Stück und den parallel mitzulesenden Subtext ‚Atridenmythos‘ den Zuschauer zu schalten? Hätte es nicht genügt, das Stück unter einem Titel wie „Der Fluch im Hause Mannon" sich in seiner dramatischen Logik immanent entfalten zu lassen, ohne an den Zuschauer zu appellieren, den antiken Mythos zu vergleichen? Offensichtlich kam es O'Neill auf diesen – gleichsam gelehrten – Vergleich aber gerade an. Aus Arbeitsnotizen in seinen Tagebüchern wissen wir, daß O'Neill das Thema, das er bearbeiten wollte – wohl inspiriert durch die mythologische Metaphorik Freuds – im griechischen Mythos verwirklicht sah. Im Frühjahr 1926 notiert er: „Modernes psychologisches Drama mit einer alten Sagenhandlung der griechischen Tragödie als Hauptthema (...). Ist es möglich, in einem modernen Schauspiel annähernd eine moderne psychologische Entsprechung zur griechischen Schicksalsauffassung zu finden, die ein verständiges Publikum von heute, das weder an Götter noch an übernatürliche Vergeltung glaubt, akzeptieren könnte und von der es sich ergreifen ließe?" Und nachdem die Entscheidung für den Elektra-Stoff gefallen ist, heißt es im November 1928: „Neuenglischer Hintergrund der dramatisch bestmögliche für griechische Handlung von Frevel und Vergeltung, Schicksalskette (Gedankenstrich) puritanische Überzeugung, der Mensch sei zur Sünde und Buße geboren."

In der Tat enthüllt erst der Rückbezug auf die Geschichte vom Fluch im Haus des Atreus, der eine Kette von Frevel und Vergeltung hervortreibt, vollständig den Zusammenhang von freudianisch-psychoanalytischer und puritanischer Dimension des O'Neillschen Stückes.

Der Fluch entsteht in der Orestie aus der Verknüpfung der moralischen Forderung nach Rache mit der gleichsam natürlich gegebenen Eigendynamik komplexer Handlungszusammenhänge. Bei O'Neill entsteht er durch die Unterdrückung der natürlichen menschlichen psychischen Strukturen durch eine puritanische Moral.

Daß der Zuschauer aufgefordert wird, diese Analogie selbst herzustellen, sichert ihm einerseits ein tieferes Verständnis des modernen Stückes; andererseits macht es ihn aber auch zum aktiven Teilnehmer an einem wesentlichen Prozeß der Literaturgeschichte. Durch *seine* Leistung rückt die Geschichte von Ezra Mannon und seiner Familie aus Neuengland in den großen Mythos vom Fluch im Haus des Atreus ein. Der Effekt, der dadurch entsteht, ist gegenüber üblicher Mythenrezeption ein umgekehrter: Nicht das große Sinnpotential des alten Mythos, der als alter Stoff die jeweils moderne Realität abzubilden vermag, tritt dem Zuschauer mit dem Stück vor Augen, sondern er erarbeitet sich die bittere Erkenntnis, daß die (vermeintlich) moderne Realität im Grunde von genau jenen (vermeintlich) archaischen Strukturen geprägt ist, die der alte Mythos zu repräsentieren scheint. Auf diese Weise findet eine Umbewertung von modernem Drama und antikem Subtext zugleich statt. Der Fluch, der in der aischyleischen ,Orestie' in humaner Weise beendet werden konnte, erscheint im modernen Drama – wo er von der äußeren Handlungsebene in den innerpsychischen Raum des Individuums verlagert ist – als eine archaisch unbezwingbar wütende Macht, so archaisch, wie er in der antiken Trilogie gar nicht ist. Mit der Umsetzung des antiken Atridenmythos in die Sphäre des puritanischen Neuengland des 19. Jahrhunderts unter gleichzeitigem implizitem Rückverweis auf die antike Vorlage vollzieht O'Neill somit paradoxerweise eine ,Re-Archaisierung' des Mythos. Sie schien ihm ein geeignetes Mittel, jene damals gerade neu entdeckten Mächte aus dem Innern der menschlichen Seele dramatisch überzeugend auf die Bühne zu bringen.

Anmerkungen

[1] Vgl. T. Bogard im Anhang von E. O'Neill, Complete Plays II, S. 1066–1070 und Carpenter (1979) S. 124–130.

[2] Siehe z. B. das Vorwort von H. Zapf in dem von ihm herausgegebenen Band ,Amerikanische Literaturgeschichte', Stuttgart 1996, S. VIII–X.

[3] Zum Folgenden vgl. Käppel (1998) Kap. II § 9–10.

[4] Der folgende Absatz im Anschluß an Hoffmann (1974) S. 64.

Bibliographie

A. Aischylos, ‚Orestie‘

Text:
Aeschylus, Tragoediae, ed. *M. L. West*, Bibliotheca Teubneriana, Stuttgart 1990.

Deutsche Übersetzung:
Die Orestie des Aischylos, übers. von *Peter Stein*, hrsg. von *B. Seidensticker*, München 1997.

Ausgewählte Literatur:
L. Käppel, Die Konstruktion der Handlung in der Orestie des Aischylos. Die Makrostruktur des ‚Plot‘ als Sinnträger in der Darstellung des Geschlechterfluchs, Zetemata 99, München 1998.
A. Lesky, Die Tragische Dichtung der Hellenen, Studienhefte zur Altertumswissenschaft 2, Göttingen ³1972.
B. Snell, Aischylos und das Handeln im Drama, Philologus Supplementband XX, Heft 1, Leipzig 1928.

B. Eugene O'Neill, ‚Mourning Becomes Electra‘

Text:
Eugene O'Neill, Complete Plays, Vol. II: Complete Plays 1920–1931 (The Library of America 41), ed. *T. Bogard*, New York 1988, S. 887–1054.

Deutsche Übersetzung:
Eugene O'Neill, Trauer muß Elektra tragen. Eine Trilogie, deutsch von *M. Walter*, Neuausgabe, Frankfurt/M. 1990.

Ausgewählte Literatur:
H. Borchers, „Those profound hidden conflicts of the mind": Zur Rezeption psychoanalytischer Konzepte in O'Neills Dramen „Strange Interlude" und „Mourning Becomes Electra", in: Eugene O'Neill, hrsg. von *U. Halfmann*, Tübingen 1990, S. 87–108.
F. Brie, Eugene O'Neill als Nachfolger der Griechen, Germanisch-Romanische Monatsschrift 21, 1933, S. 46–59.
F. I. Carpenter, Eugene O'Neill, Boston 1979.
J. Chioles, Aeschylus and O'Neill. A Phenomenological View, in: Critical Approaches to O'Neill, ed. *J. H. Stroupe*, New York 1988, 53–81.
H. Clark, Aeschylus and O'Neill, English Journal 21, 1931, S. 699–710.
V. E. Hanzeli, The Progeny of Atreus, Modern Drama 3, 1960, S. 75–81.
G. Hoffmann, O'Neill – Mourning Becomes Electra, in: Das amerikanische Drama, hrsg. von *P. Goetsch*, Darmstadt 1974, S. 50–85.
J. J. Martine, Introduction, in: Critical Essays on O'Neill, hrsg. von *J. J. Martine*, Boston 1984, S. 1–31 (Forschungsüberblick zu O'Neill insgesamt).
R. Stamm, The Orestes Theme in Three Plays by Eugene O'Neill, T. S. Eliot and Jean-Paul Sartre, English Studies. A Journal of English Letters and Philology 30, 1949, S. 244–255.

Über die ästhetische und poetologische Inanspruchnahme antiker Mythen bei Roberto Calasso, *Le nozze di Cadmo e Armonia* und Christoph Ransmayr, *Die letzte Welt*

Maria Moog-Grünewald

Mythos – so ist noch einmal zu erinnern – heißt „Rede, Erzählung, Konzeption"[1]; mithin sind Mythen Erzählungen – durchaus Erzählungen von Göttern und Heroen, auch Erzählungen vom Ursprung der Welt. Doch mehr und anderes als dies ist der Mythos – zumindest in Hinsicht auf die griechische und römische Tradition – „Wissen in Geschichten"[2]: „Ein Komplex traditioneller Erzählungen liefert das primäre Mittel, Wirklichkeitserfahrung und -entwurf zu gliedern und in Worte zu fassen, mitzuteilen und zu bewältigen, die Gegenwart an Vergangenes zu binden und zugleich die Zukunftserwartungen zu kanalisieren."[3] Insofern ist der Mythos wesensmäßig „begründend". Mithin liegt seine Besonderheit nicht im Inhalt der Erzählung, sondern in deren Funktion. Dies vor allem macht das Faszinosum der antiken Mythen aus – in der Zeit ihrer Genese nicht anders als in den nachfolgenden Jahrhunderten ihrer Wirkung und Rezeption. Pointiert läßt sich daher sagen: Die Wirkmächtigkeit, ja die fast ungebrochene Präsenz der griechisch-römischen Mythen in Kunst und Literatur über zweieinhalb Jahrtausende ist begründet in der jeweiligen und damit je wechselnden Funktion ihres Bedeutungspotentials. Die „Arbeit am Mythos"[4] hat hierin ihre Voraussetzung und ihre Dignität, auch wenn man mit Blumenberg die Funktion des Mythos auf die spielerisch-poetische Aufhebung vorgängigen Schreckens nicht beschränken will. Und doch eignet den zwei „antithetischen metaphorischen Kategorien" Terror und Poesie – verstanden „als reiner Ausdruck der Passivität dämonischer Gebanntheit oder als imaginative Ausschweifung anthropomorpher Aneignung der Welt und theomorpher Steigerung des Menschen"[5] eine Leistungsfähigkeit, die es erlaubt, unterschiedlichste Rezeptionsmodi der antiken Mythen wie die Schaffung neuer Mythen in den Bereichen der Poesie, mehr noch der Philosophie, auch Psychologie und nicht zuletzt in politicis zu beschreiben und zu erklären. Unter einer Bedingung freilich – und damit komme ich auf den Anfang meiner Bemerkung und letztlich auf Burkert zurück: Mythos verstanden als Poesie, auch und gerade im Sinne von ‚Erzählung', vermag das in jeder anderen Weise nicht Sagbare zu sagen. Die Uneigentlichkeit der mythischen Rede ist ihre differentia specifica, und in ihr erfüllt sie ihre allgemeinste und zugleich vornehmste Funktion. Der

Vermittlung von Wissen nimmt die mythische Rede, die Rede als Mythos, mithin die Poesie den Terror des Ideologisch-Verbindlichen, und sie gewinnt gerade dadurch an persuasiver Evidenz. Die Rezeptionsgeschichte herausragender mythischer Figuren, die in diesem Band präsentiert werden, ist dafür Beweis. Verwiesen sei auf die schönen Präsentationen zu Odysseus, Achill, Ödipus, Pandora. Paradigma par excellence ist allerdings der Prometheus-Mythos. Über und mit ihm wurde nicht allein ‚Wissen über die Welt' verhandelt, sondern – und darin dem Orpheus-Mythos analog – ‚Wissen über die Dichtung'.

Mythos über den Mythos, Poesie über die Poesie ist der antiken Rede nicht fremd, doch ist dies par excellence ein Phänomen der Neuzeit resp. der Moderne. Die Poesie wird sich selbst zum Problem. Dessen Komplexität zu erörtern, zugleich evident zu machen, sind Poetiken und Manifeste kaum hinlänglich; es bedarf der Poesie, allgemeiner: des Mythos. Dantes *Vita Nuova* ist für dieses Phänomen ein frühes und herausragendes Beispiel. Von Interesse – in unserem Zusammenhang – sind zwei literarisch und literarhistorisch ungleich weniger spektakuläre Werke, die vielleicht nicht zufällig im selben Jahr, 1988, erschienen sind: Christoph Ransmayrs *Die letzte Welt*[6] und Roberto Calassos *Le nozze di Cadmo e Armonia*[7]: von herausragendem Interesse, insofern sie antike Mythen in Anspruch nehmen in der Absicht, Ästhetik und Poetologie ‚in Rede', in ‚Erzählung', in ‚Konzeption' zu bringen, ‚Wissen' zu vermitteln über Ästhetik und Poetik, kurz: über das Wesen der Dichtung selbst. Von Interesse sind diese Werke also, insofern der Mythos schlechthin, die Mythen der griechischrömischen Antike, zu Prä-texten einer Bewegung werden, in der der Mythos, die Poesie zu sich selber kommt.

Ransmayrs *Die letzte Welt* hatte unmittelbar mit der Veröffentlichung einen staunenswerten Kritiker- und Publikumserfolg: Die journalistische Welt hat das Werk seinerzeit enthusiastisch akklamiert, die Auflagen erreichten zweistellige Zahlen, Übersetzungen u. a. ins Englische und Französische folgten. Die akademische Welt liefert Aufsätze, Monographien und Sammelbände bis auf den heutigen Tag[8] – es scheint ein nur schwer erklärbares Faszinosum von diesem Werk auszugehen, und mir scheint, es handelt sich dabei – trotz Übersetzungen – um ein spezifisch deutsches Faszinosum. – Calassos *Le nozze di Cadmo e Armonia* hatten gleichfalls ansehnlichen Publikumserfolg, wurden gleichfalls ins Englische und Französische übersetzt und fanden die Aufmerksamkeit der Kritik.[9] Eine eingehende literaturwissenschaftliche Würdigung der *Nozze* steht allerdings noch aus, ebenso eine vergleichende Würdigung beider Werke. Dies überrascht umso mehr, als die Kritik beide Werke einhellig als „postmodern" gekennzeichnet hat. Man kann nun diese Etikettierung der Beliebigkeit

und Belanglosigkeit schmähen, in ihr den Ausdruck allzu verbreiteter be-
grifflicher Verlegenheit erkennen, wenn man die in Frage stehenden Werke
kennt und weiß, daß deren Umgang mit den Mythen differenter nicht sein
könnte, ihnen – damit verbunden – völlig verschiedene ästhetische und
poetologische Konzepte zugrundeliegen. Man kann aber gerade diese
Unterschiede zum Anlaß nehmen, anhand der Mythographie Ransmayrs
und Calassos über Differenzen in der Entwicklung der Moderne – hier der
Ästhetik und Poetologie der Moderne – und der ihr resp. aus ihr folgenden
Postmoderne Klarheit zu gewinnen. Gleichwohl möchte ich unter – vor-
läufigem – Verzicht auf eher nebulöse Etikettierungen zunächst die beiden
Werke selbst in den Blick nehmen und sie knapp beschreiben.

Ransmayr – und dies ist ein erstes, wesentliches Kennzeichen – nimmt
nicht die Mythen in ihren vielfältigen mündlichen und schriftlichen Überlieferungen zum Ausgangs- und Bezugspunkt seines Erzählens, sondern
ein Werk, in dem die Mythen bereits Dichtung geworden sind, eine eigene
und unverwechselbare Poetizität erlangt haben: Ovids *Metamorphosen*.
Im *Entwurf zu einem Roman*[10] hat der Autor für eine adäquate Lektüre
seines Werkes Sorge getragen. Das Thema sei „das Verschwinden und die
Rekonstruktion von Literatur, von Poesie", der Stoff die *Metamorphosen*
Ovids. Ransmayr geht von einer Hypothese aus: Ovids *Metamorphosen*
sind nicht überliefert; das einzige Manuskript ist in dem Feuer verbrannt,
das der Dichter vor der unfreiwilligen Abreise nach Tomi in seinem römischen Haus gelegt hat. Allerdings sind etliche Bruchstücke, Passagen bekannt: Der Dichter pflegte Lesungen zu halten. – Jahre vergehen, verein-
zelt kommen Briefe aus Tomi in Rom an und schließlich die Meldung, der
Dichter sei tot. Cotta, der Freund, macht sich auf den Weg ans Schwarze
Meer: auf die Suche nach dem Dichter oder doch nach Nachrichten über
ihn und vor allem auf die Suche nach den *Metamorphosen*. Was er über die
Zeit eines Jahres hin findet, ist freilich nicht das Werk, sondern sind Modi
der Überlieferung und Möglichkeiten der Aufnahme. Im Garten Ovids, in
Trachila, dem über Tomi gelegenen Ort, trifft Cotta auf „Steine, Granit-
tafeln, Menhire, Schieferplatten, Säulen [...] Quader" (S. 48)[11], übersät mit
Tausenden kleiner Nacktschnecken. Pythagoras, ehemals Knecht des Verbannten und noch immer Hüter des Ortes, übergießt die Steine, einen nach
dem anderen, mit Essig:

> [...] Cotta [...] sah, wie in dieses zähe, feuchte Strickwerk aus Fühlern und
> Leibern die Bewegung des Todes kam [...]. Die Schnecken wanden und
> krümmten sich unter der furchtbaren Wirkung der Säure und stießen zu ihrem
> Todespfeifen Trauben von Schaum hervor, Schaumblüten, glitzernde, winzige
> Blasen. Dann fielen die Tiere sterbend ab, stürzten, glitten, rannen umarmt
> den Stein hinab und gaben ihn frei. (S. 49)

Augenblicklich werden Wörter sichtbar – in jeden Stein ist ein anderes Wort gemeißelt: Feuer, Zorn, Gewalt, Sterne, Eisen ... Cotta entziffert, liest, ist bemüht um Sinn und Zusammenhang und vermag schließlich aus den vielen Bruchstücken einen Text zu konstituieren: „ICH HABE EIN WERK VOLLENDET ..." (S. 50). Es sind, wie der Kenner des Ovidischen Werkes unschwer feststellt, die Schlußverse der *Metamorphosen*, deren einzelne Wörter mit der Vita Ovids, wie insbesondere Ransmayr sie konzipiert, in Beziehung stehen: ‚Flammen' haben das Manuskript vernichtet; durch Unbotmäßigkeit hat Ovid sich den ‚Zorn' des Imperators zugezogen und die ‚Gewalt' und Willkür eines totalitären Staatsapparats erfahren; so wurde die ‚Eiserne' Stadt zur letzten Station seines Lebens ... Man sieht: Ein Text wird weniger rekonstruiert als im neu erstandenen Kontext in seiner lebensweltlichen Polyvalenz entfaltet; Schriftspurensuche und -lektüre als Metapher eines angestrengten Zugangs zur Dichtung und der von ihr vermittelten Wirklichkeit wird inszeniert, somit ein frühromantisches Verfahren in postmoderner Variation wiederholt und aktualisiert. Die Invention ist zeitgemäß: Verschriftung auf Steinmalen und Menhiren; das Verfahren, Schrift freizulegen, einfach und nicht naturbelastend; die Wirkung ist garantiert:

> Der Knecht [i. e. Pythagoras] ging mit seiner Karaffe von Stein zu Stein, verteilte den Essig mit Bedacht und wie nach einem Plan auf die Schneckenpolster, und auf den wüsten Flächen erschienen immer mehr Worte, Sätze, unleserlich manche, andere ungelenk, eingeschlagen wie von einem, der sich in der Steinmetzarbeit versucht hatte, finger- und handgroße Schriftzeichen. (S. 49 f.)

Das Unternehmen ist gelungen, die Bedingung der Möglichkeit einer ‚Lesbarkeit der Welt' geschaffen. Die Schneckenvernichtungsszene metaphorisiert in (fast) romantischer Manier die deutsche frühromantische Theorie einer Chiffernschrift und en passant die Poetik eines Peter Handke.[12] Sprachphilosophisch-poetologische Anspielungen gibt es durchgängig, die Akme wird naturgemäß gegen Ende des Romans erreicht. Cotta, dessen rationalistisch eingeübtes Wahrnehmungsvermögen durch die häufige Erfahrung irrationaler Begebnisse stark getrübt ist, schleppt sich zum wiederholten Male in die Einöde Trachilas. Halluzinationen, Visionen überkommen ihn; er vermeint, Naso zu sehen, zu greifen – doch er ist allein:

> [...] in Trachila war nichts geblieben als ein gußeiserner, gesprungener Herd und Worte, auf Fetzen gekritzelte, in den Stein geschlagene Worte. Also schritt er dieses Archiv verblichener Zeichen Kegel für Kegel ab, löste die Fähnchen aus dem Stein, sprach, was noch lesbar war, als sinnlosen, wirren Text in die Stille – und füllte seinen Tragsack mit den Lumpen. (S. 243)

Ohne jede Neugier verstaut Cotta die letzten Fragmente dichterischer Einbildung im Behältnis, denn längst ist Wirklichkeit in Fiktion gestaltet,

hat Fiktion die Wirklichkeit modelliert – ‚Welt' und ‚Buch' sind eine nicht
mehr unterscheidbare Einheit geworden. Arachne, die taubstumme Weberin, hat die Phantasien des Verbannten in „Wolle, Seide und Silber-
gespinst" (S. 191) gewirkt; auf unzähligen, achtlos umherliegenden Tapis-
serien gibt sie Zeugnis von einem *Buch der Vögel*: der Kunst des Fliegens,
dem Rausch der Schwerelosigkeit und dem Sturz des Ikarus. Echo, die
Widerhallende, erzählt von einem *Buch der Steine* (S. 155), und Cyparis,
der umherwandernde Liliputaner, führt Filme vor, kurze Stummfilmstrei-
fen über die Schicksale von Alcyone und Ceyx (S. 27 ff.), sodann drei Tragödien, „bombastisch ausgeschmückte Versionen des Untergangs dreier
Helden […]": *Hector, Hercules* und *Orpheus* (S. 106). Ein Maskenzug
schließlich führt ‚Phoebus Apollo', ‚Iuppiter', ‚Medea', ‚Orpheus' mit sich
(S. 91–94). Ovids Geschichten sind somit verwahrt, sie sind ‚aufgehoben',
bruchstückhaft, eigenwillig, heterogen. Cottas Lektüre des verlorenen
Buches ist verwiesen auf Mündlichkeit, Schriftlichkeit, Bildlichkeit einer
fragmentarischen Überlieferung.

Doch dies ist nur die eine Seite. Die Bewohner Trachilas, Erzähler der
Geschichten, sind selbst Figuren der Geschichten, von denen sie erzählen:
Fama, die Krämerin; Battus, der Fallsüchtige; Arachne, die Weberin; Proserpina, die Verlobte des Totengräbers, dessen Name Thies eine spezifisch
deutsche Version des römischen Dis ist; und schließlich Lycaon, der Seiler,
der ins Gebirge rennt, sich heulend in einen Wolf verwandelt und als flie-
genbesessener Balg sein Ende findet. Der Höhepunkt und auch Schluß-
punkt der Ereignisse in Tomi ist die gräßliche Familientragödie von Philo-
mela, Procne und Tereus: Cotta erlebt das unvermutete Wiederauftauchen
der Verstümmelten und Wahnsinnigen am Ufer von Tomi; erlebt die Rache der Procne und den Haß des Tereus – und die Verwandlung der drei
von Leidenschaft und Gewalt Gequälten in … Vögel:

Unsinnig heiter wie ein Kind saß Cotta allein in der Seilerei […], wühlte in den
Fetzen des Baldachins, löste beschriftete Fähnchen aus den Blütenranken und
Blättern der Winde und las manche Inschriften in den leeren Raum wie einer,
der Gerümpel sortiert und die Namen der Dinge noch einmal ausspricht, bevor er sich für immer von ihnen trennt und sie fortwirft.

Daß Tereus der Wiedehopf war und Procne die Nachtigall, stand auf diesen
Fetzen, Echo der Widerhall und Lycaon ein Wolf … Nicht nur die vergangenen, auch die zukünftigen Schicksale der eisernen Stadt flatterten an den Steinmalen von Trachila im Wind oder glitten nun enträtselt durch Cottas Hände.
(S. 285)

Daß ein griechischer Knecht seine [sc. Ovids] Erzählungen aufgezeichnet
und um jedes seiner Worte ein Denkmal errichtet hatte, war nun ohne Bedeutung und bestenfalls ein Spiel für Verrückte: Bücher verschimmelten, verbrann-
ten, zerfielen zu Asche und Staub; Steinmale kippten als formloser Schutt in die

Halden zurück, und selbst in Basalt gemeißelte Zeichen verschwanden unter der Geduld von Schnecken. Die Erfindung der Wirklichkeit bedurfte keiner Aufzeichnungen mehr. (S. 287; Sperrung von MMG)

Entschiedener könnte die Idee der ,Progressiven Universalpoesie' nicht vollendet bzw. – je nach Lesart – an ihr Ende gebracht, genauer nicht die postmoderne These von der Fiktionalität alles Seienden, die in gewisser Weise ja ein Erbe der deutschen romantischen Theorie ist, ins Wort gesetzt werden. Die (eitle) Vorstellung, daß (Selbst-)Inszenierung allemal die Wirklichkeit überschreite, daß sie deren Beschränkung und Beschränktheit illusionistisch zu negieren vermöge, wird mit staunenswerter Emphase in der Schlußpassage zur Anschauung gebracht: Die Unternehmung des schriftspurensuchenden Cotta ist die Suche nach dem verschrifteten eigenen Namen, nach einem „schmale(n) Fähnchen", das „nur zwei Silben zu tragen" hatte; doch nicht das Fähnchen findet Cotta, vielmehr vernimmt er seinen Namen – als Echo seines eigenen Rufes:

> Wenn er [sc. Cotta] innehielt und Atem schöpfte und dann winzig vor den Felsüberhängen stand, schleuderte Cotta diese Silben [sc. des eigenen Namens] gegen den Stein und antwortete *hier!*, wenn ihn der Widerhall des Schreies erreichte; denn was so gebrochen und so vertraut von den Wänden zurückschlug, war sein eigener Name. (S. 287f.)

Daß Cotta in den Widerhall seines Namens eingetreten sei, läßt sich nicht mit Bestimmtheit sagen, böte sich aber als Vermutung in Analogie zu *Nasos* Schicksal an:

> [...] Naso hatte [...] seine Welt von den Menschen und ihren Ordnungen befreit, indem er *jede* Geschichte bis an ihr Ende erzählte. Dann war er wohl auch selbst eingetreten in das menschenleere Bild, kollerte als unverwundbarer Kiesel die Halden hinab, strich als Kormoran über die Schaumkronen der Brandung oder hockte als triumphierendes Purpurmoos auf dem letzten, verschwindenden Mauerrest einer Stadt. (S. 287)

Die Geschichte ist zu Ende erzählt, die Welt an ihr Ende – oder: ,zu sich' – gekommen. Das Ovidische Diktum „nulli sua forma manebit", etwas preziös übersetzt mit „Keinem bleibt seine Gestalt", offenbart seine Doppelbödigkeit: nicht so sehr unendlicher Gestaltwechsel als endliche Gestaltfindung – im anderen! *Apocalypse now* – basso continuo der Ransmayrschen *Letzten Welt* – ist denn auch die aktualisierende Variante des frühromantischen Ideals unendlicher Progression. Nasos Rede von den Schrecken der Pest im römischen Stadion zu den Sieben Zufluchten (S. 61–64), sodann Echos eindringliche Wiedergabe der Vision des Verbannten vom bevorstehenden Untergang der Welt (S. 160–171) sind modernistische Paraphrasen apokalyptischer Schriften des Alten und Neuen Testaments, sind zugleich vornehm-heroische Verfremdungen des endzeitlichen Geredes der achtziger Jahre[13]. Doch ist Ransmayr im Gegensatz zu vielen seiner Zeitgenossen der ursprünglichen Bedeutung von Begriff und Sache ‚Apokalypse' eingedenk: „Eine Offenbarung der Zukunft" (S. 162), die von „Verwandlung und Wiedergeburt" (S. 64) kündet: von Verwandlung in Steine, in Tiere, in Pflanzen und einer Wiedergeburt in mythischen Zeiten und Räumen. Die Progression ist weiterhin gewährleistet, gilt doch nach der Verabschiedung des Logozentrismus die Wende zum Mythos als Fortschritt. Cotta hat Rom, „das Reich der Notwendigkeit und der Vernunft" (S. 287), freiwillig verlassen, „angewidert und gelangweilt von der Symmetrie eines geordneten Lebens" (S. 296), und kommt in eine Welt, in der keine Regel gilt: Echo verschwindet spur-, verhallt tonlos, Lycaon läuft als Wolf in die Berge, und Battus, der Episkop-Süchtige und Abbild-Vernarrte, wird zu Stein: „[…] Battus' Versteinerung sollte ihm [sc. Cotta] zeigen, daß sein Ort weder in der eisernen noch in der ewigen Stadt lag, sondern daß er in eine Zwischenwelt geraten war, in der die Gesetze der Logik keine Gültigkeit mehr zu haben schienen, in der aber auch kein anderes Gesetz erkennbar wurde, das ihn hielt und vor dem Verrücktwerden schützen konnte." In der Tat: „[…] daß die Grenze zwischen Wirklichkeit und Traum vielleicht für immer verloren" (S. 220f.) ist, dürfte schließlich die ambivalente Aussage des Romans *mit einem Ovidischen Repertoire* sein.

Ransmayrs *Die letzte Welt* reiht sich mit ihren hochgesteckten ästhetisch-poetologischen Ambitionen – zugestandenermaßen ganz eigenwillig und originell – in eine, wie ich meine, spezifische deutschsprachige Dichtung ein, die qua Dichtung auf der Suche ist nach der wirklicheren Wirklichkeit, wie sie z.B. Peter Handke in seinen Werken der achtziger Jahre inszeniert, auf der Suche nach einem „Ort, wo die Zeichen aufhören und das Zeigen beginnt, wo die Sprache verstummt und das Sein aufscheint"[14]. Die wirklichere Wirklichkeit, die – als ästhetische – das Wahre längst abgelöst hat, ist nurmehr erfahrbar in epiphanischen Momenten, im *nunc stans* (Handke), und d.h. gerade im Nicht-Aufgezeichneten, im Unmittelbar-Ereignishaften: „Die Erfindung der Wirklichkeit bedurfte keiner Aufzeichnungen mehr" – demgemäß ist auch der Mythos, verstanden als ‚Rede', ‚Erzählung', ‚Konzeption' „nun ohne Bedeutung und bestenfalls ein Spiel für Verrückte" (S. 287): Der Mythos ist „zuende erzählt", das letzte Wort, ‚Cotta' „schlägt gebrochen und so vertraut von den Wänden" zurück – als Echo, so möchte man sagen, der Inszenierung des Textes seiner selbst. Mögen die Mythen, die Ovidischen *Metamorphoses* auch verschwinden, auf Lumpen und Steinen fragmentarisch verstreut, in irrenden und verwirrten Figuren schemenhaft belebt, und mag auch der Dichter selbst „in das menschenleere Bild" eingetreten sein „als Kormoran über

die Schaumkronen der Brandung" oder „als triumphierendes Purpurmoos
auf dem letzten, verschwindenden Mauerrest einer Stadt", und mag
schließlich Cotta, der Interpret, Spurensucher und Spurenleser, sich
nurmehr im Widerhall seines eigenen Namens (wieder) zu erkennen: Die
intendierte Entropie von Autor, Text und Interpret findet – wie könnte es
anders sein – Ausdruck in einem Text, den sein Autor kommentiert in der
Absicht, den Interpreten Nachhilfe in Hermeneutik zu geben. Die Mythen, die großen Erzählungen, die Wissen von der Welt vermitteln wollen,
werden an ihr Ende gebracht in einem Mythos, der die Möglichkeit von
Erzählungen nunmehr negiert – freilich als Erzählung, die ihre Poetologie
zugleich reflektiert. Poesie der Poesie? Wofern man neben einer ausge-
prägten Metaphorizität die textuelle Realisation aktueller literaturwissen-
schaftlicher Theorien als Ausweis des Poïetischen anerkennt. So wird
Intertextualität in selten reiner und zugleich vielfältiger Form praktiziert.
Die Verweisungen auf Ovids *Metamorphosen* sind Gerüst des Romans,
deren Verfremdungen retten das intersubjektive Moment im literarischen
Aneignungsprozeß. Intertextuell ist auch die Integration von Leben und
Lebenswelt Ovids: Bezugstexte sind allererst die Exildichtungen *Tristia*
und *Epistulae ex Ponto*. Die reibungslose intertextuelle Vermittlung wird
schließlich durch anachronistische Verschachtelung der Epoche des römischen Dichters mit der des Verfassers von *Die letzte Welt* bewerkstelligt.
Und wer den Begriff ‚Palimpsest' zur Bestimmung intertextueller Phäno-
mene wenig tauglich erachtet[15], findet in Ransmayrs Buch ein Verfahren,
das dem Begriff in seiner ursprünglichen Bedeutung gerecht wird: Wie
Ovids *Metamorphosen* zählt *Die letzte Welt* fünfzehn Bücher – das zur
Verfügung stehende Material des Pergaments ist ökonomisch genutzt.
Selbst die ‚Kunst der Übergänge' ist gemimt, wenn Ransmayr in Anlehnung an eine spezifisch ovidische Technik eine Geschichte bzw. Erzähl-
folge vom Ende des einen Buches in den Anfang des nächsten herüber-
zieht, wie es z.B. im Übergang vom ersten zum zweiten Buch beider
Autoren der Fall ist. Und schließlich übernimmt Ransmayr das von Ovid
äußerst erfindungsreich und auch humoristisch angewandte Verfahren der
Verschachtelung einzelner Geschichten: so z.B., wenn Cyparis, selbst
mythologische Figur, die *Metamorphosen*-Erzählung von Alcyone und
Ceyx an die Wand projiziert und im Einschub und als Kontrast zum
Schicksal des sich liebenden Paares die verheerenden Eheverhältnisse von
Tereus und Procne erwähnt werden. Und im ganzen könnte gar die Ironie
Ovids im Umgang mit der mythologischen Tradition die Erzählhaltung
Ransmayrs bestimmt haben … nur handelt es sich hier um jene romanti-
sche Ironie, die – ohnehin verkürzt um das spielerische Element – im Para-
doxon verharrt.

Geradezu als ‚Parodos' zu Ransmayrs *Die letzte Welt* könnte man Roberto Calassos *Le nozze di Cadmo e Armonia* lesen: Hier werden Geschichten nicht an ihr Ende gebracht, vielmehr werden Geschichten immer wieder erzählt: dieselben in Variationen, deren Varianten weitere und andere Geschichten assoziieren und generieren. „Ma com'era cominciato tutto?" ist die oftmals wiederholte Frage, die den Anfang, den Ursprung zu ermitteln strebt, doch tatsächlich immer erneut Anlaß gibt, die Reihe der möglichen Antworten mit einer weiteren Möglichkeit fortzusetzen. Nicht wirklich Anfang des Erzählens, nurmehr Auftakt, Einsatz ist daher die Entführung, ja der Raub der Europa durch Zeus, listig verwandelt in einen weißen Stier:

> Sulla spiaggia di Sidone un toro tentava di imitare un gorgheggio amoroso. Era Zeus. Fu scosso da un brivido, come quando i tafani lo pungevano. Ma questa volta un brivido dolce. Eros gli stava mettendo sulla groppa la fanciulla Europa. Poi la bestia bianca si gettò in acqua, e il suo corpo imponente ne emergeva abbastanza perché la fanciulla non si bagnasse. (S. 15)[16]

> Am Strand von Sidon versuchte ein Stier sich im Liebesgezwitscher. Es war Zeus. Ein Schauer überlief ihn, wie damals, als die Bremsen ihn stachen. Diesmal jedoch ein süßer Schauer: Eros setzte ihm das Mädchen Europa auf den Rücken. Dann warf sich das weiße Tier ins Wasser, und sein gewaltiger Leib ragte weit genug daraus hervor, um das Mädchen nicht naß werden zu lassen. (S. 7)

Die Umstände, die Voraussetzungen und die Zeugen, die Träume und die Folgen werden erzählt – aus immer veränderter Perspektive, sei diese räumlich, sei sie zeitlich, stets eingeleitet durch die intrikate Frage: „Ma com'era cominciato tutto?" Doch nicht auf Beginn, auf Ursprung – so wird bereits im ersten Kapitel deutlich – zielt sie, sondern auf Differenz, jene geringfügige Aufschiebung und minime Unterscheidung, die im Verweis auf das Andere nur scheinbar paradoxerweise das Eine und das Ganze bewahrt, somit das Leben am Leben erhält und – so in Vorwegnahme des noch zu Zeigenden – Vollkommenheit und Vollendung allein im Mythos und als Mythos in Erscheinung bringt:

> [...] il mito si espande in un ventaglio dai molti spicchi. Qui la variante è l'origine. Ogni atto avvenne in questo modo, oppure in quest'altro, oppure in quest'altro. E in ciascuna di tali storie divergenti si riflettono le altre, tutte ci sfiorano come lembi della stessa stoffa. (S. 172)

> Will man den Mythos ergreifen, fächert er sich in viele Varianten auf. Die Variante ist hier der Ursprung. Jede Tat ereignete sich auf diese oder eine andere oder noch eine andere Weise. Und in jeder dieser divergierenden Geschichten reflektieren sich die anderen, jede streift uns wie der Saum desselben Stoffes. (S. 160)

Und als bedürfe selbst die Einsicht in das Wesen des Mythos der Wiederholung in Varianz, liest man an anderer Stelle:

> La ripetizione di un evento mitico, con il suo gioco di varianti, avverte che qualcosa di remoto ci fa cenno. Non esiste evento mitico isolato, come non esiste una parola isolata. Il mito, come il linguaggio, si dà intero in ciascuno di suoi frammenti. Quando un mito lascia agire la ripetizione e la variante, affiora per un tratto l'ossatura del sistema, l'ordine latente, coperto di alghe. (S. 159)

> Die Wiederholung eines mythischen Ereignisses mit ihrem Variantenspiel weist darauf hin, daß etwas weit Zurückliegendes uns ein Zeichen gibt. Es gibt kein isoliertes mythisches Ereignis, genauso wenig wie es ein isoliertes Wort gibt. Der Mythos, ebenso wie die Sprache, gibt sich ganz in jedem seiner Fragmente. Wenn ein Mythos die Wiederholung und die Variante agieren läßt, tritt für einen Augenblick das Gerüst des Systems hervor, die verborgene, von Algen überzogene Ordnung. (S. 150)

Der Mythos, die unendliche Erzählung von Göttern, Heroen und Menschen, von Tieren und Pflanzen ist somit Ausdruck einer verborgenen ethischen wie ästhetischen Ordnung und bringt diese zugleich zum Vorschein: als Stabilität der Instabilität. Die Bedingung ihrer Möglichkeit, konzeptuell wie narrativ, aber ist der ‚tradimento', jene ‚Übergabe' und ‚Verschiebung', die gemeinhin als ‚Verrat', als ‚Betrug' erachtet wird:

> Appunto nello Heraion ebbe inizio la storia del primo tradimento di Zeus, origine di tutte le vendette. Per tradire Hera, Zeus scelse una sua sacerdotessa, l'essere umano che a lei era più vicino, in quanto teneva le chiavi del santuario: Io. Nel suo aspetto, nelle sue vesti, Io era tenuta a ripetere l'immagine della dea che serviva. Era una copia che tentava di imitare una statua. Ma Zeus scelse la copia, desiderò la differenza minima, che basta a disarticolare l'ordine, a produrre il nuovo, il significato. E la desiderò *perché* era una differenza, *perché* era una copia. Quanto più trascurabile la differenza, tanto più enorme la vendetta. Tutte le altre avventure di Zeus, tutte le altre vendette di Hera non sono che rinnovate spinte alla ruota della necessità, che Hera aveva accelerato un giorno per punire la donna a lei stessa più simile. (S. 38)

> Und eben im Heraion begann die Geschichte von Zeus' erstem Betrug, auf den alle Racheaktionen zurückgehen. Um Hera zu betrügen, wählte Zeus eine ihrer Priesterinnen, das menschliche Wesen, das, als Schlüsselbewahrerin des Heiligtums, ihr am nächsten stand: Io. In ihrem Aussehen, ihren Kleidern war Io gehalten, dem Bild der Göttin, der sie diente, zu gleichen. Sie war eine Kopie, die eine Statue zu imitieren versuchte. Zeus aber wählte die Kopie, er wollte die minimale Differenz, die genügt, um die Ordnung zu erschüttern, um das Neue, die Bedeutung, hervorzubringen. Und er wollte sie, *weil* sie eine Differenz darstellte, *weil* sie eine Kopie war. Je geringfügiger die Differenz, um so gewaltiger die Rache. All die anderen Abenteuer von Zeus, all die anderen Racheakte Heras treiben nur immer wieder das Rad der Notwendigkeit an,

das Hera einst in Schwung gebracht hatte, um die Frau zu bestrafen, die ihr selbst am meisten glich. (S. 30 f.)

In Io, der nur geringfügig von Hera Unterschiedenen, daher Grund und Opfer eines ‚tradimento‘, erkennt sodann Europa, die durch ‚Betrug‘ und ‚Verrat‘ Entführte, sich selbst wieder:

> Ma com'era cominciato tutto? Europa si avviava con le sue compagne, in mano il suo splendido canestro d'oro. Lo aveva foggiato Efesto, due generazioni prima, per donarlo a Libia. E Libia lo aveva donato alla figlia Telefassa, che lo aveva donato alla figlia Europa. Era il talismano della stirpe. Sbalzata in oro, vi si riconosceva una giovenca errante, che sembrava nuotare in un mare di smalto. Due uomini misteriosi, in piedi sulla riva, osservavano la scena. C'era anche uno Zeus d'oro, che sfiorava con la mano la bronzea giovenca. [...] Quella giovenca era Io, trisavola di Europa. (S. 18)

> Aber wie hatte alles angefangen? Europa machte sich mit ihren Gefährtinnen auf den Weg, in der Hand ihren prächtigen goldenen Korb. Hephaistos hatte ihn angefertigt, zwei Generationen zuvor, um ihn Libye zu schenken. Und Libye hatte ihn ihrer Tochter Telephassa geschenkt, die ihn dann ihrer Tochter Europa zum Geschenk gemacht hatte. Er war der Talisman des Geschlechts. Es war darauf, in Gold getrieben, eine umherirrende Färse zu sehen, die in einem Meer aus Email zu schwimmen schien. Zwei geheimnisvolle Männer standen am Ufer und beobachteten die Szene. Auch ein goldener Zeus war dabei, der die bronzefarbene Färse leicht mit der Hand berührte. [...] Jene Färse war Io, die Urgroßmutter Europas. (S. 9 f.)

Io, Telephassa, Europa, Argiope, Pasiphaë, Ariadne, Phaidra sind Namen, die für ein gleiches Geschick in geringer Unterscheidung stehen, für ‚tradimento‘, ‚rapimento‘, ‚sacrificio‘, ‚metamorfosi‘. Sie sind „Glieder derselben Kette" („anelli della stessa catena"), ihre Geschichten in variierter Wiederholung ermöglichen Geschichte, deren implizite Unabgeschlossenheit ihr Telos, die ihr eigene Vollkommenheit garantiert. Ihr Symbolon ist der Kranz, die Kette, die Girlande: „Corona, collana, ghirlanda: sono la stessa figura, e spesso si tramutano l'una nell'altra." (S. 134) Der erste Kranz war eine Ehrengabe des Zeus für Prometheus; er sollte die Qual der Ketten ausgleichen, in denen Zeus selber Prometheus lange gefesselt hatte: „Ora la fredda stretta del metallo si trasforma in quello che Eschilo chiamò ‚il migliore dei vincoli‘: un intreccio circolare di foglie, ramoscelli e fiori." (S. 131) Statt der Fessel einen Kranz: Die Folge, der Tausch impliziert die Möglichkeit, ja Fähigkeit, dem Zwang, der Notwendigkeit des Daseins eine ästhetische Dimension abzugewinnen, die Begrenztheit der Existenz in der Ästhetik der Begrenzung, Bedingung der Vollkommenheit, aufzuheben. Es war wiederum Zeus, der die Notwendigkeit verführte (S. 149) – listig wie stets, doch diesmal in der Metamorphose des Schwans. Die Frucht

der Überlistung ist „una minuscola, perfetta figura di donna: Elena"
(S. 150). Die Schönheit überlagert für den Augenblick eines labilen, flüchtigen Gleichgewichts die Notwendigkeit, überführt die Notwendigkeit in
das Maß schöner Ordnung, in die kosmische Regel. Für Zeus, so liest man,
soll die Vergewaltigung der Nemesis, ihre Nötigung, Schönheit hervorzu-
bringen (S. 161), das äußerste theologische Wagnis, „l'estremo azzardo
teologico" (S. 150), gewesen sein – und vielleicht das notwendigste, denn:
„Più che la devozione, la bellezza era il tramite sicuro fra la vita della città
e quella degli Olimpi. In essa mortali e immortali communicavano, senza
ausilio di riti." (S. 155) Helena, die aus der Notwendigkeit hervorgegang-
ene Schönheit, ist nurmehr das Bild, das Simulacrum dieser Idee, gleichwohl übermächtig, da es der Ort ist, „an dem die Abwesenheit die Herrschaft ausübt" („dove l'assenza soggioga" [S. 146]) und der die Einbil-
dungskraft dazu bewegt, dem Abwesenden Gestalt zu verleihen. Die Gestaltungen sind unendlich in ihren Kombinationen, in ihren Formen
vielfältig und wiederholen, variieren doch nur das bereits unsichtbar Ge-
staltete – freilich nicht ohne dieses zugleich zu erweitern und zu überführen in die Kette des noch zu Gestaltenden:

> Quando il simulacro prende possesso della mente, quando comincia ad aggre-
> garsi ad altre figure affini o nemiche, a poco a poco occupa lo spazio della
> mente in una concatenazione sempre più minuta. Ciò che si era presentato
> come la meraviglia stessa dell'apparizione, slegata da tutto, si connette ora, di
> simulacro in simulacro, a tutto.
> A un capo dell'immagine mentale è lo stupore per la forma, per la sua esi-
> stenza autosufficiente e sovrana. All'altro capo è lo stupore dinanzi alla catena
> di nessi, che riproducono nella mente la necessità della materia. (S. 157)

> Wenn das Bild vom Geist Besitz ergreift, wenn es sich mit anderen, ähnlichen
> oder entgegengesetzten Gestalten verbindet, besetzt es nach und nach den
> Raum der Gedanken in einer sich ständig verfeinernden Verkettung. Was sich
> uns, losgelöst von allem übrigen, als das Wunder der Erscheinung präsentiert
> hatte, tritt jetzt, Bild für Bild, mit allem in Verbindung.
> Am einen Ende der gedanklichen Vorstellung steht das Erstaunen über die
> Form, über ihre sich selbst genügende, souveräne Existenz. Am anderen Ende
> steht das Erstaunen angesichts der Kette von Verknüpfungen, die im Verstand
> den notwendigen Zusammenhang der Materie reproduzieren. (S. 147)

‚Selbstgenügend' und ‚schön' gibt sich die Form, doch so sie Anspruch auf
Schönheit und Vollkommenheit machen will, ist sie immer auch Teil der
zwingenden Materie, die sie gleichwohl bezwungen hat. Diese allererst die
Ethik und Ästhetik der frühen griechischen Antike charakterisierende Einsicht brachte Calasso in seinem mythenerzählenden, mythenvariierenden
und mythenreflektierenden Werk *Le nozze di Cadmo e Armonia* durch

die künstlerisch-literarische Gestaltung selbst zur Anschauung. Die einzelnen erzählenden, das Erzählte variierenden und auch reflektierenden Passagen bilden je eine ‚selbstgenügende‘ und ‚souveräne‘ Einheit, doch sie beziehen ihre ‚Selbstgenügsamkeit‘ und ‚Souveränität‘, ihre Konsistenz aus der Gegebenheit, daß sie in Varianten und Reflexionen fortgeführt werden und in ihnen auch aufgehen. Dabei erweist sich das allererst der Materie des Faktischen zugehörige Motiv des ‚tradimento‘, des ‚rapimento‘, der ‚metamorfosi‘ zugleich als der ästhetischen Gestaltung eignendes Formelement bzw. Strukturierungsprinzip.

Europa wird entführt, Kadmos, ihr Bruder, macht sich auf durch Länder und Meere, sie zu suchen; statt ihrer findet er Harmonia, die Tochter des Ares und der Aphrodite. Zu ihrer Hochzeit kommen die Götter und bringen Geschenke. Aphrodite legt ihrer Tochter eine Kette um den Hals – „una collana fatale" (S. 431). War es die Kette, die Hephaistos anläßlich der Geburt des Eros ziseliert hatte? Oder war es das Halsband, das Zeus der Europa geschenkt hatte, als er sie auf Kreta abgesetzt hatte? Wie immer:

> In quella collana, per avventura, cosmo e ornamento coincidevano. (S. 432)

> In dieser Halskette kamen Kosmos und Ornament für einmal zusammen. (S. 412)

In Variation:

> Gli dèi non sapevano, e neppure gli uomini, che quella festa nuziale a Tebe era stata il momento del loro massimo avvicinarsi. La mattina dopo, il palazzo si era svuotato degli Olimpi. (S. 433)

> Weder die Götter noch die Menschen wußten, daß diese Hochzeitsfeier in Theben der Augenblick der größten Annäherung war. Am folgenden Morgen hatten die Olympier den Palast geräumt. (S. 413)

Oder:

> Nelle nozze della fanciulla Armonia i termini estremi del mondo si erano tesi in un accordo visibile per un'ultima volta. (S. 434)

> Bei der Hochzeit des Mädchens Harmonia waren die äußersten Enden der Welt ein letztes Mal zu einem sichtbaren Einklang gelangt. Gleich darauf hatten sie sich voneinander getrennt, losgerissen. (S. 414f.)

Danach nurmehr Zerstörung, Vernichtung, Zerfleischung, Zerstückelung: „Subito dopo, si erano distaccati, e lacerati." Kadmos und Harmonia, alt geworden und verhöhnt, verlassen resigniert die Stadt, in die sie strahlend als König und Königin eingezogen waren – „serpenti allacciati in basso, con la testa eretta". (S. 436) Zwei Schlangenköpfe, einander zugewandt, doch getrennt durch Adler im Maul, zierten auch die Hochzeitskette … Kadmos läßt Geschenke zurück:

‚doni provvisti di mente': vocali e consonanti aggiogate in segni minuscoli, ‚modello inciso di un silenzio che non tace': l'alfabeto.

Kadmos hatte Griechenland ‚mit Geist begabte Geschenke' gebracht: an kleinste Zeichen gespannte Vokale und Konsonanten, ‚eingegrabenes Vorbild einer Stille, die nicht schweigt' – das Alphabet. (S. 417)

Mit dem Alphabet würden die Griechen sich dazu erziehen – so liest man –, „die Götter in der Stille des Geistes („nel silenzio della mente") zu erleben, nicht mehr in der vollen und normalen Gegenwart, wie er, Kadmos, sie noch hatte erleben können am Tag seiner Hochzeit" (S. 436/dt. S. 417). Ist das Alphabet bzw. die Möglichkeit, über das Alphabet in der Stille des Geistes mit den Göttern zu leben, jenes Geschenk, „il più misterioso, e il più grande", das Zeus Kadmos zur Hochzeit gegeben hatte und das „‚tutto il perfetto'" (S. 431) war? Die Frage muß, wie jede, die gestellt wurde und wird, ohne Antwort bleiben, da viele möglich sind, doch deren eine Calassos Erzählung der Erzählungen ist. Denn nur der Buchstabe, das Wort, die zur Erzählung geordneten Wörter, der Mythos hat Teil am Kosmos, der abwesend ist, doch als abwesender den Mythos ermöglicht, ja nötig macht:

Da secoli si parla dei miti greci come se fossero qualcosa da ritrovare, da risvegliare. In verità sono quelle favole che aspettano ancora di risvegliarci ed essere viste, come un albero davanti all'occhio che si riapre. (S. 315)

Seit Jahrhunderten spricht man von den griechischen Mythen wie von etwas, das wiedergefunden, wiedererweckt werden müßte. In Wirklichkeit sind es aber diese Geschichten, die noch immer darauf warten, uns aufzuwecken und von uns betrachtet zu werden, wie ein Baum vor unseren sich wieder öffnenden Augen. (S. 303)

Denn Calasso weiß, wie übrigens bereits die Alten, daß Mythen nurmehr durch ihre Bilder aus niedergeschriebenen Vokalen und Konsonanten den Kosmos des Göttlichen vermitteln, nurmehr aus der Differenz heraus Vollkommenheit zur Anschauung zu bringen vermögen; denn Unmittelbarkeit ist schlechterdings nicht erfahrbar, noch weniger vermittelbar. Es bedarf der Sprache, der Dichtung, mithin des Mythos, um eine Vorstellung zu geben vom Kosmos, jener schönen Ordnung, die wiederum allein die Sprache, die Dichtung, der Mythos schafft in unendlicher Variation desselben, in Bestimmung von Identität durch Differenz.

Für Calasso ist der Mythos das Erscheinende, das ‚Phainomenon', durch den und mit dem die ‚Welt' erkennbar und gestaltbar wird. Er ist Spiegel und Ausdruck eines a priori waltenden Logos, jener unhintergehbaren Notwendigkeit, zu deren Erkenntnis und ästhetischer Gestaltung freilich jene distanzierte Reflexivität notwendig ist, deren Erfindung die Moderne für sich beansprucht, deren von Calasso vorgeführte Variante bereits den Alten eignete. Für Ransmayr hingegen ist der Mythos ein Fluchtraum, der sich letztlich derselben Prämisse verdankt wie jener Raum, der der Zerstörung anheimgefallen ist: jener demiurgischen Selbstsetzung, die mit der Subjektivierung in allen Bereichen, auch der Sprache, der Dichtung zumutete, Welten zu schaffen, die endlich nicht mehr erfahrbar, vermittelbar waren: Sprachskepsis ist die Folge, sodann Auflösung der Sprache in nichts. Der hieraus resultierende Entwurf des Mythischen verdankt sich aber derselben voluntativen Rationalität, gegen die er sich wendet.

Ransmayr bringt eine erzählerische Variante der Mythen, Ovids *Metamorphosen*, an ihr Ende, vermeint, diese im vorgeblich Mythischen, Prälogischen aufheben zu können. Seine Sprache, sein Stil ist von arroganter Erlesenheit, widerspricht damit – freilich absichtsvoll – der Intention, Sprache hinter nurmehr rudimentären Zeichen der Natur und in der Natur verschwinden zu lassen. Calasso vertraut in die kreative Kraft des Mythos, dessen späte Spur er noch in der Dichtheit des Romans ausmachen kann, – und er erzählt in reflektierter Distanz dasselbe immer neu.

Nicht eine Conclusio soll das vorläufig letzte Wort sein, sondern eine – keineswegs rhetorische – Frage: Entdecken sich in den beiden Werken, Ransmayrs *Die letzte Welt* und Calassos *Le nozze di Cadmo e Armonia*, in ihrer jeweiligen ästhetischen und poetologischen Inanspruchnahme des Mythos, nicht erhebliche Unterschiede in Sprachtheorie, Sprachphilosophie und schließlich Dichtung, die mit Namen wie Friedrich Schlegel bzw. Vico nur angedeutet werden können, und entdecken sich in diesen beiden Werken damit nicht zugleich zwei grundverschiedene Entwicklungen und Ausprägungen von Moderne, von Modernität, deren klare Erkenntnis auch der leidigen Diskussion um Postmoderne ein deutlicheres Profil geben könnte? Es geht hier – erneut – um nichts Geringeres, als unverstellt zu erkennen, welche ,Zumutungen' an Sprache und Dichtung herangetragen werden. Calasso erzählt Mythen als Folge von Bildern, die dazu verhelfen, die Bilder zu erkennen; insofern revitalisiert er den Mythos als eine ursprüngliche Form der Erkenntnis, die nicht interpretiert und sich jeglicher Systematisierung enthält, doch lehrt, das Erschrecken über die Phainomena zu bezwingen und in der Schönheit variierter Gestaltung mythischer Bilder zu bergen.[17] Ransmayr sucht den Mythos – im Wortsinn universal ,progredierend' – ins Grenzenlose zu treiben, den Schein wie die Realität als ununterscheidbar ineinander zu überführen, kurz: alles zu ,romantisieren' – mit der Folge, daß ,Leben' in ,Fiktion' erstarrt. Mythos als ästhetisches Spiel oder Mythos als ideologisches Programm – das ist die Frage, deren Beantwortung nicht nur in aestheticis Auskunft gibt über die Spezifika von Moderne und Postmoderne. Deren Wurzeln liegen freilich im Streit Platons mit Homer.

Anmerkungen

1 Walter Burkert, Mythos und Mythologie, in: Propyläen Geschichte der Literatur, Bd. 1, Berlin 1981, S. 11–35; hier: S. 11.

2 Wilhelm Schapp, In Geschichten verstrickt: Zum Sein von Mensch und Ding, Wiesbaden 2. Aufl. 1976 (zit. nach Burkert [wie Anm. 1]).

3 Burkert (wie Anm. 1), S. 12.

4 Hans Blumenberg, Arbeit am Mythos, Frankfurt/M. 1979.

5 Hans Blumenberg, Wirklichkeitsbegriff und Wirkungspotential des Mythos, in: Manfred Fuhrmann (Hrsg.), Terror und Spiel – Probleme der Mythenrezeption (Poetik und Hermeneutik, 4), München 1971, S. 11–66.

6 Nördlingen: Reno 1988.

7 Milano: Adelphi 1988.

8 Für die Zeit von September (dem Erscheinungsmonat des Romans) bis Dezember 1988 liegen mir mehr als zwei Dutzend Zeitungsartikel vor, fünf Rundfunk- und Fernsehkommentare. Die (meist universitär etablierte) Literaturwissenschaft scheint bis auf den heutigen Tag fasziniert: etwa drei Dutzend Artikel und Aufsätze sind erschienen (s. Literaturverzeichnis im Anhang).

9 Den Erfolg dokumentiert Gian Franco Gianotti, L'insostenibile leggerezza del mito, in: L'indice dei libri del mese, VI.8 (ottobre 1989), S. 23ff.

10 Im sog. *Magazin III* des Greno-Verlags.

11 Die Zahlen hinter Zitaten aus *Die letzte Welt* verweisen auf die Seiten der in Anm. 6 aufgeführten Ausgabe.

12 Vgl. dazu Axel Gellhaus, Das allmähliche Verblassen der Schrift. Zur Prosa von Peter Handke und Christoph Ransmayr, Poetica 22, 1990, S. 106–143.

13 Jacques Derrida, D'un ton apocalyptique adopté naguère en philosophie, Paris 1983 [dt.: Von einem neuerdings erhobenen apokalyptischen Ton in der Philosophie]. – Der Titel verweist auf Kants kleine Schrift von 1796: „Von einem neuerdings erhobenen vornehmen Ton in der Philosophie".

14 Aleida Assmann, Fiktion als Differenz, Poetica 21, 1989, S. 239–260; hier: S. 260.

15 Den Begriff ‚Palimpsest' verwendet Gérard Genette (in: Palimpsestes. La littérature au second degré, Paris 1982) zur Bezeichnung von literarischen Phänomenen der ‚intertextualité' bzw. der ‚transtextualité'. Karlheinz Stierle äußert Vorbehalte gegen den Gebrauch dieses Begriffes im o.g. Zusammenhang in seinem Aufsatz „Werk und Intertextualität", in: Karlheinz Stierle und Rainer Warning (Hrsg.), Das Gespräch (Poetik und Hermeneutik, 11), München 1984, S. 149, Anm. 21.

16 Die Zahlen hinter Zitaten aus *Le nozze di Cadmo e Armonia* verweisen auf die Seiten der in Anm. 7 angeführten Ausgabe. – Die Übersetzung der Originalzitate folgt der Ausgabe: *Die Hochzeit von Kadmos und Harmonia*. Aus dem Italienischen von Moshe Kahn, Frankfurt/M. 1990.

17 Vgl. dazu Manfred Fuhrmann (Hrsg.), Terror und Spiel – Probleme der Mythenrezeption (Poetik und Hermeneutik, 4), München 1971.

Bibliographie

Ransmayr

Anz, Thomas, Spiel mit der Überlieferung – Aspekte der Postmoderne in: Ransmayrs „Die letzte Welt", in: Uwe Wittstock (Hrsg.), Die Erfindung der Welt – Zum Werk von Christoph Ransmayr, Frankfurt a. M. 1997, S. 120–132.

Bachmann, Peter, Die Auferstehung des Mythos in der Postmoderne – Philosophische Voraussetzungen zu Christoph Ransmayrs Roman „Die letzte Welt", Diskussion Deutsch 21, 1990, S. 639–651.

Bartsch, Kurt, Dialog mit Antike und Mythos – Christoph Ransmayrs Ovid-Roman „Die letzte Welt", Modern Austrian Litterature 23, 1990, N.3/4, S. 121–133.

Bartsch, Kurt, Und den Mythos zerstört man nicht ohne Opfer – Zu den Ovid-Romanen „An Imaginary Life" von David Malouf und „Die letzte Welt" von Christoph Ransmayr, in: *Volker Wolf* (Hrsg.), Lesen und Schreiben: Literatur, Kritik, Germanistik – Festschrift für Manfred Jurgensen zum 55. Geburtstag, Tübingen 1995, S. 15–22.

Bernsmeier, Helmut, Keinem bleibt seine Gestalt – Ransmayrs „Letzte Welt", Euphorion 85, 1991, S. 168–181.

Bockelmann, Eske, Christoph Ransmayr, in: Kritisches Lexikon zur deutschsprachigen Gegenwartsliteratur, hrsg. von *H. L. Arnold,* 1–9 u. A–E [Liste von Rezensionen], München 1994 ff (= edition text und kritik, Bd. 7).

Epple, Thomas, Phantasie contra Realität – Eine Untersuchung zur zentralen Thematik von Christoph Ransmayrs „Die letzte Welt", Literatur für Leser 1, 1990, S. 29–43.

Epple, Thomas, Christoph Ransmayr „Die letzte Welt" – Interpretation, München 1992 (= Oldenb. Interpretationen 59).

Fülleborn, Ulrich, Ransmayr – „Die letzte Welt", in: Erzählen, Erinnern – Deutsche Prosa der Gegenwart – Interpretationen, hrsg. von *Herbert Kaiser* und *Gerhard Köpf,* Frankfurt a. M. 1992, S. 372–390.

Gellhaus, Axel, Das allmähliche Verblassen der Schrift – Zur Prosa von Peter Handke und Christoph Ransmayr, Poetica 22, 1990, S. 106–142.

Glei, Reinhold, Ovid in den Zeiten der Postmoderne – Bemerkungen zu Christoph Ransmayrs Roman „Die letzte Welt", Poetica 26, 1994, S. 409–427.

Harbers, Henk, Die Erfindung der Wirklichkeit – Zu Christoph Ransmayrs „Die letzte Welt", The German Quarterly 67, 1994, S. 58–72.

Ibsch, Elrud, Zur politischen Rezeption von Christoph Ransmayrs „Die letzte Welt", in: *Elrud Ibsch und Ferdinand van Ingen* (Hrsg.), Literatur und politische Aktualität, Amsterdam/Atlanta 1993 (= Amsterdamer Beiträge zur neueren Germanistik 36), S. 239–256. [Im Anhang umfangreiche Liste von Rezensionen in deutschsprachigen, französischen, englischsprachigen und israelischen Zeitungen bzw. Zeitschriften.]

Kiesel, Helmut/Georg Wöhrle (Hrsg.), Keinem bleibt seine Gestalt – Ovids „Metamorphoses" und Christoph Ransmayrs „Letzte Welt". Essays zu einem interdisziplinären Kolloquium, Bamberg (Otto-Friedrich-Universität) 1990.

Naumann, Barbara, Topos-Romane oder Entgrenzung von Zeit und Raum bei Groß, Ransmayr und Malouf, arcadia 27, 1992, S. 95–105.

Nethersole, Reingard, Vom Ende der Geschichte und dem Anfang von Geschichten – Christoph Ransmayrs „Die letzte Welt", Acta Germanica. Jahrbuch des Germanistenverbandes im Südlichen Afrika 21, 1992, S. 229–245.

Preußer, Heinz-Peter, Reisen an das Ende der Welt – Bilder des Katastrophismus in der neuen österreichischen Literatur: Bachmann, Handke, Ransmayr, in: *Gerhard P. Knapp* et al. (Hrsg.), 1945–1995: Fünfzig Jahre deutschsprachige Literatur in Aspekten, Amsterdam 1995 (=Amsterdamer Beiträge zur neueren Germanistik 38/39), S. 369–407.

Ruthner, Clemens, Die andere Seite der letzten Welt. Von Alfred Kubins Perle ins Tomi Christoph Ransmayrs – Eine inter-textuelle Reise in zwei Traumstädte, in: *Thomas Le Blanc* und *Bettina Twrnsnick* (Hrsg.), Traumreich und Nachtseite. Die deutschsprachige Phantastik zwischen Décadence und Faschismus – Tagungsband 1995, Wetzlar 1995, S. 158–179.

Vogel, Juliane, Letzte Momente/Letzte Welten. Zu Christoph Ransmayrs ovidischen Etüden, in: *Albert Berger* und *Gerda Elisabeth Moser* (Hrsg.), Jenseits des Diskurses – Literatur und Sprache in der Postmoderne, Wien 1994, S. 309–321.

Wilke, Sabine, Aufklärung und Mythos in der letzten Welt – Christoph Ransmayrs Texte zwischen Moderne und Postmoderne, in: dies., Poetische Strukturen der Moderne. Zeitgenössische Literatur zwischen alter und neuer Mythologie, Stuttgart 1992, S. 223–261.

Wittstock, Uwe (Hrsg.), Die Erfindung der Welt. Zum Werk von Christoph Ransmayr, Frankfurt a. M. 1997.

Calasso

Colombo, Arturo, Tre voci della ragione, Nuova Antologia 527, 1989, S. 342–350.

Di Biase, Carmine, Il mito, o la riconquista dell'armonia, Esperienze Letterarie 143, Jul.–Sept. 1989, S. 115–117.

Robert, Danièle, Voleurs de miel, Critique [Paris] 533, 1991, S. 770–775.

Stierle, Karlheinz, Zeus wirft sich in die Fluten – Roberto Calasso erzählt den Mythos der Griechen als Unterhaltungsstück für die Gegenwart, in: Frankfurter Allgemeine Zeitung vom 13.11.1990.

Richard Wagner und der (antike) Mythos

Helmut G. Walther

> Das Unvergleichliche des Mythos ist,
> daß er jederzeit wahr, und sein Inhalt,
> bei dichtester Gedrängtheit,
> für alle Zeiten unerschöpflich ist.

Mit diesem Satz faßte Richard Wagner seine Erörterungen über das „Wesen der dramatischen Dichtkunst" zusammen, als er im Dezember 1850 den zweiten Teil seines umfangreichen theoretischen Hauptwerkes „Oper und Drama" zu Papier brachte.[1]

Wagner war damals aufgrund seiner Beteiligung am Dresdner Mai-Aufstand von 1849 als steckbrieflich verfolgter Revolutionär schon über eineinhalb Jahre im Exil. Seine politischen und künstlerischen Ansichten hatten sich in dieser Zeit noch erheblich radikalisiert. Der von Liszt ihm nahegelegte zweite Parisaufenthalt im Juni 1849 hatte Wagner nur veranlaßt, alle Brücken zum etablierten Kunstbetrieb abzubrechen. Seine im Rückblick auf diese jüngsten Pariser Erfahrungen verfaßte Schrift „Die Kunst und die Revolution" wendete sich scharf gegen alle, die seine revolutionären Ziele nicht ernst nehmen wollten. Nur in diesem Zusammenhang prägte er die heute gern zitierten, aber ohne diesen revolutionären Kontext in ihrer Bedeutung kaum richtig zu erkennenden Sätze über das Verhältnis der Kunst der Griechen zum Kunstwerk der Zukunft, das notwendig revolutionär zu sein hatte:

Die Kunst sei „bei den Griechen ... im öffentlichen Bewußtsein vorhanden (gewesen), wogegen sie heute nur im Bewußtsein des Einzelnen, im Gegensatz zu dem öffentlichen Unbewußtsein davon, da ist. Zur Zeit ihrer Blüte war die Kunst bei den Griechen daher *konservativ*, weil sie im öffentlichen Bewußtsein als ein gültiger und entsprechender Ausdruck vorhanden war: bei uns ist die echte Kunst *revolutionär*, weil sie nur im Gegensatz zur gültigen Allgemeinheit existiert. ... Nur die große *Menschheitsrevolution*, deren Beginn die griechische Tragödie einst zertrümmerte, kann auch dieses Kunstwerk uns gewinnen; denn nur die Revolution kann aus ihrem tiefsten Grunde *Das* von neuem, und schöner, edler, allgemeiner gebären, was sie aus dem konservativen Geiste einer früheren Periode schöner, aber beschränkter Bildung, entriß und verschlang. ... Umfaßte das griechi-

sche Kunstwerk den Geist einer schönen Nation, so soll das Kunstwerk
der Zukunft den Geist der freien Menschheit über alle Schranken der Na-
tionalitäten hinaus umfassen. ..." (RW, GSD 3, S. 28–30).

Erst in den ersten beiden Jahren des Exils reifte in Wagner die Vorstellung, daß eine totale politische Revolution, eine „Menschheitsrevolution"
nötig sei, um eine sich nach dem Vorbild der Griechen auf das „Rein-
menschliche" ausrichtende Kunst wieder zu ermöglichen. Seit 1846 bis in
den April 1849 hinein glaubte der sächsische Hofkapellmeister noch an
eine Reformierbarkeit von Staat und Kunst und konzipierte entsprechend
nach dem „Lohengrin" sein neues dramatisches Projekt mit dem historischen Barbarossastoff, veränderte es aber während der Revolutionsereig-
nisse von 1848 zu einer Heldenoper „Siegfried's Tod". Nun im Exil entwarf
er stattdessen „Wieland der Schmied", mit dessen revolutionärer Grund-
idee er im November 1850 auch seine (über 120 Druckseiten) dickleibige
Schrift über „Das Kunstwerk der Zukunft" abschloß:

„Aus Noth, aus furchtbar allgewaltiger Noth, lernte der geknechtete
Künstler erfinden, was noch keines Menschen Geist begriffen hat ... O
einziges, herrliches Volk! Das hast Du gedichtet. Und Du selbst bist dieser
Wieland! Schmiede Deine Flügel, und schwinge Dich auf!" (RW, GSD 3,
177).

Auch in dieser Abhandlung rechtfertigt Wagner wiederum als entwicklungsgeschichtlich notwendig das Drama als „Kunstwerk der Zukunft",
indem er die drei „reinmenschlichen Kunstarten", Tanzkunst, Tonkunst
und Dichtkunst, von ihren hellenischen Anfängen über die spätere Zer-
splitterung bis zu ihrer im Gefolge der Revolution bevorstehenden Wiedervereinigung durch den Künstler der Zukunft, Wieland den Schmied,
d.h. Richard Wagner, durch die Geschichte verfolgt. Der Künstler wird
dabei von Wagner als Avantgarde des revolutionär handelnden Volkes gesehen, wie es der zitierte Schlußsatz der Abhandlung ja ausdrücklich hervorhebt. Nur en passant sei angefügt, wie konsequent doch Wagner solche
Vorstellungen noch in der „Nibelungen-Tetralogie" beibehielt. Nothung,
die revolutionäre Waffe Siegfrieds, kommt nicht dadurch zustande, daß
der Held die Trümmer des einst von Wotan geschaffenen und dann dem
Vater Siegmund zerbrochenen Schwertes schweißt oder lötet, wie dies der
Schmied Mime vergeblich versucht hat. Die Wiedervereinigung der Teile
erfolgt durch eine revolutionäre Tat: zuerst Reduktion auf die Elemente
und anschließendes Neuschmieden. Analog argumentierte Wagner in seinem Plädoyer für das revolutionäre Gesamtkunstwerk in seinen theoretischen Schriften der Zürcher Exilszeit.

Freilich besaß Wagner zu dieser Zeit neben dem wieder verabschiedeten
Plan für „Wieland den Schmied" als Frucht eigener künstlerischer Praxis

nur seine Dichtung der „Großen Heldenoper Siegfried's Tod". Nach mehreren dramaturgischen Einwendungen Eduard Devrients hatte er eine Neufassung im Spätherbst 1848 den Dresdner Freunden vorgelesen, doch sie
dann zwischen Februar und April 1849 angesichts der Zuspitzung der revolutionären Verhältnisse in ihrem Schluß bereits zweimal verändert.
Nach Brünnhildes Schlußworten sollten jetzt die Götter keine „selige
Sühnung" mehr durch den Opfertod Siegfrieds erhoffen können; vielmehr
endete ihre Herrschaft mit ihrer Entmachtung durch Todeserlösung.[2]

Doch hatte Wagner inzwischen zusätzlich den Gesamtrahmen für die
Siegfried-Handlung durch einen Prosaentwurf vom 4. Oktober 1848 ab-
gesteckt, betitelt „Die Nibelungen-Sage (Mythus)", den er in seinen „Gesammelten Werken" 1871 dann als „Der Nibelungen-Mythus. Als Entwurf zu einem Drama" veröffentlichte. In der Tat enthält dieses Konzept
bereits alle wesentlichen Stationen der späteren „Ring"-Tetralogie, die im
Entwurf von „Siegfried's Tod" für das Publikum einer Aufführung aus
den mitgeteilten Erinnerungen und Anspielungen der Akteure nur schwer
zu durchschauen gewesen wären.

Wagners dramaturgische Schwierigkeiten resultierten nicht zuletzt aus
seinem Willen, das zunächst geplante fünfaktige historische Barbarossa-
Drama zugunsten eines Dramas aufzugeben, das in der Form des Mythos
den Verlauf der Menschheitsgeschichte vom Anfang bis zum (gegenwärtigen) Ende erzählen und zugleich deuten sollte. Den Übergang vom Drama
um den Stauferkaiser Friedrich Barbarossa zu den Nibelungen vollzog er
mit einer sich in kühnen Geschichtskonstruktionen ergehenden Abhandlung „Die Wibelungen. Weltgeschichte aus der Sage" im Frühherbst 1848.
Als er 1871 die Publikationsfähigkeit dieses Textes für seine „Gesammelten Schriften" prüfte, befürchtete er, dabei zu „viel geschwafelt" zu haben.[3]

Aber in jener auch moderne Wagner-Forscher immer wieder verwirren-
den und deshalb zumeist auch gar nicht ernst genommenen Schrift versuchte Wagner nicht nur, wie er 1871 im Nachhinein meinte, den Zusammenhang der Sage mit der Geschichte zu bestimmen; in ihr begann er auch
mit den für sein weiteres künstlerisches Schaffen so überaus wichtigen theoretischen Überlegungen über die Funktion des Mythos für das Drama.

Als Komponist ist Wagner nach dem Abschluß des „Lohengrin" zwischen 1846 bis September 1853 verstummt, da er die von ihm theoretisch
für das „Kunstwerk der Zukunft" geforderte Einheit der drei „reinmenschlichen" Schwesterkünste kompositionstechnisch umzusetzen noch nicht
in der Lage war und die neue Leitmotivtechnik erst entwickeln mußte, wie
die abgebrochenen Kompositionsversuche für „Siegfried's Tod" deutlich
lehren. Nur wie diese Einheit *nicht* hergestellt werden soll, ist ihm klar: In

„Oper und Drama" polemisiert Wagner gegen jede Mischung der Kunstarten. Gerade an Schillers „Wallenstein" als dem für ihn gelungensten historischen Drama versucht er die Grenzen dieses Dramentyps wie des bloßen Wort-, d.h. Literaturdramas aufzuzeigen. Er bilanziert, „daß unser
Literatur-Drama vom wirklichen Drama gerade so weit entfernt steht, als
das Klavier vom symphonischen Gesang menschlicher Stimmen" (RW, GSD
4, S. 29).

In den Zürcher Kunstschriften bis hin zu dem im Januar 1851 abgeschlossenen Werk über „Oper und Drama" vollzieht sich bei Wagner der theoretische Reifungsprozeß, der ihm seine eigenen Zweifel an der Umsetzbarkeit
der als totale Erklärung des Geschichtsverlaufs konzipierten Handlung um
Siegfrieds Tod nahm. Zugleich lieferten sie ihm am Beispiel des Nibelun-
gen-Stoffes die legitimatorischen Argumente für die Notwendigkeit, sich
dem Mythos als dramatischem Träger des „Kunstwerks der Zukunft" zu-
zuwenden. Die in „Oper und Drama" beabsichtigte theoretische Totaler-
klärung der menschlichen Kulturentwicklung schließt für Wagner als Konsequenz die aus der Bewußtwerdung dieser Entwicklung sich als notwendig
ergebende politische revolutionäre Umwälzung in der eigenen Gegenwart
ein. Beide Prämissen bilden den Rahmen für die Entwicklung und Rechtfertigung des kompositorischen Verfahrens der Leitmotivtechnik, das sich
freilich im 3. Teil der Schrift nur ex negativo in Abgrenzung von der Form
der „Oper" angedeutet findet. Denn nur mit einem neugeschmiedeten
„Nothung" glaubte Wagner der mythischen Struktur seines inzwischen zur
Tetralogie umgestalteten und als Gesamtkunstwerk konzipierten Dramas
„vom Anfang und Ende der Geschichte" (RW, GSD 4, S. 91) die ihr einzig
angemessene Form auch tonkünstlerisch geben zu können.

Die Musikwissenschaftler Ludwig Finscher und Reinhard Wiesend haben am Beispiel des „Rheingold"-Vorspiels vor einigen Jahren in Einzel-
analysen deutlich gemacht, daß trotz aller Vernebelungs-Strategien Wagners selbst (etwa in der angeblichen La-Spezia-Vision) gerade der geniale
Beginn des „Rheingolds" mit dem ersten Kontra-Es und den 133 Takten
Es-Dur einen deutlichen Konstruktionscharakter aufweist.[4] Schon einige
Jahre zuvor hatte Carl Dahlhaus darauf aufmerksam gemacht, daß sich
ganz notwendig Konsequenzen für die musikalischen Zeitstrukturen ein-
stellen, wenn ein Kunstwerk Drama und Mythos zugleich sein will.[5]

Wagner formuliert in „Oper und Drama", daß das Kunstwerk als „innere
Anschauung vom Wesen der Erscheinungen" in der bisherigen Geschichte
nur bei den alten Griechen in Form des Dramas gelungen sei (RW, GSD 4,
S. 31). Da der Mythos „die gemeinsame Dichtungskraft des Volkes" dar-
stelle, konnte die griechische Tragödie „die künstlerische Verwirklichung
der Inhalte und des Geistes des griechischen Mythos" werden.

Die Institution des Staates habe in der Folgezeit diese künstlerische Möglichkeit zur „Darstellung des Wesens der Erscheinungen an die Sinne" nachhaltig zerstört. An der neuen Literaturform des Romans, der auf dem christlichen Mythos beruhe, und an der Entwicklung des modernen Dramas aus dem Roman mit den diametral entgegengesetzten Wurzeln bei Shakespeare und Racine versuchte Wagner die Basis für eine sich davon abkehrende und den Mythos wiedergewinnen wollende Kunst in der Gegenwart zu bestimmen. Während Shakespeare erfolgreich „den erzählenden Roman zum Drama verdichten" konnte (RW, GSD 4, S. 9ff.), sei Racines Versuch aufgrund der „mißverstandenen Regeln des Aristoteles vom griechischen Drama" mißglückt. Das zeitgenössische historische Drama müsse aber letztlich an den immanenten Grenzen der Historie scheitern:

„Geschichte ist nur dadurch Geschichte, daß sich in ihr mit unbedingter Wahrhaftigkeit die nackten Handlungen der Menschen uns darstellen: sie giebt uns nicht die inneren Gesinnungen der Menschen, sondern läßt uns aus ihren Handlungen auf diese Gesinnungen schließen. … Der Dichter, der es versuchte, mit Umgehung der chronistischen Genauigkeit geschichtliche Stoffe für die dramatische Szene zu verarbeiten, und zu diesem Zwecke über den Tatbestand der Geschichte nach willkürlichem, künstlerisch-formellem Ermessen verfügte, konnte weder Geschichte, noch aber auch ein Drama zu Stande bringen." (RW, GSD 4, S. 24).

Wagner beschreibt hier genau die Motive, die ihn veranlaßten, sein „Barbarossa"-Drama in ein Siegfried-Nibelungen-Drama zu verwandeln und an die Stelle der Geschichte den Mythos zu setzen. Die Kunst ziele ihrem Wesen nach stets auf eine Darstellung der rein menschlichen Handlungen und müsse daher die geschichtlichen Handlungen ihrer geschichtlichen Umstände weitgehend entkleiden und durch die „ungeheuere Masse berichteter Vorgänge und Handlungen" hindurchstoßen. Der Forscher müsse eigentlich zum Romandichter werden, um Geschichte deuten zu können. Damit freilich gelinge ihm nur ein mechanisches Kunstschaffen, da der Roman nur den Staatsbürger erklären könne, während das organische Kunstschaffen des Dramas den Menschen darbiete (RW, GSD 4, S. 46ff.).

An die Stelle eines für ihn zu dieser Zeit noch nicht komponierbaren neuen künstlerischen Werkes schob Wagner deshalb die Schrift „Eine Mitteilung an meine Freunde", die er im November 1851 „Oper und Drama" folgen ließ. Während der Arbeit an der großen theoretischen Schrift hatte er die Notwendigkeit gefühlt, seine eigene Entwicklung zunächst hin zur romantischen Oper und sodann seine Absage an sie aufgrund des inzwischen erreichten Reflexionsniveaus zu begründen. Was er im November 1850 in einem Brief an Liszt zunächst noch als ein die neue Theorie begleitendes, „meine drei romantischen operndichtungen … einleitende(s) und

ihre genesis darstellende(s) vorwort" sah, galt ihm ein Jahr später schon als
„das Wichtigste, was ich jetzt von mir geben mußte, denn es war zur Ergänzung von ‚Oper und Drama' absolut notwendig." So schließt Wagner
diese neue Schrift nach der Ankündigung der Dramenfassung des Nibelungen-Mythos als Tetralogie („Ich schreibe keine Opern mehr") mit dem
Satz: „denn nur mit meinem Werk seht Ihr mich wieder!".[6]

In der „Mitteilung" spitzte Wagner seine Absage an das historische Drama noch zu, weil es den Menschen nur von den Verhältnissen bestimmt
sein lassen könne, während Aufgabe des Dramas es doch sei, den wahren
Menschen darzustellen, d. h. ihn „als den unwillkürlichen Schöpfer der Verhältnisse" zu zeigen (RW, GSD 4, S. 312f.). Am Gegensatz der Gestalten
Barbarossa und Siegfried bringt Wagner hier auf den Punkt, was er zuvor
in „Oper und Drama" ausführlich dargelegt hatte. Er wollte „von der un-
geheueren Masse geschichtlicher Vorfälle und Beziehungen, aus der doch
(bei einer geschichtlichen Darstellung) kein Glied ausgelassen werden
durfte, wenn ihr Zusammenhang verständlich zu überblicken sein sollte, …
nicht überwältigt und erdrückt werden." Der Mythos bot dagegen die
Chance, den Menschen in seiner Rolle „als den unwillkürlichen Schöpfer
der Verhältnisse" nun im Drama zu präsentieren. Damit ist nicht zu übersehen, in welchem Kontext Wagner sich dem Mythos zuwandte, weshalb
er ihm im Drama eine höhere Leistungskraft zubilligte als geschichtlichen
Exempla. Sowohl in „Oper und Drama" wie auch in der „Mitteilung" versuchte er zu zeigen, daß „dieses ganze Kunstwesen in seinem Zusammen-
hange mit dem ganzen politisch-sozialen Zustande der modernen Welt"
stehe, und die Entwicklung der Künste, insbesondere des Dramas seit seiner Entstehung als Tragödie bei den Hellenen nur in ihrer Wechselwir-
kung mit den sozialen und politischen Verhältnissen zu sehen sei.

Noch jüngst (1996) glaubte Petra-Hildegard Wilberg, „Richard Wagners
mythische Welt" gegen den „Historismus" setzen zu müssen, und pro-
duzierte doch nur ein einzig großes Mißverständnis. Ihre Analyse begnügt
sich unreflektiert einfach damit, Wagners Dramenideal des „Reinmenschlichen" anhand seiner Ausführungen in den „Wibelungen" als endgültigen
Abschied von der Geschichte zu werten: Die Wende von der Historie zum
Mythos sei als Wechsel vom geschichtsmythologischen zum ästhetischen
Diskurs zu verstehen. Doch schließt sich Frau Wilberg hier allzu schnell
den Schlußfolgerungen des Philosophen Kurt Hübner an, der die „Wahrheit des Mythos" zu einem rein abstrakten Geltungsprinzip erhebt. Zwar
kann mit Hübner der Mythos als konkurrierendes Modell zu den Welter-
klärungsversuchen der Wissenschaft gewertet werden und ihm eine eigene
Rationalität zugesprochen werden. Doch Hübner und ihm folgend Wilberg
verabsäumen mit solchen Prämissen, historisch oder wissenssoziologisch

nach der Funktion solcher mythischen Welterklärungen weiter zu fragen, ihre jeweiligen lebensweltlichen und diskursabhängigen Einbettungen in zeitgenössische Konstruktionen von Wirklichkeit zu untersuchen. Manfred Frank hat sich ja gerade hier in Tübingen darum bemüht zu zeigen, daß der Mythos zwar von seiner kommunikativen Funktion in der Beglaubigung gemeinsamer Überzeugungen und Werte einer Gemeinschaft her bestimmt werden kann, daß es aber gerade deshalb das Wesen *des* Mythos nicht geben könne. Vielmehr hat Frank herausgearbeitet, wie und weshalb in der klassisch-romantischen Antiken-Nostalgie seit dem späten 18. Jahrhundert ein Rückgriff auf das mythische Denken solche Attraktivität errang, so daß im 19. Jahrhundert Forderungen nach einer „Neuen Mythologie" zur Selbstverständlichkeit wurden.[7]

Am Verhältnis von Wagners „Ring" zu Schellings „Neuer Mythologie", besonders seiner späten „Philosophie der Mythologie" hat Frank vor wenigen Jahren zudem gezeigt, daß es in Wagners Tetralogie nicht um eine „Remythologisierung oder Wiederverzauberung der Welt" geht, sondern um den Aufweis, daß sich „die Ressourcen, aus denen der mythische Gedanke schöpft, selbst diskreditiert, ja völlig erschöpft haben". Wie der Musikwissenschaftler Carl Dahlhaus sieht er in Wagner keinen Restaurator des Mythos. Das „Thema (des „Rings") wäre die Abdankung des Mythos unter dem Schein der Mythologie".[8]

Besucher einer Aufführung des „Rings des Nibelungen" müssen bis zum Vorspiel des abschließenden Werks der „Götterdämmerung" warten, bevor sie aus dem Mund der Nornen erfahren, „wie alles ward", d.h. bevor sie die Vorgeschichte des Rheingoldraubes erzählt bekommen. Zwar steckt schon der ganze Text der vorherigen drei Teile voll von Andeutungen über gewichtige Ereignisse, die jeweils den Bühnenhandlungen, auch des „Rheingolds", vorausgehen. Die ausführlichsten Informationen bietet in dieser Hinsicht wohl Wotans Gespräch mit Brünnhilde im 2. Akt der „Walküre" nach seiner Auseinandersetzung mit Fricka, jener verdeckte innere Monolog des Gottes, der eine der wichtigsten Peripetien der „Ring"-Handlung darstellt. Die Gattin hatte Wotan ja soeben deutlich werden lassen, daß sein Plan zur Rettung der Herrschaft der Götter undurchführbar war, da er keinen freien Menschen schaffen könne, der die Götterherrschaft vor dem Fluch des Goldringes retten könne. In einem furchtbaren Verzweiflungsausbruch will Wotan nur noch das eine: „Das Ende. – Und für das Ende sorgt Alberich".

Kurz vor seiner ersten direkten Begegnung mit dem Enkel und Welterben Siegfried verkündet Wotan dann der Urgöttin Erda, daß die Weisheit der Urmütter nun zuende gehe, daß das Reich der Freiheit des Willens an die Stelle desjenigen des Zwangs und der Herrschaft, aber auch der Sor-

ge treten werde. Der allein von der Natur geleitete Held Siegfried werde
die Welt vor Alberich und der im Symbol des Rings liegenden „maßlosen
Macht" des Goldes retten können:

„Weiht ich in wütendem Ekel / des Nibelungen Neid schon die Welt; /
dem herrlichsten Wälsung / weis ich mein Erbe nun an."

Doch Wotan unterliegt hier einer furchtbaren Täuschung: Was in den
Weltrückzugshöhlen Mimes und Fafners und beim ersten Durchschreiten
des Feuerrings zum Brünnhildenfelsen noch funktioniert, nämlich die
Leitung des Helden direkt durch die Natur, versagt, sobald Siegfried mit
der Gesellschaft in Berührung kommt: Im Gibichungenreich wird er zur
Marionette des Alberichsohns Hagen, schließt wie sein Großvater Verträge
und übt Untreue. Das ihm vermittelte Wissen der Erdatochter Brünnhilde
hat ihn nicht auf der Bewußtseinsebene erreicht. Deshalb wird es auch im
Nu bei den Gibichungen durch das Vergessen ausgelöscht. Auch Brünnhilde glaubt trotz ihres Wissens, den fluchbeladenen Ring geradezu paradox als Vertragspfand für die Liebe Siegfrieds betrachten zu können, wo
doch gerade Wotan ihr an seinem Verhalten gegenüber Siegmund klarzu-
machen suchte, daß Liebe und Goldbesitz unvereinbare Gegensätze sind.

Als schließlich die Rheintöchter Siegfried über die Bedeutung des Rings
aufklären wollen, bevor sie ihn als Geschenk akzeptieren, verweigert sich
der Held dem Prinzip des handlungsleitenden Wissenserwerbs. Wie
Brünhilde die Liebe als Gegensatz zu reflektiertem Wissen sieht, so Siegfried die Furchtlosigkeit. Beide Prinzipien sind, wie Siegfried den Rheintöchtern sagt, die zwei Seiten einer Medaille: „Denn Leben und Leib / –
sollt' ohne Lieb' / in der Furcht Bande / bang ich sie fesseln – / Leben und
Leib – / seht! – so / werf ich sie weit von mir!" Erst Brünhilde holt sich
nach Siegfrieds Tod den entscheidenden Rat von den Rheintöchtern und
akzeptiert, was sie zuvor der warnenden Halbschwester Waltraute noch
abgeschlagen hatte und Siegfried von sich gewiesen hatte, da es ein Ein-
bekenntnis von Sorge und Todesfurcht sei:

„Alles, Alles, / Alles weiß ich, – Alles ward mir nun frei … Verfluchter
Reif! Furchtbarer Ring! Dein Gold faß ich, / und geb es nun fort."

Bereits als erster mußte Wotan die Inkompetenz des ohne sein Wollen
entstandenen freien Helden für die erhoffte Weltrettungstat erfahren. Ganz
ohne geschichtliches, d. h. kulturell vermitteltes Erfahrungswissen tritt der
Revolutionär Siegfried dem Gott als dem Repräsentanten der alten Herr-
schaftsordnung entgegen. Konsequent zerschlägt er dessen Speer, mit dem
die naturfrevlerische Vertragsherrschaft des Gottes begründet und bislang
notdürftig gesichert wurde. Wotan bäumt sich doch noch ganz im Gegensatz zu dem gerade noch Erda angekündigten Verhalten gegen die Welt-
erbschaft des Enkels auf. Denn im Dialog Wanderer-Siegfried werden dem

Gott, den Wagner brieflich als „die Summe der Intelligenz der Gegenwart" kennzeichnete, die Defizite des Enkels deutlich: Siegfried entzieht sich jeder Aufforderung zur Reflexion. Alles, was Wotan versucht, um den nur auf die eigene Gegenwart fixierten Helden empfänglich für Erfahrungswissen zu machen, schlägt fehl. Siegfried ist untauglich für die Gesellschaft. Das ihm seither fehlende Auge, das Wotan einst an der Quelle der Weltesche als Pfand hinterließ, um das Wissen für Herrschaftsausübung zu erwerben, weckt nur den Spott des Enkels. Der Revolutionär sieht hier nur wieder einen „Alten", der ihm im Wege steht und den er, wie alle übrigen, „fortfegen" will. Wotan resigniert: „Wo du nichts weißt, / da weißt du dir leicht zu helfen." Seine Hoffnung, die Erdatochter werde in der Liebesbeziehung zu Siegfried diesem zugleich das nötige Wissen für bewußtes soziales Handeln verschaffen, d.h. in der entscheidenden historischen Situation die Menschen von der Herrschaft der Verträge und des Goldes zu erlösen, schlägt fehl. „Alles ist nach seiner Art" hatte Wotan noch hoffnungsvoll Alberich entgegengehalten. Siegfried folgt als absoluter Individualist nur der Natur. Als soziales Wesen, als der erwünschte Revolutionär der menschlichen Geschichte versagt er. Ohne Kultur, ohne Erfahrungswissen bleibt der Held defizitär, ist die erlösende Tat nicht mehr möglich.

Die Wiederherstellung der Natur ist nach der einmal vorgenommenen Umwandlung von Natur in Kultur nur im Bewußtsein dieses historischen Prozesses zu vollziehen, die Ebene der unbewußten Natur nicht mehr zurückzugewinnen. Damit stellt sich die Frage nach der Funktion des Mythos für Wagner umso deutlicher. Er ist kein bloßer Ersatz für die Geschichte, da Menschen stets geschichtlich handeln und der Mythos ja geschichtliches Handeln der Menschen legitimieren soll. Als Mythos freilich kann er dem öffentlichen Bewußtsein des geschichtlich handelnden Volkes nur bestätigen, was dieses als Subjekt und Objekt der Kultur bereits zum Ziel seiner Geschichtsanalyse bestimmt und zum Inhalt des daraus resultierenden revolutionären Handelns gemacht hat. Dem mythischen Helden Siegfried fehlt ein solches Bewußtsein, er wird erst wissend im eigenen Sühnetod; jetzt erinnert er sich wieder an die gesamte Vergangenheit. „Merk', wie's endet" hatte ihm schon der nur im Tod klug gewordene Riese Fafner zugerufen.

Der Bericht der Nornen von den Folgen des Urfrevels Wotans an der Weltesche macht deutlich: Die Welt der Herrschenden ist nicht restaurierbar, auch die Rückgabe des Rings an die Rheintöchter kann zwar den Fluch Alberichs beseitigen und damit die Ersetzung der trügerischen Vertragsherrschaft durch eine Herrschaft des Goldes verhindern; aber damit kehrt die Situation am Beginn des „Rheingolds" nicht wieder. In den letzten Jahren ist es in der Wagnerliteratur Mode geworden, auf die fort-

dauernde Gefahr für die Welt durch Alberichs Überleben in der „Götterdämmerung" zu verweisen. Dies ist keineswegs durch Wagners Text gedeckt, wie Alberichs Ausführungen zu Hagen am Beginn des 2. Aktes der
„Götterdämmerung" ausdrücklich besagen. Viel bedeutsamer wäre doch
wohl das Überleben des Elementargottes Loge, der schließlich den Brand
Walhalls verursacht, zu veranschlagen. Aber am wichtigsten sind zweifellos „die Männer und Frauen", die am Ende „in höchster Ergriffenheit dem
wachsenden Feuerscheine am Himmel" zusehen. Alberich selbst be-
schwor im nächtlichen Gespräch mit seinem Sohn Hagen die Gefahr, daß
für die Zeit nach der Rückgabe des Rings an die Rheintöchter überhaupt
keine Möglichkeit mehr bestehe, erneut das Gold durch eine List zu er-
beuten. Da Hagen das weiß, hat er denn auch das letzte Wort in der Tetralogie, alles weitere ist Musik: „Zurück vom Ring!"

Anders als es seit den Bayreuther „Ring"-Inszenierungen von Götz
Friedrich und Harry Kupfer üblich geworden ist, kennt die Handlung der
Tetralogie damit kein zyklisches Geschichtsbild, kehrt mit dem Ende der
„Götterdämmerung" nicht in die Situation des „Rheingold"-Beginns zu-
rück, schon weil das „Rheingold" gar nicht den Beginn der Geschichte
markiert, sondern nur den Anfang eines vierteiligen Dramas über das
Ende der Götterherrschaft und damit des Staates in der „großen Mensch-
heitsrevolution".

Nur wer nicht die Problematik der kommunikativen Funktion bzw. der
„konnektiven Struktur" (Assmann) des Mythos in der Moderne bedenkt,
kann ihn prinzipiell zum selbstreferentiellen System erklären – und ihm
damit auch stets zyklische Verlaufsstruktur zusprechen. Nur vordergründig konnte zuletzt Dieter Borchmeyer Indizien in Wagners Nibelungen-
mythos für Selbstrefentialität und Zyklizität finden. Doch der verdorrte
Stamm der Weltesche kann nur noch als Brandsatz für die Vernichtung
Walhalls dienen; der Wissensquell an seinem Fuß ist auf ewig versiegt.

Der Philosoph Herbert Schnädelbach glaubte konstatieren zu können,
daß „nur aufgrund eines selbst mythischen Geschichtsbildes der Mythos
(oder ein Mythos) als die Wahrheit der Geschichte erscheinen könne".
Manfred Frank hat dagegen an Schellings Interpretation von Aischylos'
„Gefesseltem Prometheus" in Parallele zu Wagners „Ring" den „Verhäng-
nis-Charakter" der Mythologie bei beiden herausgestellt.[9] Der Nibelungen-
Mythos erschien Richard Wagner eine „hauptkatastrophe des mythos" zu
sein, weshalb er sein Siegfried-Drama zur Tetralogie erweitern müsse. Der
ganze Mythos ist ihm deshalb Tragödie.[10]

Wagner besaß letztlich gar kein mythisches Geschichtsbild, auch nicht,
wenn man Jan Assmanns so hilfreiche Unterscheidung von faktischer und
erinnerter Geschichte benutzt, nach der „Mythos eine fremde Geschichte

(ist), die Geschichte, die erzählt wird, um eine Gegenwart vom Ursprung her zu erhellen. ... Durch Erinnerung wird Geschichte zum Mythos". Denn Assmann zeigte gerade, daß zyklische Wiederholung sich nur als Strukturmerkmal im Mythos derjenigen Gesellschaften eignet, in denen der Abstand zur absoluten Vergangenheit immer gleich ist.[11]

Wagner hat in „Oper und Drama" den Mythos als Anfang und Ende der Geschichte bezeichnet und in direkte Parallele zur Entwicklung der menschlichen Tonsprache gesetzt: „Der Gang der Entwicklung ist aber ein solcher, daß er nicht eine Rückkehr, sondern ein Fortschritt bis zum Gewinn der höchsten menschlichen Fähigkeit ist und nicht nur von der Menschheit im Allgemeinen, sondern von jedem sozialen Individuum durchschritten wird" (RW, GSD 4, S. 91). Wagners Geschichtsbild ist also alles andere als zyklisch strukturiert. Der letztlich teleologisch strukturierte Geschichtsprozeß als Konsequenz der Entwicklung des Verhältnisses von Natur und Kultur läßt sich für Wagner in der Gegenwart nur in einem revolutionären Sprung fortsetzen. Andererseits ist der Mythos katastrophal strukturiert, so daß die mythische Katastrophe des Endes der Geschichte und die faktische geschichtliche Revolution in der Gegenwart zusammenfallen. Damit finden Geschichte und Mythos nur in der Form zusammen, die die bisherige durch den Mythos gedeutete Geschichte im Sinne des 19. Jahrhunderts zu einem Ende kommen läßt. Doch mit dem revolutionären Sprung ins Reich der Freiheit, der Wagnerschen „Menschheitsrevolution", wird auf höherer Ebene eine Basis für eine Weiterführung, die zugleich ein Neuanfang ist, gewonnen. Natur und Kultur treffen sich erneut nur auf dieser fortgeschrittenen Basis, also in dialektisch verstandener Synthese. Die künstlerisch angemessene Form für die Erinnerung an die Vergangenheit und einen Neuanfang der Geschichte ist die neue mythische Tragödie, das „Drama der Zukunft" als Gesamtkunstwerk.[12]

Der Vorzug des Mythos gegenüber der Geschichte, die angesichts ihrer Struktur kaum „reinmenschlich" durchschaubar ist, besteht für Wagner in einer klaren Deutungsmöglichkeit der geschichtlichen Entwicklung. Der Mythos stellt damit für die geschichtlich handelnden Menschen eine Legitimation ihres Handelns bereit. „Das Unvergleichliche des Mythos ist, daß er jederzeit wahr, und sein Inhalt, bei dichtester Gedrängtheit, für alle Zeiten unerschöpflich ist. Die Aufgabe des Dichters war es nur, ihn zu deuten." (RW, GSD 4, S. 64). Wagner beschreibt damit die gleiche Funktion, die Assmann als „Semiotisierung", d.h. Sinnstiftung der erinnerten Vergangenheit, dem Mythos zuspricht.[13] Angesichts der von Wagner hervorgehobenen besonderen konnektiven Funktion des Mythos als Verständigungs- und Beglaubigungsmaß des Volkes erzeugt er mit seiner sie entwicklungsgeschichtlich begründenden Kunsttheorie ein Verständnis- und Akzeptanzproblem. Da er den Mythos im Sinne der „Neuen Mythologie" als einzig mögliche Basis des Gesamtkunstwerks postuliert, legitimiert sich das mythisch strukturierte Kunstwerk der Zukunft in „Oper und Drama" aus der bisherigen Entwicklung der menschlichen Kultur. Im Verlauf der bisherigen Geschichte mußte sich die Kunst vom mythischen Drama par excellence, der griechischen Tragödie, notwendig entfernen. Mit der Entfaltung des Staates und zumal in der Periode des Christentums, als der Staat zum „eigentlichen Lebensquell der christlichen Kirche" wurde, wurde dem Mythos auch in der Dichtung die Existenzgrundlage entzogen, das mythische Drama aber durch den Roman ersetzt. Shakespeares aus dem Roman abgeleitete Dramen resultierten aus dem Drang der Menschheit zur Befreiung von Kirche und Staat und mündeten schließlich in der bürgerlichen Gesellschaft in die Form des historischen Dramas.

Erst jetzt in der Zeit der „Menschheitsrevolution" könne wieder der Mythos zur Grundlage des Dramas werden, freilich erst *nach* der Revolution, da ja zuvor noch nicht der dafür erforderliche volksgemeinschaftliche Verständigungshorizont wieder erreicht sei, der aus der „freien Selbstbestimmung der Individualität" resultiere, die wiederum „der gesellschaftlichen Religion der Zukunft" zugrundeliegen werde (GSD 4, S. 73). Proklamatorisch schließt Wagner „Oper und Drama" mit der Feststellung, daß „der Erzeuger des Kunstwerkes der Zukunft niemand anderes als der Künstler der Gegenwart sei, der das Leben der Zukunft ahnt und in ihm enthalten zu sein sich sehnt." (GSD 4, S. 229). Freilich bleibt damit der „Ring" immer im Status des Zukunftswerks, solange nicht die entscheidende Revolution eingetreten ist, die erst die Voraussetzungen zum mythischen Verständnis des Werks durch das Volk schaffen wird. Nicht umsonst hat Wagner den Zweck seiner Tetralogie im Brief vom 12. November 1851 an Uhlig so formuliert: „erst die Revolution kann mir die Künstler und die Zuhörer zuführen, die nächste Revolution muß notwendig unserer ganzen *Theaterwirtschaft* das Ende bringen; ... nach einem Jahre Vorbereitung führe ich dann im Laufe von *vier Tagen* mein ganzes Werk auf. Mit ihm gebe ich den Menschen der Revolution dann die *Bedeutung* dieser Revolution, nach ihrem edelsten Sinne, zu erkennen. *Dieses Publikum* wird mich verstehen; das jetzige kann es nicht" (GSB IV, S. 176).

Die Legitimation, schon als Künstler der Gegenwart dieses Kunstwerk der Zukunft zu schaffen und das Leben der Zukunft zu erahnen und zu ersehnen, kann er sich nicht auf andere Weise verschaffen als durch eine auf der Analyse des griechischen Mythos gegründete Geschichtstheorie. Es sind die Ausführungen über den Oidipus-Mythos, die den Kern und das Zentrum von Wagners Kunst-, Geschichts- und Revolutionstheorie in „Oper und Drama" ausmachen.

Wolfgang Schadewaldt hat 1962 in seiner Abhandlung über „Richard Wagner und die Griechen" diese Abhängigkeit Wagners vom antiken Drama, die er freilich wesentlich am Aischyleischen „Gefesselten Prometheus" festmachte, im Begriff der „mythischen Palimpseste" zu fassen gesucht. Dieter Borchmeyer hat in seiner umfänglichen Untersuchung über „Das Theater Richard Wagners" von 1982 die Aufmerksamkeit auf die Ausführungen über den gesamten Oidipus-Mythos und insbesondere zur Gestalt der Antigone gerichtet. Es wäre allein aus dramaturgischer Warte hinzuzufügen, daß auch die Tetralogie-Form des „Rings" letztlich der Form des analytischen Dramas, wie sie der Sophokleische „Oidipus" *kat'exochen* darstellt, verpflichtet bleibt.[14] Dies gilt gerade in Bezug auf das bereits genannte quasi dramaturgische Leitmotiv des „Rings": das „Wissen und Wissenwollen". Die langen Passagen erzählender Erinnerungen stellen bei genauer Betrachtung nichts anderes dar als Versuche, Mythos zu erzählen, nämlich die erinnerte Vergangenheit zu deuten und daraus Handlungskonzepte für die Gegenwart abzuleiten, deren Umsetzung eine gewünschte Zukunft sichern soll. Umgekehrt kreist die Handlung des „Jungen Siegfried" nahezu zweieinhalb Akte lang um Versuche verschiedener Personen, Siegfrieds Bewußtsein mit der Mitteilung von bloßen Teilvergangenheiten zu bestimmten Handlungen zu veranlassen.

Wagner stellt wie in der eigenen „Ring"-Tetralogie bei der Analyse des Oidipus-Mythos (GSD 4, S. 55–64) die Frage, wo der Urfrevel liege, der alle weiteren Verstrickungen heraufführe. Nicht auf Tantalus und den göttlichen Fluch über dessen Nachkommen will ihn Wagner bei Oidipus charakteristischerweise zurückgeführt wissen. Er sieht hier nur das Mißverständnis der Griechen, da diese die Naturnotwendigkeit als Fatum interpretiert und Handlungsnormen in die Institution des Staates überführt hätten. Wie bei dem Wälsungenpaar Siegmund und Sieglinde sieht Wagner im Inzest der Iokaste mit Oidipus keinen Verstoß gegen die Natur, sondern nur gegen die gesellschaftlichen Normen. Beide Paare hätten mit der natürlichen Unwillkür des rein menschlichen Individuums gehandelt. Erst als Iokaste und Oidipus sich ihrer sozialen Beziehung als Mutter und Sohn bewußt wurden, hätten beide dieser Gewohnheit wieder den Vorrang vor der unbewußten individuellen menschlichen Natur eingeräumt. Die Natur sei aber keineswegs verletzt worden, wie sie selbst mit dem Faktum der Fruchtbarkeit den aus der Inzestehe hervorgegangenen Kindern bewiesen hätte.

Oidipus habe zwar das Rätsel der Sphinx gelöst, das sich auf den Menschen bezog, aber an seinem weiteren Lebenslauf erkennen müssen, daß er das eigentliche Rätsel des Menschen, das Verhältnis von Individualität, Naturunterworfenheit und Gesellschaft, nicht mit seiner Existenz zu lösen imstande gewesen sei. Diese Lösung herbeizuführen sei genau die Aufgabe der Gegenwart, nämlich die „Unwillkür des Individuums aus der Gesellschaft selbst zu rechtfertigen." Denn der Oidipus-Mythos zeige ja auch, wohin sich bereits in der hellenischen Gesellschaft das sittliche Bewußtsein verirrt habe. Die thebanische Gesellschaft habe den vorausgehenden bewußten Tötungsversuch des Laios am Sohn dem unbewußten Vatermord im Grad der Schuld nachgeordnet. Schon hier zeige sich, daß – wie Kreon als die Personifikation des Staates dann als Maxime seines Handelns gegenüber Antigone formuliert habe – „Ruhe und Ordnung" höher bewertet worden seien als die natürliche menschliche Empfindung.

Insbesondere aber zeige das Verhalten der Thebaner einerseits gegenüber den beiden um die Herrschaft rivalisierenden Oidipus-Söhnen Eteokles und Polyneikes und andererseits gegenüber dem Handeln Antigones, wie sehr aus der gesellschaftlichen Gewohnheit bereits staatliche Strukturen sich entwickelt hätten. Kern der vom Staat nun praktizierten abstrakten Gewohnheit und der durchgesetzten Normen sei aber die Furcht und der Widerwille vor dem Ungewohnten. Mit der Kraft dieser Gewohnheit ausgestattet, wende sich der Staat bereits auf dieser Stufe der Entwicklung vernichtend gegen die Gesellschaft zurück, indem er in ihr die Umsetzung der unwillkürlichsten und heiligsten sozialen Gefühle verwehre (GSD 4, S. 58). Dies lehrten das Schicksal Antigones und Kreons.

Kreons Legitimation als des geeigneten Nachfolgers von Laios und Eteokles habe das Volk darin erkannt, daß er dem als Verräter an der Vaterstadt geltenden Polyneikes die Bestattung versagte. Der Eidbruch des Eteokles gegenüber dem Bruder Polyneikes habe dagegen angesichts des Ideals, Ruhe und Ordnung im Staat zu wahren, für die Thebaner keine Rolle mehr gespielt. Kreon habe den Thebanern die erwünschte staatsfreundliche Gesinnung bewiesen, indem er der Menschlichkeit ins Angesicht geschlagen habe. Gegen diese staatliche Herrschaft habe Antigone die reine Menschenliebe gesetzt: „Antigone sagte den gottseligen Bürgern von Thebe: – ihr habt mir Vater und Mutter verdammt, weil sie unbewußt sich liebten; ihr habt den bewußten Sohnesmörder Laios aber nicht verdammt, und den Bruderfeind Eteokles beschützt: nun verdammt mich, die ich aus reiner Menschenliebe handle, – so ist das Maß eurer Frevel voll! – Uns sieh! – der Liebesfluch Antigone's vernichtete den Staat!" (GSD 4, S. 63).

Kreons Zusammenbruch aus Gram über den Freitod seines Sohnes am Grab der geliebten Antigone ist für Wagner identisch mit dem Zusammenbruch des Staates. An dessen Stelle trete wieder der Mensch Kreon, der Vater. So endet für Wagner der Oidipus-Mythos mit dem Ereignis, das er auch als politischer Zeitgenosse erwartete und erhoffte und als Erzeuger des Kunstwerks der Zukunft zum Inhalt desselben machte: *die Vernichtung des Staates.* In ihr liegt für Wagner das „über Alles wichtige Moment für die Kunst" (GSD 4, 67). – „Heilige Antigone! Dich rufe ich nun an! Laß Deine Fahne wehen, daß wir unter ihr vernichten und erlösen!", so schließt er seine Betrachtungen über den Oidipus-Mythos.

Da der Mythos jederzeit wahr und sein Inhalt für alle Zeiten unerschöpflich sei, gilt es nach Wagner, ihn „nur seinem innersten Wesen nach getreu zu deuten, um ein verständliches Bild der ganzen Geschichte der Menschheit vom Anfang der Gesellschaft bis zum notwendigen Untergange des Staates zu haben. Die Notwendigkeit dieses Unterganges ist im Mythos vorausempfunden; an der wirklichen Geschichte ist es, ihn auszuführen."

Da es für Wagner also letztlich nur einen einzigen Mythos als Deutung der Wahrheit der geschichtlichen Entwicklung der Menschheit gibt, ist der Nibelungen-Mythos – zumindest in der Form, die Wagner recht eigenwillig über die Zwischenstufe von Barbarossa und den Wibelungen konstruierte, was ihm freilich nur als Rekonstruktion galt – in seinem Inhalt und seiner Bedeutung identisch mit dem antiken Mythos. Ich erspare mir aus Zeitgründen eine Auflistung der Parallelen zwischen Oidipus-Mythos und dem „Ring des Nibelungen", die Borchmeyer in seiner genannten Studie sorgfältig herausarbeitete. Wie wenig „Germanisches" am „Ring des Nibelungen" also letztlich ist, könnte bei einer genauen Lektüre von „Oper und Drama" bereits allen Interpreten klar gewesen sein. Bei allen Bemühungen der Germanistik, alle Anklänge und Verarbeitungen verschiedener Fassungen und Übersetzungen des Nibelungenlieds wie altnordischer Dichtungen und Abhängigkeiten von den Bearbeitungen der Deutschen Heldensage und der Deutschen Mythologie durch die Brüder Grimm, Simrock u. a. von Golther (1902) bis zu Dagmar Ingeschay-Goch (1982) und Herbert Huber (1988) sorgfältig nachzuweisen, ist dadurch für die Funktionsbestimmung des Mythos bei Wagner nichts gewonnen.[15]

Detailuntersuchungen haben dagegen gezeigt, wie genau die konzeptionellen und textlichen Wandlungen vom ersten Barbarossa-Entwurf vom 31. Oktober 1846 hin zu Siegfried und den Nibelungen, sodann vom Entschluß zu einer Tetralogieversion und den nachfolgenden verschiedenen textlichen Änderungen bis zum Abschluß der Tetralogiefassung 1852 von den lebensweltlichen, und das heißt hauptsächlich politischen Erfahrungen des Tondichters bestimmt sind, wenn schließlich am 21. November 1874 die Partitur des dritten Aktes der „Götterdämmerung" bereits in Bayreuth abgeschlossen wird.[16]

Der „Ring" samt seinen Vorformen und abgebrochenen Seitentrieben wurde als Kunstwerk der Revolution begonnen, als Kunstwerk der Zukunft in seiner Textgestalt verfaßt und als Kunstwerk ohne Hoffnung auf eine unmittelbar bevorstehende Revolution musikalisch abgeschlossen. Die erste geschlossene Aufführung der Tetralogie konnte also im Gegensatz zum Wunsch Wagners nicht in mythischer Kommunikation „den Menschen der Revolution die Bedeutung dieser Revolution" vermitteln. Aber es muß Wagner doch diebisch gefreut haben, wenn er 1876 in Bayreuth zahlreichen Fürsten und gekrönten Häuptern mit seinem Gesamtkunstwerk auf der Bühne vorführte, daß erst die notwendige Vernichtung des Staates und der von ihm garantierten Eigentumsordnung eine Gesellschaft herbeiführen könne, in der eine freie Selbstbestimmung des Individuums möglich werde.

Es war die für ihn am griechischen Oidipus-Mythos ablesbare, jederzeit Wahrheit beanspruchen könnende dramatische Zusammenfassung von Anfang und Ende der menschlichen Geschichte, die Wagner als Legitimationsgrundlage seiner Konstruktion des Nibelungenmythos benutzte. Sein Inhalt sollte als Drama ebenfalls die menschliche Geschichte deuten. Aber es ist noch einmal vor dem Mißverständnis zu warnen, daß Wagner einen selbstreferentiellen Mythos als Dichtungsgrundlage benutzt hätte bzw. habe benutzen können. Eine Selbstreferentialität des Oidipus-Mythos suggeriert nur Wagners Interpretation in „Oper und Drama", oder meint er, daß er als „Künstler der Gegenwart, der sich als Erzeuger des Kunstwerks der Zukunft" berufen fühlt, deshalb in dieser Avantgarde-Rolle die „Bedeutung" des Mythos verstehen kann? Die Selbstreferentialität des „Nibelungenmythos" könnte nach Wagners Theorie erst *nach* der erfolgreichen „Menschheitsrevolution" vorliegen, wenn sein Gesamtkunstwerk der von dieser Revolution geschaffenen Gesellschaft selbstbestimmter Individuen, d. h. dem neuen freien Volk, auf mythische Weise die „Deutung der Revolution" lieferte.

Dennoch sah Wagner offensichtlich darin keinen Hinderungsgrund gegeben, die Tetralogie schon vorher aufzuführen. Anfang und Ende der Geschichte, die nach seinen Vorstellungen der Mythos stets wahrhaftig darbot, meinten zwar wirklich den Anfang der Geschichte, mit dem Ende aber nur die Befreiung der Gesellschaft vom Staat. Damit beschränkte sich der Inhalt des Mythos wie der des ihn deutenden Gesamtkunstwerkes auf den Geschichtsverlauf bis zum Stadium der „Menschheitsrevolution", die zur Vernichtung des Staats führen mußte, konnte jedoch schon nicht mehr das „Nachher" schildern. Da die Geschichte für Wagner teleologisch ausgerichtet und nicht zyklisch strukturiert ist, kann es im Geschichtsverlauf aber kein Zurück hinter das Stadium der Umwandlung der Natur in Kultur geben.

Wie am Oidipus-Mythos abgelesen, bietet für Wagner deshalb jeder Mythos immer den Geschichtsverlauf nur bis zum Stadium der Vernichtung der bürgerlichen Eigentumsordnung und des Staates, kann jedoch nicht bereits das Reich der Freien selbst zeigen. Es war also von Wagner gut begründet, daß er auf die Vertonung der letzten Worte Brünnhildes, mit denen sie sich an das „blühenden Lebens/bleibend Geschlecht" im sogenannten „Feuerbach-Schluß" von 1852 wendete, verzichtete und stattdessen hier wie auch stets zuvor bei der Ring-Komposition dem Orchester in der Rolle des antiken Chors die Kommentierung des Geschehens überließ. Die nur für König Ludwig II. ausgeführte Vertonung wäre in der Tat zu „sentenziös" geraten; sie wäre auch systemfremd gewesen: Schließlich hatte Wagner in „Oper und Drama" ausgeführt, daß die Tonsprache Anfang und Ende der Wortsprache sei und wenig später das „Sprachvermögen des Orchesters" gefeiert, das anders als die Wort-Tonsprache auch das „Unaussprechliche" artikulieren könne. Es war also nur konsequent, daß im „Rheingold" sich aus dem reinen Es-Dur-Dreiklang der Naturgesang der Rheintöchter entwickelt, während die „Götterdämmerung" abschließend nicht in diese Tonart zurückkehrt, sondern mit einem Motiv in Des-Dur in den Violinen schließt, das zugleich kunstvoll orchestral mit dem Walhall-, Siegfried- und Götterdämmerungsmotiv verflochten ist. Das Motiv war zuvor bekanntlich von Wagner nur ein einziges Mal im dritten Akt der „Walküre" verwendet worden, nachdem Brünnhilde der verzweifelten Sieglinde die Geburt ihres Sohnes Siegfried angekündigt hatte.

Über die Herrschaft siegt die wissende Liebe, über den vernichteten Staat das durch Wissen zur Selbstbestimmung gelangte Individuum. Der antike Oidipus- wie der Nibelungen-Mythos und das seinen jederzeit wahren Inhalt neu deutende Gesamtkunstwerk der Zukunft zeigen für Wagner in gleicher Weise den entscheidenden Wendepunkt der menschlichen Geschichte hin zum Reich der Freiheit. Kurzum, Wagner benutzt als typischer Zeitgenosse des 19. Jahrhunderts die auf antiker Grundlage geschaffene „Neue Mythologie" als besondere Form utopischen Denkens.

Anmerkungen

[1] Richard Wagner, Gesammelte Schriften und Dichtungen (= künftig RW, GSD), Bd. 4, S. 64. Für einen Textvergleich zwischen dem Manuskript und den späteren Druckfassungen ebenso wie für die Entstehungsgeschichte ist die Ausgabe und das Nachwort von Klaus Kropfinger heranzuziehen: Richard Wagner, Oper und Drama (Reclams Universal-Bibliothek 8207), Stuttgart 1984.

[2] Zum Übergang vom ursprünglich konzipierten Barbarossa-Drama zum Siegfried- und Nibelungenstoff und zur Entstehung der verschiedenen Fassungen bis hin zur Tetralogie des „Rings des Nibelungen" s. Otto Strobel, Skizzen und Entwürfe zur Ring-Dichtung. Mit der Dichtung „Der junge Siegfried",

München 1930; Dokumente zur Entstehungsgeschichte des Bühnenfestspiels
„Der Ring des Nibelungen", hrsg. v. W. Breig u. H. Fladt, Mainz 1976 (Richard
Wagner, Sämtliche Werke, hrsg. v. Carl Dahlhaus u. Egon Voss, Bd. 29/I);
Helmut G. Walther, Abschied von der Geschichte und Mythenzauber. Das
Mittelalter des 19. Jahrhunderts in Richard Wagners ‚Ring des Nibelungen'.
In: Mittelalter und Moderne, Entdeckung und Rekonstruktion der mittelal-
terlichen Welt, hrsg. v. Peter Segl, Sigmaringen 1997, S. 253–278.

3 Originalfassung der ‚Nibelungen-Sage (Mythus)' bei Strobel (wie Anm. 2),
S. 26–33; Druck in RW, GSD 2, S. 156–166; ‚Wibelungen' in RW, GSD 2,
S. 115–55. Dazu Walther (wie Anm. 2).

4 Reinhard Wiesend, Die Entstehung des Rheingold-Vorspiels und ihr Mythos.
In: Archiv für Musikwissenschaft 49 (1992), S. 122–148; Ludwig Finscher,
Mythos und musikalische Struktur. In: Der Ring des Nibelungen, Ansichten
des Mythos, hrsg. v. Udo Bermbach u. Dieter Borchmeyer, Stuttgart-Weimar
1995, S. 27–37.

5 Carl Dahlhaus, Musik als strukturale Analyse des Mythos. Claude Lévi-Strauss
und ‚Der Ring des Nibelungen'. In: Wege des Mythos in der Moderne, Richard
Wagner, ‚Der Ring des Nibelungen', hrsg. v. Dieter Borchmeyer, München
1987, S. 64–74.

6 Briefe an Liszt 29. Nov. 1850, an Uhlig 28. Nov. 1851. In: Richard Wagner,
Sämtliche Briefe (= künftig RW, SB), Leipzig 1967 ff., hier Bd. III, S. 467 f.,
Bd. IV, S. 471 f.; Zitat RW, GSD 4, S. 344.

7 Petra-Hildegard Wilberg, Richard Wagners mythische Welt, Versuch wider
den Historismus, Freiburg i. Br. 1996; Kurt Hübner, Die Wahrheit des Mythos, München 1985; Manfred Frank,Vorlesungen über die Neue Mythologie, I: Der kommende Gott, II: Gott im Exil, Frankfurt/M. 1982, 1988.

8 Manfred Frank, „Weltgeschichte aus der Sage", Wagners Widerruf der ‚Neuen
Mythologie'. In: Bayreuther Festspiele 1994, hrsg. v. Wolfgang Wagner u. Peter
Emmerich, Bayreuth 1994, S. 16–37, Zitate S. 29; vgl. schon Carl Dahlhaus,
Richard Wagners Musikdramen, Velber 1971, Zürich 1985, bes. S. 111.

9 Herbert Schnädelbach, ‚Ring' und Mythos. In: In den Trümmern der eignen
Welt. Richard Wagners „Der Ring des Nibelungen", Hamburg 1989, S. 145–
161, hier S. 157; Frank, „Weltgeschichte aus der Sage" (wie Anm. 8), S. 26
(Zitat); Jan Assmann, Das kulturelle Gedächtnis, Schrift, Erinnerung und
politische Identität in frühen Hochkulturen, München 1997, bes. S. 16 ff.;
Zyklizität wegen des Überlebens Alberichs: Wapnewski, Trauriger Gott (wie
Anm. 15), S. 185–197.

10 Brief an Uhlig 12. Nov. 1851, RW, SB IV, S. 174 ff..

11 Assmann (wie Anm. 9), S. 52, 76.

12 Dieter Borchmeyer, Vom Anfang und Ende der Geschichte, Richard Wagners
mythisches Drama, Idee und Inszenierung. In: Macht des Mythos- Ohnmacht
der Vernunft?, hrsg. v. Peter Kemper, Frankfurt/M. 1989, S. 176–200, ver-
kennt Wagners Geschichtskonzept im mythischen Gewand, da er von einer
offensichtlich nicht hintergehbaren zyklischen Struktur des Mythos ausgeht.
Dies trifft freilich für die Funktionalisierung des Mythos im 19. Jahrhundert
nicht mehr zu, wo die teleologische Ausrichtung der Geschichte inzwischen

zur „geistigen Grundausstattung" gehört. Dazu ausführlich Walther (wie Anm. 2).

[13] Assmann (wie Anm. 9), S. 71.

[14] Wolfgang Schadewaldt, Richard Wagner und die Griechen. In: W. Sch., Hellas und Hesperien, Bd. 2, Zürich u. Stuttgart ²1970, S. 341–405 (zuerst 1962, dann 1964); Dieter Borchmeyer, Das Theater Richard Wagners. Idee – Dichtung – Wirkung, Stuttgart 1982, S. 230–253 (Ödipus-Mythos). Den Aischylos-Bezug im Hinblick auf die ‚Orestie' überspitzend Michael Ewans, Wagner and Aeschylus. The Ring and the Oresteia, London 1982; zurechtrückende Kritik in der Rezension von Dieter Bremer in Gnomon 59 (1987), S. 103–106.

[15] Wolfgang Golther, Die sagengeschichtlichen Grundlagen der Ringdichtung Richard Wagners, Berlin 1902; Peter Wapnewski, Der traurige Gott, Richard Wagner in seinen Helden, München 1980; Dagmar Ingenschay-Goch, Richard Wagners neu erfundener Mythos, Zur Rezeption und Reproduktion des germanischen Mythos in seinen Operntexten, Bonn 1982; Volker Mertens, ‚Der Ring des Nibelungen', Weltmythos aus den Mythen. In: Richard-Wagner-Handbuch, hrsg. v. Ulrich Müller u. Peter Wapnewski, Stuttgart 1986, S. 31–40; Herbert Huber, Der Ring des Nibelungen. Nach seinem mythologischen, theologischen und philosophischem Gehalt Vers für Vers erklärt, Weinheim 1988.

[16] Walther (wie Anm. 2).

Bibliographie

Am zuverlässigsten ist für die Texte Richard Wagners noch immer die Ausgabe der Gesammelten Schriften und Dichtungen, 10 Bde., zweite Auflage, Leipzig 1888; für Nachträge u. Ergänzungen Bd. 11 u. 12 der Sämtlichen Schriften und Dichtungen, Volksausgabe, Leipzig 1911/12. Für die Briefe ist die kritische Ausgabe der Sämtlichen Briefe noch nicht abgeschlossen, bislang liegen vor 6 Bde. bis 1855, Leipzig 1967–(1993); informative und zuverlässige einbändige Teilausgabe: Richard Wagner, Briefe, ausgew., eingel. u. kommentiert von Hanjo Kesting, München 1983.

Udo Bermbach, Der Wahn des Gesamtkunstwerks. Richard Wagners politisch-ästhetische Utopie, Frankfurt/M. 1994.

Dieter Borchmeyer, Das Theater Richard Wagners. Idee – Dichtung – Wirkung, Stuttgart 1982.

Carl Dahlhaus, Richard Wagners Musikdramen, Velber 1971, Zürich 1985.

Carl Dahlhaus, Wagners Konzeption des musikalischen Dramas, Regensburg 1971.

Dokumente zur Entstehungsgeschichte des Bühnenfestspiels ‚Der Ring des Nibelungen', hrsg. v. *Werner Breig* u. *Hartmut Fladt* (Richard Wagner, Sämtliche Werke, hrsg. v. *Carl Dahlhaus* u. *Egon Voss*, Bd. 29/I), Mainz 1976.

Manfred Frank, Vorlesungen zur Neuen Mythologie I u. II: Der kommende Gott, Gott im Exil, Frankfurt/M. 1982 u. 1988.

Martin Gregor-Dellin, Richard Wagner, sein Leben, sein Werk, sein Jahrhundert, München 1980.

Macht des Mythos – Ohnmacht der Vernunft? Hrsg. von *Peter Kemper*, Frankfurt/M. 1989.

Hans Mayer, Richard Wagner, Mitwelt und Nachwelt, Stuttgart 1978.

Richard Wagner, Werk und Wirkung, hrsg. v. Carl Dahlhaus, Regensburg 1971.

Richard Wagner-Handbuch, hrsg. v. Ulrich Müller u. Peter Wapnewski, Stuttgart 1986.

Wolfgang Schadewaldt, Hellas und Hesperien, Bd. 2: Antike und Gegenwart, Zürich u. Stuttgart ²1970 (S. 341–405: Richard Wagner und die Griechen).

Otto Strobel, Skizzen und Entwürfe zur Ringdichtung. Mit der Dichtung ‚Der junge Siegfried‘, München 1930.

Peter Wapnewski, Der traurige Gott. Richard Wagner in seinen Helden, München 1978, ²1980.

Wege des Mythos in der Moderne. Richard Wagner, ‚Der Ring des Nibelungen‘, hrsg. von *Dieter Borchmeyer* (dtv 4468), München 1987.

Auf den Spuren von Freuds Ödipus

Renate Schlesier

Unter allen bisherigen nachantiken Jahrhunderten, in denen die antike griechische Mythologie die Menschen späterer Epochen und anderer Kulturen zu immer neuen Reflexionen oder Identifikationen reizte, nimmt das 20. Jahrhundert einen besonders prominenten Platz ein. Ob das 21. Jahrhundert es darin übertreffen wird, ist wohl kaum wahrscheinlich. Zu den wichtigsten modernen, also inzwischen altmodischen Autoren, denen die erstaunliche Karriere der antiken griechischen Mythologie in unserem zu Ende gehenden Jahrhundert zu verdanken ist, gehört zweifellos Sigmund Freud, der Begründer einer Interpretationstechnik mit Namen Psychoanalyse. Denn im Zentrum seiner Theorie ist eine antike griechische Mythenfigur angesiedelt, der thebanische Heros Ödipus, der seinen Vater erschlug und seine Mutter heiratete.

Dieser antike Heros und seine Geschichte sind jedoch bei Freud keineswegs etwas spezifisch Antikes, sondern sie erscheinen als der Reflex einer allgemeingültigen anthropologischen Erfahrung. Die Geschichte des Ödipus besitzt nämlich in der psychoanalytischen Theorie keine analytisch spezifizierten mythologischen Valeurs, und auch die spezifisch dramatischen und poetischen Qualitäten ihrer antiken textlichen Darstellung und Interpretation bleiben bezeichnenderweise ungedeutet. Ödipus' unwissentlich vollzogene, berühmt-berüchtigte Taten spiegeln, Freud zufolge, nichts anderes als die wissentlichen Wünsche des Kindes gegenüber seinen Eltern: die inzestuösen Gefühle gegenüber der Mutter und den sich daraus ableitenden eifersüchtigen Todeswunsch gegen den Vater, und diese Wünsche faßte er unter der Bezeichnung „Ödipuskomplex" zusammen. Ödipus' Taten sind für Freud die Erfüllung einer kindlichen Wunschvorstellung. Ihre tragische Dimension findet sich als psychische Krankheit, als Neurose, wieder – also eines Leidens, das sich aus einem abgewehrten und ungelösten Widerspruch mit Notwendigkeit ergibt.

Der Ödipuskomplex (in Frankreich heißt er sogar abkürzend, „l'Œdipe", „der Ödipus", als sei die Figur und der nach ihr benannte Komplex dasselbe) ist nach Freud ein universelles Phänomen: In allen Epochen und Kulturen, in denen ein Kind in der Nähe seiner leiblichen Eltern in einer Familie aufwächst, sei der Ödipuskomplex der unvermeidliche, der dramatische

Höhepunkt der kindlichen psycho-sexuellen Entwicklung, und von seiner mehr oder minder gelungenen Bewältigung hänge alles Weitere, im Guten und im Schlimmen, ab. Was für die individuelle, ontogenetische Entwicklung Gültigkeit besitzt, gelte aber ebenso für die kollektive Phylogenese der Menschengattung und ihrer ersten kulturellen Institutionen: Die Entstehung von Religion, Sittlichkeit und Gesellschaftsverband ist nach Freud nur durch den schon am Anfang der Menschheitsgeschichte wirksam werdenden und im Urvatermord kulminierenden Ödipuskomplex zu erklären.

Es überrascht nicht, daß Freuds Theorie des Ödipuskomplexes, die 1997 ihren wenig beachteten 100. Geburtstag feiern konnte, vehemente Widerstände hervorgerufen hat und heute außerhalb der Psychoanalyse wohl nicht sehr ernst genommen wird. Gegenstand der folgenden Überlegungen werden indessen nicht diese Widerstände sein. Es soll nicht darum gehen, ob die Widerstände berechtigt sind und ob Freuds Erklärungsmodell plausibel ist oder nicht. Mich interessiert hier vielmehr ein spezifisches Interpretationsproblem: Wie geht Freud mit der Figur des Ödipus um, und ist dieser Umgang vielleicht paradigmatisch für Freuds Behandlung der Mythologie überhaupt?

Vor der Matura

Feststeht zunächst, daß Freud in seinem gesamten Werk[1], von der *Traumdeutung* des Jahres 1900 bis zu seinem Tod 1939, von Ödipus nicht mehr losgekommen ist und sich in relativ gleichbleibender Weise kontinuierlich zu ihm geäußert hat.[2] Unter all den vielen in Freuds Schriften genannten Namen von Mythenfiguren dominieren bei weitem diejenigen aus der antiken griechischen Mythologie, und unter diesen wird Ödipus mit Abstand am häufigsten erwähnt. Ja, schon in den frühesten überlieferten Zeugnissen von Freuds Hand, den Briefen, die der sechzehn- und siebzehnjährige Abiturient aus Wien nach seiner Heimatstadt Freiberg in Mähren an seinen Jugendfreund Emil Fluss adressierte, ist zweimal vom König Ödipus die Rede.

Beide Male handelt es sich um die Hauptfigur der gleichnamigen Tragödie des Sophokles. Zunächst, am 17. März 1873, wird dieses Drama als einziges namentlich unter all den antiken Werken hervorgehoben, die Freud sich zu dieser Zeit als Lesepensum gesetzt hatte:

> Ich muß manches von griechischen und lateinischen Klassikern für mich lesen, darunter den König Ödipus von Sophokles. Sie verlieren viel Erhebendes, wenn Sie all das nicht lesen können, freilich erhalten Sie sich jene Heiterkeit, die mir an Ihren Briefen wohltut.[3]

Da der Briefschreiber unerwähnt läßt, daß er sich mitten in der Vorbereitung der gymnasialen Abschlußprüfung, der Matura, befindet, wirkt der Lektüre-Zwang („ich muß … lesen") wie eine frei gewählte Nötigung. Freud hat sich offensichtlich die allgemeinverbindlichen konventionellen Ziele der zeitgenössischen Gymnasialpädagogik zueigen gemacht, die ihren Zöglingen die klassische antike Literatur als Prototyp und Ideal des „Erhebenden" vermitteln und ihnen das lebensbestimmende Bedürfnis einpflanzen wollte, sich diesen Texten auch aus freien Stücken zu widmen. Und doch spricht schon aus diesen wenigen Zeilen des jugendlichen Freud zugleich eine kritische Unabhängigkeit, die mit der Konvention an einem entscheidenden Punkt radikal bricht. Anders als es die Bildungsideologie des altsprachlichen Gymnasiums erklärtermaßen beabsichtigte, findet der Gymnasiast Freud in den antiken Texten und insbesondere der Tragödie *König Ödipus* von Sophokles gerade nicht ein Harmoniemodell griechischer Heiterkeit. Im Gegenteil. Er bekennt, daß die selbständige Lektüre bei ihm den Verlust einer unverbildeten Heiterkeit bewirkt hat, die ihm ohne diese Lektüre vielleicht wie seinem Freund erhalten geblieben wäre.

Angesichts dieser Haltung Freuds ist es nicht verwunderlich, daß er sich bald die im gleichen Jahr, 1873, erscheinende *Erste Unzeitgemäße Betrachtung* Nietzsches gedanklich adaptieren wird, eine der ersten provokanten Schriften dieses Autors, in der mit dem verklärenden Bildungsphilistertum radikal abgerechnet wird. Freuds frühe Bekanntschaft mit dieser Schrift ist tatsächlich bezeugt, in einem Brief, der auch das Eingeständnis enthielt, mit einem philosophischen Doktorexamen zu liebäugeln und den der achtzehnjährige Medizinstudent an einen anderen Jugendfreund aus Freiberg, Eduard Silberstein, im Jahre 1875 schrieb.[4]

Auffällig ist aber bereits die Nähe des sechzehnjährigen Gymnasiasten Freud zum Verdikt gegen die sogenannte „griechische Heiterkeit", das Nietzsche schon 1872 in seiner epochemachenden Schrift *Die Geburt der Tragödie aus dem Geiste der Musik* zur polemischen bildungskritischen Parole erhoben hatte.[5] Daß dieses Werk bald nach seinem Erscheinen gerade unter den kritischen Geistern an den humanistischen Gymnasien in den deutschsprachigen Ländern als ein Geheimtip galt und von den Lehrern argwöhnisch betrachtet, vor allem aber massiv mißbilligt wurde, ist anzunehmen, wenn es auch bislang für Freuds Biographie nicht dokumentiert ist. Öffentliche Aufmerksamkeit an den Gymnasien und Universitäten beanspruchte zumal der im Schnellverfahren exekutierte Hinauswurf Nietzsches aus den Reihen der Zunft.

Ausgelöst war das Anathema gegen den Rebellen durch das sogleich, ebenfalls 1872, vom späteren Anführer der Klassischen Philologie in Deutschland, Ulrich von Wilamowitz-Moellendorff, gegen die Tragödien-

schrift des „dionysosgläubigen" Nietzsche publizierte Gegenpamphlet
Zukunftsphilologie.[6] Es ist unwahrscheinlich, daß dem vielseitig interessierten, mit Oppositionsgeist[7] ausgestatteten Schüler Freud Nietzsches so
rasch publik werdende, skandalträchtige Schrift[8] entgangen sein sollte, bei
deren Erscheinen er die Unterprima bezogen hatte.[9] Wie sehr ihn dieses
Werk beeindruckt hat, zeigt sich in Freuds Publikationen allerdings erst
viel später. Denn eine deutlich erkennbare, doch bisher weitgehend unbe-
merkt gebliebene Paraphrase zentraler Thesen von Nietzsches *Geburt der
Tragödie* – nämlich zum dionysischen Ursprung des antiken Dramas –
findet sich in seiner ersten großen kulturanthropologischen Schrift *Totem
und Tabu* von 1912/13.[10]

Dennoch ist festzuhalten, daß der Name des Ödipus bei Freud zum er-
sten Mal 1873 in einem Zusammenhang belegt ist, in dem der zukünftige
Begründer der Psychoanalyse im Geiste von Nietzsches modernistischer
Skandalschrift, dem Greuel der meisten Altphilologen nicht nur seiner
Zeit, die klassische antike Literatur im allgemeinen und die Tragödie im
besonderen als ein in Wirklichkeit anti-klassisches Gegenmittel gegen jene
Heiterkeit einschätzt, die dieser Tradition, und insbesondere der antiken
griechischen Mythologie, der „heiteren Götterwelt Homers",[11] von den
Schulautoritäten verharmlosend unterstellt wurde. Wenige Monate später,
in einem weiteren Brief, in dem Freud, mittlerweile siebzehn Jahre alt geworden, dem Freund Emil Fluss am 16. Juni 1873, kurz vor der mündlichen Matura-Prüfung, vom Verlauf seines schriftlichen Examens berichtet, kommt er wiederum auf Ödipus zu sprechen. Und erneut betont er
stolz, daß er sich aus eigenem Antrieb schon zuvor mit Sophokles' Tragödie *König Ödipus* beschäftigt hatte.[12]

Nun jedoch präzisiert Freud, daß besonders eine Stelle von dreiund-
dreißig Versen (er verrät nicht, welche) es ihm angetan und er in der Schule
„kein Geheimnis daraus gemacht" hatte. Eben diese Stelle war ihm, dem
Klassen-Primus, durch seine offensichtlich wohlwollenden Prüfer beim
schriftlichen Griechisch-Examen zur Übersetzung und Interpretation vorgelegt worden, und dies brachte ihm die zweitbeste mögliche Note, ein
„Lobenswert", ein, das beste Ergebnis unter allen Prüflingen, wie er sich
nicht versagen kann, hinzuzufügen. Um welche Stelle es sich handelte, ist
in den Akten des Wiener Leopoldstädter Communal-Real- und Obergym-
nasiums überliefert:[13] Es waren die Verse 14 bis 57 (d. h. in Wirklichkeit 44,
nicht 33 Verse), also der Wortlaut der Rede, mit welcher der thebanische
Priester zu Beginn der Tragödie den König Ödipus im Namen der Stadt
um Hilfe anfleht: Der weise Ödipus, der das Rätsel der Sphinx gelöst und
dadurch viele minder kluge Jünglinge Thebens vor dem sicheren Tod ge-

rettet hat, soll nun zum göttlichen Arzt werden, der die Stadt von der Pest heilt, die alle Geschlechter und Generationen dahinrafft.

Wie es danach weitergeht, ist bekannt: Der aufgeklärte Herrscher Ödipus beginnt, sich zwar nicht als göttlicher Arzt, wohl aber gewissermaßen als Jurist, als Untersuchungsrichter, zu betätigen. Dabei wird er nun unfreiwillig zum Selbstanalytiker und findet die tragische Essenz seiner eigenen Biographie heraus. Das gelingt ihm jedoch nur deshalb, weil er nichts und niemandem gegenüber Konzessionen macht, erst recht nicht gegenüber sich selbst, und weil er seine Wahrheitssuche bis zum bitteren Ende treibt, während seine Mutter und Gattin Jokaste sich der unaufhaltsamen Enthüllung auch *ihrer* Doppelexistenz durch ihren Selbstmord entzieht.

Zurück zum brieflichen Rapport des Abiturienten Freud: Nach dem Bericht über die erfolgreiche Ödipus-Prüfung im Griechischen rühmt er sich, daß er im schriftlichen Deutsch-Examen sogar ein „Ausgezeichnet" erworben hat. Das Thema überrascht nicht. Es lautete bezeichnenderweise: „Welche Rücksichten sollen uns bei der Wahl des Berufes leiten?" Freud erspart sich nähere Ausführungen dazu, da dies ja schon zwei Wochen zuvor Thema eines Briefes an den Freund gewesen sei. Dieser Brief ist nicht erhalten. Da Freud erklärtermaßen monatelang in seinen Berufsabsichten schwankte, läßt sich über den genauen Inhalt dieses verlorenen Briefes nur spekulieren. Doch in einem etwas weiter zurückliegenden Brief an Fluss vom 1. Mai 1873 hatte er bereits mit Aplomb den „Schleier" des „Geheimnisses" seiner Berufswahl gelüftet. Dort verkündete er: „ich habe festgestellt, Naturforscher zu werden",[14] und also nicht Jurist, wie er ursprünglich geplant hatte. Die vielversprechende Zukunftsperspektive des Naturforschers wird mit allem zur Verfügung stehenden Pathos entworfen:

> Ich werde Einsicht nehmen in die jahrtausendalten Akten der Natur, vielleicht selbst ihren ewigen Prozeß belauschen und meinen Gewinn mit jedermann teilen, der lernen will.[15]

Der Beruf indessen, den er dann tatsächlich wählt, ist der des Arztes, der bald alles daran setzen wird, nicht so sehr die Geheimnisse des menschlichen Körpers, sondern vor allem die der menschlichen Seele aufzuklären. Als des Seelenrätsels Lösung wird sich aber schließlich das Körperliche par excellence, das Sexuelle, erweisen. Und der kulturabhängigen Natürlichkeit des Sexuellen wird Freud dabei in allen, auch den angeblich unnatürlichen Erscheinungsformen, Gerechtigkeit widerfahren lassen.

Das weiter andauernde „Schwanken" des Abiturienten im Matura-Brief tendiert jedoch nicht allein in die naturwissenschaftliche Richtung, sondern noch in eine andere, in die philosophische, die den jungen Medizinstudenten weiterhin gefangenhielt, die ihn aber auch, und sei es als

Philosophiekritik, nie vollständig losgelassen hat. Der Schluß dieses Briefes enthält das unkonventionelle Bekenntnis: „ich denke mit einer gewissen schlaftrunkenen Philosophie"[16] – also einer sozusagen apollinischen Philosophie, im Sinne des Traumgottes Apollon von Nietzsches *Geburt der Tragödie*. Der Satz, an den jene Charakterisierung anknüpft, legt Zeugnis davon ab, daß der Jüngling Freud gut philosophisch im sokratischen, im apollinisch-delphischen Sinne nach Selbsterkenntnis sucht, einem Unterfangen jedoch, das unübersehbar den Stempel moderner, wenn nicht gar Nietzschescher, Skepsis trägt:

> Die Großartigkeit der Welt beruht ja auf dieser Mannigfaltigkeit der Möglichkeiten, nur ist's leider kein fester Grund für unsere Selbsterkenntnis.[17]

Was lag näher, als daß das große Drama der menschlichen Selbsterkenntnis, Sophokles' *König Ödipus*, für Freud prägend bleiben wird: lebensgeschichtlich unlöslich verbunden mit Reifeprüfung und Berufswahl, mit der humanistischen Bildungskonvention wie zugleich mit dem Protest gegen deren Verharmlosungstendenz, und nicht zuletzt: mit lebensrettender, „mehr auf menschliche Verhältnisse als auf natürliche Objekte" bezogenen „Wißbegierde",[18] wie er später in seiner *Selbstdarstellung* von 1925 schreibt; einer intellektuellen Leidenschaft also, die heilsam nur sein kann, wenn sie, anders als die klassische Philosophie, vor den eigenen Abgründen nicht zurückschreckt.

Der so überaus „lernbegierige und fleißige Schüler"[19] Freud, der sieben Jahre lang Primus seiner Gymnasialklasse war,[20] machte offensichtlich eine im humanistischen Unterricht oftzitierte Lehre zu seinem lebenslangen Wahlspruch: „Non scholae, sed vitae discimus" („Nicht für die Schule, sondern für das Leben lernen wir"); wie seine Lehrer unbekümmert darum, daß dieser Satz kein antikes Originalzitat, sondern die Verkehrung eines Satzes aus einem Seneca-Brief[21] ins Gegenteil ist, unbekümmert aber auch darum, daß seine spezifische praktische und theoretische Auslegung dieses Satzes wohl kaum den Beifall seiner konventionellen Lehrer gefunden hätte.[22]

Selbstanalyse

Vierundzwanzig Jahre nach der insgesamt mit Auszeichnung bestandenen Matura-Prüfung ist der Name des Ödipus ein weiteres Mal in einem Brief[23] Freuds bezeugt. Und an dieser Briefstelle verdichtet sich alles, was Freud fortan in seiner Theorie und in seiner therapeutischen Praxis mit der Figur des Ödipus verbinden wird.[24] Der Brief ist auf den 15. Oktober 1897 da tiert. Freud, mittlerweile 41 Jahre alt und Familienvater, war seit zwölf Jahren Privatdozent für Neuropathologie an der Universität, seit elf Jahren niedergelassener Nervenarzt in Wien. Seine wenig besuchte Praxis ließ ihm, wie er konstatiert, „unheimlicherweise noch immer sehr viel Zeit",[25] und diese Zeit nutzte er für die intensive Arbeit an seiner Selbstanalyse, einer Aufgabe, zu der er sich nach dem Tod seines Vaters im Jahr zuvor unausweichlich getrieben fühlte und die seit wenigen Monaten in vollem Gange war.[26] Der Berliner Hals-, Nasen- und Ohrenarzt Wilhelm Fließ, an den der Brief gerichtet ist, war Freuds bester Freund und „einziges Publikum"[27] in dieser Isolationsperiode seines Lebens, die im Jahre 1900 mit der Veröffentlichung der *Traumdeutung* und der dadurch ausgelösten Entstehung einer schulbildenden Gemeinschaft von Psychoanalytikern ihren triumphalen Abschluß fand.

Freud bekennt in diesem Brief, daß seine Selbstanalyse vor allem in der „nicht leicht" fallenden Aufgabe bestünde, „ehrlich mit sich" zu sein. Es klingt resignativ, wenn er hinzufügt, daß dies ihn noch „nichts völlig Neues" gelehrt hat, nichts, das ihm nicht bereits aus der Arbeit mit seinen Patientinnen und Patienten vertraut gewesen wäre. Doch gerade diesen Mangel an neuem Material und neuen konkreten Einsichten transformiert Freud jetzt in ein neues theoretisches Konzept, dem eine unerhörte Zukunft beschieden sein wird. Denn aus eben diesen Gemeinsamkeiten zwischen den bisherigen Ergebnissen seiner Selbstanalyse und den Befunden seiner therapeutischen Praxis hat Freud nun eine erste Verallgemeinerung abgeleitet.

Freuds Formulierung, die ich gleich in extenso zitieren werde, ist der Nucleus seiner Ödipuskomplex-Theorie, obwohl der entsprechende, erst viel später gewählte Terminus technicus „Ödipuskomplex" hier noch nicht auftaucht. Die Formulierung dokumentiert in vivo, daß Freud sich von Anfang an genötigt sah, für diese Theorie einen antiken, ein tragisch-heroischen Namen zu finden und sie mit Sophokles' Tragödie *König Ödipus* und dem Ödipusmythos in Einklang zu bringen. Zwischen beidem aber wird hier wie auch später in Freuds Werk nicht differenziert.[28] Freud offenbart dem Freund den Stand seiner Selbstanalyse in folgenden Worten:

> Ich habe nichts völlig Neues bis jetzt gefunden, alle Komplikationen, die ich sonst gewohnt bin. Ganz leicht ist es nicht. Ganz ehrlich mit sich sein ist eine gute Übung. Ein einziger Gedanke von allgemeinem Wert ist mir aufgegangen. Ich habe die Verliebtheit in die Mutter und die Eifersucht gegen den Vater auch bei mir gefunden und halte sie jetzt für ein allgemeines Ereignis früher Kindheit, wenn auch nicht immer so früher wie bei den hysterisch gemachten Kindern. (Ähnlich wie den Abkunftsroman der Paranoia – Heroen, Religionsstifter.) Wenn das so ist, so versteht man die packende Macht des Königs Ödipus trotz aller Einwendungen, die der Verstand gegen die Fatumsvoraussetzung

erhebt, und versteht, warum das spätere Schicksalsdrama so elend scheitern mußte. Gegen jeden willkürlichen Einzelzwang, wie er in der Ahnfrau [= Grillparzers Trauerspiel von 1817] etc. Voraussetzung ist, bäumt sich unsere Empfindung, aber die griechische Sage greift einen Zwang auf, den jeder anerkennt, weil er dessen Existenz in sich verspürt hat. Jeder der Hörer war einmal im Keime und in der Phantasie ein solcher Ödipus, und vor der hier in die Realität gezogenen Traumerfüllung schaudert jeder zurück mit dem ganzen Betrag der Verdrängung, die seinen infantilen Zustand von seinem heutigen trennt.[29]

Warum war sich Freud so sicher, daß der „Gedanke", der ihm „aufgegangen" war und den er hier kommentiert, klassisch-humanistisch überhöht und auf innovative Weise entwicklungspsychologisch fundiert, einen „allgemeinen Wert" besitzt? Als Naturwissenschaftler mußte er von der methodischen Vorgabe ausgehen, daß übereinstimmende Ergebnisse, die aus ganz unterschiedlichem Material gewonnen werden, gewöhnlich auf eine allgemeine Gesetzmäßigkeit schließen lassen. Zunächst allerdings hatte er sein Material nur aus den Analysen psychisch kranker Menschen gewonnen, die hilfesuchend seine Praxis aufsuchten, weil ihr Leiden ihnen unerträgliche psychische oder sogar physische Schmerzen bereitete und sie daran hinderte, ihre beruflichen und familiären Pflichten und Bedürfnisse zu erfüllen. Solange er nur bei allen seinen Patienten die „Verliebtheit in die Mutter und die Eifersucht gegen den Vater" diagnostiziert hatte, konnte Freud dieses Ergebnis noch für ein Symptom psychischer Krankheit halten. Nun aber hatte er eben diesen Befund „auch bei [sich] gefunden", und damit war die Allgemeingültigkeit des Ergebnisses für Freud gesichert. Denn er selbst fühlte sich nicht durch psychisches Leiden gehemmt, bedurfte nicht nervenärztlicher Hilfe, um sein Leben zu meistern und konnte sich also im klinischen Sinne durchaus als psychisch gesund betrachten.[30]

Seine wahrheitssuchende Bemühung um Selbsterkenntnis, die ihn seit seiner Gymnasialzeit antrieb, hatte also ihn, den um den Vater trauernden Sohn und traumdeutenden Arzt, wie erwünscht zur Menschenkenntnis geführt. Die beiden widersprüchlichen Bestrebungen des Kindes gegenüber den Eltern konnte er daher jetzt „für ein allgemeines Ereignis früher Kindheit" halten. Normalität und Neurose ließen sich in diesem Punkt nicht unterscheiden. Nur über den Zeitraum des Eintretens der auf Mutter und Vater verteilten Gefühlsambivalenz war Freud sich noch im unklaren. Besonders früh schien ihm dies bei den „hysterisch gemachten Kindern" aufzutreten, also denjenigen Kindern beiderlei Geschlechts, die, wie er zunächst angenommen hatte, durch direkte sexuelle Verführung seitens der Erwachsenen zur Hysterie disponiert worden waren. Erst später wird Freud eine bereits in die ersten Lebensjahre zurückreichende, auch unabhängig von Verführung sich entwickelnde Frühzeitigkeit der kindlichen Gefühlsambivalenz im Ödipuskomplex für alle Kinder, die psychisch krank werdenden und die psychisch gesund bleibenden, unterschiedslos postulieren.

In Klammern erwähnt Freud hier summarisch einen spezifischen Ausweg aus der Gefühlsambivalenz, den „Abkunftsroman", den er zunächst nur bei Paranoikern beobachtet hatte und der ihn später, vor allem seit dem Aufsatz *Der Familienroman der Neurotiker* von 1909, und bis zum Abschluß seines Lebenswerkes während der dreißiger Jahre in der großen, zunächst als „historischer Roman" geplanten Schrift *Der Mann Moses und die monotheistische Religion* immer wieder beschäftigen wird. Der Ausweg, so wird Freud schließlich verdeutlichen, besteht darin, daß das Kind sich in seinen Wunschphantasien einen Abkunftsroman konstruiert.[31] Diese Konstruktion erlaubt es dem Kind, die Eltern, bei denen es aufwächst, nicht für seine wirklichen, sondern nur für seine Adoptiveltern zu halten. Damit aber wird die Verliebtheit gegen die „Mutter" sozusagen legitim, denn sie ist keine inzestuöse mehr, und ebenso zu rechtfertigen ist dann die Eifersucht gegen den „Vater", denn sie richtet sich nicht mehr gegen den Erzeuger, sondern gegen einen fremden Mann, den bloßen Konkurrenten, an den man nicht durch Familienbande zärtlich gebunden ist.

Als vage Illustration für das Vorkommen eines solchen Abkunftsromans nennt Freud hier unbestimmt und im Plural „Heroen, Religionsstifter". Für welchen Heros dies aber in besonderem Maße, wenn auch mit divergierenden Implikationen gilt, wird sogleich im folgenden Satz des Briefes deutlich: Dort erscheint wie gerufen der Name des Ödipus. Freud geht hier jedoch nicht, und auch sonst kaum je intensiv, darauf ein, daß zwar im Falle des Ödipus – des tragischen, nicht eines romanhaften – die erste Familie die ursprüngliche ist, die zweite aber nicht etwa die vom Kind sehnsüchtig phantasierte, sondern eine tatsächliche Adoptivfamilie, die von Ödipus für seine Ursprungsfamilie gehalten wird. Und ebensowenig interessiert sich Freud dafür, daß Ödipus an diesem Irrtum noch festhält, als er längst schon, ohne es zu wollen und zu wissen, wirklich seinen Vater erschlagen und seine Mutter geheiratet hat. Aber gerade dies macht ja den Ödipus des Sophokles erst zu einer spezifisch tragischen Figur. Denn die Tatsache, daß Ödipus ein Findelkind ist, daß er aber nur seinen Adoptiveltern Vertrauen schenkt und weiterhin trotz aller gegenteiligen Andeutungen und Hinweise, auch und gerade denen des delphischen Apollon-Orakels, fest daran glaubt, sie seien die wirklichen Eltern, macht Vatermord und Mutterinzest, und zwar in dieser notwendigen Reihenfolge, überhaupt erst möglich.

Der Religionsstifter indessen, an den Freud schon hier, als er diese Briefzeilen 1897 schrieb, in erster Linie gedacht haben muß, kann kein anderer

als Moses sein. Am Ende seines Lebens wird Freud die Herkunft dieses
Religionsstifters in radikaler Abgrenzung von Ödipus und vom gewöhn-
lichen Abkunftsroman deuten. Denn nicht die biblische Erzählung von
der ägyptischen Prinzessin, der Adoptivmutter des Moses, sondern diejenige von seiner ersten, der jüdischen Mutter verbannt Freud ins Reich der
Phantasie.[32] Die Realität beider „Mütter" des Moses und die der Abfolge
von Mutter und Adoptivmutter hält Freud für ein Ding der Unmöglichkeit,
das zwar ausnahmsweise für Ödipus, nicht aber für Moses gelten kann. Er
sieht sich also genötigt, selbst einen Abkunftsroman über die Geschichte
des jüdischen Volkes seit dem ägyptischen Exil zu verfassen, einen Abkunftsroman, der sich von allen anderen aus der mythologischen und hi-
storisch-legendären Tradition der Völker rigoros unterscheidet, aber haar-
genau einem kindlichen Phantasiemodell entspricht. Das bedeutet: In
diesem einzigen Fall wird von Freud die Phantasie des kindlichen Abkunftsromans zur Realität erklärt.

Die zweite Familie des Moses, die ägyptische, könne nämlich nur die
wirkliche gewesen sein, so heißt es im *Mann Moses* am Ende von abenteu-
erlichen Konstruktionen, für die Freud sowohl den Vorwurf der Scholas-
tik wie den des Talmudismus antizipiert und in Kauf nimmt.[33] Auf dieser
schwankenden Basis gelangt Freud zu dem verblüffenden und offensichtlich wenig plausiblen Ergebnis: Moses war ein Ägypter. Paradoxerweise
behauptet Freud eine jüdische Besonderheit, nämlich die Abweichung von
der sonst universellen Norm mythologischer Abkunftsmodelle, gerade
dort, wo es ihm darum geht, die Besonderheit der jüdischen Religion grundsätzlich in Frage zu stellen. Nur indem Freud postulierte, daß die Doppel-
familien-Konstellation bei Moses und Ödipus auf keinen Fall als identisch,
sondern unbedingt als Gegensatz angesehen werden müsse, konnte er die
Grenze zwischen Juden und Griechen so scharf ziehen, wie sie seit jeher in
der jüdischen schriftlichen und mündlichen Tradition gezogen worden ist.
Dadurch aber war zugleich das spezifisch Jüdische aus ihr ausgetrieben.
Wenn Moses, der Religionsstifter der jüdischen monotheistischen Gesetzes-
religion, ein Ägypter war, so mußte es auch seine Religion gewesen sein.
Und daraus folgt wunschgemäß: wenn sich ein Jude, wie Freud dies schon
als Jüngling getan hatte, von der jüdischen Religion abwendet, so wendet
er sich nicht von der Religion seiner Väter und seines Volkes ab, sondern
von einer ägyptischen, also einer fremden Religion.

Die Geburt der Psychoanalyse aus dem Geiste der Tragödie

Von diesen, vierzig Jahre später, unter dem Eindruck der nationalsozialistischen Judenverfolgung, formulierten Postulaten und Konsequenzen Freuds ist an der Briefstelle aus dem Jahre 1897 noch nichts zu ahnen oder herauszulesen. Hier wird noch nicht dem Moses das spezifisch Jüdische abgesprochen, wohl aber dem Ödipus das spezifisch Griechische und Antike. So wie Freud aber später, in seinem Abkunftsroman des Moses, den Erneuerer der jüdischen Religion im Sinne des neurotischen Familienromans, also im Bündnis mit einer Wunschphantasie interpretiert, die bei intellektuell und künstlerisch begabten Kindern häufig ist, so erscheint Ödipus schon in dieser Ursprungsstunde des Ödipuskomplexes nur noch als der Reflex einer anthropologisch universellen Phantasie des wünschenden, des zugleich liebenden und hassenden Kindes.

Für eine solche Deutung des Ödipus wird von Freud in diesem Brief ohne zu zögern die Sophokleische Tragödie *König Ödipus* in Anspruch genommen. Oder genauer gesagt: die starke emotionale, den Verstand besiegende Wirkung, welche dieses Drama ausübt, und zwar auf Freud selbst, der es zwölf Jahre zuvor auf der Bühne in Paris erlebt hatte.[34] Denn hier spricht Freud so spontan und ungeschützt von sich, daß ihm nicht die Möglichkeit in den Sinn kommt, andere Menschen könnten diese Tragödie vielleicht zugleich intellektuell und emotional durchdringen oder gar sie nur verstandesmäßig durchdenken. Das moderne Schicksaldrama hingegen, das nur untypische Einzelschicksale vorführt, sei, so heißt es weiter, abstoßend willkürlich und könne daher unmöglich eine „packende Macht" entfalten, der kein Mensch sich zu entziehen vermag. Freud ist überzeugt: Eine solche universelle Wirkungsgewalt läßt sich viel eher von einer antiken Tragödie wie dem *König Ödipus* erwarten. Das auf den Gymnasien seinerzeit gepredigte humanistische Bildungsideal von der Allgemeingültigkeit der klassischen griechischen Dichtung ist in diesen Sätzen ungebrochen gültig und präsent. Der spezifischen Weichenstellung in Freuds Biographie ist es zuzuschreiben, daß sich dieses Ideal bei ihm am nachhaltigsten gerade in Sophokles' *König Ödipus* verkörpert hat.

Aber schon derjenige Satz des Briefes, der zu Beginn noch vom Vergleich mit Sophokles' Tragödie zehrte und diese gegen ein Trauerspiel des 19. Jahrhunderts wie Grillparzers Ahnfrau-Drama ausspielte, springt in seinem zweiten und gewichtigeren Teil übergangslos von der Literatur in den Mythos, „die griechische Sage", hinüber. Nicht die Tragödie, sondern nur die in sie eingehüllte Sage nimmt Freud hier wie auch später wirklich wichtig. Warum die Sage?[35] Weil nur sie, und das heißt für Freud im Grunde nur: die in ihr verborgene unsprachliche Triebsubstanz, als ein Gewaltverhältnis beschrieben werden kann, nicht aber die Tragödie, die ein genuin sprachliches, subtil gebautes, intellektuelles Gebilde ist, bei dem es auf jedes Wort ankommt und das einem zwar die Heiterkeit austreiben kann, aber keine Unterwerfung fordert, sondern Interpretation. Was Freud seinen eigenen Träumen und denjenigen seiner Patienten zugestanden hat, ein Eigenrecht und den Anspruch, wie er in der *Traumdeutung* schreibt, als „heilige Texte"[36] gedeutet zu werden, das läßt Freud dem spezifischen Text der antiken Tragödie nicht zuteil werden, hier nicht, und auch nicht an den beiden einzigen Stellen in seinem Werk, an denen auf mehreren Seiten von Sophokles' *König Ödipus* die Rede ist, zunächst in der *Traumdeutung* von 1900 und noch einmal in den *Vorlesungen zur Einführung in die Psychoanalyse*, die er während des 1. Weltkriegs in Wien hielt.

Freuds Wortwahl schon im Brief an Fließ legt nahe, daß sich für ihn zwar nicht der antike Tragikertext, wohl aber „die griechische Sage", der Mythos, auf die Darstellung eines trieblichen Zwanges reduzieren läßt.[37] Diesen latenten und dennoch wirksamen Zwang nun, und nicht den manifesten Inhalt des Tragikertextes,[38] hält Freud für allgemeingültig. Damit hat sich die humanistische Vorgabe signifikant verschoben. Allgemeingültig ist nicht mehr die klassische Literatur der Griechen, wie die idealistische Vorstellung der Gymnasiallehrer es wollte, sondern allgemeingültig ist das, was Freud selbst und kein griechischer Dichter durch aufklärerische Analyse ans Licht gebracht hat: der mythisch dunkle Triebzwang, „den jeder anerkennt, weil" – und man ist versucht hinzuzufügen: oder insofern – „er dessen Existenz in sich verspürt hat", ein Triebzwang, der aber, so hat Freud später demonstriert, immer objektiv vorhanden ist, auch wenn ihm keine bewußte Anerkennung und subjektive Empfindung korrespondiert. Denn, so fährt Freud nun fort: „Jeder Hörer war einmal im Keime und in der Phantasie ein solcher Ödipus, und vor der hier in die Realität gezogenen Traumerfüllung schaudert jeder zurück mit dem ganzen Betrag der Verdrängung, die seinen infantilen Zustand von seinem heutigen trennt."

Dieser Satz markiert einen erneuten Umschwung in der syntaktischen Abfolge, diesmal vom Mythos zurück zur Tragödie des Sophokles, und wiederum nicht zu ihrem Text, sondern stattdessen zu den imaginierten Zuhörern – wohlgemerkt: Freud sagt nicht „Zuschauern"[39] – einer Aufführung auf der Bühne. Was die Zuhörer ergreift, ist für Freud aber nicht die kunstvolle sprachliche Form und nicht der vielschichtige interpretatorische Inhalt der Tragödie, sondern etwas Unsprachliches und Unförmiges, das einen spezifisch ambivalenten trieblichen Gehalt besitzt: die Erfüllung einer kindlichen Phantasie, nämlich des Traumes vom realisierten Inzest mit der Mutter und vom realisierten Vatermord. Das „Schaudern" der Zuschauer, also die kathartische Funktion der Tragödie, auf die Freud hier anspielt,[40] erklärt er sich nicht durch Mitleid und Furcht, sondern durch das, was er terminologisch „Verdrängung" nennt, also durch die bewußten negativen Vorzeichen, mit denen die einst positiv vom Trieb und vom Bewußtsein gewünschte und dann ins Unbewußte abgedrängte Kinderphantasie ausgestattet werden mußte, um den Weg zum Erwachsenwerden zu eröffnen.

Die Satzfolge an dieser Stelle von Freuds Brief läßt sich als ein Stakkato von dramatischen Umschwüngen, von Peripetien, lesen, so als ob Freud in seiner Syntax hier die Struktur einer Tragödie nachbilden würde. Noch Freuds triebtheoretischer Überbietungsgestus gegenüber dem Sophokleischen *König Ödipus*, dem Lieblingsdrama der humanistischen Pädagogen, das schon ihr Vorläufer Aristoteles zum unübertroffenen Modell jeglicher Tragödie erklärt hatte,[41] ist von den Konstruktionsprinzipien der antiken Textgattung, der es angehört, stilistisch im Innersten geprägt.

Über die hier ein für allemal festgelegte Deutung des Ödipus geht Freud in seinen späteren Publikationen erstaunlicherweise nur wenig hinaus. An den schon erwähnten zwei einzigen Stellen, in der *Traumdeutung* und in den *Vorlesungen zur Einführung in die Psychoanalyse*,[42] an denen Freud relativ ausführlich auf Sophokles' *König Ödipus* zu sprechen kommt, wird zunächst nur die Vorgeschichte des Stücks zusammengefaßt, vor allem aber dann der „Gedanke von allgemeinem Wert" aus dem Brief an Fließ von 1897 bis in die wörtlichen Formulierungen hinein zitiert und in allen Einzelheiten kommentierend erläutert. Hinzu kommen im wesentlichen nur zwei, allerdings gewichtige Ergänzungen, die beide in jeder dieser beiden späteren Textpassagen Freuds zu finden sind. Sie betreffen explizit, das eine Mal auf anerkennende Weise, das andere Mal in Form einer Abgrenzung, die Modellfunktion, die Sophokles' *König Ödipus* für die Entwicklung und für das Selbstverständnis von Freuds psychoanalytischer Therapie offensichtlich besessen hat.

Zunächst der erste Freudsche Textzusammenhang, wie er in Freuds *Traumdeutung* sowie in den *Vorlesungen* fast wörtlich übereinstimmend erscheint. Dort erkennt Freud den gesamten Handlungsverlauf dieser Sophokles-Tragödie als Modell an, jedoch ganz anders, als Aristoteles es in seiner *Poetik* gemeint hat. Denn Freud gibt zu erkennen, daß er zwar aus diesem Drama nicht gelernt habe, gute und erfolgreiche Tragödien zu schreiben,[43] wohl aber eine gute und erfolgreiche psychoanalytische Interpretationsarbeit zu entfalten. Die Pointe dabei ist, daß diese therapeutisch wirksame Interpretation gerade mit dem heillosen Verlauf von Sophokles' Tragödie *König Ödipus* zu analogisieren sei:

„Die Handlung des Stücks", so schreibt Freud in der *Traumdeutung*, „besteht nun in nichts anderem als in der schrittweise gesteigerten und kunstvoll verzögerten Enthüllung – der Arbeit einer Psychoanalyse vergleichbar –, daß Ödipus selbst der Mörder des Laios, aber auch der Sohn des Ermordeten und der Jokaste ist."[44]

Hier, und nur hier, würdigt Freud Sophokles als Künstler, als Autor und nicht bloß als Benutzer eines Sagenstoffs, aber hier, und nur hier, wird dabei auch deutlich, daß Freud sich nicht darauf beschränkt hat, sich und vorwiegend die Männer unter seinen Patienten knabenhaft mit Ödipus zu identifizieren, sondern daß er sich analog zum Autor Sophokles als ingeniöser Gestalter, als konstruktiver Meister einer künstlerischen Arbeit verstand, deren Inhalt und Methode durchaus der berühmtesten und normativ qualitätvollsten unter allen antiken Tragödien ebenbürtig ist.

Die zweite Freudsche Aussage, die ebenfalls Sophokles' Drama für die spezifische Arbeit des Psychoanalytikers zum Modell nimmt, findet sich wiederum bereits in der *Traumdeutung* angedeutet, wird jedoch erst in den *Vorlesungen* näher erläutert. Dabei geht es nicht mehr um das ganze Stück, sondern um ein Handlungsdetail, das allerdings ins Zentrum der psychoanalytischen Arbeit führt, nämlich das Deuten der Träume. Die Mutter-Gattin des Ödipus, Jokaste, bringt im Stück während des Gesprächs mit ihrem aufs höchste beunruhigten Sohn und Gatten die häufigen Träume vom sexuellen Verkehr mit der Mutter ins Spiel, erklärt sie aber im gleichen Atemzug für nichtig, um den unerbittlich fortschreitenden Prozeß von Ödipus' Selbsterkenntnis aufzuhalten. Sie „widersetzt sich" also damit, wie Freud ganz richtig interpretiert, „dem Fortgang der Untersuchung".[45] Als ob Freud nun aber vergessen hätte, daß die Handlung und jedes ihrer Details vom Autor absichtsvoll poetisch konstruiert sind, schwingt sich Freud in diesem Zusammenhang zu einer Abgrenzung – nicht etwa gegenüber Sophokles, sondern gegenüber Jokaste – auf, deren Aussage er ganz ernsthaft in Zweifel zu ziehen sich genötigt sieht. Von der dramaturgischen Funktion dieser Aussage im Stück sieht Freud dabei vollständig ab:

> Wir achten Träume nicht gering, am wenigsten typische Träume, solche, die sich vielen Menschen ereignen, und zweifeln nicht daran, daß der von Jokaste erwähnte Traum innig mit dem befremdenden und erschreckenden Inhalt der Sage zusammenhängt.[46]

Freud behandelt Jokaste hier so, als sei sie keine Tragödienfigur, sondern eine Kollegin von der anderen Psychotherapeutenfraktion, die mit den Psychoanalytikern konkurriert und die von ihren erfolgreicheren Rivalen in die Schranken ihrer Unwissenheit gewiesen werden müsse.

In diesem naiven Protest Freuds schimmern noch die psychologisierenden und moralisierenden Deutungsprinzipien der gymnasialen Schulmeister hindurch, die bis heute die konventionellsten Schulmeinungen der

Klassischen Philologie, einschließlich so mancher unkonventionell daherkommender, schulbildender Gegenströmungen, beherrschen. Die Modernität von Freuds Interpretationstechnik ist an solchen Stellen seines Werkes zur Unkenntlichkeit entstellt. Diese noch immer aktuelle Modernität zeigt sich jedoch deutlich in Freuds Verständnis der Handlung der Tragödie *König Ödipus* als eines Deutungsvorgangs durch den Autor selbst, einer künstlerischen Interpretationsleistung, der diejenige in der Psychoanalyse geübte entsprechen soll. Dieses Verständnis Freuds von Hermeneutik ist übrigens, so füge ich hier nur am Rande hinzu, eine implizite Gadamer-Kritik avant la lettre.

Das Bündnis mit der Anti-Konventionalität antiker Texte, das schon der sechzehnjährige Gymnasiast zu praktizieren begann, setzte jedoch, bei Freud wie bei allen, die eine solche Allianz einzugehen wagen, einen radikal kritischen, anti-normativen Geist voraus, der angesichts von institutionellem Druck bekanntlich nicht leicht zu bewahren und auszubilden ist. Freud war dies möglich – und wie allen Menschen, die dies tun, natürlich nicht ohne Mühe oder ohne Schwächen und Mängel, – durch seine spezifische individuelle und soziale Disposition zu Anti-Konventionalität. Als hochbegabtes Kind zählte er selbstverständlich zu den Außenseitern, und als Jude überdies, wie er anläßlich seines 70. Geburtstags 1926 schrieb, gehörte er ohnehin nicht zur „kompakten Majorität".[47]

Durch das methodische Ernstnehmen auch des von der herrschenden Vernunft Zurückgewiesenen und Geleugneten, durch das insistierende „Erinnern, Wiederholen und Durcharbeiten"[48] der abgründigen Irrungen und Wirrungen des menschlichen Seelenlebens hat Freud seine intellektuelle Minderheitenposition konsequent verteidigt, sogar gegen seine an die Mehrheit gerichtete eigene Werbungsabsicht. Allein für Ödipus, diesen einzigartigen antiken tragischen Helden, hat Freud unermüdlich versucht, das allgemeinmenschliche Bürgerrecht in der Psyche der Menschenkinder zu erringen[49] – oder doch zumindest derjenigen der kleinen Jungen. Aber dieser Impuls war wohl nur eine Variante dessen, was er, das spätere Schulhaupt, „auf der Schule gelernt"[50] hatte. Und vielleicht bestand darin sein höchstpersönliches Denkschicksal, wenn nicht gar „Triebschicksal".[51] Auf Konsens erpichte Schulenbildung und kritische Unkonventionalität sind jedenfalls, so scheint es, nur schwer miteinander in Einklang zu bringen.

Anmerkungen

1   Freuds Werke werden wie folgt zitiert: GW I–XVIII; NBd. [= Sigmund Freud, Gesammelte Werke. Chronologisch geordnet, hrsg. von Anna Freud u. a. Bd. 1–18, London und Frankfurt am Main 1940–1952, 1968; Nachtragsband, hrsg. von Angela Richards unter Mitwirkung von Ilse Grubrich-Simitis. Frankfurt a. M. 1987].

2   Vgl. dazu am ausführlichsten Rudnytsky, Freud and Oedipus. Der Begriff ‚Ödipuskomplex' taucht in Freuds Schriften zum ersten Mal 1910 auf, in: Über einen besonderen Typus der Objektwahl beim Manne (GW X 73), nachdem er in der psychoanalytischen Praxis schon lange in mündlichem Gebrauch war.

3   Freud, Jugendbriefe an Fluß, in: ‚Selbstdarstellung', S. 102–123, hier S. 114.

4   Siehe Sigmund Freud, Jugendbriefe an Eduard Silberstein 1871–1881, hrsg. von Walter Boehlich, Frankfurt a. M. 1989, S. 116. Vgl. dazu Verfasserin, Freud als Leser von Nietzsche, S. 262 f.

5   Siehe dazu Barbara von Reibnitz, Ein Kommentar zu Friedrich Nietzsche ‚Die Geburt der Tragödie aus dem Geiste der Musik' (Kapitel 1–12), Stuttgart und Weimar 1992.

6   Wieder abgedruckt in: Karlfried Gründer (Hrsg.), Der Streit um Nietzsches ‚Geburt der Tragödie', Hildesheim 1969 (darin auch die Verteidigungsschriften von Erwin Rohde und Richard Wagner, sowie die darauf antwortende zweite Polemik von Wilamowitz). Vgl. zu dieser Debatte jetzt auch Joachim Latacz, Fruchtbares Ärgernis: Nietzsches ‚Geburt der Tragödie' und die gräzistische Tragödienforschung, Basel 1998, S. 26–28.

7   Zu Freud als oppositionellem Schüler vgl. Ellenberger, S. 429.

8   Siehe die Dokumentation von Verbreitung und Rezensionen der ‚Geburt der Tragödie' bei Richard Frank Krummel, Nietzsche und der deutsche Geist. Ausbreitung und Wirkung des Nietzscheschen Werkes im deutschen Sprachraum bis zum Todesjahr des Philosophen. Ein Schrifttumsverzeichnis der Jahre 1867–1900, Berlin und New York 1974, S. 1–16.

9   Ein besonders enger Freund und Mitschüler Freuds, Heinrich Braun (siehe Freud, Ergänzung zur Selbstdarstellung, NBd. 763; vgl. NBd. 735), war durch Wilamowitz' vernichtende Kritik zur Lektüre der ‚Geburt der Tragödie' angeregt worden und empfahl die Schrift seinen Freunden. Vgl. dazu Hemecker, Vor Freud, S. 71. Siehe auch Lehrer, Nietzsche's Presence, S. 13–18; Verfasserin, Freud als Leser von Nietzsche, S. 264 f.

10 Vgl. dazu meinen Aufsatz über Freuds Dionysos (in Vorbereitung).

11 Freud wird diese Formel später ganz unkritisch verwenden, in: Das Unheimliche (1919), GW XII 265. Siehe dazu Kahn, Die heitere Götterwelt Homers.

12 Der Brief in: Freud, Briefe 1873–1939, S. 5–8 [= Freud, ‚Selbstdarstellung', S. 118–121].

13 Siehe Ernst Freud, Sigmund Freud, S. 74. Rudnytsky, Freud and Oedipus, S. 12, behauptet fälschlich, daß die Sophokles-Stelle eine ausschließlich dem Abiturienten Freud vorgelegte Prüfungsaufgabe war.

14 Freud, ‚Selbstdarstellung', S. 116.

¹⁵ Ebd. Zu der Frage, ob der Goethe zugeschriebene Hymnus ‚An die Natur‘ für seine Berufswahl entscheidend war, wie er es selbst dargestellt hat (Traumdeutung, GW II/III 443; Selbstdarstellung, GW XIV 34), vgl. Jones, S. 48f.; Peter Gay, Freud. Eine Biographie für unsere Zeit (engl. 1987), Frankfurt a. M. 1989, S. 34f.; Hemecker, Vor Freud, S. 89–94.

¹⁶ Freud, Briefe 1873–1939, S. 7 [= ‚Selbstdarstellung‘, S. 121]. Auf seine vorwiegend philosophischen Interessen in den ersten Studienjahren bezieht sich Freud, wenn er am 1. Januar 1896 an Fließ schreibt: „wie ich im geheimsten die Hoffnung nähre, … zu meinem Anfangsziel, der Philosophie, zu kommen“ (Briefe an Fließ, S. 165); am 2. April 1896 bekennt er: „Ich habe als junger Mensch keine andere Sehnsucht gekannt als die nach philosophischer Erkenntnis, und ich bin jetzt im Begriffe, sie zu erfüllen, indem ich von der Medizin zur Psychologie hinüberlenke“ (ebd. S. 190). Siehe auch Verfasserin, Freud als Leser von Nietzsche, S. 265–267.

¹⁷ Freud, Briefe 1873–1939, S. 7 [= ‚Selbstdarstellung‘, S. 121].

¹⁸ Freud, GW XIV 34.

¹⁹ Jones, S. 41.

²⁰ Freud, GW XIV 34.

²¹ Seneca, Epist. 106.11: Non vitae, sed scholae discimus.

²² Zu Freuds Verhältnis zu seinen Lehrern vgl. die autobiographischen Äußerungen in: Zur Psychologie des Gymnasiasten (1914), GW X 203–207; Nachruf auf Prof. S. Hammerschlag (1904), NBd. 733.

²³ Brief vom 15. Oktober 1897: Freud, Briefe an Fließ, S. 291–294.

²⁴ Bereits einige Monate zuvor klingt das Ödipus-Thema in einem Inzesttraum Freuds an. Bemerkenswerterweise handelte es sich aber nicht um inzestuöse Gefühle gegenüber seiner Mutter, sondern gegenüber seiner ältesten (damals 10jährigen) Tochter Mathilde, die im Traum „Hella“ heißt, denn, so Freud, „sie begeistert sich für die Mythologie des alten Hellas“. Siehe den Brief an Fließ vom 31. Mai 1897, ebd. S. 266.

²⁵ Ebd. S. 291.

²⁶ Im Juli 1895 hatte Freud zum ersten Mal einen eigenen Traum vollständig analysiert („Irmas Injektion“), der durch die ‚Traumdeutung‘ von 1900 zum Mustertraum der Psychoanalyse wurde (vgl. Anzieu, L'auto-analyse, S. 39–68, S. 531). Sein Vater starb am 23. Oktober 1896. Die Selbstanalyse wird im Sommer 1897 zum Zentrum von Freuds Arbeit, siehe Brief vom 14. August 1897: „Der Hauptpatient, der mich beschäftigt, bin ich selbst“ (Briefe an Fließ, S. 281).

²⁷ Vgl. Freuds Brief vom 11. März 1902, Briefe an Fließ, S. 501.

²⁸ Siehe dazu auch Jean Bollack, Der Menschensohn.

²⁹ Freud, Briefe an Fließ, S. 293.

³⁰ Zu Freuds somatischen und psychischen Beschwerden während der Freundschaft mit Fließ vgl. Max Schur, Sigmund Freud. Leben und Sterben (engl. 1972), Frankfurt a. M. 1973, S. 56–268.

³¹ Zum „Abkunftsroman“ bzw. „Familienroman“ vgl. bereits Freud, Briefe an Fließ, S. 241 (Brief vom 24. Januar 1897) und S. 265 (Brief vom 25. Mai 1897); spätere Theoriebildung in: Der Familienroman der Neurotiker, GW VIII 227–231.

[32] Siehe dazu und zum folgenden Verfasserin, Jerusalem mit der Seele suchen. Mythos und Judentum bei Freud, in: Fritz Graf (Hrsg.), Mythos in mythenloser Gesellschaft. Das Paradigma Roms [=Colloquium Rauricum 3], Stuttgart und Leipzig 1993, S. 230–267, hier S. 262 mit Anm. 118; sowie: Asymmetrische Heimlichkeit. Judentum und Weiblichkeit bei Freud, in: Die Philosophin 10 (1994), S. 69–84, hier S. 76–79. Siehe auch Robert, D'Œdipe à Moïse.

[33] Vgl. Freud, Der Mann Moses und die monotheistische Religion (1937/1939), GW XVI 115.

[34] Siehe Jones, S. 213.

[35] Freud benutzt hier vermutlich den Ausdruck ‚Sage‘, weil dieser mehr Wahrheits-Valeurs besitzt als der traditionell eher mit ‚Lüge‘ konnotierte Ausdruck ‚Mythos‘. Zu Freuds Verkürzungen des Ödipusmythos vgl. Vogt, Psychoanalyse, S. 129–142.

[36] Freud, GW II/III 518.

[37] Das wirkt so, als würde Freud damit eine zentrale Stelle aus Aristoteles' Poetik für sich umdeuten (Poet. 6, 1450a: Ἀρχὴ μὲν οὖν καὶ οἷον ψυχὴ ὁ μῦθος τῆς τραγῳδίας, δεύτερον δὲ τὰ ἤθη).

[38] D. h. er behandelt den Tragikertext analog zum Traumtext (vgl. dazu Freuds Traumdeutung).

[39] Damit räumt Freud dem visuellem Anteil an der Tragödienerfahrung eine mindere Rolle ein, im Sinne von Aristoteles (Poetik 26, 1462a; vgl. 1450b; 1453b).

[40] Im Sinne der berühmten Definition der Katharsis bei Aristoteles (Poetik 6, 1449b). Jacob Bernays, ein Onkel von Freuds Gattin Martha, hatte als erster eine medizinische Deutung vorgeschlagen: Grundzüge der verlorenen Abhandlung des Aristoteles über Wirkung der Tragödie (1857), Nachdruck, mit einer Einleitung von Karlfried Gründer, Hildesheim 1970. Zum Verhältnis zwischen Freud und Bernays siehe jetzt Jean Bollack, Jacob Bernays. Un homme entre deux mondes, mit einem Vorwort von Renate Schlesier, Lille 1998.

[41] Vgl. Aristoteles, Poetik, vor allem 11, 1452a.

[42] In Freuds Traumdeutung zu Sophokles' König Ödipus: GW II/III 267–271; in den Vorlesungen von 1917: GW XI 342–344. Zum politisch-kulturellen Kontext von Freuds Ödipus-Interpretationen vgl. Schorske, Fin-de-siècle-Vienna, S. 181–207; McGrath, Freud's Discovery, S. 217f.; Mitchell-Boyask, Freud's Reading; Bollack, Der Menschensohn.

[43] Vgl. aber Freuds Brief vom 2. November 1895: Briefe an Fließ, S. 153.

[44] Freud, GW II/III 268. Vgl. dazu Stein, ‚Œdipe Roi' selon Freud.

[45] Freud, GW XI 342.

[46] Freud, GW XI 342f. Vgl. dazu Verfasserin, Mythos und Weiblichkeit bei Freud (1981), Frankfurt a. M. 1990², S. 34.

[47] Brief an die Mitglieder des Vereins B'nai B'rith vom 6. Mai 1926, in: Freud, Briefe 1873–1939, S. 382.

[48] Vgl. Freuds gleichnamige Schrift von 1914, in: GW X 126–136.

[49] Vgl. Freud, Abriß der Psychoanalyse, GW XVII 119f.: „Ich getraue mich zu sagen, wenn die Psychoanalyse sich keiner anderen Leistung rühmen könnte als der Aufdeckung des verdrängten Ödipuskomplexes, dies allein würde ihr

den Anspruch geben, unter die wertvollen Neuerwerbungen der Menschheit eingereiht zu werden."

50 Siehe Freud, Brief an Romain Rolland vom Januar 1936 (Eine Erinnerungsstörung auf der Akropolis), GW XVI 250–257; Freud berichtet darin, daß ihm bei der gemeinsam mit seinem jüngeren Bruder Alexander unternommenen Athen-Reise auf der Akropolis der Gedanke kam: „Also existiert das alles wirklich so wie wir es auf der Schule gelernt haben" (S. 251). Vgl. dazu Kahn, Die heitere Götterwelt Homers, S. 102–108.

51 Vgl. zu Freuds Bestimmung dieses Begriffs: Triebe und Triebschicksale (1915), GW X 210–232.

Bibliographie

Anzieu, Didier: L'auto-analyse de Sigmund Freud et la découverte de la psychoanalyse (1959), Paris ³1988.

Bollack, Jean: Der Menschensohn. Freuds Ödipusmythos (frz. 1986), in: ders., Sophokles König Ödipus. Essays, Frankfurt a. M. 1994, S. 90–138.

Ellenberger, Henri F.: The Discovery of the Unconscious. The History and Evolution of Dynamic Psychiatry, New York 1970.

Freud, Ernst u. a. (Hrsg.): Sigmund Freud. Sein Leben in Bildern und Texten, Frankfurt a. M. 1976.

Freud, Sigmund: Briefe an Wilhelm Fließ 1887–1904. Ungekürzte Ausgabe, hrsg. von *Jeffrey Moussaieff Masson*. Deutsche Fassung von Michael Schröter, Frankfurt a. M. 1986.

Freud, Sigmund: Briefe 1873–1939, hrsg. von *Ernst* und *Lucie Freud*, Frankfurt a. M. ²1968.

Freud, Sigmund: ‚Selbstdarstellung'. Schriften zur Geschichte der Psychoanalyse, hrsg. und eingeleitet von *Ilse Grubrich-Simitis*, Frankfurt a. M. 1971.

Hemecker, Wilhelm W.: Vor Freud. Philosophiegeschichtliche Voraussetzungen der Psychoanalyse, München 1991.

Jones, Ernest: Sigmund Freud. Leben und Werk (3 Bde.) (engl. 1953), Bd. 1: Die Entwicklung der Persönlichkeit und die großen Entdeckungen. 1856–1900, München 1984.

Kahn, Laurence: Die heitere Götterwelt Homers (frz. 1982), in: *Renate Schlesier* (Hrsg.), Faszination des Mythos. Studien zu antiken und modernen Interpretationen, Basel und Frankfurt a. M. 1985, S. 83–112.

Lehrer, Ronald: Nietzsche's Presence in Freud's Life and Thought. On the Origins of a Psychology of Dynamic Unconscious Mental Functioning, New York 1995.

McGrath, William J.: Freud's Discovery of Psychoanalysis. The Politics of Hysteria, Ithaka und London 1986.

Mitchell-Boyask, Robin N.: Freud's Reading of Classical Literature and Classical Philology, in: *Sander L. Gilman u. a.* (Hrsg.): Reading Freud's Reading, New York und London 1994, S. 23–46.

Robert, Marthe: D'Œdipe à Moïse, Paris 1974.

Rudnytsky, Peter L.: Freud and Oedipus, New York 1987.

Schlesier, Renate: ‚Umwertung aller psychischen Werte‘. Freud als Leser von Nietzsche, in: *Christoph Jamme* (Hrsg.), Grundlinien der Vernunftkritik, Frankfurt a.M. 1997, S. 243–276.

Schorske, Carl E.: Fin-de-siècle Vienna. Politics and Culture (1980), Cambridge 1992.

Stein, Conrad: ‚Œdipe Roi‘ selon Freud, in: Marie Delcourt, Œdipe ou la légende du conquérant (1944), Paris 1981, S. V–XXVII.

Vogt, Rolf: Psychoanalyse zwischen Mythos und Aufklärung, oder: Das Rätsel der Sphinx, Frankfurt a.M. und New York 1986.

Über die Autoren

WALTER BURKERT, geboren 1931 in Neuendettelsau, emeritierter Professor der Griechischen Philologie an der Universität Zürich. Buchveröffentlichungen u. a.: *Weisheit und Wissenschaft. Studien zu Pythagoras, Philolaos und Platon* (1962, engl. Übersetzung 1972), *Homo Necans. Interpretationen altgriechischer Opferriten und Mythen* (1972, engl. Übers. 1983), *Griechische Religion der archaischen und klassischen Epoche* (1977, engl. Übers. 1985), *Structure and History in Greek Mythology and Ritual* (1979), *Die orientalisierende Epoche in der griechischen Religion und Literatur* (1985, engl. Übers. 1992), *Antike Mysterien. Funktionen und Gehalt* (1990, engl. Erstausgabe 1987), *Kulte des Altertums: Biologische Grundlagen der Religion* (1998, engl. Erstausgabe 1996).

HEINZ HOFMANN, geboren 1944 in Regensburg, Professor für Lateinische Philologie an der Universität Tübingen. Buchveröffentlichungen u. a.: *Artikulationsformen historischen Wissens in der lateinischen Historiographie des hohen und späten Mittelalters* (Teilband XI/1.2 im *Grundriß der romanischen Literaturen des Mittelalters*, 1987), *Latin Studies in Groningen 1877–1977* (1990), zusammen mit Groninger Studenten *Julius Caesar Stella, Columbeis* (1993), zusammen mit L. J. Engels *Neues Handbuch der Literaturwissenschaft, Band 4: Spätantike* (1997), Herausgeber der *Groningen Colloquia on the Novel* (1988 ff.).

LUTZ KÄPPEL, geboren 1960 in Dorsten/Westf., Privatdozent für Klassische Philologie an der Universität Tübingen. Buchveröffentlichungen u. a.: *Paian. Studien zur Geschichte einer Gattung* (1992), *Die Konstruktion der Handlung in der Orestie des Aischylos* (1998), *Griechische Mathematik* (1999).

RICHARD KANNICHT, geboren 1931 in Arendsee/Altmark, emeritierter Professor für Griechische Philologie an der Universität Tübingen. Buchveröffentlichungen u. a.: *Euripides Helena* (2 Bde., 1969), zusammen mit Bruno Snell † *Tragicorum Graecorum Fragmenta* I (^{2}1986) und II (1981), *Paradeigmata. Aufsätze zur griechischen Poesie* (1996).

MARIA MOOG-GRÜNEWALD, geboren 1947 in Worms, Professorin für Romanische Philologie und Vergleichende Literaturwissenschaft an der Universität Tübingen. Buchveröffentlichungen u. a.: *Metamorphosen der „Metamorphosen" – Rezeptionsarten der ovidischen Verwandlungsgeschichten in Italien und Frankreich im XVI. und XVII. Jahrhundert* (1979), *Jakob Heinrich Meister und die „Correspondance littéraire" – Ein Beitrag zur Aufklärung in Europa* (1989). Aufsätze insbes. zum Verhältnis Antike – Moderne und zu Aspekten der Intermedialität.

RENATE SCHLESIER, geboren 1947 in Berlin, Professorin für Kulturwissenschaftliche Anthropologie an der Universität Paderborn. Buchveröffentlichungen u. a.: *Mythos und Weiblichkeit bei Freud* (2. Aufl. 1990), *Kulte, Mythen und Gelehrte. Anthropologie der Antike seit 1800* (1994), zusammen mit William M. Calder III, *Zwischen Rationalismus und Romantik. Karl Otfried Müller und die antike Kultur* (1998).

ERNST A. SCHMIDT, geboren 1937 in Hinterpommern, Professor für Lateinische Philologie an der Universität Tübingen. Buchveröffentlichungen u. a.: *Aristoteteles, Über die Tugend*, übersetzt und erläutert von E. A.S. (1965), *Poetische Reflexion. Vergils Bukolik* (1972), *Zeit und Geschichte bei Augustin* (1985), *Catull* (1985), *Notwehrdichtung. Moderne Jambik von Chénier bis Borchardt* (1990), *Ovids poetische Menschenwelt* (1991), *Sabinum* (1977).

KARL-HEINZ STANZEL, geboren 1958 in Ellwangen, Privatdozent für Klassische Philologie an der Universität Tübingen. Buchveröffentlichungen u. a.: *Dicta Platonica. Die unter Platons Namen überlieferten Aussprüche* (1987), *Liebende Hirten. Theokrits Bukolik und die Alexandrinische Poesie* (1995), Mitherausgeber von *Musa Tragica. Die griechische Tragödie von Thespis bis Ezechiel* (1991); daneben Aufsätze v. a. zur Alexandrinischen Dichtung.

THOMAS ALEXANDER SZLEZÁK, geboren 1940 in Budapest, Professor für Griechische Philologie an der Universität Tübingen. Buchveröffentlichungen u. a.: *Platon und Aristoteles in der Nuslehre Plotins* (1979), *Platon und die Schriftlichkeit der Philosophie* (1985), *Come leggere Platone* (1991, dt. Ausgabe: *Platon lesen,* 1993), *Platone politico* (Rom 1993).

HELMUT G. WALTHER, geboren 1944 in Bayreuth, Professor für Mittelalterliche Geschichte an der Universität Jena. Buchveröffentlichungen u. a.: *Imperiales Königtum, Konziliarismus und Volkssouveränität. Studien zu den Grenzen des mittelalterlichen Souveränitätsgedankens* (1976), *Ausstellungskatalog*: *Hus in Konstanz* (1978), *Grundriß der Geschichte Bd. 1: Altertum, Mittelalter, Frühe Neuzeit* (zusammen mit Volker Dotterweich, Andreas Mehl u. a.), Stuttgart (^{2}1989). Aufsätze zum Problemkreis Mentalitäten im Mittelalter, Utopisches und politisches Denken im Mittelalter, Abendland und Islam im Mittelalter, Mittelalterrezeption im 19. und 20. Jh.